DESENVOLVIMENTO LOCAL, TURISMO E RELIGIOSIDADE

Editora Appris Ltda.
1.ª Edição - Copyright© 2024 dos autores
Direitos de Edição Reservados à Editora Appris Ltda.

Nenhuma parte desta obra poderá ser utilizada indevidamente, sem estar de acordo com a Lei nº 9.610/98. Se incorreções forem encontradas, serão de exclusiva responsabilidade de seus organizadores. Foi realizado o Depósito Legal na Fundação Biblioteca Nacional, de acordo com as Leis nos 10.994, de 14/12/2004, e 12.192, de 14/01/2010.

Catalogação na Fonte
Elaborado por: Dayanne Leal Souza
Bibliotecária CRB 9/2162

S725d 2024	Sousa, Poliana Macedo de Desenvolvimento local, turismo e religiosidade / Poliana Macedo de Sousa. – 1. ed. – Curitiba: Appris, 2024. 367 p. : il. color. ; 23 cm. – (Coleção Ciências Sociais). Inclui referências. ISBN 978-65-250-6768-1 1. Turismo religioso. 2. Desenvolvimento local. 3. Religiosidade. 4. Natividade. 5. Identidade. I. Sousa, Poliana Macedo de. II. Título. III. Série. CDD – 341.759

Livro de acordo com a normalização técnica da ABNT

Appris *editora*

Editora e Livraria Appris Ltda.
Av. Manoel Ribas, 2265 – Mercês
Curitiba/PR – CEP: 80810-002
Tel. (41) 3156 - 4731
www.editoraappris.com.br

Printed in Brazil
Impresso no Brasil

Poliana Macedo de Sousa

DESENVOLVIMENTO LOCAL, TURISMO E RELIGIOSIDADE

Appris *editora*

Curitiba, PR
2024

FICHA TÉCNICA

EDITORIAL
Augusto Coelho
Sara C. de Andrade Coelho

COMITÊ EDITORIAL
Ana El Achkar (Universo/RJ)
Andréa Barbosa Gouveia (UFPR)
Antonio Evangelista de Souza Netto (PUC-SP)
Belinda Cunha (UFPB)
Délton Winter de Carvalho (FMP)
Edson da Silva (UFVJM)
Eliete Correia dos Santos (UEPB)
Erineu Foerste (Ufes)
Fabiano Santos (UERJ-IESP)
Francinete Fernandes de Sousa (UEPB)
Francisco Carlos Duarte (PUCPR)
Francisco de Assis (Fiam-Faam-SP-Brasil)
Gláucia Figueiredo (UNIPAMPA/ UDELAR)
Jacques de Lima Ferreira (UNOESC)
Jean Carlos Gonçalves (UFPR)
José Wálter Nunes (UnB)
Junia de Vilhena (PUC-RIO)

Lucas Mesquita (UNILA)
Márcia Gonçalves (Unitau)
Maria Aparecida Barbosa (USP)
Maria Margarida de Andrade (Umack)
Marilda A. Behrens (PUCPR)
Marília Andrade Torales Campos (UFPR)
Marli Caetano
Patrícia L. Torres (PUCPR)
Paula Costa Mosca Macedo (UNIFESP)
Ramon Blanco (UNILA)
Roberta Ecleide Kelly (NEPE)
Roque Ismael da Costa Güllich (UFFS)
Sergio Gomes (UFRJ)
Tiago Gagliano Pinto Alberto (PUCPR)
Toni Reis (UP)
Valdomiro de Oliveira (UFPR)

SUPERVISORA EDITORIAL
Renata C. Lopes

PRODUÇÃO EDITORIAL
Bruna Holmen

REVISÃO
Camila Dias Manoel

DIAGRAMAÇÃO
Andrezza Libel

CAPA
Eneo Lage

REVISÃO DE PROVA
Bruna Santos

COMITÊ CIENTÍFICO DA COLEÇÃO CIÊNCIAS SOCIAIS

DIREÇÃO CIENTÍFICA Fabiano Santos (UERJ-IESP)

CONSULTORES
Alícia Ferreira Gonçalves (UFPB)
Artur Perrusi (UFPB)
Carlos Xavier de Azevedo Netto (UFPB)
Charles Pessanha (UFRJ)
Flávio Munhoz Sofiati (UFG)
Elisandro Pires Frigo (UFPR-Palotina)
Gabriel Augusto Miranda Setti (UnB)
Helcimara de Souza Telles (UFMG)
Iraneide Soares da Silva (UFC-UFPI)
João Feres Junior (Uerj)

Jordão Horta Nunes (UFG)
José Henrique Artigas de Godoy (UFPB)
Josilene Pinheiro Mariz (UFCG)
Letícia Andrade (UEMS)
Luiz Gonzaga Teixeira (USP)
Marcelo Almeida Peloggio (UFC)
Maurício Novaes Souza (IF Sudeste-MG)
Michelle Sato Frigo (UFPR-Palotina)
Revalino Freitas (UFG)
Simone Wolff (UEL)

Para meus pais,
que fizeram e fazem o seu melhor;
e para meu filho,
por quem eu faço o meu.

AGRADECIMENTOS

Aos meus pais, que fizeram e fazem tanto por seus filhos e netos.

Aos meus professores, de todos os níveis escolares, em especial ao meu orientador no doutorado, professor José Rogério Lopes (*in memoriam*), pela parceria, pela confiança e pelos ensinamentos numa jornada de quase quatro anos, que ficaram marcados na minha vida. Assim como à minha amiga e professora Verônica Dantas (*in memoriam*), que sempre me incentivou na jornada acadêmica, e sei que continuas, de onde estiver.

Ao Programa de Pós-Graduação em Desenvolvimento Regional e consequentemente à Universidade Federal do Tocantins, pelo apoio em etapa acadêmica importante em minha vida, em busca do ensino gratuito, público e de qualidade.

E, principalmente, ao meu filho, que, mesmo tão pequeno, foi paciente, entendeu minhas faltas e falhas no dia a dia e compreendeu quando a mamãe não pôde estar presente de modo integral em sua vida.

APRESENTAÇÃO

No começo eu era só certezas.
No meio eu era só dúvidas.
Agora é o final
e eu só duvido.
(Mario Quintana)

As festas religiosas de Natividade, cidade histórica do estado do Tocantins, envolvem muitas pessoas, são ricas de significado e de fé. Essas pessoas são motivadas a estar no local independentemente da estrutura ou dos serviços oferecidos durante essa estada, pois quando se fala de religiosidade, adentra-se um território muito particular e esotérico do ser humano, que é a fé.

Independentemente da complexidade de uma festa religiosa, o indivíduo religioso sente a necessidade de participar do tempo sagrado, pois é um acontecimento que foi originado há muito tempo e que, por meio do rito, torna-se presente naquele momento. Para o sociólogo Peter Berger[1], "a realidade empírica da construção humana do mundo é sempre social", e necessita da sociedade como condição para sua manutenção. O conjunto dessas produções, como a cultura, manifesta-se em dois sentidos: sua existência objetiva e exterior à consciência humana; e sua capacidade de ser compartilhada e, logo, de ser reconhecida coletivamente.

Assim, no tempo sagrado, tempo dos ritos e festas religiosas, o indivíduo quer se aproximar dos modelos divinos e ficar mais próximo de suas divindades, ele simula e recria outro ser, baseado nos mitos, enfim, na história. Em Natividade, todos que vivenciam as festas religiosas, os desdobramentos e ramificações que delas surgem e se multiplicam estão organizados sob uma lógica de compromissos identitários, que são os compromissos que eles assumem consigo mesmos e com a comunidade em si.

Considerando essa abordagem, apresento nesta obra, *Desenvolvimento local, turismo e religiosidade*, a identidade religiosa atribuída à cidade de Natividade, que demarca um conjunto de práticas e manifestações que podem orientar um modelo de desenvolvimento local, no qual as festas

---

[1] BERGER, Peter L. *O dossel sagrado*: elementos para uma teoria sociológica da religião. São Paulo: Paulinas, 1985. Originalmente publicada em 1969. p. 20.

religiosas adquirem centralidade. Com isso, este livro traz os agenciamentos em torno dessas festas, em que não se tratará de sujeitos ou instituições, mas sim de reconhecer os projetos e quem são os atores envolvidos. A identificação desses agenciamentos, que podem ser individuais, em grupos ou por associações, em torno de um projeto de turismo religioso para a cidade de Natividade é fundamental para entender os processos que ocorreram ou ocorrem no município.

No intuito de facilitar e conectar o leitor ao assunto abordado nesta obra, ela está dividida em cinco capítulos, sendo o primeiro uma apresentação da cidade de Natividade, seu contexto histórico e a dinâmica das duas principais festas religiosas realizadas na cidade: a Festa do Divino Espírito Santo, entre os meses de maio e junho; e a Romaria do Senhor do Bonfim, no mês de agosto. No segundo capítulo, apresento a cultura, os seus conceitos principais, seus desdobramentos das discussões acerca do patrimônio, memória e identidade. Neste caso, considero que a religiosidade é entendida como prática de identificação. Já no terceiro capítulo, abordo que desenvolvimento surge da centralidade das questões humanas e ambientais, promovendo outros modelos de desenvolvimento, principalmente por intermédio da cultura. Já no quarto capítulo, o turismo será abordado conforme seu surgimento de um modo geral, adentrando o turismo religioso e como a questão do turismo vem sendo trabalhada no Tocantins, mais especificamente nas Serras Gerais e na cidade de Natividade. E, por fim, no quinto capítulo, trago dados produzidos em quase 18 anos de pesquisas sobre essas festividades em Natividade, além do papel dos atores locais e o agenciamento deles em torno dos projetos que envolvem o turismo religioso na região, correlacionando-os com pensamentos, abordagens e teóricos que conseguem responder se essas festividades podem se tornar referenciais para o desenvolvimento local por meio desse turismo.

Este livro traz a proposta do desenvolvimento local via turismo religioso e valendo-se da identificação das potencialidades locais, em que há caminhos para que a própria comunidade possa agir em busca desse desenvolvimento. A ideia é que possa estimular os atores locais na promoção do turismo religioso e com isso buscar alternativas para a região, que está localizada em uma das áreas mais pobres do Tocantins.

Há uma gama de interesses difusos e sazonais, além de disputas por "exclusividade" em determinadas atividades dentro do município. Bem como uma dependência da Associação Comunitária Cultural de Natividade (ASCCUNA), para dar prosseguimento aos projetos que mantêm Natividade como uma cidade de arquitetura patrimonializada, com festas religiosas que atraem grande público (independentemente da religião de cada um), porém são direcionadas a um público muito específico e local. Em tempos pós-pandêmicos, já se pode pensar que as relações sociais não serão mais as mesmas ou poderão se acentuar. Atualmente, as festas retornaram a sua grandeza, sua importância e suas tramas sociais. As fissuras provocadas pela pandemia fortaleceram a comunidade na e para a devoção de suas divindades. Convido você para conhecer Natividade. Aproveite a leitura!

LISTA DE SIGLAS E ACRÔNIMOS

ABAV	Associação Brasileira das Agências de Viagens
ABNT	Associação Brasileira de Normas Técnicas
ACINAT	Associação Comercial e Industrial de Natividade
ACP	Ação Civil Pública
ADETUC	Agência do Desenvolvimento do Turismo, Cultura e Economia Criativa
ANVISA	Agência Nacional de Vigilância Sanitária
APROTUR	Associação dos Profissionais de Turismo do Estado do Tocantins
ASCCUNA	Associação Comunitária Cultural de Natividade
ASSEGTUR	Associação de Turismo das Serras Gerais
ATI	Agência de Tecnologia da Informação
ATS	Agência Tocantinense de Saneamento
ATTR	Associação Tocantinense de Turismo Receptivo
BID	Banco Interamericano de Desenvolvimento
BIRD	Banco Internacional para Reconstrução e Desenvolvimento
BPMA	Batalhão de Polícia Militar Ambiental
BPMRED	Batalhão de Polícia Militar Rodoviário e de Divisas
CADASTUR	Cadastro de Prestadores de Serviços Turísticos
CAF	Banco de Desenvolvimento da América Latina
CAPES	Coordenação de Aperfeiçoamento de Pessoal de Nível Superior
CAT	Centro de Apoio ao Turista
CBM	Corpo de Bombeiros Militar
CIOPAER	Centro Integrado de Operações Aéreas
CNBB	Conferência Nacional dos Bispos do Brasil
CNC	Confederação Nacional do Comércio

COMBRATUR	Comissão Brasileira de Turismo
COMTUR	Conselho Municipal de Turismo
DETRAN	Departamento Estadual de Trânsito
DOE	Diário Oficial do Estado
EMBRAER	Empresa Brasileira de Aeronáutica
EMBRATUR	Agência Brasileira de Promoção Internacional do Turismo
FAET	Federação de Agricultura e Pecuária do Estado do Tocantins
FAPT	Fundação de Amparo à Pesquisa
FUPPAC	Fundo Municipal de Preservação do Patrimônio Cultural
IBGE	Instituto Brasileiro de Geografia e Estatística
ICS	Instituto de Ciências Sociais
IDH	Índice de Desenvolvimento Humano
IDR	Índice de Desenvolvimento Regional
INPE	Instituto Nacional de Pesquisas Espaciais
INRC	Inventário Nacional de Referências Culturais
IPHAN	Instituto do Patrimônio Histórico e Artístico Nacional
ISEB	Instituto Superior de Estudos Brasileiros
ISSQN	Imposto Sobre Serviços de Qualquer Natureza
ITA	Instituto Tecnológico de Aeronáutica
ITERTINS	Instituto de Terras do Tocantins
MERS	Síndrome Respiratório do Médio Oriente
MPTO	Ministério Público do Tocantins
MTur	Ministério do Turismo
OIT	Organização Internacional do Trabalho
OMS	Organização Mundial da Saúde
OMT	Organização Mundial do Turismo
ONU	Organização das Nações Unidas

PASTUR	Pastoral do Turismo
PDITS	Plano de Desenvolvimento Integrado do Turismo Sustentável
PDRIS	Programa de Desenvolvimento Regional Integrado e Sustentável do Tocantins
PEC	Política Estadual de Cultura
PGCiamb	Programa de Pós-Graduação em Ciências do Ambiente
PIB	Produto Interno Bruto
PM	Polícia Militar
PNUD	Programa das Nações Unidas para o Desenvolvimento
PPA	Plano Plurianual
PPGDR	Programa de Pós-Graduação em Desenvolvimento Regional
PRF	Polícia Rodoviária Federal
PRODETUR	Programa de Desenvolvimento do Turismo
SARS	Síndrome Respiratória Aguda Grave
SC	Sistema de Cultura
SEBRAE	Serviço Brasileiro de Apoio às Micro e Pequenas Empresas
SEDEN	Secretaria de Desenvolvimento Econômico, Ciência, Tecnologia, Turismo e Cultura do Estado do Tocantins
SENAC	Serviço Nacional de Aprendizagem Comercial
SENAR	Serviço Nacional de Aprendizagem Rural
SESC	Serviço Social do Comércio
SETAS	Secretaria do Trabalho e da Assistência Social
SNC	Sistema Nacional de Cultura
SPHAN	Serviço do Patrimônio Histórico e Artístico Nacional
SPI	Sociedade Portuguesa de Inovação
TCLE	Termo de Consentimento Livre Esclarecido
THR	Tourism Industry Advisor
UEG	Universidade Estadual de Goiás

UFG	Universidade Federal de Goiás
UFT	Universidade Federal do Tocantins
UM	Universidade do Minho
UN	United Nations
UNESCO	Organização das Nações Unidas para a Educação, a Ciência e a Cultura
UNESP	Universidade Estadual Paulista "Júlio de Mesquita Filho"

SUMÁRIO

INTRODUÇÃO 19

1
NATIVIDADE E SUAS FESTAS RELIGIOSAS 33
1.1 Festa do Divino Espírito Santo em Natividade 45
1.2 Romaria do Senhor do Bonfim 52

2
CULTURA, PATRIMÔNIO, MEMÓRIA E IDENTIDADE 71
2.1 Teoria cultural: hegemonia, tradição e autenticidade 73
2.2 Patrimônio e memória 80
2.3 Cultura como recurso: o *habitus* e as forças performáticas. 93
2.4 A identidade e as lógicas de ação social: a religiosidade como prática de identifica-
ção 102

3
CULTURA COMO FATOR DE DESENVOLVIMENTO LOCAL 119
3.1 Cultura e desenvolvimento: conceitos iniciais. 120
3.2 O local como ferramenta para o desenvolvimento regional 128
3.3 Cultura no/para/como desenvolvimento. 132
3.4 Cultura e desenvolvimento: as políticas para a cultura no estado do Tocantins. . . . 136

4
TURISMO E DESENVOLVIMENTO LOCAL. 143
4.1 Turismo: origem, conceitos e categorias. 144
4.2 Turismo religioso: da peregrinação à atividade econômica 152
4.3 Breve história do estado do Tocantins e o desenvolvimento regional. 164
4.4 Serras Gerais e o turismo em Natividade 170

5
FESTAS RELIGIOSAS, AGENCIAMENTOS E O TURISMO RELIGIOSO. . 185
5.1 Agenciamentos locais e o turismo em Natividade 191
5.2 Políticas públicas nas Serras Gerais: o que planeja o poder público?. 220
5.3 Participantes das festas religiosas de Natividade. 237

5.4 Percepção sobre as festas religiosas de Natividade...........................246

    5.4.1 Festa do Divino Espírito Santo...246

    5.4.2 Romaria do Senhor do Bonfim..252

5.5 Percepção do turismo nas festas religiosas....................................258

5.6 Percepção da infraestrutura das festas religiosas de Natividade...............264

5.7 Percepção da infraestrutura turística de Natividade..........................268

5.8 Agenciamento nas festas religiosas de Natividade............................276

    5.8.1 Festa do Divino Espírito Santo 276

    5.8.2 Romaria do Senhor do Bonfim..293

5.9 O turismo religioso é possível?...319

6
CONSIDERAÇÕES 341

REFERÊNCIAS..345

INTRODUÇÃO

Esta obra surge da necessidade de compreender como a realização das principais festas religiosas da cidade de Natividade, estado do Tocantins — a Festa do Divino Espírito Santo e a Romaria do Senhor do Bonfim —, as quais trazem em seu escopo uma gama de representatividade religiosa de uma comunidade, podem se tornar referenciais para o desenvolvimento local por meio do turismo religioso. E, ainda, se essa atribuição de prática identitária de Natividade e sua comunidade puder ser considerada como de uma cidade religiosa, de um povo religioso, principalmente por suas intensas e constantes festas religiosas durante todo o ano civil, a cidade também teria perfil para o turismo religioso?

A escolha por Natividade e as suas festas religiosas dá-se pelo meu contato com a comunidade desde 2005, tendo em vista a execução de um projeto de extensão na minha graduação em formato de seminário[2], em que os acadêmicos de Comunicação Social com habilitação em Jornalismo pela Universidade Federal do Tocantins ministrávamos oficinas para os alunos das escolas públicas da comunidade nativitana; em 2006, quando continuei com foco na cidade e realizei um projeto experimental curricular, sendo um projeto gráfico de encarte turístico sobre a cidade; e, ainda, o trabalho de conclusão de curso sob o título "Deus da luz: um olhar dos nativitanos sobre o vídeo-documentário", em que analisei a recepção de alguns membros da comunidade sobre um produto audiovisual produzido por pessoas externas à comunidade.

Após esse período, foram realizadas visitas periódicas à comunidade no decorrer dos anos de 2007, 2009, 2010, 2011 e 2012, devido à participação em demais edições do Seminário Nacional de Arte, Comunicação e Cidadania e também às pesquisas do mestrado iniciado em 2010 pelo Programa de Pós-Graduação em Ciências do Ambiente (PGCiamb), com período de mobilidade acadêmica internacional na Universidade do Minho (UM), em Braga, Portugal, cursando disciplinas em dois programas de mestrado do

---

[2] O Seminário Nacional de Arte, Comunicação e Cidadania foi realizado durante os anos de 2005 a 2014, ininterruptamente. O evento era realizado pela Universidade Federal do Tocantins (UFT), com apoio da Pró-Reitoria de Extensão, Cultura e Assuntos Comunitários (PROEX) e Prefeitura de Natividade, coordenado pelo curso de Comunicação Social da UFT. Buscou, por meio de suas ações, atender ao desenvolvimento sustentável local da região e às trocas culturais e sociais importantes para o desenvolvimento de ações cidadãs dos nativitanos e dos discentes e docentes da universidade. MENESES, Verônica Dantas; TESKE, Wolfgang. *Comunicação, cultura e identidade*: folkcomunicação no Tocantins. Curitiba: Appris, 2020. v. 1.

Instituto de Ciências Sociais (ICS): mestrado em História e mestrado em Patrimônio e Turismo Cultural, sob a orientação das professoras doutoras Marina Ertzogue (UFT) e Marta Lobo (UM). Assim, defendi em 2012 a dissertação "História, memória e religiosidade na Festa do Divino Espírito Santo em Natividade – TO", na qual caracterizo e relato os principais ritos dessa festa e faço um resgate com base na metodologia da história oral sobre a festividade e a participação da comunidade.

Em 2017, publiquei meu primeiro livro sobre a temática das festas religiosas, *A Festa do Divino Espírito Santo de Natividade*, uma reescrita da dissertação para divulgação dessa pesquisa, da história e da importância dessa festividade para a comunidade da cidade. Com isso, e conforme esse histórico de relacionamento acadêmico com a comunidade de Natividade, principalmente durante as festas religiosas, percebi e cito, tanto na dissertação como nesse primeiro livro, a necessidade de investigar a cidade como um possível destino para o turismo religioso no Tocantins.

Natividade já é considerada um destino turístico para o ecoturismo e o turismo cultural, possui pacotes específicos e agências de turismo locais e nacionais com passeios predefinidos, como: *city tour* pelo centro histórico de Natividade, trilhas até as cachoeiras na serra e *rafting*[3] no Rio Manoel Alves. Nesses pacotes, ainda são exploradas suas belezas naturais e os modos de viver local, como a produção artesanal do Biscoito Amor-Perfeito[4], em que os visitantes podem participar daquele momento. Para a formatação desses pacotes, oficinas e treinamentos foram realizados pelos agentes exógenos e seus processos de transformação das comunidades, como as ações do Serviço Brasileiro de Apoio às Micro e Pequenas Empresas (SEBRAE)[5] na região. Outra ação é do Grupo de Suça "Tia Benvinda", coordenado pela professora da rede pública de ensino de Natividade Verônica Albuquerque, em que resgata a tradição da dança de suça, que é era dançada pelos africanos escravizados na região no período colonial, e na atualidade é ensinada aos jovens da comunidade[6].

---

[3] Esporte de aventura que se baseia na prática de descida em corredeiras em equipe utilizando botes infláveis e equipamentos de segurança.

[4] A Lei 2.185, de 10 de novembro de 2009, reconhece como bem de valor cultural e patrimônio histórico do estado do Tocantins o Biscoito Amor-Perfeito.

[5] Em 2009, com base no Projeto Empreender – Sudeste, o SEBRAE/TO prestou consultorias para a família que fabrica o Biscoito Amor-Perfeito nas áreas de segurança alimentar para desenvolvimento da tabela nutricional, elaborando um manual de boas práticas de fabricação, criação de logomarca, rótulos para os produtos e oferecidas consultorias de controles gerenciais. *Cf.* https://bit.ly/2MML9bi. Acesso em: 15 jul. 2021.

[6] Em 2017, o grupo de suça foi contemplado com o Prêmio Culturas Populares, do Ministério da Cultura. O grupo ensaia todas as semanas, recebe turistas para vivenciar o "turismo de experiência" e já se apresentou em diversos eventos pelo Tocantins. *Cf.* https://bit.ly/36iiUt3. Acesso em: 20 jul. 2020.

Nos últimos anos, a cidade ampliou sua rede hoteleira — de dois para cinco estabelecimentos —, que continua uma rede pequena; houve a abertura de mais alguns restaurantes, até mesmo no centro histórico. E, a partir de 2017, a presença da mídia na cidade, principalmente para a produção de novelas[7], programas jornalísticos, filmes[8] e um seriado da Netflix[9], impulsionou a procura pela cidade, que foi mais divulgada nacionalmente[10, 11].

> "A cidade conta com algumas pousadinhas simples, alguns poucos restaurantes (o Casarão é o mais famoso) e uma sorveteria. Às sextas-feiras, uma feirinha movimenta o centro e é o grande ponto de encontro da comunidade."[12]

Em 2019, o Governo do Estado do Tocantins, o Ministério do Turismo (MTur), o SEBRAE, a Universidade Federal do Tocantins, entre outros agentes exógenos, intensificaram a realização de fóruns, reuniões e debates para implantar o ecoturismo na região das Serras Gerais, no mesmo formato de ecoturismo que já é trabalhado no Parque Estadual do Jalapão, extremo leste do estado.

Logo, compreender e identificar como o turismo religioso está sendo implantado em Natividade (se está sendo, será ou não será) configuraria mais uma alternativa de renda e emprego para a comunidade e, claro, promovendo o desenvolvimento local. Porém, é preciso entender, por meio dos atores sociais endógenos, em que projetos eles estão envolvidos: o ecoturismo, o turismo cultural ou o turismo religioso?

Os atores estão organizados sob uma lógica de compromissos identitários, que apresento no decorrer deste livro. Também pretendo trazer à reflexão e entender esses projetos, sendo o maior questionamento sobre o turismo, isto é: Quem o está organizando? Quais são os atores envolvidos? Há disputas nesse contexto? Se sim, quais são essas disputas? Essas disputas se fazem em torno desses projetos para o turismo religioso ou não?

---

[7] Novela da Rede Globo, *O Outro Lado do Paraíso* teve sua cidade fictícia inspirada em Natividade. *Cf.* https://bit.ly/35qzPrR. Acesso em: 20 jul. 2020.

[8] As gravações do filme *O Barulho da Noite* foram realizadas em Natividade e região, além de contar com a presença de Foliões do Divino. *Cf.* https://bit.ly/2Fr3Ihe. Acesso em: 20 jul. 2020.

[9] Netflix é uma provedora global de filmes e séries de televisão, via *streaming*, sediada em Los Gatos, Califórnia, e que atualmente possui mais de 100 milhões de assinantes. A série *O Escolhido* é gravada na cidade. *Cf.* https://bit.ly/2uhjOaS. Acesso em: 20 jul. 2020.

[10] SANTANA JR, Jesuíno. Joias de Natividade são destaques nos acessórios de personagens da novela O Outro Lado do Paraíso. *Portal Tocantins*, Palmas, 1 nov. 2017.

[11] MATOS, Juliana. De Natividade, dona Romana comenta inspiração para personagem televisiva. *Jornal do Tocantins*, Palmas, 25 out. 2017.

[12] MOREIRA, Adriana. Conheça Natividade, cidade-cenário da série 'O Escolhido' da Netflix. *O Estado de São Paulo (Estadão)*, São Paulo, 29 jun. 2019.

Entendo, no decorrer desses anos de pesquisa na região, que, para que Natividade seja reconhecida como destino turístico religioso, é mister o compromisso de todos os atores envolvidos nesse processo, sendo eles: comunidade, poder público e empresários. E, não havendo elementos locais para impulsionar o desenvolvimento local, a inserção de Natividade em um circuito já estabelecido seria um elemento impulsionador, como é o caso do projeto de incentivo turístico para a região das Serras Gerais, porém com viés religioso e cultural. Também, que a identidade religiosa atribuída à Natividade demarca um conjunto de práticas e manifestações que podem orientar um modelo de desenvolvimento local, no qual essas festas adquirem centralidade.

Não desejo com esta obra entregar um modelo de desenvolvimento local, uma "receita pronta", uma vez que se defende neste livro que o desenvolvimento deve partir da comunidade, da iniciativa e do comprometimento dos atores endógenos para encontrarem o caminho ideal na promoção do turismo religioso, não deixando de lado o apoio dos agentes exógenos na construção desse modelo.

Ainda são poucas as pesquisas realizadas no Tocantins sobre suas manifestações culturais e religiosas, as quais seriam de suma importância para o registro dessas tradições. O que se tem de informação atualmente se resume às matérias jornalísticas nos meios de comunicação do estado, principalmente nos portais das estatais, a alguns trabalhos de conclusão de curso e a algumas dissertações e teses.

Reforço que, em Natividade, pelo seu significado histórico e cultural para o estado do Tocantins, as festas geram influência direta no reconhecimento de uma identidade cultural para a comunidade, além do entendimento sobre o envolvimento e gratidão que todos os fiéis, devotos e romeiros guardam por essas divindades.

E por que escolher um município tão pequeno, tão distante da capital Palmas e dos investidores? Porque não se trata apenas de pesquisar a história do Tocantins, da sua gente, das suas manifestações culturais como a origem dessas celebrações na região, mas também de pesquisar o ambiente em que a festa é realizada, pois há pouco material em bibliotecas e repositórios que abordem as características históricas e culturais da região, fazendo com que a pesquisa possa servir, posteriormente, como fonte de registros, estudos e pesquisas.

O principal desafio que tive na construção desta obra (e permaneço com ele para próximas pesquisas) é compreender se os atores sociais envolvidos no processo se reconhecem como agentes endógenos capazes de promover o desenvolvimento em sua região, sem depender dos agentes exógenos, como poder público e paraestatal.

Meu papel enquanto pesquisadora é entender como as coisas são, de que forma o conhecimento é gerado, qual a visão de mundo e qual estratégia científica eu posso utilizar para entender ou responder a um problema. Nesta obra, considero a interação sujeito-objeto, em que a realidade social é produto de uma construção social, em que é percebida e elaborada de forma coletiva, conforme as percepções que se têm do mundo e que se compartilha em sociedade. Com base na epistemologia construtivista, em que a criação de significado pressupõe a intencionalidade, isto é, uma consciência que se volta a um objeto, e nessa interação entre o sujeito e o objeto, é que se constrói um significado.

> Os indivíduos desenvolvem significados subjetivos de suas experiências, significados dirigidos para alguns objetos ou coisas. Tais significados são variados e múltiplos, levando o pesquisador a buscar a complexidade dos pontos de vista em vez de estreitá-los em algumas categorias ou ideias.[13]

Com isso, esta obra é resultado de uma pesquisa com base na ontologia de interação sujeito-objeto, uma epistemologia construtivista[14], levando, assim, à adoção da abordagem fenomenológica[15], em que utilizei os métodos de pesquisa de natureza qualitativa por meio da etnografia[16].

Destaco que alguns atores assinalam que a etnografia também é conhecida como: observação participante, pesquisa interpretativa, pesquisa hermenêutica, entre outras. Para Geertz, a etnografia não é somente estabelecer relações, selecionar informantes, transcrever textos, levantar genealogias, mapear campos, manter um diário, e sim elaborar uma descrição densa. Assim, "há três características da descrição etnográfica: ela é interpretativa; o que ela interpreta é o fluxo do discurso social e a interpretação envolvida consiste em tentar salvar o 'dito' num tal discurso da sua possibilidade de extinguir-se e fixá-lo em formas pesquisáveis"[17].

---

[13] CRESWELL, John W. *Projeto de pesquisa*: métodos qualitativo, quantitativo e misto. 2. ed. Porto Alegre: Artmed, 2007. p. 31.

[14] ZANELA SACCOL, Amarolinda. Um retorno ao básico: compreendendo os paradigmas de pesquisa e sua aplicação na pesquisa em administração. *Revista de Administração da Universidade Federal de Santa Maria*, v. 2, n. 2, p. 250-269, maio/ago. 2009.

[15] HUSSERL, Edmund. *A ideia da fenomenologia*. Tradução de Artur Morão. Lisboa: Edições 70, 1990.

[16] WEBER, Florence. A entrevista, a pesquisa e o íntimo, ou: por que censurar seu diário de campo? *Horizontes Antropológicos*, Porto Alegre, ano 15, n. 32, p. 157-170, jul./dez. 2009.

[17] GEERTZ, Clifford. *A interpretação das culturas*. IS. reimpr. Rio de Janeiro: LTC, 2008. p. 15.

No decorrer da pesquisa e consequentemente desta obra, tento construir uma relação dinâmica entre o mundo real e o sujeito, uma interpretação dos fenômenos e a atribuição de significados, em que o ambiente é natural e o pesquisador é o instrumento-chave para a produção de dados e com a análise intuitiva dos dados.

> O estudioso de uma festa deve ficar atento à dinâmica de seus componentes culturais. No decorrer do tempo eles vão se extinguindo e dando lugar a outros. A dinâmica dos componentes pode indicar mudanças da festa ao longo do tempo.[18] A festa é sempre um acontecimento único, que jamais se repete. Assim, a cada ano a tradição é reinventada, sendo múltiplas as suas versões e sempre necessariamente travestidas daquela que, em princípio, compõe o imaginário coletivo. [...] O ritual pode parecer o mesmo, mas o olhar será de um outro turista procurando sempre novos cenários para seus registros. O 'turista peregrino', por sua vez, também renovou ou fez novos votos. Ele trará em si as marcas de mais um ano de existência em um mundo em permanente transformação e será um novo ator e um novo espectador em uma nova festa.[19]

Esse tempo deve ser o mais amplo possível, para que a observação e o registro das situações sejam eficazes, pois muitas vezes nós pesquisadores não podemos participar de todas as etapas, algumas mais simples, nas quais poderíamos com mais facilidade compreender as relações estabelecidas e vivenciadas pelos atores sociais.

Nesta obra, além da revisão bibliográfica[20] e do levantamento documental[21] por meio de jornais, folhetos disponibilizados pela comunidade e instituições vinculadas ao tema, pesquisas de documentos na internet, matérias jornalísticas e material de divulgação institucional, realizei dois procedimentos metodológicos: entrevistas[22] abertas, método *snowball*[23], e entrevista em profundidade, além da aplicação de questionários[24].

---

[18] MOURA, Antonio de Paiva. Turismo e festas folclóricas no Brasil. *In*: FUNARI, Pedro Paulo; PINSKY, Jaime. *Turismo e patrimônio cultural*. 4. ed. São Paulo: Contexto, 2011. p. 38.

[19] ALVES, Maria Lúcia Bastos. Peregrinos e turistas: diferentes modos de ser e viver o mundo. *Estudos de Sociologia*, [s. l.], v. 1, n. 14, p. 75-93, mar. 2014. p. 89.

[20] ECO, Umberto. *Como se faz uma tese em ciências humanas*. 13. ed. Lisboa: Editorial Presença, 2007.

[21] GIL, Antonio Carlos. *Como elaborar projetos de pesquisa*. 3. ed. São Paulo: Atlas, 1991.

[22] DUARTE, Jorge. Entrevista em profundidade. *In*: DUARTE; BARROS. *Métodos e técnicas de pesquisa em comunicação*. 2. ed. São Paulo: Atlas, 2008.

[23] Esse método é mais dirigido e intencional, em que a validade das informações fornecidas por uma amostra selecionada com base no método *snowball* depende da representatividade da amostra inicial.

[24] NOVELLI, Ana Lucia Romero. Pesquisa de opinião. *In*: DUARTE; BARROS. *Métodos e técnicas de pesquisa em comunicação*. 2. ed. São Paulo: Atlas, 2008.

Ainda sobre a etnografia, Weber traz uma reflexão que considero importante frisar sobre esse método que utilizei nas pesquisas e atividade durante esses anos, em que se deve ter em mente que

> [...] a etnografia não julga, não condena em nome de u de vista "superior". Ela procura, antes de tudo comprη aproximando o que está distante, tornando familiaι é estranho. Agindo assim, torna as coisas, as pessoaϛ eventos mais complicados do que parecem. Pelo fato ι etnógrafo limitar-se a um longo trabalho de descrição-ι terpretação – os dois andam em par – ele põe às claras complexidade das práticas sociais mais comuns dos pesqui sados, aquelas que são de tal forma espontâneas que acabam passando desapercebidas, que se acredita serem "naturais", uma vez que foram naturalizadas pela ordem social como práticas econômicas, alimentares, escolares, culturais, religiosas ou políticas etc.[25]

Durante a pesquisa de campo[26], analisei as formas de organização dos atores sociais acerca dos agenciamentos nas festas religiosas de Natividade, o modo como ocorrem essas relações na comunidade e entre as associações, a Igreja e o poder público, no decorrer da organização das festividades. Essa análise teve o olhar direcionado para a compreensão dos acontecimentos, conversas informais com visitantes, comerciantes e devotos, observação direta das atividades desenvolvidas nas festas, valendo-se das falas dos entrevistados, além das anotações no diário de campo[27].

Foram entrevistados os representantes da Associação Comunitária Cultural de Natividade (ASCCUNA), Associação de Turismo das Serras Gerais (ASSEGTUR), Reitoria do Santuário do Senhor do Bonfim, Agência do Desenvolvimento do Turismo, Cultura e Economia Criativa (ADETUC), SEBRAE/Dianópolis/TO, Prefeitura de Natividade, Associação dos Profissionais de Turismo do Estado do Tocantins (APROTUR) e Associação Tocantinense de Turismo Receptivo (ATTR), além de guias turísticos e representantes de agências de turismo do município.

---

[25] WEBER, Florence. *Guia para a pesquisa de campo*: produzir e analisar dados etnográficos. Tradução de Sérgio Joaquim de Almeida, revisão da tradução de Henrique Caetano Nardi. Petrópolis: Editora Vozes, 2007. p. 10.

[26] TRUJILLO, 1982 *apud* BOLL, Armindo; OLIVEIRA, Marcelo Pires de. A pesquisa de campo em folkcomunicação: escolhas de métodos de coleta de dados. O caso da história oral na pesquisa com as figureiras de Taubaté. *In*: CONFERÊNCIA BRASILEIRA DE FOLKCOMUNICAÇÃO, 8., 2005, Teresina. *Anais* [...]. p. 229.

[27] WEBER, 2009.

observação participante, produzimos dados sobre comportamentos
rência natural em seu contexto habitual. E, dentro da etnografia,
de períodos de observação são necessários (os autores pontuam entre
) dois anos, preferencialmente).

> Este período se faz necessário para que o pesquisador possa
> entender e validar o significado das ações dos participantes,
> de forma que este seja o mais representativo possível do
> significado que as próprias pessoas pesquisadas dariam a
> mesma ação, evento ou situação interpretada.[28]

Como tenho vivência e contato com a comunidade e suas festividades religiosas desde 2005, com maior profundidade a partir de 2010, com a pesquisa sobre a Festa do Divino Espírito Santo, sempre mantive contato ativo com a comunidade de Natividade. Quando fazemos a observação participante, o pesquisador procura estabelecer o significado de um fenômeno segundo o ponto de vista dos participantes, observando-lhes os comportamentos que se engajam em suas atividades.

Portanto, cabe ao pesquisador identificar os diversos grupos em jogo, suas principais motivações, as maneiras pelas quais esses grupos se apresentam e seus entendimentos do local, de modo a compreender e contribuir com mecanismos eficazes para investigar como se dá a relação entre desenvolvimento local e turismo religioso. Assim, os dados serão tabulados e analisados, tanto os decorrentes da pesquisa teórica quanto da pesquisa empírica, fornecendo bases para a discussão acerca da validação dos instrumentos e estratégias utilizadas na obtenção deles.

Porém, em 2020, no decorrer do levantamento dos dados desta pesquisa, o mundo foi devastado pela pandemia do novo coronavírus[29]. Segundo dados do Ministério da Saúde[30], a pandemia do novo coronavírus teve início na China, sendo comunicada oficialmente no dia 31 dezembro de 2019, e assolou diferentes países. Em um intervalo de apenas um mês, a Organi-

---

[28] MATTOS, Carmem Lúcia Guimarães de. A abordagem etnográfica na investigação científica. *In*: MATTOS, Carmem Lúcia Guimarães de; CASTRO, Paula Almeida de (org.). *Etnografia e educação*: conceitos e usos. Campina Grande: EdUEPB, 2011. p. 49-83. p. 51.

[29] Os coronavírus são uma grande família viral, conhecidos desde meados de 1960, que causam infecções respiratórias em seres humanos e em animais. Alguns coronavírus podem causar doenças graves, como a Síndrome Respiratória Aguda Grave (SARS), identificada em 2002 e a Síndrome Respiratória do Oriente Médio (MERS), identificada em 2012.

[30] BRASIL. Ministério da Saúde. Boletim Epidemiológico nº 16 - Boletim COE Coronavírus. *Cf.* https://www.gov.br/saude/pt-br/centrais-de-conteudo/publicacoes/boletins/epidemiologicos/covid-19/2020/boletim-epidemiologico-covid-19-no-16.pdf/view. Aceso em: 02 jun 2020.

zação Mundial da Saúde (OMS) declarou que o surto da doença constituía uma Emergência de Saúde Pública de importância internacional. No Brasil, em 26 de fevereiro 2020, foi oficialmente registrado o primeiro caso da covid-19, sendo detectado em São Paulo, naquela época, o SARS-CoV-2, e seus efeitos ainda eram em grande parte desconhecidos para pacientes, estudiosos e médicos. A vacinação[31] iniciou no Brasil só em 2021, ainda em ritmo lento e com pouca cobertura vacinal. O país viveu, nos meses de março e abril daquele ano, um dos piores momentos da pandemia, e especialistas alertavam que, sem ações de prevenção coletiva, como uso de máscaras, distanciamento social e higiene pessoal, somente a vacina não seria capaz de interromper a transmissão.

Ainda em 2020, em decorrência do complexo quadro de pandemia da covid-19 no mundo e em território brasileiro, a presidência da Conferência Nacional dos Bispos do Brasil (CNBB) emitiu no dia 14 de março a mensagem "Tempos de esperança e solidariedade"[32]. O Ministério da Saúde[33] alertou que a medida de evitar aglomerações incluía Missa e cultos, indicando que as igrejas poderiam permanecer abertas para quem quisesse fazer suas orações. Vários estados e municípios formalizaram ações, desde a restrição do número de participantes até o fechamento dos templos e espaços de reuniões religiosas[34].

Na região das Serras Gerais, onde está localizada a cidade de Natividade, houve a paralisação das atividades ligadas ao turismo devido à pandemia da covid-19. Com isso, foram suspensas as atividades da cadeia produtiva do turismo, que atingiu diretamente cerca de 250 micro e pequenos empreendedores, considerando toda a cadeia produtiva do turismo dos municípios que compõem as Serras Gerais, que promovem desde a circulação de turistas, o desenvolvimento dos empreendimentos locais, dos condutores, o fortalecimento de pequenos produtores associados, à produção associada e dos de atrativos[35].

---

[31] Uma enfermeira de São Paulo foi a primeira pessoa vacinada contra o novo coronavírus no Brasil, no dia 17 de janeiro de 2021, após a aprovação, pela Agência Nacional de Vigilância Sanitária (ANVISA), do uso emergencial de dois imunizantes: a Coronavac, do laboratório chinês Sinovac em colaboração com o Instituto Butantan, e Astrazeneca/Universidade de Oxford, elaborada em conjunto com a Fundação Oswaldo Cruz.

[32] IMPRENSA CNBB. Mensagem da CNBB pede observação irrestrita às orientações médico-sanitárias. *Portal CNBB*, 15 mar. 2020.

[33] BRASIL, 2020.

[34] CUNHA, Magali. Diante da crise do coronavírus, o que as igrejas podem fazer? *Carta Capital*, 24 mar. 2020.

[35] MACEDO, Poliana. UFT colabora na criação de protocolos de segurança para retomada do turismo nas Serras Gerais. *Notícias – Universidade Federal do Tocantins*, Palmas, 6 ago. 2020.

Pelo país, as tradicionais viagens de romarias foram canceladas, uma forma de estimular os devotos a ficarem em casa e participarem dos ritos pelos meios de comunicação virtual. Antes da pandemia, algumas instituições religiosas já utilizavam de forma massiva a tecnologia e os meios de comunicação digitais. Em Natividade, esse cenário foi uma novidade para as pessoas que frequentavam tanto a Festa do Divino Espírito Santo como a Romaria do Senhor do Bonfim; aliás, a internet só chegou à comunidade do Bonfim porque precisavam transmitir a Missa da Romaria.

Vale ressaltar que, nesse período, houve uma lacuna entre o público que frequentava tais festividades e os meios de comunicação utilizados, que muitas vezes centralizam o acesso em locais específicos, a exemplo das redes sociais: Instagram, X (ex-Twitter) e Facebook. Existe essa lacuna, principalmente quando se refere aos grupos de romeiros que residem nas zonas rurais e, por vários motivos, não têm acesso a esses meios de comunicação.

Diante do cenário pandêmico, as festas religiosas de Natividade não foram realizadas em sua normalidade. No caso da Festa do Divino, ocorreu apenas a Missa com os festeiros do ano, sem a participação dos fiéis, e com transmissão on-line pela conta no Instagram de um dos devotos. Dessa forma, a Festa do Divino Espírito Santo de Natividade do ano de 2020 foi suspensa e transferida para 2021. Porém em 2021, como a situação não havia melhorado (muito pelo contrário), foi transferida novamente para 2022, mantendo os festeiros de 2020. Essa decisão foi tomada após reunião dos festeiros com o pároco e os representantes da ASCCUNA, em que divulgaram, no dia 26 de janeiro de 2021, um comunicado via aplicativo de troca de mensagens (WhatsApp[36]) para todos os envolvidos.

Em agosto de 2020, toda Missa da Romaria do Senhor do Bonfim foi transmitida pelas redes sociais, como Instagram, Facebook e canal no YouTube da Paróquia Santo Antônio de Gurupi, que já utilizava esses meios de comunicação no seu dia a dia e contava com uma equipe de comunicação, além de estações de rádio de Porto Nacional. Toda essa estrutura para realização da transmissão foi apoiada pelo governo do estado e com investimento do próprio Santuário do Bonfim para instalação de internet da empresa Oi. O Santuário do Senhor do Bonfim conseguiu se organizar a tempo e estruturar a transmissão da Missa na época da Romaria, seguindo as orientações dos órgãos de saúde, principalmente com relação à não aglomeração.

---

[36] WhatsApp é um aplicativo multiplataforma de mensagens instantâneas e chamadas de voz para smartphones. Além de mensagens de texto, os usuários podem enviar imagens, vídeos e documentos em PDF, além de fazer ligações grátis por meio de uma conexão com a internet.

Foram realizadas 23 entrevistas abertas nos meses de junho, agosto, setembro e outubro de 2020, e nos meses de março e abril de 2021, com os representantes da ASCCUNA, ASSEGTUR, reitor do Santuário do Senhor do Bonfim, ADETUC, SEBRAE/Regional de Dianópolis, Prefeitura de Natividade, APROTUR, Paróquia de Natividade e ATTR, por meio de e-mails, videochamadas e mensagens de áudio no aplicativo de troca de mensagens (WhatsApp). E ainda com alguns representantes da comunidade, como os festeiros da Festa do Divino de 2020, devotos e guias turísticos da cidade.

Do perfil desses entrevistados, temos: Maria Antônia Valadares de Souza, natural de Araguacema/TO, 49 anos, geógrafa, mestra e doutoranda em Ciências do Ambiente atuando na ADETUC como superintendente de Operações Turísticas e Projetos Estratégicos; a presidente de honra da ASCCUNA, Simone Camelo de Araújo, economista e nativitana, mais conhecida como Simone de Natividade; a empresária e diretora de Cultura e Turismo do município de Natividade, Mônica Rodrigues Lima Malakowsky Bianchi, 25 anos e natural de Macapá; o Padre Marquinélio Rodrigues Silva, pároco de Natividade, 35 anos e natural de Aurora/CE; Ademilson Ferreira Costa, com 46 anos de idade, natural de Natividade, e Imperador do Divino nas festas de 2020-2022, além da sua esposa, Heryka Simone Lopes Sales, natural de Dianópolis/TO e Imperatriz do Divino nas festas de 2020-2022.

Ainda entre os entrevistados: Romeu Belém dos Santos, também natural de Natividade, devoto e Imperador do Divino nas festas de 2019; a devota do Divino Espírito Santo Dirani Ribeiro de Oliveira Carvalho, 48 anos, natural de Dianópolis; Manoel Salvador Moura, 58 anos, natural de Rio do Sono/TO, residindo em Natividade desde 1983, empresário e presidente da Associação Comercial e Industrial de Natividade (ACINAT) (2018-2020); Flávio Pereira de Sousa, mais conhecido na cidade como Flávio Cavalera, 36 anos de idade, natural de Natividade, fotógrafo e guia turístico, dono da agência Flávio Cavalera no município; e Fernanda Tainã, 37 anos, atuando como presidente da ASSEGTUR, natural de Inhumas/GO e residente em Dianópolis.

Foram entrevistados também Verônica Tavares de Albuquerque, 40 anos, natural de Nazaré da Mata/PE, que mora em Natividade há 12 anos e atua como professora da rede básica de Ensino Fundamental II, presidente do Conselho Municipal de Turismo (COMTUR) e coordenadora do projeto Grupo de Suça "Tia Benvinda"; Alessandra Bacelar, 40 anos, jornalista e servidora pública estadual que acompanhou o marido na Romaria do Senhor do Bonfim, o qual paga promessas todos os anos; Carmenizia Cardoso da Silva, guia local e natural de Natividade; Ailton de Paiva Moreira, popularmente conhecido como Darlei Paiva, 36 anos, natural de Natividade, que atua como procurador da sorte na Festa do Divino Espírito Santo e foi Capitão do Mastro em 2012.

Ainda dentro do escopo dos entrevistados na metodologia que tive que adaptar ao longo do estudo, colaboraram com esta obra: João Marcelo Sanches, 50 anos, técnico em Turismo, guia regional e nacional, e presidente da APROTUR; Antônio Louça Cursino, analista técnico do SEBRAE/Dianópolis, gestor do Projeto de Turismo nas Serras Gerais desde o fim do ano de 2016, residente da cidade de Dianópolis; Adalho dos Santos Horta Camelo Filho, 39 anos, natural de Natividade, devoto e Capitão do Mastro em 2019; Maria do Bonfim P. Nunes Castro, mais conhecida na região como Tia Bonfim, professora aposentada e ministra da Eucaristia do Santuário do Senhor do Bonfim; Padre Leomar Sousa da Silva, reitor do Santuário do Bonfim e morador do distrito de Luzimangues, da cidade de Porto Nacional/TO, que faz divisa com Palmas; Fernando Torres, natural de Goiânia, guia de turismo e presidente da ATTR; Vitória Pinto de Cerqueira, 46 anos, natural de Natividade, tem curso técnico em Secretaria Escolar, atua na assessoria e consultoria na área da cultura e agricultura em Chapada da Natividade/TO, e, na Festa do Divino, organiza a Missa do Capitão do Mastro desde 2015; e, por fim, Cejane Pacini Leal Muniz, arquiteta e urbanista, servidora pública no Instituto do Patrimônio Histórico e Artístico Nacional (IPHAN/TO) e professora universitária.

Apenas duas entrevistas foram presenciais na cidade de Natividade, no dia 4 de outubro de 2020, devido à falta de agenda do reitor do Santuário do Senhor do Bonfim e com a presidente da ASCCUNA. Considero essas duas como minhas entrevistas em profundidade, pois foram realizadas de forma presencial, após a Missa de domingo no santuário. Já nesse dia, a Missa reuniu alguns fiéis usando máscaras, porém com pouco ou quase nenhum distanciamento social dentro da igreja, mas havia a disponibilização do álcool em gel na entrada para higienização das mãos. Como fiz um deslocamento de 750 km, dirigindo de Araguaína até Natividade em companhia da minha irmã, aproveitando a viagem, agendei entrevista com a presidente de honra da ASCCUNA, Simone Camelo, em sua casa de arquitetura colonial, no largo da Igreja de São Bendito, um lugar de silêncio e encanto.

Nesse tempo da pandemia, tive muita colaboração da comunidade de Natividade, e muito pelo fato de ter o apoio da ASCCUNA, na pessoa da Simone, e de ter um relacionamento de amizade com as pessoas da comunidade. Eu era conhecida lá, no início, como a "menina de Palmas" e, com os anos de pesquisa e vivência na comunidade, "Poliana da UFT". Ainda na pandemia, quando da realização de alguma celebração ritualística principalmente das Festas do Divino, elas foram restritas a festeiros, equipe litúrgica, clero e equipe de comunicação responsável pela transmissão da Missa realizada pelos meios de comunicação e mídias sociais. A comunidade também me encaminhou voluntariamente fotos, áudios e vídeos, por meio do WhatsApp, compartilhando os momentos e as celebrações ocorridas naquele novo cenário.

Como mencionei no decorrer do texto, nos dois primeiros anos de desenvolvimento desta pesquisa, foram estabelecidas visitas constantes, periódicas e dirigidas como forma de manter parceria com os membros da comunidade, além de estreitar o relacionamento com os novos. Porém, com a pandemia do novo coronavírus, esse contato ficou estabelecido por meio de aplicativos de trocas de mensagens e redes sociais.

Por fim, as interpretações desta pesquisa possibilitaram estabelecer a tese — aqui no sentido da minha opinião e ponto de vista que defendo — de que existe **sim** uma lógica de organização dos atores na comunidade de Natividade, de modo que os agenciamentos em torno dessas festas religiosas não pretendem afirmar a cidade como um destino para o turismo religioso dentro do Tocantins, mas sim uma autopromoção de atores isolados em si ou agrupados por afinidades familiares. E, ainda, que as ações são voltadas para o turismo cultural, turismo de experiência e, mais recentemente, turismo de aventura ou ecoturismo. Ainda não há uma consciência comunitária de que o turismo religioso possa ser atrativo. Há uma consciência individualizada, e falta, portanto, a criação de uma rede de atores para colocar em prática projetos e ações para a cidade de Natividade.

NATIVIDADE E SUAS FESTAS RELIGIOSAS

A criação do estado do Tocantins, em 1988, validou um projeto de autonomia que expressava as necessidades econômicas e político-administrativas daquela época, como também trouxe consigo os anseios de outras gerações e seus projetos inconclusos.

Marcam essa trajetória atos desde 1821, em que, em algumas províncias do Brasil, ideais liberais influenciavam os movimentos de independência nacional, passando pelos anos 1940, 1950 e 1960 do século XX, com diversas ações nos municípios do então norte de Goiás. E, por fim, a mobilização que começa em 1984, seguindo até 1988, quando o Tocantins foi desmembrado do estado de Goiás, em 5 de outubro de 1988, tendo sua criação e configuração outorgadas por meio da Constituição federal deste mesmo ano[37].

O discurso utilizado para essa separação territorial era de evidenciar as dificuldades socioeconômicas do norte de Goiás, além de demonstrar que existiam potencialidades que poderiam ser exploradas com o novo estado. "Atribui-se esse contraste regional ao desprezo político-administrativo da representação do poder em Goiás, fator que preponderou e prepondera na construção do discurso autonomista do Tocantins ao longo de sua trajetória"[38].

A ideia de pertencimento ao norte goiano, e não ao estado de Goiás, reforçou o discurso separatista, em que a diferença regional, a discriminação e o abandono político-administrativos foram assimilados pelos habitantes. Os jornais da época, os discursos políticos, entre outros registros, destacavam e identificavam toda essa região que hoje é o Tocantins como o "norte goiano"[39].

---

[37] BRASIL. [Constituição (1988)]. *Constituição da República Federativa do Brasil de 1988.* Brasília: Senado Federal, 1988.

[38] CAVALCANTE, Maria do Espírito Santo Rosa. *O discurso autonomista do Tocantins.* Goiânia: Ed. da UCG, 2003. p. 13.

[39] *Ibidem.*

Logo, os traços culturais atribuídos à identidade de ser do norte goiano devem ser reconhecidos como traços regionais que convergem para a própria constituição desse estado, que foram repassados de geração para geração, fosse pela influência familiar, fosse pelo próprio processo de colonização dessa região.

O município de Natividade, cidade histórica da região sudeste do Tocantins e distante 218 km da sua capital, Palmas, também foi cenário desses movimentos para separação do norte goiano do estado de Goiás e de tantos outros que marcaram a história da região. Cidade interiorana, ao pé da Serra da Natividade, que ainda conta com suas ruas de paralelepípedo, casas centenárias preservadas ao longo dos anos, ruínas e igrejas, uma herança da sociedade escravocrata que por ali viveu, em que se pode sentar em algum banco da Praça Leopoldo Bulhões, no centro histórico, e escutar apenas o vaivém das pessoas, os pássaros, o vento nas árvores e se encantar com a sensação de estar onde se parece que o tempo parou. Mas não parou!

A região de Natividade foi descoberta, segundo a maioria dos historiadores, pelo português Antônio Ferraz de Araújo, que estabeleceu uma mineração de ouro na serra que margeia a cidade, por volta de 1734. Em consequência disso, surgiu o povoado no alto da serra denominado São Luiz, nome em homenagem ao governador da capitania de São Paulo Dom Luiz de Mascarenhas, que esteve na região em 1740 para organizar as minas.

> A capitania de Goiás surgiu com as descobertas de minas de ouro na segunda dezena do século XVIII. [...] Para a metrópole lusitana, devido as políticas mercantilistas praticadas pelos países europeus neste período, só interessava o cobiçado metal, levando portanto, a tomar medidas no sentido de vedar o surgimento de outro tipo de economia, como a proibição do cultivo da cana-de-açúcar e a implantação de engenhos. [...] As minas de Natividade logo se tornaram as mais importantes do norte da Capitania, o que fez com que o arraial fosse logo elevado à categoria de julgado.[40]

Conforme mapas[41] da época, Natividade era considerada um dos mais importantes arraiais da região Norte e sempre manteve relações comerciais com outras capitanias por meio das Serras Gerais, como tam-

---

[40] PARENTE, Temis Gomes. O papel da Igreja nas formações das cidades. *Clio*: Revista de Pesquisa Histórica, v. 17, n. 1, 1998. p. 196.

[41] O primeiro mapa dos limites da capitania de Goiás foi elaborado a pedido do secretário da capitania Ângelo dos Santos Cardoso. Para mais informações sobre o contexto político, econômico e social da elaboração desse mapa, o primeiro de "Goiaz", bem como de outras especificidades sobre ele, cf. VIEIRA JÚNIOR, Wilson; SCHLEE Andrey Rosenthal; BARBO, Lenora de Castro Barbo. *Tosi Colombina, autor do primeiro mapa da capitania de Goiás?*

bém pelos Rios Tocantins e Araguaia. Com isso, essas duas vias (serras e rios) foram fechadas pela Coroa portuguesa para evitar os contrabandos, ficando isolada na região.

Figura 1 – *Mapa dos limites da capitania de Goyaz* (1750)

Fonte: Silva e Vieira Jr. (2018)

Figura 2 – *Mapa dos julgados* (1777-1778)

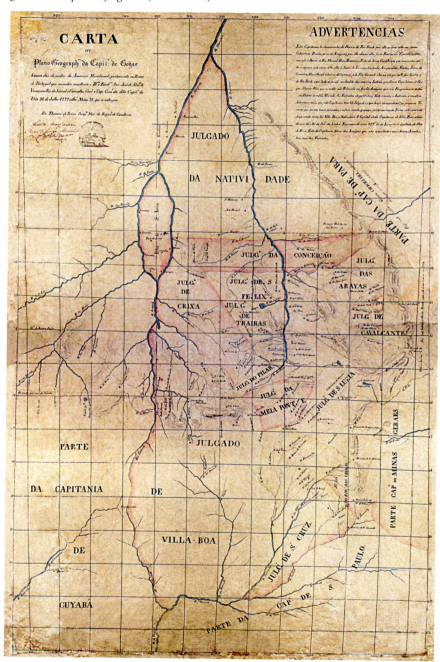

Fonte: Silva e Vieira Jr. (2018)

De 1809 a 1815, Natividade foi sede da "comarca do norte"[42], sendo residência do ouvidor. Por Resolução de 1.º de fevereiro de 1831, foi elevada à categoria de vila. Em 1834, possuía 300 casas e ruas guarnecidas de calçadas de laje. Em 22 de julho de 1901, foi criada a comarca de Natividade, instalada em 23 de dezembro de 1905.

Como arraial, vários acontecimentos importantes marcaram a história da localidade, tais como a divisão da província de Goyaz em duas comarcas em 1809 (do norte e do sul), sendo Natividade sede da comarca do norte, até que se construísse a sede definitiva (vila da Palma, em 1815), sob o comando do ouvidor português Joaquim Theotônio Segurado. Posteriormente, entre 1821 e 1823, houve o movimento separatista na região norte da província de Goiás com a liderança de Theotônio Segurado, em que um governo autônomo foi criado com sede inicialmente em Cavalcante, Arraias e posteriormente em Natividade, que também teve, sob comando do ouvidor nativitano, o tenente-coronel Pio Pinto de Cerqueira.

> Na segunda metade do século XVIII, Natividade entra no processo letárgico de estagnação, como em todas as outras regiões brasileiras produtoras de ouro, em consequência do rareamento do metal e por falta de outro tipo de economia que viria a substituir à atividade mineradora.[43]

Durante o ciclo do ouro, Natividade foi um dos mais importantes núcleos de garimpo na primeira metade do século XVIII. Há relatos de que, em seu apogeu, a mineração chegou a ter cerca de 40 mil escravos, por volta de 1745. "E, a partir de 1770, por mais de 200 anos, o lugar permaneceu em relativa obscuridade, embora a produção de ouro jamais cessasse"[44].

> Grande parte dos autores de livros de memória e viagens descreviam negativamente as terras de Natividade por onde passavam, porém, há também muitos registros positivos como a fartura do lugar e os aspectos religiosos da popu-

---

[42] A construção cartográfica da Carta ou Plano da Capitania de Goyaz de 1778, documento oficial da Coroa portuguesa, reunia elementos da paisagem, representava o relevo e as bacias hidrográficas, as construções como intervenção no território e apropriação do espaço, além as estradas que ligavam Goiás a Minas, Cuiabá e Salvador. Apresentava uma hierarquia para classificar os povoamentos conforme sua inserção na economia da mineração: Vila Boa, arraiais com freguesia, arraiais sem freguesia e as aldeias (estas por último, representando onde a sociedade mineira de Goiás enxergava o índio). A "Carta ou Plano Geographico da Capitania de Goyas" ou, simplesmente, "Mapa dos Julgados", consagrado na historiografia clássica, terminou de ser feita em maio de 1778, pelo Sargento-mor, Tomás de Souza.

[43] PARENTE, 1998, p. 197.

[44] INSTITUTO DO PATRIMÔNIO HISTÓRICO E ARTÍSTICO NACIONAL (IPHAN). *Joias artesanais de Natividade*. Brasília: IPHAN; Monumenta, 2006. p. 7.

lação. Natividade, apesar de ser um dos principais centros da comarca, sofreu em parte com a falta de informações da Coroa em decorrência da distância.[45]

Em 18 de dezembro de 1920, o governador João Alves de Castro fez aquartelar em Natividade a 4.ª Companhia da Força Pública, com o objetivo de defender a região dos conflitos existentes (após o conhecido massacre de São José do Duro[46] em 1919) e melhorar a arrecadação de impostos aos cofres públicos.

Na manhã de 6 de outubro de 1925, a cidade recebeu a Coluna Prestes[47], com o seu Estado Maior, composto de Luís Carlos Prestes, Juarez Távora, Cordeiro de Faria, Siqueira Campos, Miguel Costa, João Alberto e os goianos Atanagildo França e Manoel Macedo. Em 1930, deu-se a supressão da comarca, que posteriormente foi criada sob o termo e município do mesmo nome de Natividade.

Conforme o último censo do Instituto Brasileiro de Geografia e Estatística (IBGE), realizado em 2022, o município registra 8.754 mil habitantes[48], cuja principal atividade econômica é a administração e serviços públicos (com 35,57%); seguida pelo setor de serviços (25,06%); e indústria (23,52%). A cidade também é conhecida por sua extração do calcário dolomítico[49].

Natividade possui uma extensão territorial de 3.241,672 km², está localizada na região sudeste do estado do Tocantins. Com relação à economia do município, possui 93% das suas receitas oriundas de fontes externas[50]. E, ainda conforme dados do IBGE[51], o percentual de população ocupada

---

[45] DIAS, Weberson Ferreira. *O corpo a serviço da fé*: representações religiosas na Romaria do Bonfim de Natividade (TO). 2019. Dissertação (Mestrado em Territórios e Expressões Culturais no Cerrado) – Universidade Estadual de Goiás, Anápolis, 2019. p. 64.

[46] Massacre de São José do Duro, também conhecido como Chacina dos Nove ou Barulho do Duro, aconteceu em São José do Duro/GO, hoje Dianópolis/TO, em janeiro de 1919. O conflito estaria relacionado a uma disputa de poder, nos tempos do coronelismo, entre uma oligarquia de Goiás e a família Wolney, que tinha a hegemonia de São José do Duro. Na praça da cidade chamada de "Praça da Capelinha dos Nove", onde houve a chacina, há uma placa com os nomes dos homens que são tratados como heróis pelos moradores da cidade. Há também uma réplica do tronco onde eles foram torturados e assassinados.

[47] Foi um movimento organizado por tenentistas que percorreu o Brasil entre 1925 e 1927 combatendo as tropas dos governos de Artur Bernardes e Washington Luís durante a Primeira República. Ao longo de sua trajetória, os membros da Coluna percorreram mais de 25 mil km em protesto contra os governos vigentes.

[48] INSTITUTO BRASILEIRO DE GEOGRAFIA E ESTATÍSTICA (IBGE). *Natividade*: panorama. Rio de Janeiro: IBGE, 2024. *Cf.* https://cidades.ibge.gov.br/brasil/to/natividade/panorama. Aceso em: 16 jan 2024.

[49] NEGREIROS NETO, João Vidal de. *Caracterização para aproveitamento agrícola de resíduo de calcário*. 2015. Tese (Doutorado em Produção Vegetal) – Universidade Federal do Tocantins, Gurupi, 2015.

[50] TOCANTINS. *Natividade*: perfil socioeconômico dos municípios. Palmas: Secretaria do Planejamento e Orçamento, 2017b.

[51] *Ibidem*.

equivale a 13,53%, ou 883 pessoas, sendo o salário médio mensal dos trabalhadores formais de 1,9 salário-mínimo. Outros 43,7% da população possui rendimento nominal mensal per capita de até meio salário.

Porém, em Natividade, não há diversidade de agências bancárias, sendo disponível no município apenas a agência do Banco da Amazônia e uma casa lotérica. Quando algum morador ou comerciante precisa utilizar serviços bancários, deve se deslocar até Porto Nacional, percorrendo 350 km (ida e volta); Dianópolis, 250 km (ida e volta); ou Gurupi, 400 km (ida e volta).

Figura 3 – Mapas de localização, Natividade/TO

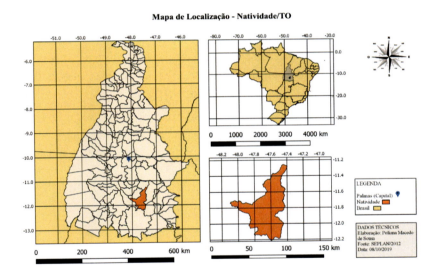

Fonte: Sousa (2019a); Sousa (2019b); Sousa (2019c)

A cidade contabiliza 250 imóveis do período colonial, edificações seculares, e mantém preservadas muitas crenças, além de tradições e festas religiosas, de forma que, em 1987, Natividade passa a ser reconhecida pelo IPHAN como patrimônio histórico nacional, inscrita nos Livros do Tombo Histórico, Arqueológico, Etnográfico e Paisagístico pela Lei 6.292, de novembro de 1975, cumprindo os efeitos do Decreto-Lei 25, de 30 de novembro de 1937, em que foi homologado o tombamento do conjunto urbanístico, arquitetônico e paisagístico da cidade de Natividade, então pertencente ao estado de Goiás, pelo Ministério da Cultura, na época comandado pelo ministro Celso Monteiro Furtado[52].

> À organização espacial das cidades coloniais, principalmente àquelas surgidas em consequências da mineração, percebe-se a importância do espaço físico em que a Igreja foi construída. Importância do papel político e social, papel normativo e institucional, que a Igreja exercia nos primórdios da colonização e que perdura até o advento da República com o surgimento do município.[53]

Nas cidades coloniais brasileiras, é da Igreja que surgiam as ruas, e não o contrário. Em Natividade, têm-se três principais igrejas que foram preservadas e são tombadas como patrimônio: a Matriz Nossa Senhora da Natividade, a Igreja de São Benedito e a Igreja de Nossa Senhora Rosário dos Pretos. Principalmente nesta última, temos um retrato fiel da sociedade escravocrata, em que a igreja foi iniciada pelos negros livres, mas só metade ficou concluída, por falta de recursos, sobretudo pela diminuição da produção de ouro[54].

> Natividade é a única cidade de norte do antigo Goiás que ainda conserva um núcleo apreciável de edifícios históricos, mas, o que mais se preservou foi a estrutura das Igrejas, permanecendo suas linhas originais. [...] As Igrejas de Natividade foram construídas em lugares destacados e altos da cidade, dando a impressão que as mesmas estão ali em vigília constante para com toda a cidade e sua população, onde as ruas parecem surgir todas procedentes do largo da Igreja e não o inverso.[55]

Desse histórico cultural e de forte presença da Igreja Católica na comunidade, têm-se que as principais festas religiosas de Natividade são a Festa do Divino Espírito Santo e a Romaria do Senhor do Bonfim, apesar de a comunidade comemorar tantas outras, como o Dia de Santos Reis, São Sebastião, Nossa Senhora das Candeias, Dia de São Brás, Terços de São José, Semana Santa, Santo Expedito, São Jorge, São João, São Benedito, São Cosme e Damião, Nossa Senhora da Conceição e Nossa Senhora da Natividade, esta última sendo a padroeira do Tocantins.

---

[52] MESSIAS, Noeci Carvalho. *Religiosidade e devoção*: as Festas do Divino e do Rosário em Monte do Carmo e em Natividade – TO. 2010. Tese (Doutorado em História) –Universidade Federal de Goiás, Goiânia, 2010.

[53] PARENTE, 1998, p. 195.

[54] POHL, Johann Emanuel. *Viagem no interior do Brasil*. São Paulo: EdUSP, 1976.

[55] PARENTE, 1998, p. 198.

Figura 4 – Igreja Matriz N. S. da Natividade e Igreja do Espírito Santo

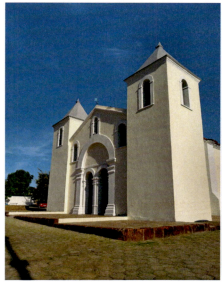 

Fonte: a autora (2019)

Figura 5 – Ruínas da Igreja N. S. Rosário dos Pretos

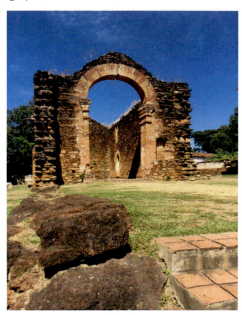

Fonte: a autora (2019)

A Festa do Divino Espírito Santo e a Romaria do Senhor do Bonfim foram estabelecidas como tradição[56] no Tocantins. Entende-se que essas festas são diferenciadas na região, caracterizando-se pela sua singularidade, nas quais os ritos e as celebrações são específicos para seus públicos. Mesmo assim, ainda são poucas pesquisas realizadas no Tocantins sobre suas manifestações culturais e religiosas, as quais seriam de suma importância para registro dessas tradições.

Sobre as festas religiosas em Natividade, o que se tem de informação atualmente se resume às matérias jornalísticas nos meios de comunicação, inclusive nos oficiais do governo do estado, arquivos na ASCCUNA, material produzido pelo IPHAN, além de trabalhos de conclusão de curso e alguns artigos científicos. Entre os pesquisadores que trabalham com religiosidade e festas religiosas no Tocantins, pode-se citar Bonfim, Araújo e Nascimento[57], Messias[58], Oliveira[59], Sousa[60] e Souza[61].

Atualmente, estão publicados os trabalhos de alguns autores que têm se dedicado às pesquisas sobre assuntos pontuais relacionados às festas religiosas pelo estado do Tocantins, como aponta a revisão de literatura sobre o tema, com base em palavras-chave como: festas religiosas, turismo e Tocantins. Esse levantamento foi realizado via Banco de Dissertações e Teses da Coordenação de Aperfeiçoamento de Pessoal de Nível Superior (CAPES), no dia 14 de maio de 2020. Logo, obteve-se um total de 12 trabalhos (três teses e sete dissertações), 7 deles sobre manifestações na cidade de Natividade.

Especificamente sobre Natividade e sua religiosidade, tem-se o trabalho pioneiro da autora Noeci Carvalho Messias, a tese "Religiosidade e devoção: as Festas do Divino e do Rosário em Monte do Carmo e em Natividade – TO", defendida em 2010 na Universidade Federal de Goiás (UFG), que abordou as experiências cotidianas de devoção da religiosidade

---

[56] Instrução Normativa 001/2012, que disciplina os procedimentos para inclusão de eventos culturais no Calendário e Agenda Culturais do Tocantins e dá outras providências. Sendo eventos tradicionais: eventos realizados há pelo menos dez anos ininterruptos e que façam parte de uma comunidade específica, transmitidos de geração em geração e que tenham reconhecimento em nível estadual por parte do governo do estado.

[57] BONFIM, Wátila Misla Fernandes; ARAÚJO, Simone Camêlo; NASCIMENTO, Núbia Nogueira do (org.). *Natividade-TO*: patrimônio do Brasil. Goiânia: Editora Kelps, 2021.

[58] MESSIAS, 2010.

[59] OLIVEIRA, Frederico Salomé de. O catolicismo rústico ganha uma cidade nova: a Festa do Divino da Comunidade Canela, antes e depois de Palmas/TO. *In*: ENECULT – ENCONTRO DE ESTUDOS MULTIDISCIPLINARES EM CULTURA, 6., 2010, Salvador.

[60] SOUSA, Poliana Macedo de. *A festa do Divino Espírito Santo*: memória e religiosidade em Natividade (TO). Porto Alegre: Editora Fi, 2017.

[61] SOUZA, José Arilson Xavier de. Entendimentos geográficos da religião e peregrinações: em análise a Romaria do Senhor do Bonfim em Natividade (TO). *Boletim Goiano de Geografia*, Goiânia, v. 32, n. 2, p. 219-238, jul./dez. 2012.

popular realizadas anualmente nas duas cidades e ainda observou que, embora a origem histórica das festividades do Divino Espírito Santo seja a mesma, os caminhos percorridos pelas duas cidades revelam práticas ritualísticas diversas, ainda que semelhantes. Muitos dos elementos existentes nos festejos do Divino Espírito Santo de Monte do Carmo não existem em Natividade, e vice-versa[62].

Em 2012, foi defendida a dissertação de minha autoria, intitulada "História, memória e religiosidade na Festa do Divino Espírito Santo em Natividade-TO", no Programa de Pós-Graduação em Ciências do Ambiente na Universidade Federal do Tocantins, que relatou o processo de organização da comunidade do município de Natividade, em torno da realização da Festa do Divino Espírito Santo, além de compreender a sua contribuição na construção da cultural local.

Em 2013, foi publicado outro estudo, de autoria de Francisco Phelipe Cunha Paz, a dissertação "Retalhos de sabença: ofícios, saberes e modos de fazer dos mestres e artífices da construção tradicional em Natividade – Tocantins", no mestrado profissional em Preservação do Patrimônio Cultural, que buscou identificar e descrever os ofícios, os modos de fazer e as técnicas construtivas da construção tradicional de Natividade, evidenciando a existência de permanências, transformações e perdas nas técnicas e modos de fazer originários dos processos construtivos dos séculos XVIII e XIX.

Já em 2015, a pesquisadora Eloisa Marques Rosa apresentou a dissertação "A suça em Natividade: festa, batuque e ancestralidade" ao mestrado em Performances Culturais da UFG, em que a suça de Natividade foi analisada como uma manifestação de "encruzilhada", na intersecção entre o batuque do negro e a devoção cristã, com ênfase no seu contexto da Festa do Divino Espírito Santo e nos batuques forjados no bojo da cultura afro-brasileira.

Em 2019, a produção científica sobre Natividade aumentou e contou com a publicação de três dissertações. O autor Wátila Misla Fernandes Bonfim apresentou a dissertação "Os filigraneiros de Natividade, Tocantins: patrimônio imaterial, identidade e turismo" ao mestrado em Geografia da Universidade Federal do Tocantins, em que se objetivou investigar como as joias tradicionais e/ou filigranadas de Natividade marcavam a relação da sociedade com o lugar, dinamizando as relações sociais e econômicas das pessoas. A pesquisadora Nayara Lopes Botelho apresentou a dissertação "Corpo, comunicação e performance em Romana de Natividade" ao Pro-

---

[62] MESSIAS, 2010.

grama de Mestrado em Comunicação e Sociedade também da Universidade Federal do Tocantins, em que investigou a formação corporal, performativa e os elementos cosmológicos construídos e comunicados por Romana de Natividade, mulher que se tornou uma referência no estado do Tocantins devido a sua arte, comunidade, espiritualidade, corpo e profecias de um futuro que já está se estabelecendo. E, ainda neste mesmo ano, o jornalista Weberson Ferreira Dias defendeu a dissertação "O corpo a serviço da fé: representações religiosas na Romaria do Bonfim em Natividade (TO)", no Programa de Mestrado em Territórios e Expressões Culturais no Cerrado da Universidade Estadual de Goiás (UEG), com o objetivo de entender o corpo enquanto parte elementar e essencial das festividades religiosas, suas representações e suas funcionalidades no contexto desse culto religioso.

Dentro do cenário da revisão de literatura, surgiram demais pesquisas que tratam do tema "religiosidade", porém em outros municípios tocantinenses, sendo duas teses e uma dissertação, considerando a mesma pesquisa no Banco de Dissertações e Teses da CAPES.

Em 2017, a dissertação "Fé e devoção no culto a Nossa Senhora do Rosário e ao Divino Espírito Santo na Festa da Sucupira", do autor Weverson Cardoso de Jesus, apresentada ao mestrado em História da UFG, destaca o processo de formação e constituição da Festa da Sucupira, com ocorrência na zona rural do município de Dianópolis, como expressão de uma memória coletiva e como representação da religiosidade dos seus partícipes, sujeitos e grupos envolvidos. No mesmo ano, a tese intitulada como "'Aquela vida véia dali num é a vida daqui': as influências da Igreja Católica e as consequências da modernidade e urbanização na religiosidade dos antigos moradores do povoado Canela, em Palmas-TO", do pesquisador Frederico Salomé de Oliveira, apresentada ao doutorado em Ciências Sociais da Universidade Estadual Paulista "Júlio de Mesquita Filho" (UNESP), versou as realizações culturais e práticas religiosas dos antigos moradores do povoado Canela[63], especialmente durante os festejos ao Divino Espírito Santo, como lugares de memória que se transformam de acordo com as influências da Igreja e imposições da urbanidade, desencadeando novas formas de manifestação da fé e mudanças nas tradições, nos costumes, valores, modo de vida e identidade da comunidade.

E, em 2019, a tese "Festas e sociabilidades nos sertões: a rainha Nossa Senhora do Rosário", da pesquisadora Marinalva do Rêgo Barros Silva, apresentada ao Doutorado DINTER em Artes da UNESP e da UFT, teve

---

[63] Comunidade ribeirinha transferida para a cidade de Palmas quando seu território foi submerso para formação da represa da Usina Hidrelétrica de Lajeado, no Tocantins.

o propósito de compreender o contexto no qual a Festa de Nossa Senhora do Rosário em Monte do Carmo se insere e os sentidos que lhe são atribuídos pela comunidade local, garantindo sua permanência no transcurso das gerações.

Sendo assim, considerando o escopo restrito deste trabalho, diante do potencial que a temática apresenta, esta obra investiga as principais festas religiosas da cidade de Natividade, neste caso a Festa do Divino Espírito Santo e a Romaria do Senhor do Bonfim, de forma a reconhecer e analisar como se estabelece a relação entre desenvolvimento local e turismo religioso, por meio do agenciamento de seus atores em torno de uma identidade religiosa e cultural que é atribuída à cidade.

Nesse sentido, este livro pretende contribuir para a valorização da cultura local e compreender os processos das relações entre os atores sociais na promoção do desenvolvimento local mediante o turismo religioso. Por ser interdisciplinar, busquei dialogar com diferentes áreas do conhecimento, como turismo religioso, cultura, patrimônio e desenvolvimento regional, além de seguir a abordagem fenomenológica e a etnografia.

1.1 Festa do Divino Espírito Santo em Natividade

Caracterizada como uma festa católica, um sinal de partilha e de compromisso na missão de reunir os fiéis em torno da mensagem de Cristo, a festa de Pentecostes dá lugar às manifestações comunitárias de regozijo e alegria em que as pessoas do campo se reuniam na cidade mais próxima, seguindo em procissão, cantando e dançando em louvor ao Divino Espírito Santo.

A festa israelita para a celebração de Pentecostes[64] tem origem remota em cultos pagãos cananeus[65] ligados a terra e colheita dos cereais que acabaram por se judaizar. Assim, o culto ao Espírito Santo era altamente misterioso,

---

[64] De acordo com o Novo Testamento da Bíblia Sagrada, marca no calendário cristão a descida do Espírito Santo sobre a Virgem Maria e os apóstolos e o início da expansão da Igreja no mundo.

[65] "Na verdade, as três grandes solenidades do povo da Antiga Aliança eram: a festa das primícias dos campos, a das messes e a das colheitas, no fim do ano agrícola. A primeira, denominada dos Ázimos, tem o cunho, de facto, de uma celebração agrária no Livro dos Números (c. XXVIIII) e no Levítico (c. XXIII) a da oferenda dos primeiros frutos, a que veio a associar-se à comemoração da saída do Egipto; a segunda é de acção de graças pelas searas maduras oferecendo-se as primícias colhidas, 50 dias depois de a foice haver começado a cortar os cereais sazonados, chamada Festa das Semanas ou Pentecostes; a terceira, no termo das colheitas, tem o nome de Tabernáculos". MARQUES, João Francisco. Oração e devoções. In: AZEVEDO, Carlos Moreira (dir.). História religiosa de Portugal. Lisboa: Círculo de Leitores, 2000. v. 2, p. 650-658. p. 650.

quase esotérico. Luís Antonio Mata[66] apresenta-nos que as raízes cristãs, ainda que evidentes, misturam-se, porém, com rituais pagãos consubstanciados, em que a Igreja "apropria-se dos quadros espacio-temporais e mesmo certas formas de culto pagão e converte esses lugares, tempos e práticas em culto cristão. [...] A herança pagã do culto do Espírito Santo se verifica em diferentes momentos [...] o papel central do ciclo solar"[67]. Logo, no calendário eclesiástico cristão, os momentos litúrgicos "positivos" andam associados aos dois solstícios — o Natal e o Pentecostes —, relacionados respectivamente com os solstícios de inverno (25 de dezembro) e de verão (24 de junho)[68].

A festa em celebração a Pentecostes ou, como se conhece, Festa do Divino Espírito Santo, teve sua origem em Portugal, com expansão do seu culto por toda a Europa ocidental, durante o século XII, com grande influência fomentadora de ordens religiosas, como os franciscanos; o patrocínio do poder real e, por arrastamento, das classes sociais mais abastadas; o seu caráter caritativo do "bodo aos pobres"[69], o que tinha grande popularidade; cortejos e cerimoniais ricos e suntuosos, com espetáculos impressionantes; e implementação desse culto, preferencialmente, em zonas de influência dos grandes centros[70].

Em Alenquer, região Sudoeste de Portugal e distante 50 km de Lisboa, deu-se a implantação do "império", modelo que teve papel de grande significância, com a rainha Isabel de Aragão espalhando o culto por todo o país nos séculos XIV e XV e, desde o continente, chegando às ilhas da Madeira e Açores, com continuidade até os dias de hoje, além das colônias portuguesas, como o Brasil[71].

No entanto, tal tradição de que a rainha Isabel de Aragão seria a precursora do culto ao Espírito Santo é contrariada pela existência de documentação mais antiga, que se refere à existência de modelos culturais dessa natureza anteriores e ligados intimamente às confrarias do Espírito Santo, e cujos dados, apesar de escassos, parecem (se tomados em termos globais) irrefutáveis[72].

---

[66] MATA, Luís Antonio Santos Nunes. *Ser, ter e poder*: o hospital do Espírito Santo nos finais da Idade Média. Leiria: Magno Edições; Câmara Municipal de Santarém, 2000. p. 21-33. (Coleção História e Arte; 5).

[67] *Ibidem*, p. 23-24.

[68] *Ibidem*, p. 23-24.

[69] Dar comida aos pobres.

[70] ABREU, Martha. *O império do Divino*: festas religiosas e cultura popular no Rio de Janeiro, 1830-1900. Rio de Janeiro; São Paulo: Nova Fronteira; FAPESP, 1999.

[71] LOPES, Aurélio. *Devoção e poder nas Festas do Espírito Santo*. Lisboa: Edições Cosmos, 2004.

[72] *Ibidem*.

A festa chegou ao Brasil por meio da colonização dos portugueses. De um modo geral, as festas do Espírito Santo tiveram um ciclo de implementação, expansão e decadência na história de Portugal. Todavia, as escassas e pouco precisas referências que existem acerca das origens das Festas do Divino em terras brasileiras, ainda hoje vivas, remetem-nos principalmente para o período compreendido entre o primeiro e o terceiro quartos do século XIX, embora, por exemplo, em Pirenópolis, no estado de Goiás, a festa parece ter sido introduzida em meados do século XVIII, à semelhança, aliás, de Guaratinguetá, no estado de São Paulo, com informações remontando a 1751[73].

Das demais cidades pelo país que celebram o Divino Espírito Santo, têm-se a histórica Paraty, no litoral sul do Rio de Janeiro, em que a festa é registrada como patrimônio cultural; em Alta Floresta, no estado de Rondônia, onde a celebração é fluvial; em Minas Gerais, estado de forte tradição religiosa, em que pelo menos 41 municípios realizam essas comemorações somente no mês de maio, destacando-se Diamantina, São João del-Rei, Sabará e Mariana; além da Festa do Divino da comunidade de Marmelada, no Piauí, e a Romaria de Carros de Bois da Festa do Divino Pai Eterno, em Trindade, interior de Goiás[74].

As festas foram introduzidas no Brasil com as entradas e bandeiras, conforme apontam alguns autores brasileiros e portugueses. No país, as folias foram precursoras dos populares festejos do Espírito Santo pelo interior do Brasil, por se ambientarem geralmente na roça.

Já no Tocantins, as festas vão de janeiro a julho de acordo com as características de cada localidade e são realizadas em várias cidades, especialmente nas regiões sudeste e central do estado, nas cidades de Almas, Santa Rosa, Chapada de Natividade, Peixe, Silvanópolis, Paranã, Conceição do Tocantins, Palmas, Porto Nacional, Araguacema, Araguaçu, Monte do Carmo e Natividade[75].

A Festa do Divino Espírito Santo de Natividade é considerada tradicional no Tocantins, caracterizando-se pela sua singularidade, em que alguns personagens, ritos e celebrações são distintos dos originários vindos com os colonizadores portugueses para o Brasil e, em consequência, para a região

---

[73] ABREU, 1999.

[74] BRASIL. Ministério do Turismo. *Festas do Divino movimentam o turismo religioso*. Brasília: MTur, 5 maio 2015a.

[75] MESSIAS, 2010.

central do país. É na década de 80 do século XX que as comemorações em torno da Festa do Divino Espírito Santo em Natividade tomam "corpo", tomam forma, características e movimentam a comunidade[76].

Para Émile Durkheim[77], os rituais delimitam a relação entre sagrado e profano, estabelecendo normas referentes ao comportamento quando no momento do sagrado. Logo, em todas as celebrações religiosas, existem regras estabelecidas, por meio dos símbolos e ritos, que desempenham a função de mediar a relação do indivíduo e sua divindade.

Em Natividade, a Festa do Divino Espírito Santo segue o calendário cristão, com data móvel, celebrada 50 dias depois da Páscoa, precisamente no sétimo domingo após a Ressurreição de Jesus, em que símbolos como a pomba e o vermelho representam, respectivamente, o Divino e o fogo, e estão presentes em toda parte, seja nas bandeiras, seja na decoração da Igreja e até mesmo na vestimenta dos devotos e foliões.

Segundo Yêda Barbosa[78], tradicionalmente, a festa é preponderantemente masculina, embora existam papéis reservados às mulheres, principalmente nas atividades de preparação dos festejos, como montagem de altares e enfeites, preparo de vestimentas e alimentos, restringindo-se aos domínios privados da festa. Entre os personagens principais que incrementam a Festa do Divino de Natividade, temos a predominância de figuras masculinas, sendo eles: Imperador, Capitão do Mastro, Alferes e Foliões.

A preparação para a festa inicia-se um ano antes, com o sorteio dos festeiros na Missa de Coroação do Imperador, no Dia de Pentecostes. Nesse dia, os despachantes já sinalizam se vão ou não "soltar" alguma folia, ajudando o Imperador e o Capitão do Mastro na busca de donativos, sejam estes em dinheiro, sejam produtos para realização da festa. Tradicionalmente, são três folias que saem na Festa do Divino do Espírito Santo em Natividade: a Folia de Cima, a Folia dos Gerais e a Folia do Outro Lado do Manoel Alves.

Com o passar do ano, as atividades em torno da festa continuam: reuniões para escolha dos alferes, foliões, locais e roteiros dos pousos, composição de músicas, entre outras, até a chegada do dia das celebrações

---

[76] *Ibidem.*

[77] DURKHEIM, Emile. *As formas elementares da vida religiosa*: o sistema totêmico na Austrália. 3. ed. São Paulo: Paulus, 2008.

[78] BARBOSA, Yêda (org.). *Festa do Divino Espírito Santo de Pirenópolis – Goiás.* Brasília: Iphan, 2017. (Dossiê IPHAN; 17).

solenes, como a Saída das Folias, no Domingo de Páscoa da Semana Santa, os 40 dias de Giro das Folias, a Festa do Capitão do Mastro, a Coroação e Festa do Imperador do Divino Espírito Santo.

Antes, durante e depois da Festa do Divino Espírito Santo em Natividade e em todo o processo de organização dela, demonstra-se que as pessoas envolvidas, cada qual com sua habilidade, trabalham para conseguir realizá-la da melhor maneira possível, com abundância de comida e bebida.

Logo, a festividade é caracterizada por ser uma festa comunitária, solene e repleta de ritos, predominando o dever e a obrigação por parte de todos, seja na preparação das comunidades, seja nos pousos, no giro das folias e em todos os rituais que a complementam.

> Para que um ritual religioso popular cumpra o que se espera dele, é preciso que tudo seja feito observando regras rigorosas de conduta. Todos os momentos são prescritos e neles, todos os gestos individuais e coletivos também. Alguns versos podem ser improvisados, mas os atos que os acompanham não. Cantos, rezas, posturas de corpo, detalhes de trocas entre pessoas – entre foliões, entre foliões e moradores, entre foliões e promesseiros, acompanhantes – necessitam ser, ao longo de cada jornada anual, rigorosamente cumpridos em cada casa, em cada momento de chegar, de pedir, de comer, de agradecer, de abençoar, de partir, para que tudo seja a repetição de um demorado momento de culto coletivo que reinventa uma tradição acreditada, porque se repete todos os anos da mesma maneira. Tudo deve ser feito como sempre foi, para que tudo seja como todos sabem que é e acreditam que deva ser.[79]

No início das comemorações da Semana Santa, as celebrações oficiais da Festa do Divino Espírito Santo tomam corpo, e inicia-se a preparação das folias e das tropas para saírem em busca de donativos: estas, em troca destes, evangelizam as pessoas no sertão tocantinense. Nesse processo de preparação das tropas que sairão nas folias, está conseguir animais e equipamentos de montaria, além de mantimentos que serão consumidos antes e durante a viagem, como os bolos de arroz e biscoitos caseiros, mais conhecidos como "petas".

---

[79] BRANDÃO, Carlos Rodrigues. *Prece e folia*: festa e romaria. Aparecida: Ideias & Letras, 2010. p. 71.

No Domingo de Páscoa, as folias saem para o Giro, porém a preparação e o trabalho dos Despachantes e festeiros haviam iniciado meses antes. No Sábado de Aleluia, a movimentação em torno da Festa do Divino Espírito Santo cresce e toma conta das ruas. Os foliões são os devotos do Divino, eles percorrem com a folia a zona rural, os povoados e cidades circunvizinhas. Eles também são os músicos que compõem, cantam as catiras e as rodas, tocam e dançam aonde quer que cheguem com a bandeira do Divino.

> Assim, a festa reproduzia não somente as suas manifestações tradicionais, senão também, uma ordem de relações especializadas entre os atores locais, dispostas em uma hierarquia coletivamente estabelecida e legitimada, na qual a negociação constante entre os atores institucionalizados eclesiais e leigos orientavam as pautas de ação do projeto de promoção do evento, mesmo que tensionados por conflitos constantes.[80]

O Giro de 40 dias termina em uma quinta-feira, 10 dias antes da comemoração do Dia de Pentecostes, que é quando acontece o Encontro das Folias na praça da Igreja Matriz, em que assinam o termo de compromisso, fazem as vênias com as bandeiras do Divino e entoam cânticos com muita alegria. A comunidade comparece em grande número para celebrar esse momento. Homens, mulheres, jovens e crianças reúnem-se ao redor do pátio circular construído especialmente para esse momento da festa. Nem o sol forte desanima os devotos.

Nos dias que antecedem os demais ritos solenes que compõem a Festa do Divino, nesse caso a Esmola Geral, a Festa do Capitão e a Festa do Imperador, os devotos concentram-se nos locais em que as festas serão realizadas para organizar a ornamentação e a alimentação, entre outros afazeres para os próximos dias de festejo em tributo ao Divino[81].

---

[80] LOPES, José Rogério. Coleções de fé, fluxos materiais e hibridismos nas festas religiosas. *Ciencias Sociales y Religión* [Ciências Sociais e Religião], Porto Alegre, ano 16, n. 20, p. 134-153, jan./jun. 2014. p. 137.

[81] SOUSA, 2017.

Figura 6 – Festa do Divino Espírito Santo (2010, 2011 e 2019)

Fontes: a autora (2010, 2011, 2019)

No sábado acontece a Esmola Geral. No período da manhã, as mulheres da comunidade (em sua maioria idosa) organizam a Igreja Matriz para a saída da Esmola Geral, que acontece por volta das 15 h. Toda a igreja é enfeitada na cor vermelha, e as bandeiras do Divino chegam de diversas localidades, sendo abençoadas pelo pároco. Geralmente são bandeiras de devotos, ex-festeiros, promesseiros, doações e novas bandeiras.

No mesmo dia da Esmola Geral, acontece a festa do Capitão do Mastro. Nela, o Capitão é levado da sua casa até a porta da Igreja Matriz, local em que foi realizada a Missa em sua celebração, em cima de um mastro de aproximadamente 5 m de altura. A comunidade acompanha o mastro até a Praça da Igreja Matriz, ao som de música, dança suça e com velas iluminando o caminho.

Em 2010, ocorreram mudanças na Festa do Divino Espírito Santo, sendo o último ano em que a Coroação e Missa Solene do Dia de Pentecostes aconteceram na Igreja Matriz, no centro histórico de Natividade. Em 2011, as comemorações foram transferidas para outras igrejas da cidade: a Igreja do Espírito Santo, próxima à entrada de Natividade, recebeu a Missa Solene, e na Igreja São Benedito foi realizada a Coroação do Imperador. Atualmente, a Coroação acontece na casa do Imperador (retorno da tradição, conforme os devotos); e a Missa Solene, na Igreja do Espírito Santo.

> Todos os "do lugar" compartilham crenças e conhecimentos comuns. Pouca coisa pode ser improvisada, se é porque desigualmente se sabe o que vai acontecer e desigualmente se sabe como proceder que o rito recria o conhecido e, assim, renova a tradição; aquilo que se deve repetir todos os anos como conhecimento, para se consagrar como valor comum. Renova um saber cuja força é ser o mesmo para ser aceito. Repetir-se até vir a ser, mais do que apenas um saber sobre o sagrado, um saber socialmente consagrado.[82]

Regidos pelas regras de um código estabelecido durante anos, os devotos e foliões do Divino Espírito Santo acompanham esses ritos do que pode ou se deve fazer, o que não fazer em cada momento e como deve ser feito outros momentos, sendo protagonistas ou apenas coadjuvantes dentro dessa relação[83].

É pelo sorteio dos festeiros pelos Procuradores da Sorte que um novo ciclo se inicia, novas famílias são inseridas nesse contexto e a devoção permanece. Assim, são nesses locais de experiência religiosa que as pessoas aprendem as crenças que sustentam as normas e que codificam a vida em sociedade.

1.2 Romaria do Senhor do Bonfim

A história da devoção ao Senhor do Bonfim começa em Setúbal, a 32 km de Lisboa, Portugal, em 1669, quando, segundo uma tradição popular na cidade, uma mulher havia encontrado na areia da praia, entre alguns

---

[82] BRANDÃO, 2010, p. 58.
[83] SOUSA, 2017.

pedaços de madeira, a imagem do Senhor do Bonfim. A estatueta, esculpida em madeira, teria sido o único objeto que restou de um navio que provavelmente naufragara[84,85,86].

No Brasil, mais precisamente na Bahia, o culto ao Senhor Bom Jesus do Bonfim nasceu em 1740, com a vinda a Salvador do então capitão de Mar e Guerra, o português Theodósio Rodrigues de Faria, sendo proprietário de três barcos que faziam a rota comercial pela costa da África e membro do comitê de administração.

> O capitão, pela grande devoção que tinha ao Senhor do Bonfim, através da imagem que se venera em Setúbal (sua cidade natal), em Portugal, trouxe de Lisboa uma semelhante àquela, medindo 1,06 de altura, e, compondo o conjunto escultórico, um aparelho de prata [...] e, com permissão do Arcebispo Dom José Botelho de Matos, fê-la colocar e expor à adoração dos fiéis.[87]

Logo, a devoção de Nosso Senhor do Bonfim em Salvador[88] cresceu, e a partir daí se começou a festejar. A organização da Festa do Bonfim ficava a cargo de uma associação leiga formada no ano de 1745 por portugueses, principalmente por navegantes e comerciantes, para render homenagens ao Jesus Crucificado pelas graças alcançadas, fosse uma viagem marítima bem-sucedida, fosse uma transação comercial favorável. Atualmente, a festa é organizada pela Igreja.

Além de Salvador, a devoção ao Senhor do Bonfim está presente em diversas outras cidades da Bahia; também na região Nordeste do país, como nas cidades de Salgado e Laranjeiras, em Sergipe; Olinda, no estado de Pernambuco, Marechal Deodoro, no estado de Alagoas, cidade de Serra da Raiz, na Paraíba; e em Fortaleza e Cratéus, no estado do Ceará.

A devoção ao Senhor do Bonfim também aparece em outras regiões do país. No Sudeste, há igrejas e festas nos estados de Minas Gerais, Rio de Janeiro e São Paulo. Na região Centro-Oeste, os festejos ocorrem em Campo

---

[84] DIAS, 2019.

[85] GROETELAARS, Martien. M. *Quem é o Senhor do Bonfim?* Rio de Janeiro: Vozes, 1983.

[86] INSTITUTO DO PATRIMÔNIO HISTÓRICO E ARTÍSTICO NACIONAL (IPHAN); BRASIL. Ministério da Cultura. *Dossiê Festa do Bonfim*: a maior manifestação religiosa popular da Bahia, nº 1. Brasília: IPHAN, 2010.

[87] *Ibidem*, 2010, p. 8.

[88] A data da celebração ao Senhor do Bonfim acontecia durante a Páscoa, dia 18 de abril, até que em 1773 o quinto arcebispo de Salvador, Dom Sebastião Monteiro da Vide, instituiu que o evento passaria a acontecer no segundo domingo do mês de janeiro, após a Folia dos Reis. A justificativa para a mudança foi a chuva no tempo da Páscoa, que impedia os peregrinos de visitarem e adorarem ao Bonfim na colina sagrada.

Grande; e, em Goiás, nas cidades de Pirenópolis, Grajaú e Silvânia. E, por fim, na região Norte, a devoção e festa ao Senhor do Bonfim é realizada também em Conceição do Araguaia, no Pará.

> Não se pode afirmar que a festa se expandiu mecanicamente de Salvador para o conjunto do país. Por outro lado, as dimensões que ela alcançou, em Salvador desde o início até os nossos dias, dão suporte à suposição de que, tendo-se tornado conhecida em diversos pontos do Brasil, estimulou e favoreceu a consolidação de festas com o mesmo nome e com o mesmo alvo de devoção.[89]

Figura 7 – Imagem do Senhor do Bonfim exposta no Santuário em Natividade

Fonte: a autora (2019)

[89] IPHAN; BRASIL, 2010, p. 69.

Apesar de não se saber precisar a data da origem da devoção ao Senhor do Bonfim no Tocantins, há registros da existência e movimentação de milhares de pessoas para a Romaria em Natividade antes de 1883, data na qual "o Bispo de Goiás, Dom Cláudio Ponce de Leão fez uma visita pastoral em toda a sua diocese, alcançando também já a Romaria do Senhor do Bonfim e Porto Nacional"[90]. Além das menções em jornais como *Norte de Goyaz*[91], que publicou textos referentes à Romaria do Bonfim de Natividade entre 1908-1911.

Os periódicos tratavam de informar sobre as ilustres famílias da região que seguiam para a Romaria do Bonfim ou mesmo regressavam de lá. Havia também informação sobre deslocamento do bispo e vigários para a região de Natividade, na mesma época da Romaria. O jornal *Norte de Goyaz* realiza em 1911, na sua edição 144, uma cobertura da Romaria com um relato sobre as diversas atratividades da festa, a presença de pessoas de outros estados, uma festa particular organizada por um Major do Duro (hoje município de Dianópolis) após o batismo de seu primogênito, bem como das brigas, prisões e mortes por "barra de saia", além de falta de asseio reclamado pelas mulheres que tinham as roupas rasgadas pelos troncos no chão, ficando apenas em *jupe-culotte*[92].

---

[90] PEDREIRA, Pe. Jones Ronaldo. *Romaria do Senhor do Bonfim/Natividade – TO*. Porto Nacional: R&M Gráfica e Editora, 2016. p. 29.

[91] *Cf.* http://hemerotecadigital.bn.com. Acesso em: 20 jan. 2024.

[92] A saia-calça, a então chamada *jupe-culotte* ou saia entravada, talvez tenha sido a primeira novidade da moda no século XX que revolucionou as tradições do vestuário feminino que chega à capital Rio de Janeiro em 1910. A moda provocou a reação indignada da população, principalmente a masculina. E já em 1911 estava presente no vestuário das mulheres da Romaria do Bonfim.

Figura 8 – Jornal *Norte de Goyaz* (1908, n. 70)

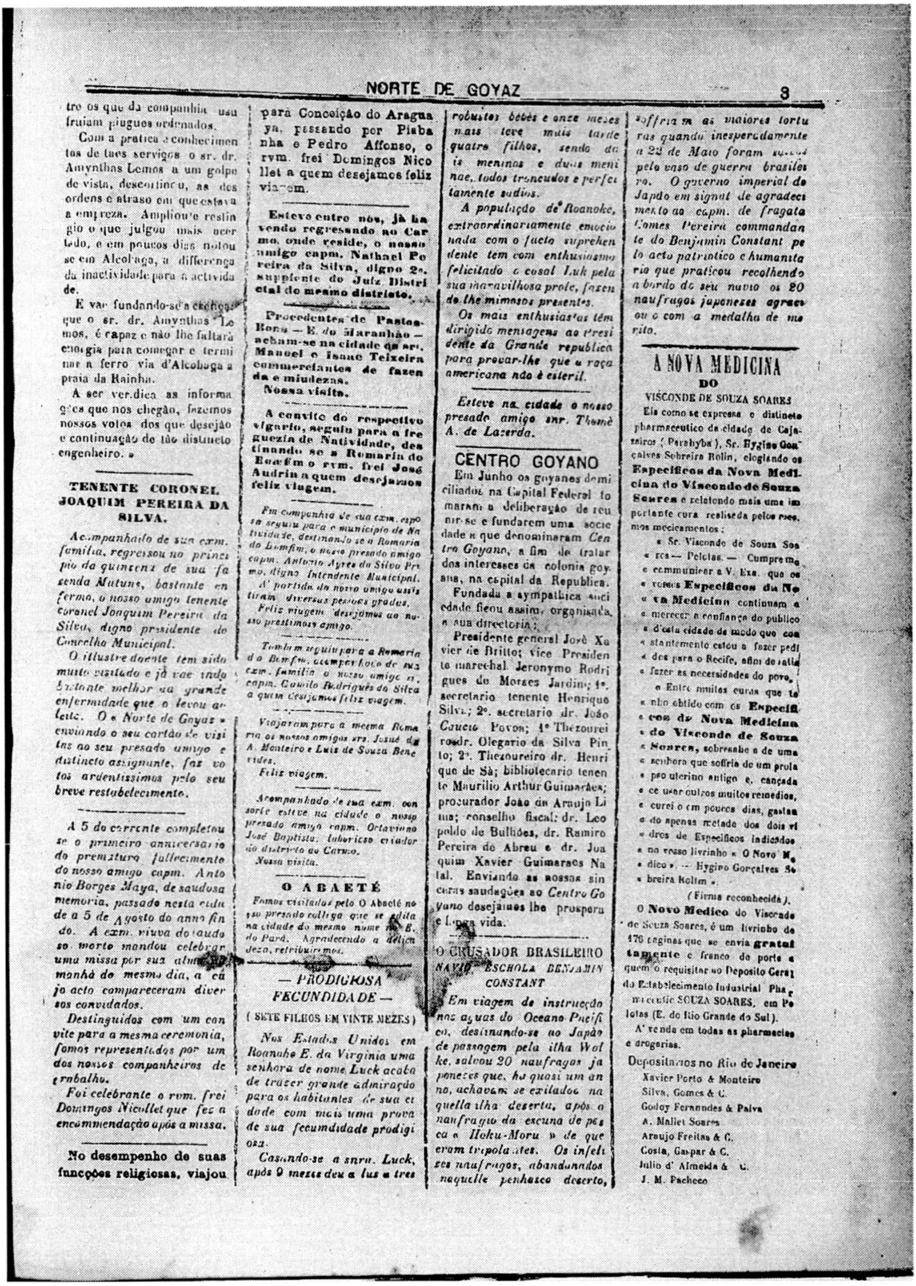

Fonte: Acervo da Fundação da Biblioteca Nacional (2024)

Figura 9 – Jornal *Norte de Goyaz* (1909, n. 95)

Fonte: Acervo da Fundação Biblioteca Nacional (2024)

Figura 10 – Jornal *Norte de Goyaz* (1910, n. 118)

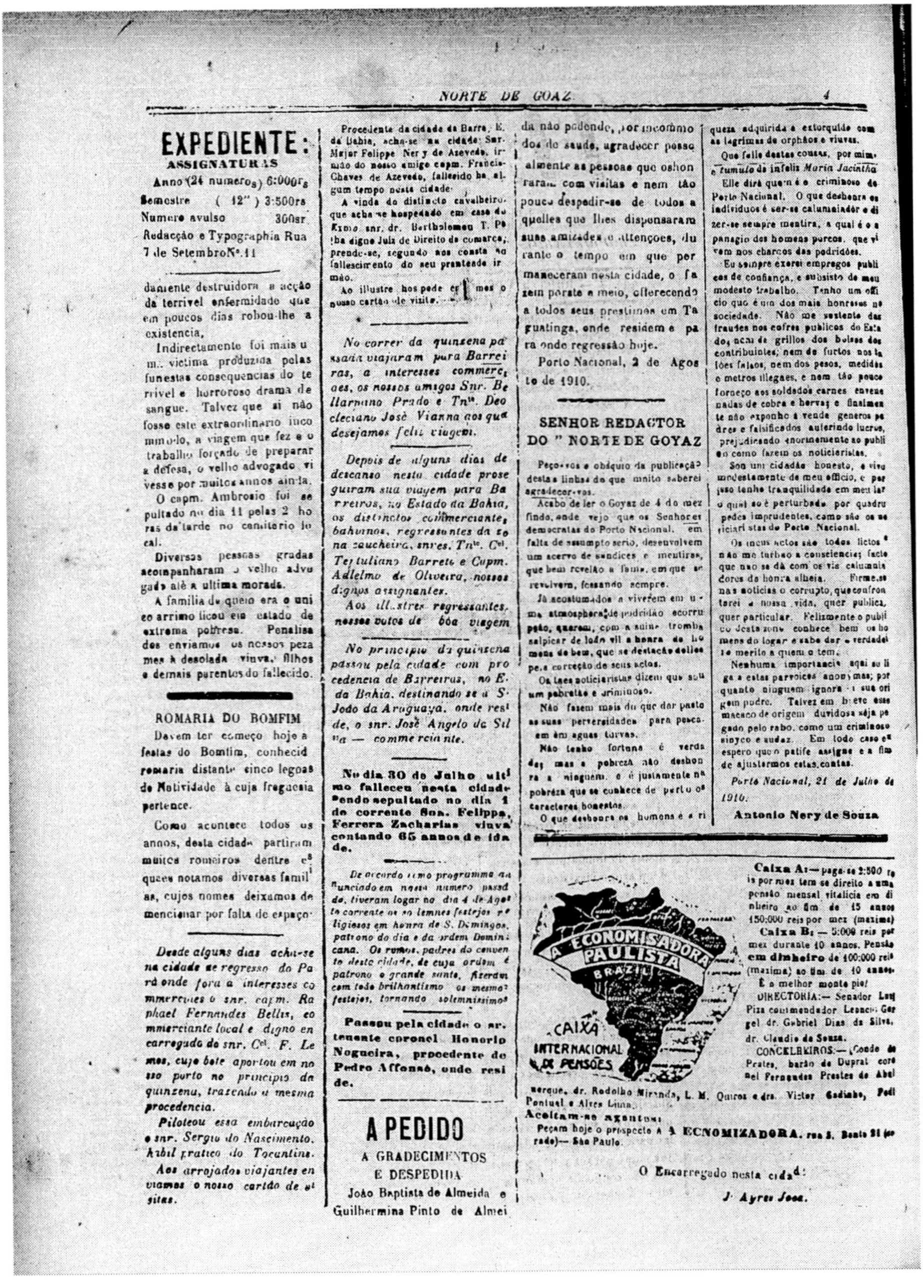

NORTE DE GOYAZ 4

EXPEDIENTE:

ASSIGNATURAS

Anno (24 numeros) 6:000rs

Semestre (12") 3:500rs

Numero avulso 300rs

Redacção e Typographia Rua 7 de Setembro N°. 11

damente destruidora a acção da terrivel enfermidade que em poucos dias roubou-lhe a existencia.

Indirectamente foi mais u ma victima produzida pelas funestas consequencias do te rrivel e horroroso drama de sangue. Talvez que si não fosse este extraordinario inco mmodo, a viagem que fez e o trabalho forçado de preparar a defesa, o velho advogado vi vesse por muitos annos ainda.

O capm. Ambrosio foi se pultado no dia 11 pelas 2 ho ras da tarde no cemiterio lo cal.

Diversas pessoas gradas acompanharam o velho advo gado até a ultima morada.

A familia de quem era o uni co arrimo ficou em estado de extrema pobreza. Penalisa dos enviamos os nossos peza mes à desolada viuva, filhos e demais parentes do fallecido.

ROMARIA DO BOMFIM

Devem ter começo hoje a festas do Bomfim, conhecid romaria distante cinco legoas de Natividade à cuja freguezia pertence.

Como acontece todos os annos, desta cidade partiram muitos romeiros dentre e quees notamos diversas famil as, cujos nomes deixamos de mencionar por falta de espaço.

Desde alguns dias acha-se na cidade de regresso do Pa rá onde fora a interesses co mmerciaes o snr. capm. Ra phael Fernandes Bellis, co mmerciante local e digno en carregado do snr. Cel. F. Le mos, cujo bote aportou em no sso porto no principio da quinzena, trazendo a mesma procedencia.

Piloteou essa embarcação o snr. Sergio do Nascimento. habil pratico do Tocantins.

Aos arrojados viajantes en viamos o nosso cartão de vi sitas.

Procedente da cidade da Barra, E. da Bahia, acha-se na cidade: Snr. Major Felippe Nery de Azevedo, irmão do nosso amigo capm. Francisco Chaves de Azevedo, fallecido ha al gum tempo nesta cidade.

A vinda do distincto cavalheiro que acha-se hospedado em casa do Exmo snr. dr. Bartholomeu T. Pe lha digno Juiz de Direito da comarca, prende-se, segundo nos consta ao fallecimento do seu pranteado ir mão.

Ao illustre hospede envi mos o nosso cartão de visita.

No correr da quinzena pa ssada viajaram para Barrei ras, a interesses commerci aes, os nossos amigos Snr. Be llarmino Prado e Tnte. Deo cleciano José Vianna aos qua desejamos feliz viagem.

Depois de alguns dias de descanso nesta cidade prose guiram sua viagem para Ba rreiras, no Estado da Bahia, os distinctos commerciantes, bahianos, regressantes da so na caucheira, snres. Tnte. Cel. Tertuliano Barreto e Capm. Adelmo de Oliveira, nossos dignos assignantes.

Aos illustres regressantes, nossos votos de bôa viagem

No principio da quinzena passou pela cidade com pro cedencia de Barreiras, no E. da Bahia, destinando se a S. João da Araguaya, onde resi de, o snr. José Angelo da Sil va — commerciante.

No dia 30 de Julho ulti mo falleceu nesta cidade sendo sepultado no dia 1 do corrente Sra. Felippa Ferreira Zacharias viuva contando 65 annos de ida de.

De accordo como programma an nunciado em nosso numero passad do, tiveram logar no dia 4 de Agos to corrente os solemnes festejos re ligiosos em honra de S. Domingos, patrono do dia e da ordem Domini cana. Os rumos, padres do conven to desta cidade, de cuja ordem é patrono o grande santo, fizeram com todo brilhantismo os mesmos festejos, tornando solemnissimos

Passou pela cidade o sr. tenente coronel Honorio Nogueira, procedente de Pedro Affonso, onde resi de.

A PEDIDO

A GRADECIMENTOS E DESPEDIDA

João Baptista de Almeida e Guilhermina Pinto de Almei

da não podendo, por incommo dos de saude, agradecer pesso almente as pessoas que os hon raram com visitas e nem tão pouco despedir-se de todos a quelles que lhes dispensaram suas amizades e attenções, du rante o tempo em que per maneceram nesta cidade, o fa zem por este meio, offerecendo a todos seus prestimos em Ta guatinga, onde residem e pa ra onde regressão hoje.

Porto Nacional, 2 de Agos to de 1910.

SENHOR REDACTOR DO " NORTE DE GOYAZ

Peço-vos o obsequio da publicação desta s linhas do que muito saberei agradecer-vos.

Acabo de ler o Goyaz de 4 do mez findo, onde vejo que os Senhores democratas do Porto Nacional, em falta de assumpto serio, desenvolvem um acervo de sandices e mentiras, que bem revelão a fama, em que se revolvem, fossando sempre.

Já acostumados a viverem em u ma atmosphera de podridão ecorru pção, quarem, com a ruina tromba salpicar de lodo vil a honra de ho mens de bem, que se destacão delles pela correcção de seus actos.

Os taes noticiaristas dizem que sou um pobretão e criminoso.

Não fazem mais do que dar pasto as suas perversidades para pesca em em aguas turvas.

Não tenho fortuna é verda de; mas a pobreza não deshon ra a ninguem. e é justamente na pobreza que se conhece de perto os caracteres honestos.

O que deshonra os homens é a ri

queza adquirida e extorquida com as lagrimas de orphãos e viuvas.

Que falle destas cousas, por mim, o tumulo da infeliz Maria Jacintha.

Elle dirá quem é o criminoso de Porto Nacional. O que deshonra os individuos é ser-se calumniador e di zer-se sempre mentira, a qual é o a panagio dos homens porcos, que vi vem nos charcos das podridões.

Eu sempre exerci empregos publi cos de confiança, e subsisto de meu modesto trabalho. Tenho um offi cio que é um dos mais honrosos na sociedade. Não me sustento das fraudes nos cofres publicos do Esta do, nem de grillos dos bolsos dos contribuintes; nem de furtos nos ta lões falsos, nem dos pesos, medidas e metros illegaes, e nem tão pouco forneço aos soldados carnes envene nadas de cobre e hervas e finalmen te não exponho á venda generos po dres e falsificados auferindo lucros, prejudicando enormemente ao publi co como fazem os noticiaristas.

Sou um cidadão honesto, e vivo modestamente de meu officio, e por isso tenho tranquilidade em meu lar o qual não é perturbado por quadru pedes imprudentes, como são os no ticiaristas do Porto Nacional.

Os meus actos são todos lictos e não me turbão a consciencia; facto que não se dá com os vis calumnia dores da honra alheia. Firme,se nas noticias o corrupto, que confron tarei a nossa vida, quer publica, quer particular. Felizmente o publi co desta zona conhece bem os ho mens do logar e sabe dar a verdadei ro merito a quem o tem.

Nenhuma importancia aqui so li ga a estas parvoices anonymas; por quanto ninguem ignora a sua ori gem podre. Talvez em breve esse macaco de origem duvidosa seja pe gado pelo rabo, como um criminoso sinyco e audaz. Em todo caso eu espero que o patife assigne e a fim de ajustarmos estas contas.

Porto Nacional, 21 de Julho de 1910.

Antonio Nery de Souza

Fonte: Acervo da Fundação Biblioteca Nacional (2024)

DESENVOLVIMENTO LOCAL, TURISMO E RELIGIOSIDADE

Figura 11 – Jornal *Norte de Goyaz* (1911, n. 144)

NORTE DE GOYAZ

preclaro amigo snr. Benedicto Odilon Propheta, depois de ter visitado o Rio de Janeiro, Victoria e a terra do Va tapá, que é a sua. E' um moço intelligente, delicado, pertence a Missão Baptista no Brazil e é um evangelisador convicto. Trouxe comsigo o seu distincto irmão sr. Francisco Propheta.

— Nos dias 12 e 14 chegaram tambem, vindos do Estado da Bahia, o snr. major Antonio Nunes Vianna e o nosso amigo Leão Nunes da Silva, aos quaes apresentamos as boas vindas.

Sempre cheia de atractivos é a romaria ao Bom Jesus do Bomfim, deste termo.

Pessoas de outros Estados e innumeras familias dos municipios visinhos alli estiveram ostentando luxo, grande za e bom gosto.

As ceremonias religiosas foram: novenas nos dias 12, 13 e 14, missas cantadas nos dias 15 e 17 e solemne procissão a noite deste mesmo dia, em seguida a qual, da porta da capella, o nosso virtuoso vigario Padre André Sierki envioz dirigiu a sua magica palavra aos romeiros, exortando-os a obedecerem a Deus primeiro que tudo e não esquecel-o um só momento para se tornarem verdadei ramente felizes.

Houve 61 baptisados, 9 casamentos e superior a 200 confissões, não podendo o vi gario attender ainda a todos por ser o serviço por demais pesado para um só padre.

Pelas ruas não faltaram di versões e bem variadas. Des tas merecem especial menção as duas «soirées» dansantes que tivemos nas noites de 15 e 17, das quaes resta-nos gra ta recordação.

A primeira nos foi offereci da, ao ar livre, pelo sympathi co e illustre durense, major Benedicto Pinto de Cerquei ra Povoa, depois de ter leva do a pia baptismal o seu inno cente filhinho — Dicto.

O major Benedicto Pinto tem conquistado para o seu nome uma posição de destaque, não só na terra que lhe serviu de berço como por toda parte onde é conhecido, porque, tendo uma alma generosa, só se inspira no que é franqueza, cavalheirismo e fidalguia.

O major Benedicto Pinto tem ganho com o seu proprio esforço uma avultada fortuna e procura constantemente praticar o bem, estendendo a sua proteção a todos aquelles em quem reconhece o desejo de trabalhar e progredir. Possue todas as qualidades de um cavalheiro perfeito; tem uma esposa extremamente virtuosa e uma filha doidamente encantadora — que faz os «manos babarem» a valer, menos o Prim.

A sua festa foi muito apreciada, e os convidados sahiram todos penhoradissimos pelas innumeras delicadezas recebidas.

A outra «soirée» realisou-se em casa do nosso respeitavel amigo cl. Fulgencio Nunes da Silva, e, apezar de ser improvisada, nella compareceram diversas familias d'aqui, de Arrayas, Conceição do Norte e Duro. Nada faltou, dansando-se com admiravel animação até às 3½ da madrugada. O cl. Fulgencio e a sua virtuosa consorte foram prodigos em amabilidades.

Está nas cadeias publicas desta villa, o individuo de nome Antonio por alcunha Caroço, que foi remettido a policia pelo inspector de secção de Trahyras, accusado de ter se envolvido n'uma lucta da qual resultou a morte de um homem e graves ferimentos n'outro. Questões de «barra de saia». Foi entre gue a auctoridade policial no dia 15 do mez, no Bomfim e, parece-nos que, não foi lavrado o auto necessario e nem interrogados os seus con ductores. E' possivel que as

nossas auctoridades tenham feito cada processo marcha fúria cada processo marcha e social, na certeza de que o Tribunal jamais corrigirá os seus erros, ainda que tudo fa ham contra direito expresso. A mulher que, segundo di zem, deu causa á lucta a que nos referimos entrou tambem no Bomfim, presa, amarrada com cordas, cujas pontas eram seguras pelas mãos de um homem armado a carabi na. Essa brutalidade revoltou o povo, que, ao ver que do officio do inspector de secção nem siquer constava do nome d'aquella mulher, protestou pela sua liberdade, immediatamente concedida.

Ouvimos muitas pessoas clamarem contra a falta de asseio no Bomfim. As se nhoras mal podiam transitar pelas ruas, deixando pedaços das suas lindas e ricas roupas nos duros tocos de malvas. Ainda si as nossas queridas patricias estivessem resolvi das a vestirem a «jupe-coulotte».

Pedimos ao Concelho de Fabrica para remediar nos annos seguintes essa sua gra ve falta.

Acha-se entre nós de via gem para a seductora Concei ção do Aragoaya, o distincto e talentoso clinico nosso pre sado amigo Dr. Alipio Silva, que nos ultimos tempos tem mostrado a sua possante veia jornalistica pelas columnas do sympathico «Estado de Goyaz». Na sua clinica tem revelado profundo saber e é um trabalhador incansavel.

Como pae de familia não co nhecemos um modelo mais honesto e perfeito.

Desejamos-lhe feliz via gem, favorecimento da fortu na e breve retorno ao seio da sua extremecida familia.

Poderiamos escrever mais alguma cousa, porém já vae bem extensa esta carta e mes mo estamos aqui a tremer de

mêdo porque o S. Vianna já disse que vamos ser «removi do»... e quando elle ou o Hygino da Januaria fallam a cousa é mesmo «verdadeira». Vamos tratar de preparar o saceo de viagem. Adeus toda gente boa!

Natividade, 22 - 8 - 11.

PRIM.

❖❖❖

INSTRUÇÃO NO INTERIOR

UMA das cousas que mais deveriam atuar no animo de nossos governos, receber de todos franco e leal apoio, cair por assim dizer, sob um protetorado valioso e continuo até o dia de real so lução, é a de palpitante resolver — a causa da instrução no inte rior dos Estados.

Reconhecido como se fez que da palida humana felicidade, é propria e termos o espirito ao me nos um pouco esclarecido, e das atribuições governamentaes é uma — o promover a virtude e seus governados — não comprehende mos, nos não podemos eximir de lastimar que ao presente, após sucessões de governos, aquela cau sa para maior acervo de infelici dades nossas e detrimento da Na ção, se conserve em *statu-quo*.

A inqualificavel rotina, abraça da e peculiar aos governos, de não expandirem a instrução nos pontos centraes dos Estados, me nosprezar este dos seus mais sa grados deveres, é forçoso rom per-se de vez e quanto antes em todas as partes de nosso caro Brasil onde vicêje.

Deante da imarcecivel verdade hoje universalmente constatada — todo homem de qualquer ori gem e côr precisa ter o espirito esclarecido — não pode haver Justificativa, menor que seja, ate nuante da semelhante ate de despreso.

O tempo que a instrução era um privilegio dos opulentos é já passado; em os nossos dias está sendo o que a evolução das cousas fatalmente a teria de transmudar; em a obrigação impos ta aos ricos e pobres. Assim sen

Fonte: Acervo da Fundação Biblioteca Nacional (2024)

A Romaria do Senhor do Bonfim acontece na comunidade rural do Bonfim, a 23 km do município de Natividade. Realizada entre os dias 6 e 17 do mês de agosto, é apontada como uma das festas religiosas mais expressivas do estado do Tocantins, sendo um evento que atrai pessoas de vários outros estados e desenvolve um papel regional relevante no que se tange ao cenário religioso, além de atrair grande atenção da mídia regional. No Tocantins, outros dois municípios também cultuam o Senhor do Bonfim: Araguacema[93] e Fortaleza do Tabocão[94], localizados na região central do estado.

Em Natividade, a Romaria destaca-se por reunir milhares de pessoas, peregrinos e comerciantes de diversas localidades, que aproveitam o movimento de pessoas para repassarem seus produtos. É a mistura do sagrado e do profano, simbolizando um ambiente social e econômico de trocas e confirmação de identidade e cultura. No local ainda é realizada Missa no primeiro, no terceiro e no quarto domingo de cada mês, a que os fiéis comparecem mensalmente — alguns levam comida para compartilhar e desfrutar de almoço compartilhado com o padre ao fim da Missa —, vindos de diferentes cidades do Tocantins, como Paranã, Palmas, Porto Nacional, Gurupi, Dianópolis e demais municípios circunvizinhos.

Seguindo os mesmos passos das aparições[95], o pesquisador José Arilson Xavier Souza explica que

> [...] a procura acentuada pela comunidade de Bonfim por motivos religiosos – movimento que, segundo a Igreja local, data do século 18 -, começa a se desenvolver mediante a uma crença mitológica que ainda hoje é forte. Um vaqueiro teria encontrado, em um ambiente pantanoso, a imagem do Senhor do Bonfim sobre um tronco de madeira e quando a retirava do local e a levava para a igreja de Natividade, ela reaparecia na mesma paragem onde havia sido encontrada. Segundo a crença popular, esse movimento de ida e volta da imagem,

---

[93] Realizada desde 1932, a Romaria do Senhor do Bonfim em Araguacema, que está distante 290 km de Palmas, seguindo pela rodovia TO-342, é realizada de 6 a 15 de agosto, e começou com uma história bem parecida com a de Natividade, em que um morador teria encontrado uma imagem somente com o tronco de Jesus, posteriormente batizada de Jesus do Bonfim.

[94] Em Fortaleza do Tabocão, a data do festejo é móvel e começou com a devoção de um morador local que construiu uma capela após alcançar uma graça atribuída ao santo.

[95] "Os mitos são recorrentes e obedecem a um padrão composto dos mesmos mitemas. Outro mitema recorrente é o lugar social das pessoas para quem a Virgem ou os santos decidem se mostrar. São sempre pescadores, escravos, indígenas, lenhadores, pastores, ou seja, pessoas marginais aos círculos de poder, gente pobre e carente de recursos materiais". *Cf.* ABUMANSSUR, Edin Sued. Turismo religioso e identidade nacional. *Horizonte*: Revista de Estudos de Teologia e Ciências da Religião, v. 16, n. 49, p. 88-106, 30 abr. 2018. p. 99.

> impulsionado pela vontade do "Senhor do Bom Fim", teria ocorrido repetidas vezes.[96]

A construção da igreja onde fica a imagem do Senhor do Bonfim foi iniciada em 1940, sob intermédio do Bispo Dom Alano Maria du Noday, com o lançamento da pedra fundamental. Porém só em 1952 a obra chegou ao ponto de abrigar fiéis, sendo celebrada Missa Solene ainda com o local em construção. A estrutura básica da igreja permanece até hoje, mesmo após algumas reformas e acréscimos, como a construção de uma rampa de acesso de 38 metros em 2018, levando em consideração as pessoas com mobilidade reduzida, os idosos e as pessoas com deficiência que também visitam o Bonfim, possibilitando o acesso desse público à imagem do Senhor do Bonfim.

> Em determinados momentos a pequena e acolhedora praça fica literalmente lotada. Era ali mesmo, neste pequeno espaço, que ao longo de dezenas de anos passou a ser celebrada a missa campal do dia 15 de agosto e outros dias, devido à grande comemoração de Romeiros.[97]

Em 1998, a Diocese de Porto Nacional constituiu o local como Santuário Diocesano, a Igreja do Senhor do Bonfim; após documentos datados nos Cânones 1230-1234[98], cita-se a existência bicentenária da devoção dos fiéis ao Senhor do Bonfim, o crescente número de romeiros da diocese, de todo o estado do Tocantins e mesmo de outros estados. Foi estabelecido que o reitor do santuário fosse sempre o pároco da Paróquia Nossa Senhora da Natividade, em Natividade. Porém, atualmente essa tratativa não é mais assim, e o reitor atual, Padre Leomar Sousa, mora em Luzimangues (distrito de Porto Nacional, localizado do outro lado da Ponte Fernando Henrique Cardoso, que faz a divisa com a capital, Palmas) e atua em algumas cidades assistidas pela Diocese de Porto Nacional.

Em 2017, a área[99] do povoado do Bonfim recebeu título definitivo, sendo repassada para a Mitra Diocesana de Porto Nacional. Na comunidade residem 28 famílias durante o ano. "No período da Romaria esta referência se desfaz e milhares de pessoas fazem com que o pequeno

---

[96] SOUZA, 2012, p. 228.

[97] PEDREIRA, 2016, p. 8.

[98] Esses cânones são citados no livreto comemorativo do Monsenhor Jones Pedreira distribuídos durante a Romaria do Bonfim de 2016.

[99] O processo de titulação tramitava desde 1991 no âmbito do Governo do Estado do Tocantins. A titulação do território do povoado do Bonfim foi expedida pelo Instituto de Terras do Tocantins (ITERTINS) e antes era propriedade do casal José Constâncio e Sena e Joana Martins Chaves Sena. *Cf.* DIAS, 2019.

povoado passe de um estágio predominantemente rural para um momentaneamente urbanizado."[100]

O santuário destaca-se pela igreja e seu largo, espaço dos romeiros e referência das celebrações religiosas, atuando como um elemento organizador da comunidade do Bonfim. As casas da comunidade circundam o santuário e em sua grande maioria ficam fechadas por quase todo o ano, só sendo reabertas no período da Romaria, seja para hospedagem de amigos ou familiares, seja para locação a terceiros. Por seu número de visitantes ser expressivo durante os dias da Romaria, "a maioria das pessoas se instala em acampamentos improvisados e, diga-se de passagem, em condições precárias"[101].

Figura 12 – Romaria do Senhor do Bonfim (2019)

---

[100] DIAS, 2019, p. 83.
[101] SOUZA, 2012, p. 228.

Fonte: a autora (2019)

> Chegando ao santuário, o peregrino dispõe-se a pedir ajuda e, em certos casos, perdão, evocando o momento de reconciliação e de vida nova, possibilitados pelas práticas penitenciais. Neste sentido, os santuários exercem uma missão profética, identificando-se na edificação uma motivação de origem sobrenatural.[102]

O caminho até o Santuário do Bonfim é marcado por estações que representam a Via Sacra, que são os últimos momentos de Jesus Cristo, além de muito sol, cansaço, suor e silêncio, que só é quebrado pelos carros e caminhões que passam na BR-010. O governo do estado e algumas organizações paraestatais oferecem pontos de apoio com água e frutas aos romeiros.

> O perfil do peregrino é daquele religioso que deixa sua casa a fim de pagar suas promessas por uma graça alcançada por meio da fé [...] romeiros em idade adulta que vem todos os anos à cidade participar de pelo menos uma das festividades religiosas, onde a viagem representa sua satisfação espiritual, a busca do sagrado e onde são aceitáveis os atos de sacrifícios.[103]

---

[102] MÓNICO, Lisete S. Mendes; MACHADO, José Barbosa; ALFERES, Valentim Rodrigues. Peregrinações ao Santuário de Fátima: considerações em torno da dimensão ritualística da religiosidade. *Horizonte*: Revista de Estudos de Teologia e Ciências da Religião, Belo Horizonte, v. 16, n. 49, p. 194-222, jan./abr. 2018. p. 206.

[103] SILVA, Kaíse Canuto da; CAMPOS, Josilene Bárbara Ribeiro. Turismo religioso: festividades em Santa Cruz dos Milagres (PI). *In*: SEMINÁRIO NACIONAL DE TURISMO E CULTURA. Anais [...]. Brasília; Rio de Janeiro: Ministério da Cultura; Fundação Casa de Rui Barbosa, 2016. p. 145.

A construção de uma Via dos Romeiros não foi finalizada, e as pessoas caminham pelo acostamento da rodovia. Placas de sinalização alertam motoristas e pedestres quanto ao perigo de romeiros caminhando na pista ou no acostamento.

Todo o caminho é um ritual; seja em grupo, seja sozinho, cada devoto segue seu caminho de penitência.

> Todo o caminho a percorrer integrou-se num ritual que envolveu cognições, emoções e comportamentos específicos, que distinguem a peregrinação de uma outra jornada qualquer. O elemento diferenciador reverteu-se no cumprimento de promessas ou penitências, pela oblação, sacrifício e/ou dor. As agruras da caminhada, muitas vezes incrementadas pela vontade do próprio em tornar a peregrinação mais penitencial, reúnem condições ótimas de análise do efeito da implicação comportamental voluntária, acrescida do predicado sacrificante, na promoção do otimismo pela religiosidade.[104]

O livreto *Romaria do Senhor do Bonfim*, publicado em 2016 pelo Monsenhor Jones Pedreira, em comemoração ao Centenário Diocesano de Porto Nacional (1915-2015), reuniu conteúdo não acadêmico sobre a Romaria em forma de relatos pessoais, ex-votos, matérias jornalísticas e documentos oficiais da igreja. Em um desses documentos, Pedreira cita o relato de viagem do Frei José Maria Audrin, titulado "Entre sertanejos e índios do Norte", no qual consta que na década de 1920 foi realizada a primeira visita do primeiro bispo da Diocese de Porto Nacional, Dom Domingos Carrerot, à Romaria do Bom Jesus do Bonfim.

> Terminada a festa de São Domingos, o Bispo atendendo a instantes súplicas, seguiu para a tradicional romaria do Bom Jesus de Bonfim, distante de Porto Nacional trinta e cinco léguas, na freguesia de Natividade. Nesse antigo santuário costumam reunir-se, a 15 de agosto, milhares de romeiros vindos de todo o norte de Goiaz, e mesmo dos visinhos Estados da Bahia e Piaui, a fim de cumprirem suas "promessas", aos pés de uma vetusta imagem de Jesus Crucificado. [...] De Chapada a comitiva episcopal alcançou Natividade, também antigo centro de mineração e agora comarca importante do norte goiano, povoada por distintas famílias, cuja riqueza é constituída por numerosas fazendas de gado e animais. Apesar de certos elementos protestantes

---

[104] MÓNICO; MACHADO; ALFERES, 2018, p. 201.

> e espíritas que aproveitam a ausência de sacerdotes para sua propaganda, a pequena cidade conserva espírito religioso e sabe manifestá-lo pelo respeito e afeto geral aos missionários que a visita. [...] A 14 de agosto Dom Domingos fez sua entrada solene no arraial do Bom Jesus de Bonfim, e lá se deteve em árduos trabalhos, até o dia 18. Era preciso, com efeito, atender a milhares de romeiros vindos em procura de confissões, de batismos, de casamentos e, sobretudo de crisma. [...] Muitos atos de fé e gratidão ao Nosso Senhor pudemos presenciar no devoto santuário; manifestações sinceras é verdade, não destituídas todas, porém de pitoresco, e inédito, e até de ridículo e quase supersticioso.[105]

Como forma de organizar os ex-votos e pedidos dos romeiros, a partir de 1986, todos os ex-votos depositados em forma de carta ou fotos que eram colocados sobre o altar e dentro do cofre aos pés da imagem do Senhor do Bonfim foram levados e fixados em livros na diocese. Atualmente existe a Casa dos Milagres, onde os devotos depositam seus ex-votos das promessas e milagres alcançados.

A organização da Romaria em cada época vai tomando aspectos diferentes, as pessoas, os métodos, os mecanismos de trabalhos, isso tudo vai se adequando ao tempo e à boa vontade de todos aqueles que se empenham com o andamento e os serviços.

Dias e Silveira[106] explicam que no Brasil muitos eventos religiosos envolvem também práticas profanas que auxiliam na sociabilidade entre os participantes como disputas, jogos, brincadeiras e demais.

"Pode misturar-se o religioso, o espiritual e o profano com objetivos essencialmente culturais e de lazer, num mundo moderno mais festivo, mais aberto e mais livre de constrangimentos institucionais"[107]. Assim, os eventos religiosos também são pretexto para um acontecimento social, retratando a relação do sagrado e profano, assim como o padre relata logo a seguir.

> Quando os romeiros vinham a cavalo, os pousos às margens dos rios e nos brejos eram animados, eram verdadeiras mini romarias, onde todos compartilhavam as comidas, os causos e os tradicionais forrós dos pousos. Hoje, normalmente as

---

[105] AUDRIN, 1947 *apud* PEDREIRA, 2016, p. 12-13.

[106] DIAS, Reinaldo; SILVEIRA, Emerson José Sena da (org.). Turismo religioso: ensaios e reflexões. Campinas: Editora Alínea, 2003. p. 24.

[107] LEANDRO, Maria Engrácia; LEANDRO, Ana Sofia da Silva; NOGUEIRA, Fernanda. Peregrinações de ontem e de hoje: entre crenças, turismo religioso e economia. *Misericórdia de Braga*, n. 15, p. 231-272, dez. 2019. p. 234.

> pessoas chegam no mesmo dia, porém, os encontros, os causos e as trocas de comidas se dão dentro da própria Romaria, nas barracas, nos cipós, etc. [...] Como é bom poder passear entre as barracas, num contínuo vaivém dos romeiros, no entra e sai das barracas, à procura de amigos, conhecidos e parentes. Divertido ainda é poder circular pelo cipó, sentir o cheiro das comidas nas trempes fumegantes, as panelas e caldeirões de feijão, carne com abóbora, o tradicional arroz sirigado e uma grande variedade de comidas. Animadas ainda, cheias de histórias e causos são as rodadas de café com bolo, normalmente oferecidas para as visitas, todos querem partilhar o pouco do que tem. Dá mesmo para a gente se lembrar do hino da igreja: Sabe Senhor, o que temos é tão pouco para dar, mas este pouco, nós queremos com os irmãos compartilhar. [...] Porque não dizer também, daquele vinhozinho, da branquinha ou mesmo do velho quinado que está guardado na buraca ou escondido atrás da cama, para ser oferecido àqueles mais chegados? Tudo isso é Romaria, é a caminhada do povo de Deus.[108]

Atualmente, a Missa campal do dia 15 de agosto ocorre debaixo do sol quente e no meio do chão batido. Na época da Romaria, na região é tempo da seca e não há chuva, os ventos fortes levantam poeira e castigam o romeiro. Apesar de haver banheiros públicos construídos, eles não se mantêm limpos para uso, devido ao grande fluxo de pessoas os utilizando e poucas pessoas para fazer a limpeza.

Há um verdadeiro comércio instalado no local, principalmente ao redor do santuário e pelas ruelas que levam até a igreja, sendo muitas vezes impossível de transitar pela quantidade de gente, principalmente no dia 15 de agosto.

> Toda a preparação da jornada, os rituais do caminho com o sacrifício físico e espiritual, os motivos que induzem cada um à ação de caminhar, fazem com que seja a estrada a justificar e a conferir sentido ao santuário e não o contrário. O santuário torna-se, assim, não a finalidade da peregrinação, mas o pretexto para a peregrinação.[109]

No santuário, em local não "sagrado" há barracas de comerciantes ambulantes, os quais pagam taxas (conforme o tamanho da barraca) para estar ali, no "shopping do Bonfim", uma alusão que os romeiros fazem

---

[108] PEDREIRA, 2016, p. 49.

[109] MÓNICO; MACHADO; ALFERES, 2018, p. 206.

aos grandes centros comerciais das cidades. Muitos comerciantes de Natividade abrem filiais no Bonfim, como supermercados, farmácias e barbeiros. O estacionamento também é pago, sendo cobrados R$ 10 por carro, principalmente no dia 15 de agosto, devido ao maior fluxo de pessoas no local.

No comércio que se estabelece ao redor do santuário (e, por que não dizer, dentro), o romeiro ou visitante encontra de tudo: panelas, roupas, óculos, eletrônicos importados, coador de tecido, chapéu, frutas, verduras, material eletroeletrônico, bijuterias, sandálias, camisetas religiosas, artigos religiosos, remédios caseiros, sorvetes, redes, entre outros, além de prestação de serviços como barbeiros, mercadinhos, restaurantes de comida caseira.

Entretenimento também tem no Bonfim: boates, serestas à tarde e à noite e diversos bares. A grande maioria dos comerciantes anuncia que "passa" cartão no débito e crédito, mas não havia até então sinal de celular na região do Santuário, o que dificultava o pagamento, tendo o comerciante que se deslocar para "encontrar sinal", geralmente na entrada da comunidade, à beira da BR-010.

> Os santuários, de modo geral, são patrimônio cultural e, como tais, susceptíveis de serem transformados em recursos turísticos. Dessa maneira, pode-se gerar um uso turístico incluído na categoria de turismo religioso, situa-se num dos extremos já citados, de uma linha contínua que se estende da peregrinação propriamente dita como atividade exclusivamente religiosa até os limites das atividades englobadas no conceito de turismo cultural.[110]

O santuário também possui uma lojinha oficial em frente à igreja, que foi organizada com a ajuda do SEBRAE, do Serviço Nacional de Aprendizagem Rural (SENAR) e da Federação da Agricultura e Pecuária no Estado do Tocantins (FAET). Toda a renda dos produtos vendidos é voltada para o santuário, e alguns devotos preferem comprar nela, pois, segundo eles, "ajuda a igreja". Na lojinha são vendidos produtos como: fitinhas, terços, escapulários, imagens, livros, camisetas com imagens e imãs de geladeira, chaveiros, crucifixos, canecas e uma infinidade de "lembrancinhas do Bonfim".

---

[110] DIAS; SILVEIRA, 2003, p. 24.

Figura 13 – "Shopping do Bonfim" e o comércio pelas ruas do santuário

Fonte: a autora (2019)

A questão religiosa é a principal motivação dessas pessoas no local, mas os romeiros também se interessam por todo o contexto de sociabilidade que a Romaria traz consigo: comércio, festa e reencontros. Outro local de aglomeração de romeiros, dentro do contexto da Romaria do Bonfim, é a praia do Rio Manoel Alves.

> A maior expressão de lazer dos romeiros em agosto é a ida até o Rio Manoel Alves (Grande). Com o calor intenso de quase 40 graus, muitos romeiros passam as tardes em lazer absoluto. Lá, famílias inteiras montam barracas de camping e também repetem as estruturas dos "cipós". Às margens do Rio Manoel Alves, geralmente, ficam moradores de Natividade, Chapada de Natividade, Palmas e outros municípios[111].

---

[111] DIAS, 2019, p. 97.

Com distância média de 3 km do santuário até o rio, lotações com vans, ônibus (alguns escolares) ou táxi improvisado levam os passageiros pelo preço de R$ 3 cada pessoa até o local. Assim, boates, serestas e churrascos preenchem todo o cenário do Bonfim nos momentos posteriores (muitas vezes simultaneamente) dos rituais sagrados, como Missa, batizados, confissões e novenas.

É no Bonfim que as famílias se reúnem, que os amigos se reencontram, com churrasco, com festa, com compra de alguma novidade e com reza.

> Durante as festas religiosas tradicionais, o fluxo turístico é gerado tanto por questões religiosas como por outras razões, especialmente no caso daquelas que apresentam significado histórico e cultural relevante e são, muitas vezes, associadas a programas com eventos não religiosos.[112]

Em 2019, o Santuário Diocesano do Bonfim, com apoio da Diocese de Porto Nacional, iniciou uma campanha para arrecadar donativos para o santuário com o objetivo de atender os anseios dos devotos que querem colaborar com a melhoria da estrutura do local e com o bem-estar dos romeiros.

Durante a Missa do dia 15 de agosto, também é realizada a prestação de contas da Romaria do Senhor do Bonfim do ano anterior. Segundo o reitor do santuário, Padre Leomar Silva, durante sua fala sobre a prestação de contas da Romaria de 2018, foram arrecadados R$ 346.125,70 nos dez dias de festa. Dinheiro esse proveniente das ofertas durante a Missa e, principalmente, das locações de espaço para os comerciantes e do estacionamento.

Apesar de todo esse cenário, o clero sempre reforça nas homilias e nas suas falas públicas que a Romaria não é um passeio turístico, não é só festa, mas sim uma caminhada de fé que não tem seu ponto final no santuário, mas é ali que os romeiros fortalecem sua fé.

Com isso e ressaltando que investigar, nas principais festas religiosas de Natividade, como se dá a relação entre desenvolvimento local e turismo religioso, por meio do agenciamento de seus atores em torno da identidade religiosa que é atribuída à cidade faz-se necessário para a compreensão das potencialidades do lugar. Ao descrever as principais características de duas das principais festas religiosas, isto é, Festa do Divino Espírito Santo e Romaria do Senhor do Bonfim, consegue-se analisar o potencial turístico da

---

[112] DIAS; SILVEIRA, 2003, p. 28.

cidade e se os agenciamentos acerca do turismo em Natividade possibilitam deslocamentos de interesse entre os turistas para a questão religiosa. E assim, analisar a possibilidade de essas festas religiosas passarem de celebrações religiosas, perpassando o recurso econômico, e tornando-se marca de uma identidade local, atuando como fator de desenvolvimento para a região.

2

CULTURA, PATRIMÔNIO, MEMÓRIA E IDENTIDADE

Para compreendermos o processo de desenvolvimento local de uma comunidade tendo como ponto de partida a cultura, seus traços históricos, suas memórias e seu patrimônio, faz-se necessário apresentar as teorias e os autores basilares e como esses conceitos se desdobram no objeto em estudo — neste caso, as festas religiosas da cidade de Natividade e os agenciamentos em torno do turismo religioso promovido pelos atores sociais que orbitam naquela comunidade.

Os dados históricos, socioeconômicos e culturais descritos sobre Natividade, anteriormente permitem reconhecer que a cidade possui atrativos culturais e religiosos durante quase todo o ano civil, porém o que mantém a economia da cidade ativa é o setor de serviços públicos.

Com base nesses dados, este capítulo está dividido em quatro subcapítulos, que apresentam: teoria cultural[113], conceitos de cultura[114,115] e a sua comodificação[116], trazendo o debate para a contemporaneidade; patrimônio[117,118] e memória[119,120]; cultura como recurso[121] e uma discussão sobre *habitus*[122] e forças performáticas[123]; e, por último, a discussão acerca da identidade[124, 125], em que a religiosidade é entendida como prática de identificação[126].

---

[113] WILLIAMS, Raymond. *Marxismo e literatura*. Rio de Janeiro: Zahar, 1979.

[114] GEERTZ, 2008.

[115] ORTIZ, Renato. *Cultura brasileira e identidade nacional*. 2. ed. São Paulo: Editora Brasiliense, 1986.

[116] COMAROFF, Jean; COMAROFF, John. *Etnicidad S.A.* Madrid: Katz Editores, 2011.

[117] LIMA FILHO, Manuel Ferreira. Cidadania patrimonial. *Revista Anthropológicas*, ano 19, v. 26, n. 2, p. 134-155, 2015.

[118] GONÇALVES, José Reginaldo Santos. O mal-estar no patrimônio: identidade, tempo e destruição. *Estudos Históricos*, Rio de Janeiro, v. 28, n. 55, p. 211-228, jan./jun. 2015.

[119] HALBWACHS, Maurice. *A memória coletiva*. Tradução de Laurent Léon Schaffter. São Paulo: Edições Vértice, 1990.

[120] LOPES, José Rogério. *Colecionismos, arquivos pessoais e memórias patrimoniais*. Porto Alegre: CirKula, 2017.

[121] YÚDICE, George. *A conveniência da cultura*: usos da cultura na era global. Belo Horizonte: Editora UFMG, 2004.

[122] BOURDIEU, Pierre. *A economia das trocas simbólicas*. São Paulo: Perspectiva, 2009.

[123] YÚDICE, 2004.

[124] HALL, Stuart. *A identidade cultural na pós-modernidade*. 7. ed. São Paulo: Editora DP&A, 2002.

[125] AGIER, Michel. Distúrbios identitários em tempos de globalização. *Mana*, Rio de Janeiro, v. 7, n. 2, p. 7-33, out. 2001.

[126] BAJOIT, Guy. *Tudo muda*: proposta teórica e análise da mudança sociocultural nas sociedades ocidentais contemporâneas. Ijuí; Lisboa: Editora Unijuí; CEOS, 2006.

Sendo assim, com base na teoria cultural de Raymond Williams[127], um dos principais autores que discutem a cultura dentro da teoria marxista, apresentam-se neste capítulo conceitos sobre hegemonia com Antonio Gramsci, reforçando que só se pode entender uma cultura dominante e efetiva a partir do momento em que se entende o processo social e as relações sociais que dela derivam.

Abre-se ainda uma discussão sobre tradição enquanto herança cultural e adota-se a definição sobre cultura de Clifford Geertz[128], que, em suma, a define como criadora e recriadora de comportamentos. E, trazendo a discussão para a contemporaneidade, Renato Ortiz[129] apresenta a cultura, de uma maneira mais estrutural, como algo heterogêneo que não está inserido em um sistema único de significações, em que questiona o papel da memória e da relação de poder no processo de decisão do que seria considerado como patrimônio e do que seria uma identidade autêntica. Assim, antes de ingressar na discussão acerca de patrimônio e memória, aborda-se o conceito de comodificação da cultura e a busca por uma autenticidade da identidade cultural[130].

Na segunda parte do capítulo, será apresentado sobre patrimônio e a busca por uma identidade nacional, além de discussão sobre como é trabalhado o patrimônio no Tocantins e consequentemente, em Natividade. Ressalta-se aspectos da memória coletiva como pilar nesse processo e sobre o autombamento/autopatrimonialização apresentada por Lopes[131].

Seguindo a análise sobre cultura, far-se-á uma intersecção entre conceitos de identidade e sua relação com a memória e o patrimônio. Convém salientar, no terceiro tópico, como o catolicismo popular adentrou no campo da cultura e como a cultura passou a ser vista como recurso. Promovendo assim, uma análise entre o que Bourdieu[132] estabelece como *habitus*, com recorte no que tange à reprodução do modo de vida, o qual recebe influências externas e faz com que os indivíduos mudem sua percepção de como enxergam a vida e suas relações sociais, com o que Yúdice[133] chama de campo de forças performáticas.

---

[127] WILLIAMS, 1979.

[128] GEERTZ, 2008.

[129] ORTIZ, 1986.

[130] COMAROFF; COMAROFF, 2009.

[131] LOPES, 2017.

[132] BOURDIEU, 2009.

[133] YÚDICE, 2004.

Por fim, no último tópico deste capítulo de abertura teórico, apresenta-se a discussão acerca de uma declaração de identidade[134] enquanto prática de identificação[135], que parte de uma realidade multicultural e deve ser entendida como uma narrativa que possui como fator principal a memória coletiva para sua formação.

2.1 Teoria cultural: hegemonia, tradição e autenticidade

A teoria cultural de Raymond Williams[136] parte das percepções materiais e produtivas da cultura. O teórico destaca-se por ser um dos principais autores que debatem a questão da cultura na teoria marxista. O autor afirma que toda abordagem da teoria marxista da cultura deve iniciar considerando os conceitos de base (infraestrutura) e superestrutura, uma metáfora usada pelo marxismo tradicional para explicar, também, a relação entre arte e sociedade. Ele não acredita que a ideia de arte e a de pensamento sejam reflexos da realidade (como algo separado do homem social), o teórico defende que há uma mediação, uma teoria mais elaborada, que não permite ainda teorizar manifestações culturais como produção.

E será pelo conceito de hegemonia[137] de Antonio Gramsci (1891-1937) que, para Williams, as práticas culturais deixam realmente de ser superestruturais.

> A "hegemonia" é um conceito que inclui imediatamente, e ultrapassa, dois poderosos conceitos anteriores: o de "cultura" como "todo um processo social", no qual os homens definem e modelam todas as suas vidas, e o de "ideologia", em qualquer de seus sentidos marxistas, no qual um sistema de significado de valores é a expressão ou projeção de um determinado interesse de classe. A "hegemonia" vai além da "cultura", como antes a definimos, em sua insistência em relacionar "todo o processo social" como distribuições específicas de poder e influência. Dizer que os "homens" definem e modelam suas vidas só é verdade como abstração.[138]

---

[134] AGIER, 2001.

[135] BAJOIT, 2006.

[136] WILLIANS, 1979.

[137] A noção de hegemonia foi criada no seio da tradição marxista para pensar as diversas configurações sociais que se apresentavam em distintos pontos no tempo e no espaço. Pode-se afirmar que hegemonia é uma dominação consentida especialmente de uma classe social ou nação sobre seus pares.

[138] WILLIANS, 1979, p. 111.

Para o teórico, a cultura não é reflexo da base econômica. E a hegemonia não deve ser entendida como mera opinião, pois ela envolve um sistema de significados e valores central, efetivo e dominante, além de ser organizada e vivida, ou seja, um corpo completo de práticas e expectativas.

> É um conjunto de significados e valores que, vividos como práticas, parecem se confirmar uns aos outros, constituindo assim o que a maioria das pessoas na sociedade considera ser o sentido da realidade, uma realidade absoluta porque vivida, e é muito difícil, para a maioria das pessoas, ir além dessa realidade em muitos setores de suas vidas. Mas este não é (a não ser no caso de um momento de análise abstrata) em nenhum sentido um sistema estático.[139]

Williams[140] reforça ainda que só se pode entender uma cultura dominante e efetiva quando se entende o processo social do qual ela é dependente; neste caso, o processo de incorporação.

> Os modos de incorporação têm grande significado social. As instituições educacionais são geralmente os agentes principais na transmissão de uma cultura efetiva e dominante, e esta é, em nossos dias, uma atividade de grande importância, tanto econômica quanto cultural; de fato, é as duas coisas ao mesmo tempo. Além disso, num nível filosófico, no verdadeiro nível da teoria e no nível da história das várias práticas, há um processo que chamo de tradição seletiva: aquilo que, no interior dos termos de uma cultura dominante e efetiva, é sempre transmitido como "a tradição", "o passado importante". Mas o principal é sempre a seleção, o modo pelo qual, de um vasto campo de possibilidades do passado e do presente, certos significados e práticas são enfatizados e outros negligenciados e excluídos. Ainda mais importante, alguns desses significados e práticas são reinterpretados, diluídos, ou colocados em formas que apoiam ou ao menos não contradizem outros elementos intrínsecos à cultura dominante e efetiva.[141]

Ainda na proposta de Williams[142], os significados e os valores alternativos, que na negligência foram deixados de lado pela tradição seletiva, em detrimento de outros instituídos, devem ser considerados, pois uma

---

[139] *Idem*. Base e superestrutura na teoria cultural marxista. *Revista USP*, n. 66, p. 209-224, 1 ago. 2005. p. 217.

[140] *Ibidem*.

[141] *Ibidem*, p. 217.

[142] *Ibidem*.

sociedade complexa deve considerar "as opiniões e atitudes alternativas" e até mesmo "alguns sentidos alternativos do mundo que podem ser acomodados e tolerados dentro de uma determinada cultura efetiva dominante"[143].

As relações sociais constituem a cultura, de forma que as mudanças nos modos de produção material e cultural se relacionam e se tornam um forte recurso para a promoção da transformação social.

> É nas relações sociais que se dá a formação de significados, justificativas, aspirações. Práticas, pensamentos e sentimentos articulam-se para garantir a vitalidade de uma certa ordem social. Há interpretações de acontecimentos que se tornam hegemônicas num complexo processo que não pode ser enfrentado se não se tem em vista a possibilidade de lutar para alterar os sentidos na direção da sociedade. Não é casual que "hegemonia" e o legado gramsciano sejam cruciais para seu materialismo cultural.[144]

O processo de ruptura com o que é definido como "tradição" acontece por meio das práticas alternativas, e até mesmo antagônicas, sendo geradas dentro da mesma sociedade. Para Williams[145], no conceito cultural básico do termo "tradição", ele está relacionado com reprodução em ação.

> Pois a tradição ("nossa herança cultural") mostra-se de modo claro como um processo de continuidade deliberada, embora, analiticamente, não se possa demonstrar que alguma tradição seja uma seleção ou re-seleção daqueles elementos significativos recebidos e recuperados do passado que representam uma continuidade não necessária, mas desejada. [...] Esse "desejo" não é abstrato, mas efetivamente definido pelas relações sociais gerais existentes".[146]

Para Stuart Hall[147], os seres humanos são seres interpretativos e instituidores de sentido, tanto que a ação social é significativa devido aos muitos e variados sistemas de significados que os seres humanos utilizam para codificar, organizar e regular a sua conduta em relação ao outro, que, tomados em seu conjunto, constituem as "culturas". São essas ações, sig-

---

[143] *Ibidem*, p. 218.

[144] MIGLIEVICH-RIBEIRO, Adelia. Os "estudos culturais" como perspectiva teórica segundo Raymond Williams: os alicerces de um movimento intelectual. *In*: ENCONTRO ANUAL DA ANPOCS, 40., Caxambu, outubro de 2016. *Anais* [...]. p. 4.

[145] WILLIAMS, Raymond. *Cultura*. 3. ed. Rio de Janeiro: Paz e Terra, 1992.

[146] *Ibidem*, p. 184.

[147] HALL, Stuart. A centralidade da cultura: notas sobre as revoluções culturais do nosso tempo. *Educação e Realidade*, v. 22, n. 2, 1997.

nificados que "contribuem para assegurar que toda ação social é 'cultural', que todas as práticas sociais expressam ou comunicam um significado e, neste sentido, são práticas de significação"[148].

Hall[149] ressalta ainda que "é quase impossível para o cidadão comum ter uma imagem precisa do passado histórico sem tê-lo tematizado, no interior de uma "cultura herdada", que inclui panoramas e costumes de época".

Já para Clifford Geertz[150], a cultura é, em parte, controladora do comportamento em sociedade, criando e recriando comportamentos, devido ao seu conteúdo ideológico, algo impossível de não possuir significado.

Assim, para entender a cultura, Geertz explica que ela

> [...] funciona para sintetizar o *ethos* de um povo – o tom, o caráter e a qualidade da sua vida, seu estilo e disposições morais e estéticos – e sua visão do mundo – o quadro que fazem do que são as coisas na sua simples atualidade, suas ideias mais abrangentes sobre ordem. Na crença e na prática religiosa, o *ethos* de um grupo torna-se intelectualmente razoável porque demonstra representar um tipo de vida idealmente adaptado ao estado de coisas atual que a visão de mundo descreve, enquanto essa visão de mundo torna-se emocionalmente convincente por ser apresentada como uma imagem de um estado de coisas verdadeiro, especialmente bem-arrumado para acomodar tal tipo de vida.[151]

Indo além de concepções centradas na constituição da esfera cultural, estrito senso, outras concepções ganharam visibilidade contemporaneamente. Nessa perspectiva, Renato Ortiz[152] explica que a cultura é heterógena e que as manifestações culturais não partilham do mesmo traço comum, bem como não estão inseridas em um sistema único de significações. E mais: o autor reforça que a memória de uma manifestação cultural ou folclórica "existe enquanto tradição, e se encarna no grupo social que a suporta. É através de sucessivas apresentações teatrais que ela é realimentada. [...] a tradição é mantida pelo esforço de celebrações sucessivas".

Ainda, com base no ponto de vista estrutural sobre a memória apresentado por Ortiz[153], tem-se que a memória, no sentido da sua seletividade, é política. Na medida em que ela tende a uma orientação que é política, ela

---

[148] *Ibidem*, p. 16.

[149] *Ibidem*, p. 22-23.

[150] GEERTZ, 2008.

[151] *Ibidem*, p. 66-67.

[152] ORTIZ, 1986, p. 134.

[153] *Ibidem*.

terá uma dimensão estratégica. "Seriam as lembranças individuais e coletivas o marco dos limites que possibilitam configurar a importância da narrativa de marcação social[154] dos bens, entre sujeitos de um grupo ou sociedade"[155].

Para José Rogério Lopes,

> [...] tanto a relativização quanto a inscrição situacional dos padrões e modelos identitários ressignificam as memórias nacional e coletiva, tornando a memória um recurso negociado segundo o campo de possibilidade em que os projetos dos indivíduos e grupos se movem, visando constituir suas coleções em bens coletivos[156].

Vinculando a perspectiva do patrimônio, analisando a relação cultura-memória, ele atua como

> [...] parte integrante da memória social, também o ressaltaria como um campo de conflito simbólico da sociedade, no qual se registra o jogo memória/esquecimento, em geral vencido pelos segmentos sociais dominantes, que podem impor sua memória como a de toda a sociedade.[157]

Para Lopes, os agenciamentos em torno do que seria memória patrimonial operam modulações[158]

> [...] do caráter essencialista da memória coletiva que, agenciada pelo Estado, busca circunscrever o mito da nação e arbitrar padrões de identidade nacional, regional ou local, em dispositivos institucionais de políticas culturais e públicas. Sobretudo, tais modulações operam sobre esses padrões, primeiro, relativizando-os como modelos históricos para, depois, inscrevê-los situacionalmente em experiências coletivas, e na constituição de arquivos.[159]

Seguindo nessa lógica, Renato Ortiz contribui ainda e expõe que falar em cultura brasileira é falar em relação de poder. O processo de escolha do que seria patrimônio e do que representaria a história de um povo. O autor expõe que

---

[154] O termo "marcação social" é apresentado por K. Woodward (2000), que considera a marcação simbólica o meio pelo qual se dá sentido a práticas e relações sociais, definindo excluídos e incluídos naquele meio, e que é por essa diferenciação social que as classificações da diferença são vividas nas relações sociais.

[155] LOPES, 2017, p. 92.

[156] *Ibidem*, p. 138.

[157] RODRIGUES, Marly. Preservar e consumir: o patrimônio histórico e o turismo. *In*: FUNARI, Pedro Paulo; PINSKY, Jaime. *Turismo e patrimônio cultural*. 4. ed. São Paulo: Contexto, 2011. p. 18.

[158] *Cf.* Conceito apresentado por Lima Filho (2105) em que as decisões perpassam as dimensões históricas, econômicas, políticas, de gênero, de raça, de classe e de identidade social.

[159] LOPES, 2017, p. 13.7

> [...] a luta pela definição do que seria uma identidade autêntica é uma forma de se delimitar as fronteiras de uma política que procura se impor como legítima. [...] que existe uma história da identidade e da cultura brasileira que corresponde aos interesses dos diferentes grupos sociais na sua relação com o Estado.[160]

Dessa relação com o Estado e a busca por uma identidade autêntica, existem as práticas de comodificação[161] cultural e social atreladas ao turismo e os impactos da globalização que levam à comercialização da cultura e das identidades de diversos grupos étnicos.

> Estudos das áreas do turismo, geografia, sociologia e antropologia buscam entender os impactos da comodificação de lugares turísticos associada às ressignificações culturais e espaciais daí derivadas, demonstrando como uma verdadeira indústria vem sendo criada para comercializar os produtos culturais e os valores ligados à autenticidade de certos locais.[162]

Para Jean Comaroff e John Comaroff[163], a incorporação da identidade e comodificação da cultura em diversos grupos estão se reinventando conforme a reflexividade sobre suas etnicidades e sobre a comercialização dessas culturas, entendendo que a comodificação da cultura seria a efetiva entrada na esfera do mercado de domínios da existência humana que anteriormente escapavam dela, como símbolos identitários de uma nação, crenças e práticas religiosas entre outros.

Já incorporação da identidade seria o processo pelo qual a identidade passa a ser reivindicada pelos grupos étnicos.

> [...] vivemos numa época em que a economia política - com este roteiro renovado - é cada vez mais, e abertamente, uma força que faz mundos; [...] O político e o econômico (ou melhor - dadas as prioridades do momento - o econômico e o

---

[160] ORTIZ, 1986, p. 8.

[161] Comodificação refere-se ao fenômeno contemporâneo em que muitos bens, serviços, ideias e também pessoas — outrora considerados não comerciais — passam a ser transformados em mercadorias vendáveis. O fenômeno em estudo tem origem no entendimento marxista sobre a teoria da commodity, que busca entender como a mercadorização da força de trabalho humana se inscreve em um sistema de relações desiguais no mercado de trabalho, instauradas pelo modo de produção capitalista. Na visão contemporânea, a mercadoria expandiu-se de um bem tangível para incluir todos os tipos de ativos intangíveis.

[162] BECK, Ceres Grehs; CUNHA, Luis Henrique Hermínio. As múltiplas faces da comodificação e a constituição da crítica acerca das práticas de consumo contemporâneas. *Ciências Sociais UNISINOS*, v. 53, n. 1, p. 136-147, jan./abr. 2017. p. 140.

[163] COMAROFF; COMAROFF, 2009.

> político) são inseparáveis como nunca antes; são áreas anco-
> radas igualmente na marca e na lei, em suas materialidades,
> em seus costumes e em seus procedimentos de significação.
> [...] a identidade - considerada hoje, de dentro de um produto
> de mercado - está cada vez mais relacionada às realidades
> manifestas do consumo de massa.[164]

Os autores apresentam ainda que a noção de etnicidade possui um repertório amplo e instável de sinais culturais por meio dos quais as relações são construídas e comunicadas, em que a etnicidade passa a ser construída e explorada sob influência das ideologias neoliberais e o comércio excede a função de venda de bens e serviços. Assim, a cultura está sendo comodificada, as mercadorias estão se tornando explicitamente culturais.

> Quando ativos intangíveis, como a expressão cultural, os
> lugares, as paisagens, as histórias, as tradições, os rituais
> e as artes são apropriados por "outros", colocados em for-
> mato de mercadoria – miniaturizados, padronizados e
> precificados – entende-se que existe uma comodificação
> da cultura. Nas últimas décadas, observa-se uma intensa
> reconfiguração espacial de lugares e uma ressignificação
> identitária de comunidades tradicionais, fatos que alteram
> as dinâmicas sociais e são tributados a ações de interesse
> econômico e político.[165]

Ainda em Comaroff e Comaroff[166], os autores definem que, mesmo em contextos em que a condição econômica requer essa comodificação, a identidade mantém um núcleo de que as pessoas não abrem mão. Às vezes essa base identitária até se perde, por várias questões, mas, quando ela é reavivada por um projeto econômico, por exemplo, os indivíduos têm a possibilidade de se reconhecer, sendo aquilo que eles representam, e isso ultrapassa a dimensão da motivação econômica na constituição da identidade. Com isso, para os autores, as pessoas do lugar não confundem aquilo que é a cultura delas (a sua identidade) com aquilo que é o show ou o espetáculo (que foi comodificado); elas sabem diferenciar, preservar e valorizar a base da cultura.

> [...] (a)transformar produtos culturais em mercadorias não
> necessariamente os destrói; (b)cultura e turismo podem
> se tornar indissociáveis; (c)a transformação da cultura

---

[164] *Ibidem*, p. 76.

[165] BECK; CUNHA, 2017, p. 140.

[166] COMAROFF; COMAROFF, 2009.

em mercadoria é muitas vezes um mecanismo positivo na busca da autenticidade", uma forma de aproximação do "verdadeiro eu" individual e coletivo "apropriando-se do passado".[167]

Esse é um elemento importante para compreender as dinâmicas econômicas, por mais que haja certa tendência presente na literatura crítica em dizer que a questão econômica do turismo desestrutura essa base identitária ou essa base cultural de uma comunidade, por exemplo. Comaroff e Comaroff[168] revelam que, muitas vezes, a incorporação da identidade e a comodificação da cultura acabam reforçando a base identitária de uma comunidade, em vez de a desestruturarem. E o indivíduo, nesse movimento, acaba se valorizando, entendendo a importância da cultura e da identidade que ele representa.

2.2 Patrimônio e memória

Autores têm debatido que, ultimamente, qualquer objeto material, espaço, prática social, ou quaisquer tipos de conhecimento podem ser identificados, celebrados ou contestados por grupos sociais como "patrimônio". E, "do ponto de vista do Estado e de suas políticas, especificamente suas políticas de patrimônio, 'identificar' um grupo e seu patrimônio equivale a exercer positivamente sua função enquanto agência do poder"[169]. Com isso, para certos grupos sociais, defender e preservar determinados "patrimônios" é lutar pelo reconhecimento, existência e permanência social. É a defesa e preservação de sua cultura, sua identidade.

> Assim, é comum que se assuma como um dado que os patrimônios materiais ou imateriais expressam ou representam a "identidade" de grupos e segmentos sociais. Um tipo de arquitetura, assim como uma culinária, uma atividade festiva, uma forma de artesanato ou um tipo de música, pode ser identificado como "patrimônio cultural" na medida em que é reconhecido por um grupo (e eventualmente pelo Estado) como algo que lhe é próprio, associado à sua história e, portanto, capaz de definir sua "identidade".[170]

---

[167] XIE, 2003 *apud* COMAROFF; COMAROFF, 2009, p. 22, tradução nossa.

[168] COMAROFF; COMAROFF, 2009.

[169] GONÇALVES, 2015, p. 213.

[170] *Ibidem.*

Logo, discutir o patrimônio e sua relação com os conceitos de cultura, autenticidade[171] e comodificação apresentados no tópico anterior é importante para entender o surgimento dos patrimônios culturais, uma categorização ocidental, que ainda no século XIX serviu para criar referenciais comuns, ou seja,

> [...] unificá-los em torno de pretensos interesses e tradições comuns, resultando na imposição de uma língua nacional, de "costumes nacionais", de uma história nacional que se sobrepôs às memórias particulares e regionais. [...] o patrimônio passou a ser, assim, uma construção social de extrema importância política [...] a palavra patrimônio indica uma escolha oficial, o que envolve exclusões; também significa algo construído para ser uma representação do passado histórico e cultural de uma sociedade.[172]

Lima Filho[173] explica que o patrimônio está inserido no mito da nação, como também pode estar fora dele (o não patrimônio) e não reconhecer esse discurso da cultura nacional. O patrimônio pode ansiar, ainda, a cidadania cultural por meio de modulações interculturais.

> O reverso do patrimônio tem lugar na cidadania patrimonial, potencializando a cidadania insurgente. Essa última possibilidade não tem sido contemplada pelos autores quando escrevem sobre o patrimônio. Ora, a análise do patrimônio distanciada do mito da nação só é capaz se consideramos o conflito ou a insurgência colada também ao conceito de cidadania. Dessa forma, a ação patrimonial movida pelos atores sociais desenha uma escala cuja mensuração vai do mito da nação à sua resistência/negação assumida por atores sociais que politicamente se situam nas margens, nas fraturas e clivagens, ou seja, em direção a uma ideia de anti-mito da nação.[174]

Trazendo a análise das políticas patrimoniais para o ambiente nacional, pode-se afirmar que as discussões no Brasil acerca do patrimônio se iniciam com o projeto de Mário de Andrade, no começo do século XX

---

[171] Na contemporaneidade, há uma cultura da autenticidade que está ligada à ideia de autodeterminação, autorrealização e autossatisfação. Porém, há uma ambivalência, em que, ao mesmo tempo que surge essa cultura da autenticidade individualista, surge também o seu contraponto: uma autenticidade cultural. Isto é, discute-se se uma cultura é autêntica ou não, enfatizando o aspecto coletivo, sendo isso discutido nos estudos sobre identidade cultural, nacional, grupal etc. *Cf.* OLIVEIRA, 2016.

[172] RODRIGUES, 2011, p. 16.

[173] LIMA FILHO, 2015.

[174] *Ibidem*, p. 140.

(décadas de 1920 e 1930), com sua noção sobre o patrimônio, em que colocava no mesmo nível: a etnografia, o folclore, a cultura popular, a arqueologia e a paisagem. Nas décadas seguintes, o projeto capitaneado por Rodrigo de Melo Franco, primeiro diretor do então Serviço do Patrimônio Histórico e Artístico Nacional (SPHAN)[175], tinha um viés mais voltado para a preservação e as ações relacionadas ao patrimônio material. Ainda na década de 1970, as ações patrimoniais continuaram pela perspectiva dos arquitetos, pautadas na promoção do tombamento dos centros urbanos históricos[176].

Mas, na década de 1980, há uma mudança de perspectiva na política patrimonial brasileira, quando Aloísio Magalhães assume o SPHAN. "Prioriza-se uma perspectiva idealista, no sentido de focar o lugar dos sujeitos como atores sociais e patrimoniais"[177]. Com isso,

> [...] a linha do tempo de Rodrigo até Aloísio é diretamente proporcional à abertura política no país, da mesma forma como é proporcional o desconforto pela ausência da valorização da polissemia do patrimônio pelos atores sociais que o constroem e o ressemantizam. A ação patrimonial do Estado brasileiro (leia-se IPHAN) começa a se configurar por meio de outras ordens: simbólica e política.[178]

Com a Constituição de 1988, há uma nova configuração do SPHAN, e a noção de cultura volta-se para a perspectiva antropológica, e incluindo os conceitos de bens culturais, dinâmica cultural e referência cultural.

> Se até os anos 1980 as narrativas estavam voltadas firmemente para a nação, e todo e qualquer bem tombado o era em função de seus vínculos com a história e a identidade nacional, nas últimas décadas, desde então patrimônios associados a diversos grupos e movimentos sociais vêm sendo reivindicados, reconhecidos ou contestados sem que os vínculos com uma "identidade nacional" sejam necessariamente colocados em primeiro plano.[179]

---

[175] Serviço do Patrimônio Histórico e Artístico Nacional foi a primeira denominação do órgão federal de proteção ao patrimônio cultural brasileiro, hoje Instituto do Patrimônio Histórico e Artístico Nacional.

[176] LIMA FILHO, Manuel Ferreira. Da matéria ao sujeito: inquietação patrimonial brasileira. *Revista de Antropologia*, São Paulo, v. 52, n. 2, p. 605-632, 2009.

[177] *Ibidem*, p. 614.

[178] *Ibidem*, p. 616.

[179] GONÇALVES, 2015, p. 219.

Logo, para que fosse definido um patrimônio cultural, por exemplo, dependia-se das ideias/concepções daquele período quanto a "do que, para quem e por que" se preservou, sem contar que o significado e as motivações para que aquele bem tivesse se tornado um patrimônio poderiam mudar conforme as circunstâncias do futuro.

> Se uma determinada concepção de "autenticidade" estava associada à hegemonia e à centralidade do Estado nacional na formulação e implementação de políticas de patrimô-nio, essa concepção parece alterar-se em função da nova configuração institucional que vem se desenhando a partir das últimas décadas do século XX. Na atualidade, esses dis-cursos parecem evidenciar concepções de "autenticidade" em que a ênfase é colocada não mais exclusivamente numa relação orgânica com o passado nacional, mas na própria possibilidade presente (ou "presentista") de reprodução social de diversos passados. O patrimônio oscila entre a história nacional e as memórias coletivas.[180]

Com essa mudança de visão sobre o que seria patrimônio, Lima Filho[181] apresenta uma discussão sobre o assunto de forma mais contemporânea, em que os grupos sociais e étnicos estão dotados de poder para definir o que seria patrimônio. Assim, desenvolve o conceito de cidadania patrimonial, isto é

> [...] a capacidade operativa dotada de alto poder de elasticidade de ação social por parte de grupos sociais e étnicos, em suas dimensões coletivas ou individualizadas de construir estra-tégias de interação (de adesão à resistência/negação) com as políticas patrimoniais tanto o âmbito internacional, nacional ou local, a fim de marcar preponderadamente um campo constitutivo identitário, pelo alinhamento dos iguais ou pela radicalidade da diferença. [...] a ação patrimonial movida pelos atores sociais desenha uma escala cuja mensuração vai do mito da nação à sua resistência/negação assumida por atores sociais que politicamente se situam nas margens, nas fraturas e cliva-gens, ou seja, em direção a uma ideia de anti-mito da nação.[182]

Entende-se que, conforme essa agência do patrimônio, por meio da cidadania patrimonial, apresentada por Lima Filho[183], o patrimônio é algo que se faz constantemente, que se faz com a tradição, que se faz com a valo-

---

[180] *Ibidem*, p. 220.
[181] LIMA FILHO, 2009.
[182] *Idem*, 2015, p. 139.
[183] *Ibidem*.

rização que as pessoas dão ao fato de uma festividade ocorrer em um lugar patrimonializado, por exemplo. Para o autor, "nos processos patrimoniais de registro de referências culturais os grupos sociais de alguma maneira têm assumido um topo na conjuntura relacional com as políticas do Estado"[184]. Lima Filho detalha esse processo:

> [...] a adequação das medidas de proteção envolve, sempre, complexas negociações. Quem são os agentes responsáveis pelo inventário dessas tradições culturais? Quem tem o poder de escolher entre uma ou outra tradição, entre uma ou outra comunidade? O que se pretende preservar numa tradição: as produções, o registro dessas produções ou seus meios de expressão? Como engajar efetivamente uma comunidade na política de preservação? [...] os procedimentos de "conservação" habitualmente utilizados para a proteção do patrimônio material não são adequados à preservação do patrimônio imaterial, que exige um conjunto muito mais complexo de procedimentos.[185]

Portanto, entende-se que a cidadania patrimonial apresenta o patrimônio como um jogo, em que as políticas patrimoniais brasileiras estão distantes da sociedade, porém em processo de efervescência de refazeres culturais, em que demarcam a construção de sujeitos sociais em busca de uma identidade narrativa intercultural, histórica e até mesmo mítica. E, para entrar nessa competição, os sujeitos devem estar dispostos a jogar e ser insurgentes à medida que as peças do jogo começam a ser movidas, sendo elas: o Estado, as políticas patrimoniais, o mercado e as ações do grupo social.

> O patrimônio é bom para jogar caso os atores estejam dispostos a jogar. Caso contrário, o patrimônio será refratado pelos grupos sociais. Essa capacidade de refração ou de opção até onde deve seguir o jogo patrimonial é mais uma característica da maleabilidade da cidadania patrimonial. Ou seja, a refração/opção rompe com a passividade da inércia.[186]

Diante desse contexto e voltando esta análise para o estado do Tocantins, o processo de patrimonialização na região que compreende hoje o estado só teve início no fim da década de 1980, com o tombamento do centro histórico de Natividade, localidade deste estudo, que foi reconhecida como patrimônio histórico nacional em 1987 pelo Instituto do Patrimônio

---

[184] *Ibidem*, p. 142.
[185] GALLOIS, 2006, p. 72 *apud* LIMA FILHO, 2015, p. 147.
[186] LIMA FILHO, 2015, p. 143.

Histórico e Artístico Nacional, inscrita nos Livros do Tombo Histórico, Arqueológico, Etnográfico e Paisagístico da Lei 6.292, de novembro de 1975. E, cumprindo assim, os efeitos do Decreto-Lei 25, de 30 de novembro de 1937, em que também teve homologado o tombamento do seu conjunto urbanístico, arquitetônico e paisagístico.

Segundo Santos[187], no contexto de preservação do patrimônio cultural, o recém-criado estado do Tocantins desenvolveu o projeto Conhecer para Preservar, que consistia em um inventário prévio das manifestações culturais e monumentos históricos e arquitetônicos do Tocantins. Porém, o primeiro ato formal de tombamento na esfera estadual foi a Lei 431, de 28 de julho de 1992, promulgada pelo então governador Moisés Nogueira Avelino, que teve foco no patrimônio material e em prédios públicos.

> Art. 1º. Ficam tombados e integrados ao Patrimônio Histórico e Cultural do Estado do Tocantins, os prédios públicos que sediaram os Poderes Legislativo, Executivo e Judiciário do primeiro governo do Estado do Tocantins, com sede na cidade de Miracema do Tocantins, sua primeira capital, e em Palmas: - I. Prédio que sediou o Palácio Araguaia - Sede do Poder Executivo: Rua Osvaldo Vasconcelos, s/nº - Miracema do Tocantins; II- prédio que sediou a Assembleia Legislativa do Estado do Tocantins; Rua Hosana Cavalcante, s/nº - Miracema do Tocantins; III- prédio que sediou o Tribunal de Justiça do Estado do Tocantins: Praça Mariano Cavalcante, S/N - Miracema do Tocantins; IV- prédio que primeiro sediou a Assembleia Legislativa em Palmas; V- prédio que primeiro sediou o Poder Executivo "O Palacinho" em Palmas.

Os bens foram tombados antes da instituição de uma lei de proteção do patrimônio cultural do Tocantins, esta que só foi publicada quase um ano após o tombamento, em 1993. A Lei 577, de 24 de agosto de 1993, trata sobre a proteção e preservação do patrimônio histórico e artístico cultural do estado do Tocantins, e especifica que:

> Art. 2º. Constituem o patrimônio histórico, artístico e cultural do Estado do Tocantins, desde que representativos dentro do acervo estadual: I - os bens móveis, em conjunto ou isoladamente, os congregados urbanísticos e os especificados no § 1º. Incisos I a IV, do art. 138 da Constituição Estadual;

---

[187] SANTOS, Antonio Miranda dos. Percursos da patrimonialização no Tocantins. *In*: BALSAN, Rosane; NASCIMENTO, Núbia Nogueira do. *Patrimônio cultural no estado do Tocantins*: materialidade e imaterialidade. Palmas: EdUFT, 2020.

II - as construções e as obras de arte de notável qualidade estética ou particularmente representativas de determinação época ou estilo; III - os edifícios, monumentos, documentos ou objetos estritamente vinculados a fato memorável da história local ou a pessoa de excepcional notoriedade, que, de alguma forma, tenha contribuído para as artes, a cultura, a criação e a implantação do Estado do Tocantins; IV – os monumentos naturais, paisagens e locais cujo a preservação seja de interesse público por seu especial valor artístico etnológico, folclórico ou turístico; V - as bibliotecas, arquivos e documentos de acentuado valor cultural; VI - as tradições, usos e costumes dos grupos indígenas do Estado; VII - os sítios arqueológicos, ecológicos, espeleológico e paleontológico; VIII- quaisquer outros bens que forem de interesse para a preservação da memória estadual.

Ressalta-se ainda que, na Lei 577, estão excluídos os bens imateriais. E que, passados mais de 30 anos de criação,

> [...] o estado do Tocantins não consolidou uma política de preservação e proteção para o patrimônio cultural. Nesse período, ocorreram várias mudanças nas estruturas do órgão de cultura do Estado, alternando entre Secretaria de Cultura e Fundação Cultural.[188]

Em 2009, dentro do contexto da cidade de Natividade, a Lei Estadual 2.185, de 10 de novembro de 2009, reconhece como bem de valor cultural e patrimônio histórico do estado do Tocantins o Biscoito Amor-Perfeito.

Um dos órgãos que têm mais atuado em defesa do patrimônio material e imaterial no Tocantins é o IPHAN, órgão do governo federal que atualmente está vinculado ao Ministério do Turismo. "A criação da Superintendência do Iphan em Tocantins data de 2009, mas a instituição atua no Estado desde a década de 1950, quando o território ainda pertencia a Goiás"[189].

> Naquela época, o arquiteto Edgar Jacinto, em visita às cidades nascidas durante o período da mineração, registrou a importância de bens móveis nas igrejas de Monte do Carmo e Paranã, e da arquitetura da Casa de Câmara e Cadeia, em Arraias. A primeira ação de proteção ocorreu em 1987, com o tombamento do patrimônio de Natividade. A partir de 2007, as atividades do Iphan se estenderam aos municípios setecentistas de Porto

---

[188] *Ibidem*, p. 17.
[189] INSTITUTO DO PATRIMÔNIO HISTÓRICO E ARTÍSTICO NACIONAL (IPHAN). IPHAN no Tocantins. *Portal do IPHAN*, Brasília, 2020.

Nacional, Paranã, Monte do Carmo e Peixe, e também à capital, Palmas. Em 2008, o mapeamento das referências culturais e o tombamento do centro histórico de Porto Nacional consolidaram a política de preservação patrimonial no Estado.[190]

No caso de Natividade, como seu centro histórico havia sido tombado e constituía patrimônio nacional, com base nas políticas patrimoniais à época, como se apresentou anteriormente, a cidade recebeu nos anos 2000 o Programa Monumenta. Esse projeto foi executado com recursos da União, de estados e de municípios, com financiamento do Banco Interamericano de Desenvolvimento (BID) e cooperação do IPHAN e da UNESCO. Enquanto se restauravam obras, buscava-se conciliar essa ação com a sustentabilidade dos sítios históricos, motivando seus usos econômico, cultural e social[191].

Em Natividade foram restauradas: Igreja Nossa Senhora de Natividade, Praça do Largo da Matriz, Largo do Rosário, Praça Leopoldo de Bulhões, Praça da Bandeira e Praça da Igreja São Benedito, com a recuperação de calçadas e pavimentos, além da implantação de iluminação pública, mobiliário urbano, drenagem pluvial e novo paisagismo. Foram restauradas também as residências dentro do centro histórico.

Em 2007, projetos de educação patrimonial, como Patrimônio, Identidade e Ação, buscaram fortalecer a identidade cultural de Natividade por meio da valorização do patrimônio cultural material e imaterial da cidade. Tendo ainda o projeto Manual de Conservação Preventiva da Arquitetura Nativitana como objetivo realizar um manual sobre a manutenção adequada dos sistemas construtivos de forma a prevenir danos e promover palestras educativas para proprietários de imóveis tombados[192].

Além do patrimônio material, Natividade está no Inventário Nacional de Referências Culturais (INRC), devido a outras ações de proteção do patrimônio imaterial no Tocantins por parte do IPHAN, com as ourivesarias — caracterizadas no local como a produção de peças em filigrana portuguesa[193].

Convém salientar, considerando este breve histórico das políticas patrimoniais no Brasil e no estado do Tocantins, que o patrimônio em si foi estabelecido pelo poder público e houve um momento de investimento por parte do governo federal, apesar da inércia no âmbito estadual, no caso do Tocantins.

---

[190] *Ibidem.*

[191] *Idem.* Monumenta entrega obra em Natividade. *Portal do IPHAN*, Brasília, 29 maio 2008.

[192] *Ibidem.*

[193] BONFIM, Wátila Misla Fernandes. *Os filigraneiros de Natividade, Tocantins*: patrimônio imaterial, identidade e turismo. 2019. Dissertação (Mestrado em Geografia) – Universidade Federal do Tocantins, Porto Nacional, 2019.

> Não conseguimos identificar nenhuma ação de preservação e ou proteção do patrimônio cultural, desenvolvidas pelo estado do Tocantins desde o ano de 2013. [...] nos últimos anos o Estado regrediu de forma acelerada em relação às políticas de preservação, proteção e valoração do seu patrimônio cultural. O que antes era uma política instável constitui-se hoje em ausência de políticas voltadas para a cultura em todas as suas vertentes. Essa falta de políticas se traduz na ausência de ações que visam ao fomento, à permanência e ao fortalecimento da identidade cultural do Tocantins.[194]

Natividade, por já ser uma cidade com centro histórico tombado na esfera federal, recebe "mais atenção" dentro do bojo das cidades históricas tocantinenses, porém o seu patrimônio imaterial, com destaque para as festas religiosas do Divino Espírito Santo e Romaria do Senhor do Bonfim, não há projetos ou iniciativas de "peso", a não ser da própria comunidade, que se reuniu há 26 anos em forma de associação, criando a Associação Comunitária Cultural de Natividade para promover, executar, preservar e lutar pela continuidade dessas manifestações culturais religiosas e que são tradicionais no município.

Logo, em Natividade, as festas não participaram desse processo de patrimonialização. No que tange ao poder estadual, em um ato de tentar "patrimonializar" as festas religiosas de Natividade, em especial a Festa do Divino Espírito Santo e a Romaria do Senhor do Bonfim, é a Instrução Normativa 001/2012 que disciplina os procedimentos para inclusão de eventos culturais no Calendário e Agenda Culturais do Tocantins, em que considera como eventos tradicionais os que são realizados há pelo menos dez anos ininterruptos e que façam parte de uma comunidade específica, transmitidos de geração em geração e que tenham reconhecimento em nível estadual por parte do governo do estado[195].

Portanto, a arquitetura da cidade é tombada e patrimonializada[196]. O centro histórico de Natividade é patrimonializado, mas a Festa do Divino Espírito Santo (que tem seus principais ritos ocorrendo nessas localidades) não é. Sendo assim, tem-se que a paisagem da festa é patrimônio, a festa não é. Eduardo Yázigi explica que, nesse caso,

---

[194] SANTOS, 2020, p. 19.

[195] TOCANTINS. *Instrução Normativa nº 001/2012*. Palmas: Governo do Estado do Tocantins, 2012.

[196] NASCIMENTO, Núbia Nogueira do. Natividade e Porto Nacional: cidades patrimonializadas no Tocantins. *In*: BALSAN, Rosane; NASCIMENTO, Núbia Nogueira do. *Patrimônio cultural no estado do Tocantins*: materialidade e imaterialidade. Palmas: EdUFT, 2020.

> [...] o fato de a paisagem ser patrimônio cultural, coletiva-
> mente percebido com memória e imaginário, não deixa de ser
> também uma porção do espaço que determina um envelope
> e um conteúdo de todas as representações paisagísticas desta
> porção do espaço.[197]

A Festa do Divino Espírito Santo em Natividade, por exemplo, não é patrimônio, porque ela terá que passar por um processo para ser patrimonializada, ela não é um patrimônio tombado, não é um patrimônio formal, mas ela se patrimonializa por meio da tradição, ela se patrimonializa com a reprodução das identidades, com participação dos atores, com a incorporação dos valores. A festa autopatrimonializa-se, fazendo um autotombamento de si.

E, como ocorre esse autotombamento das festas em Natividade? Lopes[198] defende essa ideia com base em sua experiência etnográfica na festa do Círio de Nazaré, que acontece no mês de outubro em Belém do Pará, em que, por exemplo, quando os indivíduos fazem as fotos *"selfies"* na igreja, fotos na procissão e fotos no mercado, nesses momentos, eles fazem o autotombamento, produzindo imagens deles próprios, patrimonializando-se com a festa, não tirando fotos em qualquer lugar, mas sim em lugares que são tradicionais da festa. Essa é a forma de resistir e patrimonializar o que não foi reconhecido de maneira "oficial" pelo poder público como patrimônio.

> Assim, rituais religiosos afetados pelo uso massificado de
> tecnologias de registro audiovisuais modificam sua estrutura,
> ora liberando, ora incorporando fluxos de interações diversas,
> que comunicam sentidos e ampliam campos de percepção
> entre os seus participantes. Nesses rituais, a experiência de
> devotos e romeiros torna-se cada vez mais difusa, mesmo
> quando seguem os circuitos tradicionais dos eventos que
> orientam a participação dos mesmos [...] as relações sociais
> interativas propiciadas pelos usos da tecnologia colocam a
> memória individual dos participantes desses eventos em
> suspensão, constituindo repertórios digitais de lembranças
> (ou coleções) que servem a propósitos diversos, individuais
> ou coletivos, privados ou públicos.[199]

---

[197] YÁZIGI, Eduardo. *A alma do lugar*: turismo, planejamento e cotidiano em litorais e montanhas. 2. ed. São Paulo: Contexto, 2001. p. 34.

[198] LOPES, 2014.

[199] *Ibidem*, p. 148-149.

E, trazendo essa discussão para o objeto da pesquisa em questão, em Natividade também ocorre esse movimento de autotombamento, tanto na Festa do Divino Espírito Santo como na Romaria do Senhor do Bonfim. As pessoas usando celulares para registrar sua presença naquele local, enviando fotos e vídeos para os familiares ou amigos que não puderam comparecer, fotos nas portas das igrejas, fotos com a bandeira do Divino, foto na Via dos Romeiros ou junto à imagem do Senhor do Bonfim, além de estar reforçando essa tendência de uma autopatrimonialização, mostram que patrimonializar significa, até mesmo, manter o registro da tradição.

O ato de "se patrimonializar", autopatrimonializar, autotombamento é manter o registro daquela tradição, mas isso não quer dizer que nada vai mudar, significa que os indivíduos estão valorizando os registros daquela tradição. É nesse movimento de autotombamento que se percebe a modulação dos indivíduos para a questão da cidadania patrimonial, como expõe Lima Filho[200]: a noção de modulação que ele conecta "ao conceito de cidadania patrimonial permite a resposta desse rompimento inercial de acordo com a biografia pessoal/coletiva do(s) ator(es) alvo das políticas patrimoniais". Essas perspectivas de autopatrimonialização "se exteriorizam em referentes e arranjos mais sutis, uma vez que os agenciamentos identitários nela operantes não produzem fluxos difusos, mas tendem a se focar em contextos singulares no interior da Festa"[201].

E aqui importa destacar que, na correlação exposta entre cultura e patrimônio, foram se constituindo lógicas de reprodução social que resultaram em questionamentos sobre sua sustentabilidade. Nessa orientação, a concepção de cultura articula-se com outras concepções, como desenvolvimento e turismo, que serão abordadas nos próximos capítulos.

Adentrando agora as discussões acerca da memória e sua relação com patrimônio e cultura, o que já foi citado no tópico anterior, em que a memória é seletiva, política e estratégica, em Natividade, um modo de expressão cultural é a realização da Festa do Divino Espírito Santo e da Romaria do Senhor do Bonfim, que, conforme Jacques Le Goff[202], são os "lugares de memória". Locais esses onde se cruzam as memórias pessoais e familiares, lugares materiais ou não materiais, onde se encarnam e cristalizam as memórias de uma nação: seja por meio de uma bandeira, seja de

---

[200] LIMA FILHO, 2015, p. 144.
[201] LOPES, 2014, p. 147.
[202] LE GOFF, Jacques. *História e memória*. Tradução de Bernardo Leitão *et al*. Campinas: Editora da UNICAMP, 1990. (Coleção Repertórios).

um monumento, uma igreja, uma imagem, um sabor. É pela reconstrução dessas memórias que será feita a representação que um povo faz de si mesmo, como um modelo sobre o qual tal memória é construída.

Assim, pode-se afirmar que a memória é construída pelas pessoas e pelos "lugares", e a identidade é definida conforme os pontos de identificação por intermédio da cultura e da história, formada pelo tempo vivido (passado e presente) por determinada sociedade, ou seja, memória e identidade advêm do mesmo ponto de origem e estão inter-relacionadas.

Le Goff[203] explica que toda memória humana é memória de alguém. Memória de alguém que muda e se transforma. Ao mudar, buscando uma identidade variável, tanto o indivíduo quanto sua memória constroem "uma identidade narrativa". Para Maurice Halbwachs[204], "[...] toda memória coletiva tem por suporte um grupo limitado no espaço e no tempo. [...] o grupo, no momento em que se considera seu passado, sente acertadamente que permaneceu o mesmo e toma consciência de sua identidade através do tempo".

Com isso, é do conjunto das lembranças essenciais que haverá a formação de uma base comum, em que essas lembranças serão reproduzidas e recordadas pelo grupo ou comunidade em si. Para Lopes[205], "seriam as lembranças individuais e coletivas o marco dos limites que possibilitam configurar a importância da narrativa de marcação social dos bens, entre sujeitos de um grupo ou sociedade".

Correlacionando memória e patrimônio, Lopes[206] explica também que existem agenciamentos que operam modulações da memória coletiva, que é agenciada pelo estado, em que tenta impor padrões de identidade nacional, regional ou local, principalmente quando lança editais e regulamentações (leis, instruções normativas, entre outros) voltadas para as políticas públicas culturais. "Sobretudo, tais modulações operam sobre esses padrões, primeiro, relativizando-os como modelos históricos para, depois, inscrevê-los situacionalmente em experiências coletivas, e na constituição de arquivo".

No caso das políticas patrimoniais no Tocantins, como exposto anteriormente, são considerados patrimônio, para o poder público estadual, em sua maioria: bens imóveis, usos e costumes indígenas e "quaisquer outros bens que forem de interesse para a preservação da memória estadual". Quais? Quem define o que é memória?

---

[203] *Ibidem.*
[204] HALBWACHS, 1990, p. 86.
[205] LOPES, 2017, p. 92.
[206] *Ibidem*, p.137.

Para José Rogério Lopes[207],

> [...] tanto a relativização quanto a inscrição situacional dos padrões e modelos identitários ressignificam as memórias nacional e coletiva, tornando a memória um recurso negociado segundo o campo de possibilidade em que os projetos dos indivíduos e grupos se movem, visando constituir suas coleções em bens coletivos.

Ainda nesse contexto, Halbwachs ressalta que

> [...] se a memória coletiva tira sua força e sua duração do fato de ter por suporte um conjunto de homens, não obstante eles são indivíduos que se lembram, enquanto membros do grupo. Dessa massa de lembranças comuns, e que se apoiam uma sobre a outra, não são as mesmas que aparecerão com mais intensidade para cada um deles. Diríamos voluntariamente que cada memória individual é um ponto de vista sobre a memória coletiva, que este ponto de vista muda conforme o lugar que ali eu ocupo, e que este lugar mesmo muda segundo as relações que mantenho com outros meios.[208]

Em Natividade, a memória dos indivíduos da comunidade, principalmente os mais idosos, é constantemente fonte de pesquisas e estudos, além de publicações e matérias jornalísticas. Ainda para Halbwachs[209], a memória coletiva deve necessariamente estar vinculada a um grupo social determinado, pois é o grupo que celebra sua reanimação e o mecanismo de conservação do grupo está estreitamente associado à preservação da memória. A memória coletiva só pode existir enquanto vivência, isto é, enquanto prática que se manifesta no cotidiano das pessoas.

Essa abordagem abre espaço para a compreensão da memória coletiva como uma estrutura que é criada, recriada durante as práticas discursivas nos momentos em comum divididos pela comunidade, enquanto identidades sociais e individuais são formadas, assim como apresenta Philippe Joutard:

> [...] uma comunidade baseia sua legitimidade e sua identidade na recordação histórica [...] se organiza em torno de um acontecimento fundador, os fatos anteriores ou posteriores sendo assimilados a este ou esquecidos; quando são memorizados, é por analogia, repetição e confirmação do acontecimento fundador.[210]

---

[207] *Ibidem*, p. 138.

[208] HALBWACHS, 1990, p. 51.

[209] *Ibidem*.

[210] JOUTARD, Philippe. Memória coletiva. *In*: BURGUIÈRE, André (org.). *Dicionário das ciências históricas*. Rio de Janeiro: Imago, 1993. p. 526-527.

Essa repetição e confirmação do que foi vivenciado e celebrado por meio da memória aparece entre as ações promovidas pela ASCCUNA e seus membros, que acompanham e orientam as festas religiosas de Natividade, seja nos ritos profanos e sagrados (auxiliando também a Igreja na condução dos ritos), seja nos modos de fazer ou mesmo na preservação da cultura local. Esse agenciamento em torno do patrimônio da cidade (material ou imaterial), apesar de não ser figurado como patrimônio em si, consolida a ideia do autotombamento ou autopatrimonialização que a comunidade faz de suas festas religiosas.

2.3 Cultura como recurso: o *habitus* e as forças performáticas

Com os agenciamentos em torno dos patrimônios e a memória como algo fundamental dentro de uma sociedade, a cultura passou a ser vista como uma área em que se deve investir. George Yúdice explica que a cultura é

> [...] distribuída nas mais diversas formas, utilizada como atração para o desenvolvimento econômico e turístico, como mola propulsora das indústrias culturais e como uma fonte inesgotável para novas indústrias que dependem da propriedade intelectual.[211]

O autor ressalta ainda que a atividade cultural reduz os conflitos sociais e promove o desenvolvimento econômico, sendo esse o único meio de convencer os líderes governamentais e empresariais de que vale a pena apoiar a atividade cultural.

> [...] a cultura como recurso é muito mais do que uma mercadoria; ela é o eixo de uma nova estrutura epistêmica na qual a ideologia é aquilo que Foucault denominou como sociedade disciplinar (isto é, a imposição de normas a instituições como a educacional, a médica, a psiquiátrica etc.) são absorvidas por uma racionalidade econômica ou ecológica, de tal forma que o gerenciamento, a conservação, o acesso, a distribuição e o investimento – em "cultura" e seus resultados – tornam-se prioritários.[212]

A cultura como mercadoria é diferente da cultura como recurso, pois há um lastro cultural que sustenta a esta última, senão viraria apenas mercadoria. A cultura tem o poder de construir relações, memórias e tradições.

---

[211] YÚDICE, 2004, p. 11.

[212] *Ibidem*, p. 13.

Assim, no bojo dessas novas articulações envolvendo a cultura, aquelas anteriormente descritas passaram a ser ressignificadas e singularizadas. Para Lopes e Pereira,

> [...] os monumentos históricos e patrimoniais das cidades, sejam eles expostos como sítios preservados de edificações, sejam expressos em ruínas e vestígios deixados pelo passado, constituem importantes investimentos a serem feitos para atrair grandes fluxos de turistas interessados nos produtos singulares dos lugares e, por sua vez, estes lugares precisam de avultados investimentos em um espírito de sinergia entre as comunidades locais, os governos e os mercados turísticos, com vista a garantir o seu potencial e contribuir para a sua crescente procura turística, preservando as potencialidades locais e agenciando o desenvolvimento das populações.[213]

E, analisando essas novas articulações, ter-se-á a compreensão dos diversos elementos que colaboram com a constituição e trajetória da identidade cultural de uma região, como é o caso da Festa do Divino Espírito Santo e da Romaria do Senhor do Bonfim, em Natividade. Para tanto, deve-se considerar os elementos que permitem a conservação e a atualização dessas festas, como os rituais, a memória e a identidade.

Mas, antes de iniciar a discussão sobre rituais e as relações sociais, é importante destacar brevemente como o catolicismo se firmou como uma das principais religiões do Brasil e se fortaleceu dentro do campo religioso enquanto catolicismo popular. Segundo Régis Toledo de Souza[214], para compreender o catolicismo brasileiro, é preciso levar em consideração a diversidade cultural, social e religiosa que permearam a construção do modo de vida do brasileiro. Sabe-se que a

> Igreja Católica possui uma posição hegemônica frente às outras religiões, no Brasil, até a metade do século XIX. Posição garantida por quatro séculos de associação com o Estado, mesmo que esta associação tenha passado por momentos de crises. [...] o modelo é o da Igreja Católica Apostólica Romana. Esta é imposta pelos portugueses, embora diferenciada das

---

[213] LOPES, José Rogério; PEREIRA, Ângelo Moreira. Patrimônio cultural, turismo e desenvolvimento local: estudo de caso da Cidade Velha, ilha de Santiago, Cabo Verde. *Sociabilidades Urbanas*: Revista de Antropologia e Sociologia, v. 1, n. 2, p. 45-60, jul. 2017. p. 49.

[214] SOUZA, Régis de Toledo. O catolicismo e suas faces: apontamentos da questão no Brasil. *In*: SILVA, André Luiz da (org.). *Religião & imagética*: caminhos da devoção popular no Brasil e no México. Porto Alegre: Armazém Digital, 2008.

> formas europeias de se pensar a Igreja, pois a que vem para a colônia tinha autonomia simbólica, mas pouca ou quase nenhuma autonomia econômica.[215]

O autor reforça que o Estado colonial foi o tutor da Igreja no Brasil, e que nesse processo os santos trazidos para o Brasil passaram por uma releitura para o cotidiano daqueles "colonos", transformando-se conforme a criação de cruzes, oratórios e santuários. Porém, outras denominações religiosas, como a protestante e a espírita, também vieram para o Brasil, principalmente a partir da chegada da família real portuguesa, em 1808[216].

> A concepção da sociedade brasileira como sendo composta de uma única expressão religiosa, hegemônica, começa a mover-se para o aparecimento de outras expressões, ou seja, uma identidade religiosa nacional começa a apresentar outras identidades, como forma de atribuição.[217]

Sendo assim, tendo em vista as mudanças sociais (o modelo agrário para o modelo industrial, além da urbanização, por exemplo), houve também mudanças nas expressões do catolicismo. E, com as releituras das práticas do catolicismo pelos seus praticantes, as práticas devocionais populares, como as procissões, as festas em devoção a determinado santo, não eram entendidas por parte da Igreja "como formas de devoção produzidas historicamente, e, por não o serem, não possuem também autonomia"[218]. Assim, essa nova forma de catolicismo iria contra o catolicismo patriarcal, até então fruto da relação Igreja-Estado. Considerando esse cenário, as comunidades não viam a necessidade da presença da Igreja para promover seus cultos e festas religiosas, algo que se perpetua até a atualidade, como na Festa do Divino Espírito Santo de Natividade, por exemplo, em que o ritual da Coroação do Imperador do Divino acontece sem a presença do pároco da cidade.

> O Catolicismo Popular Tradicional fica à margem, tendo nas práticas da população um distanciamento do poder institucional. Produz-se simbólica e materialmente: organiza-se a partir do culto aos santos, de festa a padroeiros e das danças de grupos religiosos. As comunidades se organizam em torno

---

[215] *Ibidem*, p. 71.

[216] A vinda da família real para o Brasil, evento também conhecido como transferência da corte portuguesa para o Brasil, foi um acontecimento que se deu na passagem de 1807 e 1808 e foi consequência da invasão de Portugal por tropas francesas durante o período napoleônico. Para evitar de ser capturado pelas tropas de Napoleão, D. João (futuro D. João VI) ordenou a mudança da corte para o Brasil.

[217] SOUZA, 2008, p. 79.

[218] *Ibidem*, p. 83.

da expressão religiosa sem a necessidade da presença do clero - o santo já está presente. Não se tem a presença dos sacramentos católicos, nem da Bíblia como norteadores de suas práticas religiosas. Os santos ficam nas casas, em especial, nos oratórios, local também das rezas.[219]

Logo, o que era desqualificado por ser popular nos primeiros momentos da formação do catolicismo brasileiro passa a ter e ser entendido como algo que produz sentido e reforça a religião em si. Com isso, abre-se a discussão sobre campo religioso[220], que será mais aprofundado no próximo tópico, porém vale ressaltar que

> [...] a questão é que, no processo de construção sócio-histórica, essas composições do campo religioso foram ganhando forma, a ponto de, aparentemente, se tornarem autônomas. [...] adquirirem autonomia dentro do campo religioso. Nesse sentido, o catolicismo oficial passa a ter que negociar o seu espaço no campo religioso, tanto externa quanto internamente.[221]

Portanto, para Souza[222], dentro desse contexto de formação do catolicismo brasileiro, as transformações não aconteceram na mesma forma e com a mesma intensidade, porém podem, no decorrer do processo histórico, influenciar "o modo de reprodução" dos modos de vida e nas estruturas sociais. Assim, diversas formas de religiosidade surgem desses processos, dessas novas relações sociais e dessas novas produções de sentido por meio do catolicismo popular.

Partindo para uma análise das relações sociais e dos modos de vida em consonância com os ritos promovidos pelo catolicismo popular, como as festas religiosas, Luís Beltrão afirma que

> [...] os rituais dizem as coisas tanto quanto as relações sociais (sagradas ou profanas, locais ou nacionais, formais ou informais). Tudo indica que o problema é que, no mundo ritual, as coisas são ditas com mais veemência, com maior coerência e com maior consciência. Os rituais seriam, assim, instrumentos que permitiriam uma maior clareza das mensagens sociais.[223]

---

[219] *Ibidem*, p. 89-90.
[220] BOURDIEU, 2009.
[221] SOUZA, 2008, p. 98.
[222] *Ibidem*.
[223] BELTRÃO, Luís. *Folkcomunicação*: a comunicação dos marginalizados. São Paulo: Cortez, 1980. p. 61.

O antropólogo argentino Néstor García Canclini[224] afirma ainda que todo grupo que quer se diferenciar e afirmar sua identidade faz uso implícito ou místico de códigos de identificação, em que "as cerimônias são acontecimentos que, no fim das contas, só celebram a redundância. Buscam uma maior identificação do público-povo com o capital cultural acumulado, com sua distribuição e usos vigentes".

As diversas formas sociais que permitem a produção e a circulação de bens simbólico-religiosos, também as identidades e memórias, são provenientes do *habitus* que corrobora que o "senso prático de um determinado campo religioso é ao mesmo tempo nutriente e nutrido por memórias e identidades religiosas que ali são produzidas, entendidas como bens simbólicos em circulação no campo"[225].

Compreendo aqui que o conceito de *habitus* apresentado por Pierre Bourdieu[226] não é integralmente convergente, no sentido geral, com o conceito de forças performáticas apresentadas por George Yúdice[227]. Porém, o recorte que será atribuído nesta obra é no sentido do *habitus* enquanto reprodução do modo de vida e pressão da força performativa (condicionamentos, imposições e pressões do campo e das relações institucionais) nesse *habitus*, levantando o questionamento de como se dá essa relação.

Para Bourdieu[228], o *habitus* é uma disposição corporal, estruturada em função das dimensões de ação, conduta do indivíduo, em uma determinada lógica cultural, mas ele também é estruturante, ou seja, o *habitus*, de uma forma mais simples, está condicionado pelo modo de vida das pessoas, mas ao mesmo tempo ele é estruturante desse modo de vida. Ele reforça e reproduz esse modo de vida, e isso quer dizer que certos aspectos da performance dos sujeitos de usar a cultura como recurso estão condicionados também pelo fato de que essa cultura vem se reproduzindo na proporção dos hábitos dos indivíduos.

Sendo assim, a performatividade emerge como uma prática social. Com isso, entende-se que, em contextos em que o *habitus* é reproduzido de uma forma mais rígida, e em que os indivíduos tendem a ser condicionados

---

[224] GARCÍA CANCLINI, Néstor. *Culturas híbridas*: estratégias para entrar e sair da modernidade. 4. ed. São Paulo: Editora da Universidade de São Paulo, 2015. p. 164.

[225] HUFF JUNIOR, Arnaldo Érico. Campo religioso brasileiro e história do tempo presente. *Cad. CERU*, São Paulo, v. 19, n. 2, dez. 2008. p. 6.

[226] BOURDIEU, 2009.

[227] YÚDICE, 2004.

[228] BOURDIEU, 2009.

pelo *habitus*, pelo modo de vida que levam, torna-se mais difícil extrair a ideia de recurso conforme a cultura, porque o *habitus* e a cultura condicionam o próprio modo de ser daquele indivíduo.

A perspectiva do *habitus* é importante, pois ela sugere a necessidade de reconhecer comportamentos e atitudes recursivos à produção das festas. Essa recursividade, que é característica do *habitus*, promove um padrão de reprodução que acaba configurando circuitos de especialidades e legitimidades dos atores envolvidos.

Sendo assim, o que interessa nessa marcação é que os atores marcam atributos desses circuitos, que, ora legitimados, ora como referências especializadas, dão contornos de autenticidade, sobretudo quando vinculados às tradições locais reconhecidas. Logo, os atores, para se legitimar, deixam marcas dos seus atributos.

Exemplificando essa concepção, quando o *habitus*, por força de influências externas (leia-se forças performáticas), altera o modo de vida das pessoas, ele passa a ser flexível. Assim como em Natividade, quando iniciarem a implantação de políticas públicas, investimentos públicos e privados no ecoturismo e a inserção da cidade em roteiros da região das Serras Gerais, isso poderá alterar o *habitus* da comunidade. Já na Romaria do Bonfim, há uma tendência em não alterar o *habitus*, uma vez que se tem o discurso da comunidade eclesiástica de que não precisam de grande infraestrutura, por ser uma romaria "rural"; mas, em contrapartida, há outros setores que querem uma infraestrutura adequada no local para maior atratividade de pessoas. Outro exemplo é a Festa do Divino Espírito Santo, em que há a proposta da fixação das festividades do Divino em um só espaço (galpão do Divino), no centro histórico da cidade, em uma área próxima ao antigo cemitério, em que seriam armazenados os utensílios, arreios, panelas, decoração e demais itens que dão suporte ao evento, com a possibilidade da realização dos principais ritos (Festa do Capitão do Mastro e Festa da Coroação Imperador) nesse mesmo local.

Nos três exemplos *supra*, percebe-se que as pessoas entendem o *habitus* como algo que deve ser preservado, mas também se estabelece uma comparação com os valores modernos que são introduzidos pelas forças performáticas.

> O que conecta sujeito e sociedade são as forças performativas que os operam, para "arrear" ou fazer convergir as muitas diferenças ou interpretações que constituem e singularizam

> o sujeito, e, por outro lado, para rearticular um maior ordenamento do social. Tanto os indivíduos quanto as sociedades são campos de força que constelam a multiplicidade.[229]

Logo, quando os indivíduos começam a mudar sua ideia do que é segurança, do que é diversão, do que é rua e até mesmo do que é a festa, e ainda passam a vivenciar o mundo moderno, urbano e contemporâneo impulsionado pelos meios de comunicação, novos meios de transporte, entre outras "modernidades", foi-se criando um campo de forças performativas, em que a vida virou uma performance, alterando o *habitus*, transformando como eles visualizam aquele modo de vida, de maneira mais rígida ou não.

> Auxiliados pela ampla difusão das tecnologias de informação e de informática, os atores culturais locais desenvolvem uma economia das experiências, no seio da qual encenam ou desempenham as normas sociais e exteriorizam suas críticas a elas. Porém, tais movimentos mostram também como as comunidades locais apropriam-se dos seus processos culturais na forma de direitos autorais e formatam produtos globais provendo-os de conteúdo local.[230]

Em Natividade, a própria atratividade do lugar vem fazendo com que os comerciantes mudem por conta própria seus estabelecimentos, de forma que fiquem mais atrativos aos turistas e se integrem à paisagem local, neste caso, o centro histórico, que é tombado como patrimônio arquitetônico. Como exemplo desses estabelecimentos, tem-se a sede e a fábrica do Biscoito Amor-Perfeito, a sorveteria Frutos do Cerrado e dois restaurantes (Casarão e Bistrô).

Desse processo de alteração do *habitus* conforme as forças performáticas, surgem os sujeitos performativos subversivos[231], que são o papel ativo do sujeito na constituição da sua cultura.

> Atuando na contramão dos produtos gerenciados pela hegemonia cultural, como apropriação que esferas autônomas operam sobre diferenças instáveis, emergem sujeitos performativos subversivos que, para além da negociação da agência cultural, fazem de sua performatividade o foco de estratégias e cálculos de interesses em jogo na invocação da cultura como recurso, produzindo valor. [...] Essa performatividade

---

[229] YÚDICE, 2004, p. 54.

[230] LOPES, José Rogério. A conveniência da cultura: usos da cultura na era global. *Horizontes Antropológicos*, Porto Alegre, ano 15, n. 31, p. 331-335, jan./jun. 2009. p. 333.

[231] YÚDICE, 2004.

> subversiva pressupõe enfatizar o papel ativo do sujeito em seu próprio processo de constituição, complementando-o com a apropriação que o "autor" (na concepção bakhtiniana) elabora sobre "outras vozes e perspectivas" que encontra em sua cultura.[232]

Dentro dessa perspectiva, tem-se em Natividade uma percepção promovida por esses sujeitos, em que há uma formação de circuitos na cidade e que refletem nas festas religiosas do local. Pode-se, assim, considerar esses circuitos como os percursos/caminhos caracterizados pela formação de atores especialistas que vão demarcando os espaços culturais da cidade, das festividades em si, e entre esses espaços um circuito vai se formando, como já acontece com as agências de turismo, ao oferecer pacotes com programação definida em Natividade, especialmente por meio do turismo cultural e turismo de experiência, que serão abordados nos próximos capítulos.

Assim,

> [...] rituais, práticas estéticas do dia-a-dia, tais como canções, lendas populares, culinária, costumes e outras práticas simbólicas também são mobilizados como recursos para o turismo e para a promoção das indústrias do patrimônio.[233]

O pesquisador José Rogério Lopes destaca que

> [...] essas experiências de sujeitos, grupos e culturas que vivem os processos de fragmentação espaço-temporal contemporâneos, decorrentes das interpretações rivais à alteridade das normas globais, devem ser estudados como núcleos de vida cultural transbordando em novos arranjos sociais, negociados com a imposição de modelos normativos, entre os atores endógenos e exógenos aos grupos em questão, que operam as transformações sociais contemporâneas. E essas negociações podem se relativizar no interior da própria convivência social, ou se reproduzir em intramodelos conflitivos e concorrenciais, como campos problemáticos ativos.[234]

Nesses novos arranjos, tem-se o estabelecimento de um circuito turístico em Natividade, uma vez que, pelo "boca a boca", todos que mencionarem que irão a Natividade já recebem uma indicação de ir a lugares X, Y ou Z, essas indicações auxiliando a constituição de campos especializados em atividades ou performances.

---

[232] LOPES, 2009, p. 334.
[233] YÚDICE, 2004, p. 11.
[234] LOPES, 2009, p. 334.

Na cidade, são exemplos desses locais: Dona Naninha *(in memoriam)* e o Tio Dozinho[235], com a produção do Biscoito Amor-Perfeito; os licores de jenipapo nas lojinhas e restaurante; a Dona Romana[236]; as joias de filigrana e os mestres de ourivesaria[237]; a suça[238] e o Grupo de Dança Tia Benvinda, entre outros atrativos que são o motivo da visitação, tanto em razão das pessoas como pelo lugar, que se tornou também uma atração. Então, aquilo que começou com o indivíduo, em torno do que ele fazia, criou materialidade no território e tornou-se marca do lugar, ou seja, o atrativo inicia-se com o que a pessoa faz e depois se torna o que é feito no lugar.

Portanto, os atores sociais "estabelecem estratégias e ativismos que buscam superar as normas totalizadoras, fundamentando-se no uso da cultura como recurso, o que gera possibilidades de interpretação de suas próprias necessidades"[239]. E é no interior desse campo de forças performáticas que os atores desconstroem um modelo hegemônico e seguem agenciando sua autonomia e legitimidade, trazendo significação aos seus discursos e atos.

Vincular cultura, tradição e memória coletiva na construção de uma identidade local que represente as características de uma comunidade seria basicamente, nesta pesquisa, correlacionar o caráter religioso das festas de Natividade com as articulações que a cultura local foi tramando com outras esferas sociais, de forma a expressar as possibilidades de desenvolvimento que daí se afirmam, para que a comunidade possa então definir se o que os atores agenciam tem vínculo com as festas, para poder pensar o turismo religioso, por exemplo.

Retomando a ideia de Yázigi sobre lugar, o autor explica que as coisas que os indivíduos fazem definem o que é o território. A alma do lugar seria feita de homens com coisas.

---

[235] Dona Naninha é o apelido carinhoso dado à Dona Ana Benedita Cerqueira e Silva, de 82 anos, dona da receita típica de um biscoito caseiro. O casal e os filhos estão à frente da produção do Biscoito Amor-Perfeito há mais de 60 anos em Natividade.

[236] Considerada xamã do cerrado, Dona Romana estabelece estágios de comunicação com seres e objetos tangíveis e intangíveis. Ela é uma referência no estado do Tocantins devido a sua arte, comunidade, espiritualidade, corpo e profecias de um futuro que já vem se estabelecendo. *Cf.* BOTELHO, Nayara Lopes. *Corpo, comunicação e performance em Romana de Natividade*. 2019. Dissertação (Mestrado em Comunicação e Sociedade) – Universidade Federal do Tocantins, Palmas, 2019.

[237] A cidade conta com a tradição de confeccionar joias em ouro e prata pelas mãos dos mestres ourives locais, que acontece há várias gerações, permanecendo viva, sendo o modo de fazer repassado a aprendizes em três oficinas artesanais. *Cf.* BONFIM, 2019.

[238] A suça é uma performance negra que envolve dança, canto e percussão de tambores entre outros instrumentos, e acontece na região de colonização mineradora, no centro e sudeste do Tocantins e norte de Goiás. *Cf.* ROSA, Eloisa Marques. *A suça em Natividade*: festa, batuque e ancestralidade. 2015. Dissertação (Mestrado em Performances Culturais) – Universidade Federal de Goiás, Goiânia, 2015.

[239] LOPES, 2009, p. 335.

> Alma é o que fica de melhor de um lugar e que por isso transcende o tempo -, mas não existe sem um corpo. [...] alma são materialidades, práticas e representações com uma aura que se contrapõe ao que chamaríamos "desalmado". [...] há alma quando há paixão correspondida das gentes com o lugar.[240]

Logo, questiona-se se as coisas que as pessoas estão fazendo, do ponto de vista desse agenciamento inicial (de um provável circuito turístico em Natividade), definem o que é o turismo naquele lugar. Será que esse agenciamento tem vínculo com as festas, para pensar o turismo religioso, por exemplo? Qual o papel desses atores nas festas? Os atores investem realmente nas festas religiosas?

Contudo, é fato que "a reconstrução do lugar entra no difícil dilema de escolher entre cair na mesmice da globalização ou de buscar caminho condizente com o diálogo, com raízes territoriais e culturais"[241]. É com base nesses questionamentos que será abordada, no próximo tópico, a identidade como prática de identificação por parte dos atores sociais.

2.4 A identidade e as lógicas de ação social: a religiosidade como prática de identificação

Com base na perspectiva dos estudos culturais latino-americanos e britânicos, pode-se afirmar que a construção de uma identidade parte de uma realidade multicultural que deve ser compreendida como narrativa e que tem a memória coletiva como fator primordial nessa formação.

> Ter uma identidade seria, antes de mais nada, ter um país, uma cidade ou um bairro, uma entidade em que tudo o que é compartilhado pelos que habitam esse lugar se tornasse idêntico ou intercambiável. Nesses territórios a identidade é posta em cena, celebrada nas festas e dramatizada também nos rituais cotidianos.[242]

No entanto, o autor Renato Ortiz[243] vai além e expõe que "[...] toda uma identidade é uma construção simbólica (ao meu ver necessária) [...] não existe uma identidade autêntica, mas uma pluralidade de identidades, construídas por diferentes grupos sociais em diferentes momentos históricos".

---

[240] YÁZIGI, 2001, p. 24.

[241] *Ibidem*, p. 19.

[242] CANCLINI, 2015, p. 190.

[243] ORTIZ, 1986, p. 8.

Dentro dessa perspectiva, Marcel Mauss[244] apresenta o conceito de fato social total, em que analisa que, em certos casos, a totalidade da sociedade e das suas instituições se revelam conforme essas construções, sendo ao mesmo tempo jurídicos, econômicos, religiosos e estéticos.

> Neles, tudo se mistura, tudo o que constitui a vida propriamente social das sociedades que precederam as nossas – até às da proto-história. Nesses fenômenos sociais "totais", como nos propomos chamá-los, exprimem-se, de uma só vez, as mais diversas instituições: religiosas, jurídicas e morais – estas sendo políticas e familiares ao mesmo tempo –; econômicas – estas supondo formas particulares da produção e do consumo, ou melhor, do fornecimento e da distribuição –; sem contar os fenômenos estéticos em que resultam estes fatos e os fenômenos morfológicos que essas instituições manifestam.[245]

Portanto, correlaciona-se o conceito de fato de social[246] com o de *habitus*[247], o que subsidia a análise dessa construção em suas dimensões econômica, moral, estética e política, que consequentemente formam um modo de vida, conforme citado no tópico anterior. Setton acrescenta a esta análise que o espaço plural de múltiplas referências identitárias é fruto do processo de socialização das formações atuais.

> Ou seja, a contemporaneidade caracteriza-se por oferecer um ambiente social em que o indivíduo encontra condições de forjar um sistema de referências que mescle as influências familiar, escolar e midiática (entre outras), um sistema de esquemas coerente, no entanto híbrido e fragmentado. Embora se saiba que, no contexto atual, cada uma das instâncias formadoras desenvolve campos específicos de atuação, lógicas e valores éticos e morais distintos, considera-se ainda que são os próprios indivíduos quem tecem as redes de sentido que os unificam em suas experiências de socialização.[248]

Dentro dessa discussão de construção identitária, tem-se Bajoit[249], que ajuda a compreender as lógicas de correspondência entre as pessoas, entre as práticas e o compromisso que vai se afirmando na constituição de um

---

[244] MAUSS, Marcel. *Sociologia e antropologia*. São Paulo: Cosac Naify, 2003. v. 2.

[245] SETTON, Maria da Graça Jacintho. A socialização como fato social total: notas introdutórias sobre a teoria do habitus. *Rev. Bras. Educ.*, Rio de Janeiro, v. 14, n. 41, p. 296-307, ago. 2009. p. 296.

[246] MAUSS, 2003.

[247] BOURDIEU, 2009.

[248] SETTON, 2009, p. 297.

[249] BAJOIT, 2006.

projeto coletivo, por exemplo. Com isso, entende-se que, na medida em que se identifica a prática dos indivíduos, surgem as práticas de identificação, em que um reconhece o outro, até mesmo com distinção dessa atuação nas dimensões econômica, moral, estética e política. E, à medida que essas práticas servem para as pessoas se situarem identitariamente, os indivíduos começam a constituir compromissos. Assim, Guy Bajoit[250] apresenta que esses compromissos acontecem por permutas conflituais e permutas não conflituais, que serão debatidas a seguir.

Os indivíduos tentam gerir as tensões existenciais vividas dentro das suas identidades coletivas, uma vez que nem todos adotam a mesma lógica do sujeito.

> Eles não construirão todos as mesmas identidades comprometidas, não assumirão todos os mesmos compromissos identitários consigo mesmos e, consequentemente, não se comprometerão todos nas mesmas lógicas de ação. [...] cada um transforma as identidades coletivas, nas quais participa, em lógicas de ação. É por isso que os atores não são o simples reflexo do seu "habitus", o simples efeito das identidades coletivas que adquirem ao praticar as relações sociais; é por isso que os indivíduos que participam na mesma identidade coletiva podem comprometer-se em lógicas de ação diferentes, enquanto que indivíduos que participam em identidades coletivas diferentes podem comprometer-se na mesma lógica de ação.[251]

Na construção desse indivíduo enquanto ator social, o autor ainda explica que a sociedade pode ser definida como um conjunto de indivíduos,

> [...] "de "eus" sempre já constituídos, mas também em processo de contínua reconstituição. Cada um assumiu perante si mesmo compromissos identitários: tem uma certa "ideia" daquilo que é e do que queria vir a ser e daquilo que acredita dever fazer para isso. Para realizar esses compromissos, cada indivíduo precisa dos outros – deve entrar em relações sociais com eles, participar em permutas e em laços sociais. Logo, cada um entra em lógicas de ação com os outros para realizar a sua identidade pessoal graças a, apesar de, com, contra, e entre eles.[252]

---

[250] *Ibidem.*

[251] *Ibidem*, p. 234.

[252] *Ibidem*, p. 235.

O indivíduo só consegue resolver suas tensões existenciais a partir do momento que ele muda sua posição dentro do campo de relações no qual está inserido, passando pelas lógicas de ação do indivíduo sobre os demais. E esse é o trabalho por meio do qual cada um transforma as identidades coletivas, das quais participa, em lógicas de ação. Com isso, a identidade coletiva tornou-se estratégica, pois as condutas não são inteiramente determinadas pelas suas condições materiais de existência. E, para essa construção do ator social, o indivíduo passa pelas lógicas do compromisso, da permuta, da solidariedade, da ação coletiva e da mobilização social.

> O compromisso é a tradução da identidade comprometida em lógicas de ação sobre os outros. Levando em consideração a "ideia" que ele tem daquilo que é e quer vir a ser, e das possibilidades que lhe abrem ou lhe fecham os laços que ele tem com os outros nos diferentes campos relacionais, o indivíduo reconstrói constantemente os seus "projetos" de vida.[253]

A teoria da gestão relacional de si tem como ideia central o compromisso identitário do indivíduo consigo mesmo ou de identidade comprometida, na qual cada "eu" tenta agir sobre os outros para poder realizar os compromissos que ele tem consigo mesmo. Esse agir acontece nas relações de permuta, sendo elas solidárias ou de ações coletivas.

Guy Bajoit explica também que cada indivíduo, segundo as lógicas de permuta, constrói laços com os outros. E essa construção de laços é complexa, como qualquer relação humana, a qual não se pretende aprofundar neste trabalho.

São quatro lógicas de permuta social, "ele pode procurar cooperar (permuta complementar), combater (permuta conflitual), competir (permuta competitiva) ou romper com a relação (permuta contraditória)"[254]. As permutas podem ainda ser definidas pela natureza das finalidades e pela sua estratégia relacional. Já no campo das finalidades, o teórico explica que algumas permutas têm finalidade inclusiva; e outras, exclusiva.

> Certas permutas têm uma finalidade inclusiva: cada actor só pode atingir a sua finalidade, satisfazer as suas expectativas, com a cooperação do outro. Isto é evidente na **permuta complementar,** quanto maiores forem as competências e a vontade de cooperar nas partes interessadas, melhor as finalidades serão atingidas por todos. Quando este tipo de

---

[253] *Ibidem*, p. 236.

[254] *Ibidem*, p. 237.

> permuta se deteriora por uma outra razão, dá lugar a uma
> **permuta conflitual**. [...] Assim, para atingir as suas finalida-
> des, mesmo quando as suas expectativas são dissensionais, os
> adversários necessitam de cooperação recíproca [...]. Outras
> permutas têm, pelo contrário, uma finalidade exclusiva: um
> actor não pode atingir sua finalidade a não ser que impeça o
> outro de atingir a sua. É o caso das **permutas competitivas**.
> [...]. Mas é mais ainda o caso das **permutas contraditórias**,
> nas quais cada parte tem interesse em suprimir a outra, ou
> pelo menos, a relação com ele. [...] as finalidades estão entre
> si numa relação de exclusão: para cada actor individual ou
> coletivo em relação, o outro é um concorrente (na permuta
> competitiva) ou um inimigo (na permuta contraditória), que
> é preciso impedir, tanto quanto possível, de chegar a todos
> ou parte dos seus fins.[255]

Na estratégia relacional das permutas, Bajoit apresenta ainda que existem as permutas consensuais, em que cada ator procura obter qualquer coisa do outro por meio da persuasão; e as permutas dimensionais, em que cada ator procede antes mediante a coerção.

"As permutas complementares e competitivas são consensuais"[256]. No caso das permutas complementares, o ator entende que, ao cumprir o seu papel, cada um contribuirá para atingir com eficácia, simultaneamente, os seus objetivos e os objetivos em comum. Já nas permutas competitivas, o teórico explica que os concorrentes procuram melhorar suas performances, apesar de rivalizarem entre si, para conseguir modificar sua posição nessa relação de forças.

As permutas dimensionais, no campo da estratégia relacional da teoria aqui apresentada, são representadas pelas permutas conflituais e contradi-tórias. Lembrando que o conflito surge da relação discordante dentro da permuta complementar. Nas permutas conflituais, "[...] o ator que inicia o conflito pensa que a sua posição na divisão do trabalho não lhe permite, ou já não lhe permite, atingir toda ou parte das suas finalidades. Ele procura, por meio do conflito, reestabelecer um melhor domínio sobre elas".[257] E, nas permutas contraditórias, "a contradição é uma competição na qual os atores já não respeitam as regras do jogo: eles procuram quebrar o jogo, destruir a relação, fugir ou fazer fugir o outro"[258].

---

[255] *Ibidem*, p. 238, grifo nosso.

[256] *Ibidem*, p. 239.

[257] *Ibidem*, p. 239.

[258] *Ibidem*, p. 239.

Para o autor, as quatro lógicas estão sempre presentes simultaneamente em doses variadas e de acordo com as circunstâncias, em que qualquer ator vai procurar melhorar sua posição em relação às permutas, com o objetivo de alcançar seus compromissos identitários consigo mesmo. Como, por exemplo, correlacionando essas lógicas de permuta com os indivíduos que atuam dentro de projetos em comunidades que estão voltados para o desenvolvimento endógeno, ou seja, colocar o projeto à prova na comunidade, e analisar como isso vai definir o compromisso identitário de cada ator junto àquele projeto.

Ainda na construção do ator social, têm-se as lógicas de solidariedade, em que os indivíduos que escolhem as mesmas lógicas de permuta "[...] têm muitas vezes (mas nem sempre) tendência a reconhecerem-se reciprocamente na ação, e a construir laços de solidariedade entre si [...] eles são solidários porque precisam um dos outros para realizar os seus compromissos identitários."[259]

Para o autor, existem duas lógicas dentro da solidariedade: a reciprocidade e a gregariedade. Na reciprocidade, cada um possui alguma coisa que é útil para o outro, e esse tipo de solidariedade pode ser afetiva (evidente compromisso subjetivo forte) ou contratual (segue a lógica material, instrumental e mais objetiva). Já na lógica da gregariedade, a solidariedade é o resultado do que qualquer indivíduo necessita, mas, quando está junta, essa "qualquer coisa que falta" deixa de existir. Na gregariedade, há a solidariedade fusional (união de qualidades que sozinhos os indivíduos não teriam) e a solidariedade serial (quanto mais indivíduos agregados a força do grupo aumenta)[260].

Com isso, a maior parte dos grupos sociais reais (a família, o partido, a igreja, o sindicato, o grupo profissional, os cidadãos, a classe social) baseia-se na combinação de várias formas de solidariedade. Um exemplo seria dizer que "a multidão assenta[-se], sobretudo numa solidariedade serial; a comunidade religiosa ou política, numa solidariedade fusional; um grupo de pressão, na solidariedade contratual; uma família, na solidariedade afetiva"[261].

Assim como na permuta, as lógicas de solidariedade não dependem só do compromisso identitário dos indivíduos, como também da socialização entre eles. "Uma das condições indispensáveis à formação da solidariedade é a socialização dos indivíduos: que eles ocupem a mesma posição na relação, que participem na mesma identidade coletiva"[262].

---

[259] *Ibidem*, p. 22.

[260] *Ibidem*.

[261] *Ibidem*, p. 244.

[262] *Ibidem*.

A ação coletiva leva à mobilização social; e, para que uma ação coletiva seja forte, faz-se imperativo ter um adversário, ter conflitos não negociáveis, e ainda que cada um dos indivíduos esteja incitado a adotar por si mesmo os traços socioculturais que tem em comum com os outros. Logo, são três os componentes da ação coletiva: "a formação de uma solidariedade organizada (nós, os...), a constituição de um adversário ou inimigo ("contra eles, os...), e a explicitação dos objetivos da ação ('em nome de...')"[263].

A mobilização, vai além de uma simples adesão a uma das formas de solidariedade, ela é produto da ação social e pressupõe uma organização dos indivíduos envolvidos nela. O autor nivela o compromisso desses indivíduos, em que a mobilização social aumenta quando os indivíduos sobem nos níveis de comprometimento identitário.

Figura 14 – Esquema de mobilização e desmobilização dos indivíduos nos níveis de implicação

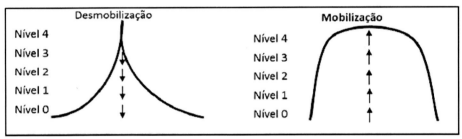

Fonte: adaptada de Bajoit (2006)

Na figura *supra*, e tomando como exemplo a implantação de algum projeto em determinada comunidade, tem-se o esquema da desmobilização e da mobilização: o Nível 0 é o local onde estão todos os indiferentes com a proposta e também os atores que acreditam que o projeto é um boa alternativa, pois gerará emprego; no Nível 1 estão os atores que se opuseram ao projeto e não estão dispostos a contribuir com outra ação; já no Nível 2 estão os contestatários, são os atores que estão dispostos a debater sobre o projeto e participar das reuniões para entender o processo; no Nível 3, tem-se o que Bajoit[264] intitula "organização da resistência", que são os atores que investem no seu projeto e organização; por fim, no Nível 4 estão os dirigentes e líderes do projeto em si.

[263] *Ibidem*, p. 247.
[264] *Ibidem*.

Para que uma ação social dure no tempo, é preciso que tenha uma organização, isto é, de dirigentes, de recursos e de tradições. Dentro da lógica da mudança, temos diversos atores, e neles estão os convictos, os resignados, os existentes e os protestadores. "Daí, a questão: quando (em que condições) e como (segundo que processos) os indivíduos são levados a solidarizar-se entre si para entrar em conflito e/ou em contradição com outros, a fim de fazer valer certos desafios?"[265]

Com base nessa discussão de como os compromissos ocorrem, entende-se que identidade é construção, identificação e processo de compartilhamento de vivências. Néstor García Canclini[266] reforça que as identidades são definidas sob pontos de identificação por meio da cultura e memória, em que é formada por meio do tempo vivido (passado e presente) por determinada sociedade. Além disso, essas identidades estão em constante construção e reconstrução dentro do ambiente temporal e influenciadas pela memória individual e coletiva de uma comunidade.

Na mesma esteira, o antropólogo francês Michel Agier[267] complementa esse pensamento sobre a problemática da identidade cultural e afirma que os processos identitários não existem sem um contexto específico. O autor acredita em declaração de identidade, em que "[...] toda identidade, ou melhor, toda declaração de identidade, tanto individual quanto coletiva (mesmo se, para um coletivo, é mais difícil admiti-lo), é então múltipla, inacabada, instável, sempre experimentada mais como uma busca que como um fato."[268]

Michel Agier ressalta que a pesquisa que envolve discussões sobre identidade não deve apenas observar os contextos, como também dar conta da incorporação desses contextos dos objetos de estudo.

> A atenção principal do observador deve se colocar antes sobre as interações e as situações reais nas quais os atores se engajam, do que nas representações formuladas **a priori** das culturas, tradições ou figuras ancestrais em nome das quais se supõe que eles agem. É a partir dos contextos e das questões em jogo nas situações de interação que a memória é solicitada seletivamente.[269]

---

[265] *Ibidem*, p. 245.

[266] CANCLINI, 2015.

[267] AGIER, 2001.

[268] *Ibidem*, p. 10.

[269] *Ibidem*, p. 12.

O processo de criação cultural é rodeado de tensões, em que se colocam, de um lado, os imaginários sociais, suas sociabilidades e memórias e, do outro lado, as técnicas, imagens e discursos globalizados, que, "por sua vez, circulam praticamente sem obstáculos, despojados de todo enraizamento histórico"[270]. Esses elementos estão soltos e misturam-se, interconectam-se no meio desse processo de criação cultural.

O autor alerta e questiona: "qual é o processo que faz a cultura em seu contexto, quando esse contexto está praticamente por toda parte (e com apenas algumas nuanças de intensidade), definindo-se enquanto local globalizado?"[271]

Uma ação que favorece a dinâmica cultural é o paradoxo permanente da relação entre identidade e cultura. "A identidade de um momento será, talvez, mais tarde esquecida, quando outros contextos e outras relações prevalecerão, mas a cultura do lugar onde isso ocorre atualmente, esta, terá sido transformada, 'trabalhada' profundamente"[272].

Em Natividade, entende-se que é pelo compromisso dos indivíduos, por suas práticas de identificação e pela declaração de identidade que as festas religiosas caracterizam o município e podem ser elementos que vinculam a religiosidade à identidade local.

Ainda em sua análise, Michel Agier explica que se espera que a cultura recrie os fundamentos de uma comunidade, que uma acompanhe a outra e transforme a relação de força entre identidade e cultura.

> No campo, [...] encontra-se muito mais frequentemente diante de culturas identitárias em fabricação do que perante identidades culturais totalmente prontas, as quais ele teria apenas que descrever e inventariar. A cultura declarativa torna-se o argumento da declaração de identidade, que é a forma de existência social da identidade. Com o fim das "grandes narrativas", nosso mundo encontra-se em uma fase de criatividade intensa de múltiplas buscas identitárias e, simultaneamente, de novas culturas declarativas de identidade.[273]

Para entender essa declaração de identidade, principalmente na dimensão religiosa, da qual Natividade é integrante, é necessário entender

---

[270] *Ibidem*, p. 19.

[271] *Ibidem*, p. 20.

[272] *Ibidem*, p. 23.

[273] *Ibidem*.

como é definida a religião, o campo religioso e sua relação com o homem. Assim, optei por seguir a concepção do antropólogo estadunidense Clifford Geertz[274], que define religião como

> [...] um sistema de símbolos que atua para estabelecer poderosas, penetrantes e duradouras disposições e motivações nos homens através da formulação de conceitos de uma ordem de existência geral e vestindo essas concepções com tal aura de fatualidade que as disposições e motivações parecerem singularmente realistas.

Com isso, a religião atua na estruturação da percepção e do pensamento do mundo social. Para tal, Pierre Bourdieu[275] explica que a Igreja se utiliza do controle dos meios de produção, reprodução e distribuição dos bens de salvação, instituindo a figura do sacerdote como autoridade de função, em que ele tem a Igreja como instituição que dá a sua representação e a sua representatividade.

Os homens foram obrigados a formar a noção do que é religião, bem antes de a ciência das religiões terem a chance de instituir suas comparações metódicas. As necessidades da existência obrigam a todos, crentes ou incrédulos, a representar de alguma maneira as coisas no meio das quais vivemos, sobre as quais temos sempre julgamentos a fazer e que devemos considerar no nosso comportamento[276].

Formada essa noção de religião, criou-se a necessidade de representar algo em que se acredita, surgindo daí um paradoxo para os homens sobre o sagrado e o profano. Desse paradoxo, Émile Durkheim[277] acrescenta que, no sagrado, foram erguidas as crenças, os ritos e os símbolos que conduziriam consciências na formação de uma comunidade moral, sendo distinções dos fenômenos profanos, que renovariam e manteriam o sagrado com o intuito de coordenação e submissão de certas práticas pela sociedade.

Contribuindo para esse contexto, Maurice Halbwachs explica que a religião é manifestada sob formas simbólicas que se desenrolam e se aproximam no espaço para que sobreviva.

> Quando entra numa igreja, num cemitério, num lugar sagrado, o cristão sabe que vai encontrar lá um estado de espírito do qual já teve experiência, e com outros fiéis, vai

---

[274] GEERTZ, 2008, p. 67.

[275] BOURDIEU, 2009.

[276] DURKHEIM, 2008, p. 53.

[277] *Ibidem.*

reconstruir, ao mesmo tempo, além de uma comunidade visível, um pensamento e lembranças comuns, aquelas mesmas que foram formadas e mantidas em épocas anteriores, nesse mesmo lugar.[278]

Sobre as concepções do homem religioso e sua relação com o sagrado e o profano, os estudos do filósofo e historiador romeno Mircea Eliade expõem que existem também as proibições. Elas aparecem durante cerimônias, jogos, danças e músicas, o que acaba por acontecer fora dos espaços sagrados, onde homens e mulheres vivem o tempo profano, após suas atividades voltadas para suas divindades. Por mais que o homem seja orientado (e tem que ser) durante os ritos, o profano vem de encontro ao sagrado.

A revelação – do espaço sagrado tem um valor existencial para o homem religioso; porque nada pode começar, nada se pode fazer, sem uma orientação prévia – e toda a orientação implica a aquisição de um ponto fixo. [...] para a experiência profana o espaço é homogêneo e neutro: nenhuma rotura diferencia qualitativamente as diversas partes de sua massa.[279]

Independentemente da complexidade de uma festa religiosa, o homem religioso sente a necessidade de participar do tempo sagrado, pois é um acontecimento que foi originado há muito tempo e que, por meio do rito, torna-se presente naquele momento.

Porque os lugares participam da estabilidade das coisas materiais e é baseando-se neles, encerrando-se em seus limites e sujeitando nossa atitude à sua disposição, que o pensamento coletivo do grupo dos crentes tem maior oportunidade de se eternizar e de durar: esta é realmente a condição da memória.[280]

Os participantes "saem do seu tempo histórico – quer dizer, do tempo constituído pela soma dos eventos profanos, pessoais e intrapessoais – e reúnem-se ao tempo primordial que é sempre o mesmo, que pertence à eternidade"[281]. O autor acrescenta que, se o homem religioso sente essa necessidade de reproduzir os mesmos gestos exemplares de suas divindades, é porque deseja e se esforça por viver muito perto do que considera que sejam as atitudes corretas, as "exemplificadas" por suas divindades.

---

[278] HALBWACHS, 1990, p. 155.

[279] ELIADE, Mircea. *O sagrado e o profano*: a essência das religiões. Tradução de Rogério Fernandes. Lisboa: Edição Livros do Brasil, 1975. (Coleção Vida e cultura). p. 36.

[280] HALBWACHS, 1990, p. 159.

[281] ELIADE, 1975, p. 101-102.

> Essa repetição fiel dos modelos divinos tem um resultado duplo: I) por um lado, imitando os deuses, o homem mantém-se no sagrado e, por consequência, na realidade; II) por outro lado, graças à reactualização ininterrupta dos gestos divinos exemplares, o mundo é santificado. O comportamento religioso dos homens contribui para manter a santidade do mundo.[282]

Em resumo, o homem religioso quer ser diferente do que ele é no plano da sua existência profana, ou seja, no mundo "real". E, no tempo sagrado, tempo dos ritos e festas religiosas, ele quer se aproximar dos modelos divinos e ficar mais próximo de suas divindades, ele simula e recria outro ser baseado nos mitos, enfim, na história[283].

Assim como explica Durkheim[284], as representações coletivas passam a ser vistas como resultado de uma "consciência coletiva", na qual se pode observar que existe a transgressão das normas sociais, a coesão do grupo social e a produção de um estado de efervescência coletiva.

E Canclini afirma que os fenômenos tradicionais, culturais e, aqui expostos, religiosos são processos estabelecidos segundo a coletividade, em que

> [...] os fenômenos culturais folk ou tradicionais são hoje, produto multideterminado de agentes populares e hegemônicos, rurais e urbanos, locais, nacionais e transnacionais. Por extensão, é possível pensar que o popular é constituído por processos híbridos e complexos, usando como signos de identificação elementos procedentes de diversas classes e nações.[285]

Desses processos entre campo, religiosidade, reprodução dos ritos sagrados e profanos, Edson Farias[286] vai além do tradicional sobre processos híbridos, e trata as festas, neste caso, as festas religiosas, como o "casamento" da cultura com a economia, em que, ao adquirirem relevância social e cultural, também surgem como alternativa para o desenvolvimento socioeconômico e a modernização local e regional. E ainda:

> [...] as festas-espetáculo populares brasileiras compreendem acontecimentos que compõem agora um circuito de eventos-espetáculo cosmopolitas. Situações definidas em razão

---

[282] *Ibidem*, p. 111.

[283] SOUSA, 2017.

[284] DURKHEIM, 2008.

[285] CANCLINI, 2015, p. 220-221.

[286] FARIAS, Edson. Economia e cultura no circuito das festas populares brasileiras. *Soc. Estado*, Brasília, v. 20, n. 3, p. 647-688, dez. 2005.

> do forte apelo mercantil das atividades neles desenvolvidas, as quais estão voltadas para a prestação de serviços de diversão e turismo e se situam nos canais dos fluxos das redes midiáticas, pelos quais símbolos são insumos e mercadorias, a um só tempo. Neste âmbito estão amalgamadas expressão e produção culturais; profissionalismo e brincadeira.[287]

Os locais religiosos, além de receber seus devotos, provocam o surgimento de uma demanda cultural, de pessoas que participarão por sua história e cultura.

> Da mesma forma ocorre com os eventos, que se incorporam à cultura local, tornando-se parte da tradição cultural, fonte de identidade de determinada comunidade. Desse modo, há uma forte identificação entre turismo religioso e cultural, sendo o primeiro, na realidade, integrado a este último.[288]

É no surgimento dessas demandas culturais e religiosas que José Rogério Lopes ressalta que

> [...] o reconhecimento das múltiplas manifestações que compõem as festas religiosas faz emergir identidades residuais ou instituintes que demarcam campos internos e territórios de tensão ritual expressivos, que produzem negociações do caráter tradicional da festa.[289]

Já como campo religioso, entende-se, à luz de Pierre Bourdieu, o confronto, a tomada de posição, a luta, a tensão e o poder. O campo é formado por agentes (indivíduos ou instituições) que criam espaços que existem devido às relações que nele são estabelecidas. "É um campo de forças e um campo de lutas para conservar ou transformar esse campo de forças"[290]. O campo é a estrutura das relações objetivas entre os diferentes agentes, é o que determina o que esses agentes podem ou não fazer, é o lugar que os agentes ocupam em determinada estrutura que indicará as tomadas de decisão.

Ao estabelecer as definições de campo religioso, Bourdieu apresenta a gênese e a estrutura dele, como questões de dominação usando estruturas adaptáveis, e trata o campo religioso segundo a experiência vivida. Para tanto, o autor assume as ideias de Weber acerca da religião e explica que "a

---

[287] *Ibidem*, p. 655-656.

[288] DIAS; SILVEIRA, 2003, p. 15.

[289] LOPES, José Rogério. O divino retorno: uma abordagem fenomenológica de fluxos identitários entre a religião e a cultura. *Etnográfica*, v. 16, n. 2, 2012. p. 361.

[290] BOURDIEU, Pierre. *Os usos sociais da ciência*: por uma sociologia clínica do campo científico. São Paulo: UNESP, 2004. p. 22-23.

religião cumpre uma função de conservação da ordem social contribuindo, nos termos de sua própria linguagem, para a 'legitimação' do poder dos 'dominantes' e para a 'domesticação dos dominados'"[291].

Pierre Bourdieu acrescenta que a religião impõe um sistema de representações sociais, além de práticas em que a estrutura é fundamentada na divisão política.

> A religião está predisposta a assumir uma função ideológica, função prática e política de absolutização do relativo e de legitimação do arbitrário, que só poderá cumprir na medida em que possa suprir uma função lógica e gnosiológica consistente em reforçar material ou simbólica, possível de ser mobilizada por um grupo ou uma classe, assegurando a legitimação de tudo que define socialmente este grupo ou esta classe[292].

E, sobre a construção do campo religioso, Bourdieu apresenta ser a oposição entre manipulação legítima do sagrado (religião) e a manipulação profana e profanadora (magia ou feitiçaria). Neste caso, sendo a manipulação profana objetiva (religião dominada) ou intencional (a magia como antirreligião ou religião invertida).

> A constituição de um campo religioso acompanha a desapropriação objetiva daqueles que dele são excluídos e que se transformam por esta razão em leigos (ou profanos, no duplo sentido do termo), destituídos do capital religioso (enquanto trabalho simbólico acumulado) e reconhecendo a legitimidade desta desapropriação pelo simples fato de que a desconhecem enquanto tal.[293]

O autor explica ainda, que no âmbito de uma mesma formação social, as oposições que surgirem entre religião/magia ou sagrado/profano mostrarão a oposição que existe de competência religiosa, que são ligadas à distribuição do capital cultural, social ou econômico. E mais: a Igreja surge, para Bourdieu[294], como uma instituição com áreas de competência, funções, regras, entre outros, fazendo com que, nesse processo de formação do campo religioso, produtores, divulgadores e receptores dos bens simbólicos religiosos sejam mais distantes sócio, econômico e

---

[291] *Idem*, 2009, p. 32.

[292] *Ibidem*, p. 46.

[293] *Ibidem*, p. 39.

[294] *Ibidem*.

culturalmente. Com isso, haverá uma amplitude, além de diversas interpretações dos significados que isso pudesse ocasionar, gerando conflitos conceituais no campo religioso.

Régis de Toledo Souza[295], no texto em que trata do catolicismo e suas faces no Brasil, também discute a ideia de campo religioso e ressalta que ela traz em si os usos e as apropriações de práticas ou símbolos, o que estabelece um posicionamento dentro do campo. E que nesse campo é necessário entender o jogo de interesses envolvidos nessa produção.

> O campo é um espaço de trocas simbólicas em que se procura o reconhecimento, não só por parte dos fiéis, mas também por outras denominações religiosas do campo, ou seja, o campo religioso é um espaço de permanentes trocas de produções e usos simbólicos e materiais, pelos personagens que dele fazem parte.[296]

Quando se trata das festas religiosas em Natividade, têm-se atores definidos e reconhecidos pela comunidade e pelas instituições no que tange à organização delas.

> O fato é que há constantemente a produção de relações de poder que, no primeiro momento, podem apontar para a busca da hegemonia dentro do campo religioso. Mas, a partir do momento em que esses novos atores são reconhecidos no e pelo próprio campo, tendem a diminuir a busca por essa hegemonia. O espaço já está garantido, resta agora a sua manutenção. [...] por trás da discussão que envolve a cultura popular, catolicismo popular ou religiosidade popular, existem pessoas que interpretam todas as transformações sociais ou religiosas, e, ao fazerem isso, produzem sentidos que podem ou não ser coletivizados.[297]

No momento que o campo religioso se organiza, valendo-se das formas de participação dos indivíduos envolvidos nele, surgem compromissos, em que os atores são reconhecidos dentro desse campo e produzindo suas ofertas nele.

Assim, as festas religiosas permitem a construção dessa memória coletiva e acabam influenciando diretamente a história do local no qual se realizam. E, no caso de Natividade, será por meio das características dessas festas religiosas (Festa do Divino Espírito Santo e Romaria do Senhor do

---

[295] SOUZA, 2008.

[296] *Ibidem*, p. 97.

[297] *Ibidem*, p. 96.

Bonfim), da tradição, dos bens patrimoniais e memória de seus devotos e demais atores sociais que se encontrará um caminho para analisar como se dá a relação entre desenvolvimento local e a construção/declaração de uma identidade cultural via religiosidade.

Para Everett Hagen[298], cientista político e economista, o processo de mudança é demorado, tanto na lógica quanto na realidade histórica, e expõe que "a mudança econômica implica em mudança social", devendo existir um entrelaçamento entre personalidade, sociedade e desenvolvimento econômico. E, com base nesse pressuposto, entendo nesta obra que o processo de mudança se inicia no indivíduo e nos compromissos que ele assume consigo mesmo e com o meio em que vive, como explica Guy Bajoit[299], em sua teoria da gestão relacional de si, com a relação do indivíduo perpassando as lógicas do compromisso, da permuta, da solidariedade, da ação coletiva e da mobilização social.

Os indivíduos comprometem-se nas lógicas de ação social para realizar a sua identidade pessoal entre os outros, a identidade que eles têm de si é dinâmica e está em constante evolução e readaptação. Os compromissos que o indivíduo assume para consigo mesmo e, portanto, a "ideia" ou a "imagem" que ele tem da sua identidade nunca são completamente (in) conscientes nem (in)voluntárias[300].

Grosso modo, a identidade coletiva é sempre o compromisso do indivíduo com a comunidade. É aquele compromisso que possibilita ver o grau de envolvimento dele no que o coletivo se define. Com isso, em Natividade, questiono e analiso, com base nos projetos que estão sendo desenvolvidos na cidade: quais são os compromissos identitários das pessoas, dos atores sociais, ali envolvidos? Nas festas religiosas da cidade, neste caso a Festa do Divino Espírito Santo e a Romaria do Senhor do Bonfim, qual o compromisso desses atores com elas? Esses atores entendem as festas como algo que constitui a identidade local? Qual é o grau de envolvimento? Esses atores agenciam e investem na festa?

As lógicas de ação social interagem com o desenvolvimento endógeno na medida em que, para que as ações que promovam o desenvolvimento local possam "dar certo", o indivíduo tem que estar/ser comprometido identitariamente com aquele local, região ou cidade.

---

[298] HAGEN, Everett Einar. O processo de mudança. *In*: DURAND, José Carlos Garcia. *Sociologia do desenvolvimento*. Rio de Janeiro: Zahar Editores, 1974. p. 30.

[299] BAJOIT, 2006.

[300] *Ibidem*.

Portanto, é das lógicas de ação social que o indivíduo construiu, das lógicas de permuta e de mobilização social, que essas ações poderão ser implementadas. Como também da ação dos atores organizados para a promoção das potencialidades do lugar, para enfim buscar-se uma estratégia de desenvolvimento local.

3

CULTURA COMO FATOR DE DESENVOLVIMENTO LOCAL

Neste capítulo abordo como a cultura pode ser considerada fator de desenvolvimento, com base em discussões contemporâneas sobre a cultura no, para e como desenvolvimento, chegando até a questão do local enquanto ferramenta para desenvolvimento endógeno. Aqui são também trabalhadas as políticas públicas para a cultura e o desenvolvimento no estado do Tocantins.

Dividido em quatro subcapítulos, este capítulo inicia apresentando de uma forma breve argumentos envolvendo os valores culturais e o crescimento econômico, estando estes associados aos valores religiosos, que também influenciaram a organização da sociedade e consequentemente o desenvolvimento de suas comunidades[301].

Porém, na atualidade, autores debatem que o cenário que se tem buscado é: a implantação de políticas públicas direcionadas à promoção do desenvolvimento econômico, por meio do desenvolvimento endógeno, em que há a interação de todos os atores envolvidos no processo. Assim, todas as vozes são ouvidas e participam do processo de desenvolvimento da sua comunidade.

O primeiro tópico traz a concepção de desenvolvimento como liberdade[302], em que o desenvolvimento não pode ser analisado apenas sob o viés restritivo do crescimento do Produto Interno Bruto (PIB) e da renda, nem reduzido à capacidade de industrialização e modernização das cidades, mas pelo protagonismo delas[303]. Sendo necessário abandonar a ideia de que a industrialização é o mesmo que desenvolvimento[304]; é, pois, pela

---

[301] SOUZA, Nali de Jesus de; STÜLP, Valter José. Valores religiosos e desenvolvimento econômico. *Teoria e Evidência Econômica*: Brazilian Journal of Theoretical and Applied Economics, ano 14, n. 31, p. 86-100, jul./dez. 2008.

[302] SEN, Amartya. *Desenvolvimento como liberdade*. São Paulo: Companhia das Letras, 2010.

[303] SACHS, Ignacy. Desenvolvimento e cultura. Desenvolvimento da cultura. Cultura do desenvolvimento. *O&S*: Organizações & Sociedade, v. 12, n. 33, abr./jun. 2005.

[304] ARRIGHI, Giovanni. *A ilusão do desenvolvimento*. Petrópolis: Vozes, 1997.

centralidade das questões humanas e ambientais que haverá a possibilidade do surgimento de outros modelos de desenvolvimento[305], principalmente por meio da cultura.

Já no segundo tópico deste capítulo, será abordada a utilização do local como ferramenta do desenvolvimento endógeno[306, 307, 308], em que, assente nele, a comunidade poderá resolver os desafios que surgirem, com respostas produtivas e adequadas, atendendo às suas necessidades.

No terceiro tópico, abordam-se as formas de integrar a cultura dentro da discussão do desenvolvimento, revelando os três papéis dela, atuando com os demais pilares do desenvolvimento: ecológico, social e econômico. Aqui sendo analisada a cultura no desenvolvimento, a cultura para o desenvolvimento e a cultura como desenvolvimento[309].

Por fim, no último tópico, faz-se uma análise das ações voltadas para o fomento da cultura do estado do Tocantins[310], colocando em discussão a relação entre desenvolvimento/cultura e o modelo de desenvolvimento que vem sendo posto (imposto?) por meio das políticas públicas sobre as comunidades.

3.1 Cultura e desenvolvimento: conceitos iniciais

Valores culturais e crescimento econômico estão associados, assim como os valores religiosos também guardam implicações econômicas. Com isso, e considerando a industrialização como a principal válvula motora do desenvolvimento econômico, Max Weber[311] argumenta que os países de religião protestante se desenvolveram primeiro em detrimento dos de

---

[305] LOPES, Jose Rogério. La concepción del desarollo y las políticas culturales: del modelo de oferta a la elección de modelos. *In*: PIZZIO, Alex; SÁNCHEZ ALMANZA, Adolfo; RODRIGUES, Waldecy. *Desarrollo regional en perspectivas comparadas*: los casos de Brasil y México. Brasília: Verbena Editora, 2020. p. 48-80.

[306] VÁZQUEZ BARQUERO, Antonio. Desarrollo endógeno: teorías y políticas de desarrollo territorial. *Investigaciones Regionales*: Journal of Regional Research, n. 11, p. 183-210, 2007.

[307] MARTINELLI, Dante Pinheiro; JOYAL, André. *Desenvolvimento local e o papel das pequenas e médias empresas*. Barueri: Manole, 2004.

[308] NUNES, Osmar Manoel; KARNOPP, Erika. As potencialidades endógenas do desenvolvimento regional: estudo de caso do município de Júlio de Castilhos/RS. *Desenvolvimento em Questão*, v. 13, n. 30, p. 203-229, 29 jan. 2015.

[309] DESSEIN, Joost *et al.* (org.). *Culture in, for and as sustainable development*: conclusions from the COST Action IS1007 Investigating Cultural Sustainability. Finland: University of Jyväskylä, 2015.

[310] SOUSA, Poliana Macedo de; LOPES, José Rogério. Políticas públicas de cultura: análise do Plano Estadual de Cultura do Tocantins à luz do modelo neoinstitucionalista. *Desafios*: Revista Interdisciplinar da Universidade Federal do Tocantins, v. 7, n. especial (4), p. 16-28, 30 dez. 2020.

[311] WEBER, 1994 *apud* SOUZA; STÜLP, 2008.

tradição católica, que permaneceram até meados da década de 1950 sem estar completamente industrializados. Ainda segundo o pensamento protestante, as atividades religiosas estão associadas às atividades profissionais e à organização social em comunidade, visando ao desenvolvimento[312].

Gomes[313] apresenta que, no "cristianismo, em geral, o amor é o valor fundamental". Já no protestantismo, "o cristão deve manifestar o amor pela autopreservação e cuidados pessoais; em relação ao semelhante, deve ser manifestado por meio do trabalho em benefício da comunidade".

Com a Revolução Industrial, os elementos-chave do crescimento e do desenvolvimento econômico foram o empresariado e a classe média.

> A transformação do sistema econômico e social foi forjada pelas religiões dominantes. As crenças religiosas moldaram o desenvolvimento econômico das diferentes nações, embora não tenham sido suficientes para desviar os empreendedores emergentes de seus propósitos de busca de lucro.[314]

Para Everett Hagen[315], "a ética protestante pode ser um resultado não de doutrinas religiosas, mas de um esforço de grupos subordinados para alcançar satisfação através da atividade econômica e racionalizar esta atividade em doutrina religiosa".

Contudo, esse favorecimento do desenvolvimento capitalista por meio da ética protestante não tem mais tanta importância atualmente, e a influência das crenças religiosas sobre a área econômica e suas decisões não é tão forte como foi nos séculos passados.

> Isso se explica pelo aumento dos interesses particulares, os quais ficam acima até mesmo da ética, e pelo repúdio da religião como base moral. Portanto, está faltando o equilíbrio entre base moral e busca do progresso material. De um lado, toda nação necessita do fortalecimento de um espírito coletivo (que poderíamos chamar de "alma"), o idealismo nacional, o objetivo comum; de outro, é preciso estabelecer limites para o individualismo, um freio moral, demarcando-se o que é certo e o que é errado, tendo sempre em mente o bem comum e o fortalecimento do coletivo.[316]

---

[312] SOUZA; STÜLP, 2008.
[313] GOMES, 2002 *apud* SOUZA; STÜLP, 2008, p. 89-90.
[314] SOUZA; STÜLP, 2008, p. 91-92.
[315] HAGEN, 1974, p. 38.
[316] SOUZA; STÜLP, 2008, p. 94-95.

Schumpeter[317] afirma, em sua teoria, que o crescimento econômico ocorreria quando as atividades econômicas acontecessem de forma normal, por meio de um fluxo de equilíbrio em que se produziria para obter lucros. Já o desenvolvimento, na perspectiva do mesmo teórico, só aconteceria quando os atores, nesse caso os empresários, buscassem obter lucros e satisfazer as necessidades dos consumidores, mediante as inovações tecnológicas.

No entanto, o processo de desenvolvimento econômico utilizado até então, apesar de ser o objetivo comum de todo país, não poderá ser mais eficaz, devido ao contexto no qual se vive atualmente. O cenário que se apresenta, e que se tem buscado, é o da implementação de políticas públicas direcionadas à promoção do desenvolvimento econômico, por meio do desenvolvimento regional, em que há a interação de todos os atores envolvidos no processo. Todas as pessoas são ouvidas e participam.

Desenvolvimento é pluralidade, e deve passar por integrações adaptativas para o regional, além de estar relacionado com a melhora de um determinado local, da vida dos indivíduos, e com o fortalecimento de suas liberdades. O termo "desenvolvimento" surge como uma percepção da modernidade, baseada nas concepções da lógica ocidental e sua doutrina positivista do progresso e da coesão social. E, após a Segunda Guerra Mundial, o termo é atrelado ao crescimento econômico, torna-se um parâmetro comparativo entre países, surgindo também o termo "subdesenvolvimento"[318].

Amartya Sen[319] argumenta que o desenvolvimento não pode ser analisado apenas pelo viés restritivo do crescimento do PIB e da renda. Segundo sua teoria, o desenvolvimento deve ser tratado como liberdade, o êxito de uma sociedade deve ser avaliado com base nas liberdades substantivas de que os indivíduos desfrutam. Assim, a liberdade é um fator determinante e surge da iniciativa individual e da eficácia social. A liberdade como desenvolvimento é a eliminação de privações de escolhas e a conquista de oportunidades sociais e individuais, para que as pessoas possam exercer sua condição de agente. Logo, os indivíduos são vistos como agentes ativos de mudança, e não passivos receptores de benefícios das instituições.

Na perspectiva desses autores, entende-se que o crescimento econômico é importante, porém não o único para determinar o nível de desenvolvimento de uma comunidade, o que faz com que a dimensão cultural seja pouco analisada pelos autores que trabalham questões sobre desenvolvimento.

---

[317] SCHUMPETER, 1982 apud OLIVEIRA, Marines Rute de. *Desenvolvimento econômico*: análise espacial da região oeste do Paraná. Curitiba: Appris, 2016.

[318] LOPES, 2020.

[319] SEN, 2010.

Sachs[320] expõe que a ideia de desenvolvimento[321] não deve ser reduzida às obras de infraestrutura (saneamento, estradas, habitação, entre outras), nem à capacidade de industrialização ou de modernização das cidades, mas deve englobar o protagonismo e o significado que essas comunidades conferem a essas intervenções. Assim,

> [...] para caracterizar e avaliar o desenvolvimento torna-se necessário usar uma bateria de indicadores além da taxa do crescimento do PIB. Não é legítimo falar em desenvolvimento se, concomitantemente com o crescimento econômico, ocorrem deteriorações com respeito ao emprego, à pobreza e às desigualdades sociais. Da mesma maneira um crescimento baseado na apropriação predatória dos recursos naturais e caracterizado por altos níveis de emissão poluente não se enquadra no conceito de desenvolvimento.[322]

Ainda para o autor, o conceito de desenvolvimento deve ser caracterizado como (socialmente) includente, sustentável (ambientalmente) e sustentado (economicamente). Para Sachs[323], "o potencial de desenvolvimento de um país depende, em primeira instância, da sua capacidade de se pensar; em segunda, da sua habilidade de colocar em obra o projeto; e, só em última instância, do grau de desenvolvimento do seu aparelho produtivo".

Arrighi[324] também reforça que "é necessário abandonar o postulado de que industrialização é o equivalente de desenvolvimento". Segundo o autor, há uma distribuição desigual, que contribui para a formação e reprodução de uma estrutura assimétrica entre as regiões: o núcleo orgânico-periferia[325], em que os núcleos orgânicos possuem capacidade de inovação; as regiões semiperiféricas, capacidade de apropriação da inovação; e a periferia, a incapacidade tanto de inovar ou de se apropriar da inovação.

> Muitos países em desenvolvimento, devido ao imperialismo e à cosmologia capitalista, foram levados a acreditar que o que é bom para os países desenvolvidos deve ser bom também para os países subdesenvolvidos [...]. Esse processo, que caracteriza a concepção de desenvolvimento como um modelo que é

---

[320] SACHS, 2005.

[321] Para compreender a evolução da ideia do "desenvolvimento" nos últimos 60 anos, passando depois à análise dos vários sentidos da "cultura", um termo por excelência polissêmico. *Cf.* SACHS, 2005.

[322] SACHS, 2005, p. 154.

[323] *Ibidem*, p. 159

[324] ARRIGHI, 1997, p. 209.

[325] Para uma discussão aprofundada sobre distribuição desigual, uma assimetria nas regiões entre núcleos orgânicos, semiperiféricas e periferias, *cf.* ARRIGHI, 1997.

"oferecido", senão mesmo imposto por meio de processos de mudança social (HAGEN, 1967), obscureceu a visão substancial do desenvolvimento "como um processo de expansão das liberdades reais de que as pessoas gozam" (SEN, 2000, p. 17).[326]

Seguindo essa perspectiva, são os indicadores culturais que poderão problematizar o índice de desenvolvimento regional. É pela centralidade das questões humanas e ambientais que há a possibilidade do surgimento de outros modelos de desenvolvimento. E é na criação e recriação desses novos modelos que se encontram outros caminhos e propostas para a promoção da inclusão social, da valorização de bens culturais e ambientais, além do bem-estar econômico.

> Compreender o processo hegemônico de desenvolvimento em seu caráter transformador, atualizando-se e inscrevendo-se em práticas culturais localizadas, apreendidas em suas amplitudes finitas, mas significativas. Isso envolve circunscrever os marcos da transformação do processo hegemônico de desenvolvimento, primeiro, e na sequência inscrever as práticas culturais localizadas nesse processo, na análise situacional.[327]

A cultura passa a ser percebida como matriz dinâmica dos sentimentos e percepções comunitárias, em que os atores passam a solicitar subsídios para a preservação de suas expressões culturais; e, assim, a diversidade cultural, a ser reconhecida como estratégia do desenvolvimento.

É, provavelmente, a partir da década de 1980 que há uma ruptura no que se entende por cultura e que esta passa a ser reconhecida como fator indispensável para o aprimoramento humano, a coesão social, a diminuição das desigualdades e o progresso educacional, por intermédio de iniciativas de grandes organismos internacionais, como a Organização das Nações Unidas (ONU), por meio do Programa das Nações Unidas para o Desenvolvimento (PNUD), o Banco Mundial, o Banco Internacional para Reconstrução e Desenvolvimento (BIRD), a Organização Internacional do Trabalho (OIT), entre outros.

> Todos entenderam que a cultura deveria integrar seus projetos de inclusão social em todos os países; em particular, os menos desenvolvidos, principalmente por objetivar contar com as populações locais como agentes ativos, elementos atuantes nas ações concretas em favor de seu próprio desenvolvimento.[328]

---

[326] LOPES, 2020, p. 50, tradução nossa.

[327] *Ibidem*, p. 51, tradução nossa.

[328] CARVALHO, André Luiz Piva de; NÓBREGA, Zulmira Silva. Um caminho possível: cultura como fator de desenvolvimento no alinhamento do turismo à economia da cultura. *In*: BRASILEIRO, Maria Dilma Simões; MEDINA, Júlio César Cabrera; CORIOLANO, Luiza Neide (org.). *Turismo, cultura e desenvolvimento*. Campina Grande: EdUEPB, 2012. p. 129.

Em 1999, em Paris, o Fórum "Desenvolvimento e Cultura", organizado pelo BIRD, trará novos significados a essas duas expressões. A Cultura passa a ser percebida como uma matriz dinâmica das formas de ser, estar, se relacionar e perceber o mundo. Desse modo, desenvolver não significa construir ou produzir obras de infra-estrutura das comunidades (saneamento, estradas, habitação, urbanização etc), mas significa, sobretudo, refletir sobre as reações e intervenções das pessoas atingidas por estes benefícios, observando os impactos desses projetos no desenvolvimento humano das diversas comunidades.[329]

James Wolfensohn, presidente do BIRD[330] no período de 1995 a 2005, interpretou o que seria o princípio básico do desenvolvimento por meio da cultura, em que há um respeito pelas raízes locais sem impedir as mudanças, as quais representam o desenvolvimento. Assim, Wolfensohn expôs que "temos que respeitar as raízes das pessoas em seu próprio contexto social. Temos que proteger a herança do passado. Mas também temos que estimular e promover a cultura viva em todas as suas múltiplas formas"[331].

No Brasil, nos anos de 1950-1960, os debates acerca dessa aproximação entre desenvolvimento e cultura já aconteciam, porém foram interrompidos pelo Golpe Militar de 1964. Na época,

> [...] surge uma primeira aproximação entre a concepção de cultura, políticas culturais e concepções de desenvolvimento, que seriam objeto de acaloradas discussões e importantes teorizações elaboradas com base no ISEB (Instituto Superior de Estudos Brasileiros) para a definição de um projeto de sociedade para o Brasil (ORTIZ, 1985). Tais debates enfatizaram uma concepção de cultura de identidade patrimonial, geralmente orientada para a preservação do passado, e uma concepção de criação de ativos culturais dinâmicos, organizados e politicamente orientados para a valorização da pluralidade cultural.[332]

Assim como foi apresentado no capítulo anterior, na discussão sobre a concepção da identidade nacional, no período da ditadura militar essa concepção de cultura foi baseada na "associação com a política de segu-

---

[329] LEITÃO, Claudia Sousa. Por um pensamento complexo acerca de cultura e desenvolvimento. *O Público e o Privado*, n. 9, jan./jul. 2007. p. 27.

[330] O Banco Internacional para Reconstrução e Desenvolvimento é uma instituição financeira internacional que oferece empréstimos a países em desenvolvimento de renda média. Primeira das cinco instituições que integram o Grupo Banco Mundial, sediada em Washington, D.C., Estados Unidos da América.

[331] CARVALHO; NÓBREGA, 2012, p. 133.

[332] LOPES, 2020, p. 52, tradução nossa.

rança nacional, norteada por uma lógica de desenvolvimento ordenado do país"[333]. Com isso, o Estado assumia o papel de manter a memória nacional, tornando-se o criador e sustentáculo da identidade nacional brasileira por intermédio das ações do IPHAN.

José Rogério Lopes acrescenta que o modelo nacional de desenvolvimento tecnológico foi surgindo da área de Segurança Nacional[334], e seus arranjos permaneceram hegemônicos no país, até a emergência dos movimentos e ações coletivas que expressavam a defesa da democracia.

> [...] com base nessas expressões, pluralidade e diversidade passam a compor os discursos e manifestações dos atores sociais que reivindicam suas próprias políticas culturais, atingindo o período Constituinte e o ciclo contemporâneo inaugurado pela Constituição, cuja ênfase estava pautada nos processos de reivindicação baseada no direito a ter direitos.[335]

Mais recentemente, a partir da Convenção da Diversidade das Expressões Culturais realizado em 2005 pela UNESCO[336], dez anos após a realização da Agenda 2030[337] para o Desenvolvimento Sustentável até o Encontro do G20[338], a cultura e a diversidade cultural aparecem no centro do desenvolvimento sustentável.

Entende-se que há a necessidade de incorporar a cultura como elemento estratégico das políticas de desenvolvimento, além de reconhecer a necessidade de adotar medidas para proteger a diversidade e enfatizar a

---

[333] *Ibidem*, p. 52, tradução nossa.

[334] Lopes (2020) exemplifica essa relação citando em seu trabalho a cidade de São José dos Campos, no Vale do Paraíba, estado de São Paulo, com a implantação de estatais como CTA, ITA, INPE e EMBRAER, reforçando uma concepção de polos de concentração (Perroux, 1974) em regiões metropolitanas, implantada desde a abertura do mercado nacional até a instalação de empresas multinacionais, desde o governo de Juscelino Kubitscheck.

[335] LOPES, 2020, p. 55, tradução nossa.

[336] ORGANIZAÇÃO DAS NAÇÕES UNIDAS PARA A EDUCAÇÃO, A CIÊNCIA E A CULTURA (UNESCO). *Convenção sobre a Proteção e Promoção da Diversidade das Expressões Culturais*: texto oficial ratificado pelo Brasil por meio do Decreto Legislativo 485/2006. Brasília: UNESCO Office in Brasília, 2007.

[337] A Agenda 2030 é um plano de ação para as pessoas, para o planeta e para a prosperidade. Todos os países e todas as partes interessadas, atuando em parceria colaborativa, comprometeram-se a implementar a Agenda 2030, pactuada pelo Brasil e outros 192 países que integram a ONU. Os 17 Objetivos de Desenvolvimento Sustentável e 169 metas estimulam a ação até o ano de 2030 em áreas de importância crucial para a humanidade e para o planeta.

[338] A primeira reunião de líderes do G20 ocorreu em novembro de 2008, em Washington, Estados Unidos. A presidência do G20 é rotativa entre os países-membros a cada ano. Os integrantes do G20 são Argentina, Austrália, Brasil, Canadá, China, França, Alemanha, Índia, Indonésia, Itália, Japão, México, República da Coreia, Rússia, Arábia Saudita, África do Sul, Turquia, Reino Unido, Estados Unidos e União Europeia. Ao longo do ano, representantes dos países reúnem-se para discutir questões financeiras e socioeconômicas. Juntos, os integrantes do G20 representam cerca de 80% da produção econômica mundial, dois terços da população global e três quartos do comércio internacional.

importância da cultura para a coesão social, uma vez que, na Agenda 2030, o termo "cultura" aparece em 13 eixos temáticos. O Brasil ratificou em 2007 o texto da Convenção da UNESCO sobre a Proteção e Promoção da Diversidade das Expressões Culturais, por meio do Decreto Legislativo 485/2006[339].

Na reunião do G20, o grupo dos 20 países mais ricos do mundo, que foi realizada de maneira virtual nos dias 20 e 21 de novembro de 2020 por conta da pandemia do novo coronavírus), com o tema "A ascensão da economia cultural: um novo paradigma", os ministros da Cultura e funcionários de organizações internacionais discutiram a preservação do patrimônio, o desenvolvimento sustentável e a cultura como catalisadores do crescimento econômico[340] . Assim, reconhece-se o potencial da contribuição em todo o espectro das políticas públicas para construir sociedades e economias mais sustentáveis; e que as atividades, os bens e serviços culturais possuem natureza econômica e cultural.

Resgatando o pensamento de Yúdice[341] conforme abordado no capítulo anterior, e sua visão da "cultura como recurso", em que os atrativos artístico-culturais são reconhecidos como investimento, em suas mais diferentes manifestações, e que podem ser empregados no desenvolvimento econômico de uma localidade, ao discutir cultura no desenvolvimento, os diferentes tipos de expressões culturais são empregados como instrumentos para o desenvolvimento e bens econômicos de alto valor[342].

Cláudia Leitão destaca que toda essa rede de processos que envolvem a cultura e o desenvolvimento é envolta da existência de interesses, instituições, agências e atores dos mais diversificados campos sociais.

> Essas redes, sobre as quais se constroem as relações entre Cultura e Desenvolvimento, possuem especial complexidade no Brasil, país onde a fusão do arcaico e do moderno invalidam categorias sociológicas tradicionais. É o caso da categoria "campo" de Pierre Bourdieu, a qual busca definir áreas de interesse profissional. No Brasil, os "campos" se sobrepõem, os indivíduos alternam papéis, vivem e convivem

---

[339] Promulga a Convenção sobre a Proteção e Promoção da Diversidade das Expressões Culturais, assinada em Paris, em 20 de outubro de 2005.

[340] PR NEWSWIRE. Ministério da Cultura, Arábia Saudita: líderes culturais mundiais prometem apoio de US$ 2,3 trilhões para o avanço da economia cultural. *A Tarde*, Salvador, 5 nov. 2020. *Cf.* https://atarde.uol.com.br/economia/pr-newswire/noticias/2145049-ministerio-da-cultura-arabia-saudita-lideres-culturais-mundiais--prometem-apoio-de-us-23-trilhoes-para-o-avanco-da-economia-cultural. Acesso em: 6 mar. 2021.

[341] YÚDICE, 2004.

[342] CARVALHO; NÓBREGA, 2012.

em diversas "constelações" que se territorializam e se desterritorializam, ao sabor de interesses, valores, crenças, hábitos e éticas. Ao tratarmos historicamente o desenvolvimento a partir de uma matriz econômica, subestimamos os papéis da cultura, enquanto espaço da produção de mitos, símbolos e metáforas, capaz de produzir novas categorias que, por sua vez, desempenhassem um papel estratégico para a própria ressignificação do Desenvolvimento.[343]

Portanto, os modelos econômicos devem ser renovados e estabilizados. Uma vez que a diversidade cultural constitui um componente intrínseco da nossa sociedade, as políticas públicas devem envolver as múltiplas identidades culturais das nossas comunidades e promover o reconhecimento e o respeito da diversidade cultural e seus respectivos direitos.

3.2 O local como ferramenta para o desenvolvimento regional

É no fim dos anos de 1980 e início da década de 1990 que surge uma nova visão sobre o desenvolvimento regional, diferentemente do que vinha se aplicando no Brasil na década de 1970. As dimensões sociais, econômicas e ambientais tomam frente na discussão sobre desenvolvimento e a implementação de políticas públicas. Nesse cenário, tem-se o

[...] realinhamento dos instrumentos de promoção do desenvolvimento regional, caracterizado, entre outros fatores, pela incorporação da dimensão institucional como forma de promover um maior envolvimento dos agentes regionais na elaboração de políticas públicas, e um maior aproveitamento de elementos endógenos dos territórios como pivôs de processos sustentáveis de desenvolvimento.[344]

Considerado uma resposta ao modelo fordista de produção em massa, esse novo paradigma, ou seja, esse novo modelo de desenvolvimento, pode ser definido como um desenvolvimento realizado de baixo para cima, endógeno, que parte das potencialidades socioeconômicas do próprio local, em vez de seguir o modelo de desenvolvimento imposto de cima para baixo, isto é, aquele imposto pelo poder do estado. São os atores locais que desempenham o papel central em sua definição, execução e controle [345, 346].

---

[343] LEITÃO, 2007, p. 26.

[344] GALVANESE, Carolina; FAVARETO, Arilson. Dilemas do planejamento regional e as Instituições do desenvolvimento sustentável. *Revista Brasileira de Ciências Sociais*, v. 29, n. 84, fev. 2014. p. 74.

[345] MARTINELLI; JOYAL, 2004.

[346] NUNES; KARNOPP, 2015.

Ignacy Sachs[347] reforça que "o desenvolvimento endógeno tem um papel de mobilizar a imaginação social e as forças da sociedade independente do desenvolvimento em nível nacional, sendo que é o local do ponto de partida para o desenvolvimento das sociedades". Assim, sendo o local ponto de partida para o desenvolvimento endógeno, é por ele que a comunidade poderá resolver os desafios que surgirem, com respostas produtivas e adequadas, atendendo a suas necessidades.

Segundo Vázquez Barquero, a teoria do desenvolvimento endógeno identifica um caminho para o desenvolvimento autossustentado:

> A teoria do desenvolvimento endógeno e os modelos de crescimento endógeno aceitam que existem diferentes caminhos de crescimento das economias de acordo com os recursos disponíveis e a capacidade de economia e investimento, que os rendimentos dos fatores podem estar aumentando, que o progresso tecnológico é endógeno nos processos de crescimento e existe espaço para políticas de desenvolvimento industrial e regional.[348]

Na perspectiva do desenvolvimento regional, os atores locais organizam-se formando redes, em suas formas mais avançadas, "que servem de instrumentos para conhecer e entender a dinâmica do sistema produtivo e das instituições, bem como para conjugar iniciativas e executar as ações que compõem a estratégia de desenvolvimento local"[349].

Em Natividade, essas redes estão vinculadas à Igreja, na realização dos ritos sagrados das festas religiosas, e à ASCCUNA, que reúne a comunidade e demais atores sociais (empresários, instituições não estatais e poder público) em torno da organização, promoção, divulgação e transmissão de saberes que envolvem a Festa do Divino Espírito Santo e a Romaria do Senhor do Bonfim.

Nessa relação, tem-se, de um lado, a região ou a comunidade em si, que já está organizada em torno do seu potencial de desenvolvimento e, do outro lado, o poder público, que precisa criar condições para o desenvolvimento por meio das políticas públicas, como apontado no tópico anterior.

Nunes e Karnopp acrescentam, em sua análise sobre os atores locais e as redes que se formam nesse processo de desenvolvimento endógeno, que as estruturas familiares e as tradições locais, bem como a estrutura e os valores sociais e culturais e as regras da população, favorecem a dinâmica do modelo de industrialização.

---

[347] SACHS, 1986 *apud* OLIVEIRA, 2016, p. 61.

[348] VÁZQUEZ BARQUERO, 2007, p. 186-187, tradução nossa.

[349] NUNES; KARNOPP, 2015, p. 209.

> Esta forma de estrutura contribui com os recursos humanos e financeiros, facilitando as relações trabalhistas e sociais, favorecendo as trocas de bens e serviços, formais e informais, e a difusão da informação e o conhecimento pela rede de empresas e de organizações locais, e os processos de industrialização endógena, que estão firmemente enraizados no território.[350]

É pela criação de um entorno econômico e institucional que se proporcionam às empresas locais: recursos, serviços e redes de cooperação entre os atores. O condicionamento dos processos de desenvolvimento surge em razão da utilização produtiva do potencial do desenvolvimento daquela localidade, da estrutura social e cultural, da estrutura familiar, até mesmo dos valores morais, o que influenciará facilitando ou dificultando a dinâmica do desenvolvimento local.

> Quando se aplica o conceito de desenvolvimento endógeno ao panorama regional de desenvolvimento, surge a possibilidade de identificar as possíveis razões para explicar por que certas regiões crescem segundo ritmos e estilos diferentes, sem obedecer a mudanças tecnológicas exógenas, ou a outros fatores produtivos, como a estruturação do trabalho.[351]

Vásquez Barquero[352] explica que "as iniciativas de desenvolvimento local podem ser consideradas como respostas dos atores públicos e privados aos problemas e desafios colocados pela integração dos mercados hoje". Assim como reforça Buarque[353], "o desenvolvimento local depende da capacidade de os atores e a sociedade local estruturarem-se e mobilizarem-se, com base nas suas potencialidades e na sua matriz cultural, para definir e explorar suas prioridades e especificidades".

Ignacy Sachs[354] nomeia esses atores como *stakeholders*, e afirma que o desenvolvimento com base na comunidade desencadeia um processo de negociação entre eles por meio de facilitadores, que nesse caso seriam cientistas/pesquisadores, associações, agentes econômicos públicos e privados. Assim, o poder público não é mais o provedor do desenvolvimento, mas sim o articulador. Os atores locais também não são mais sujeitos passivos, e sim sujeitos ativos no processo do desenvolvimento local.

---

[350] *Ibidem*, p. 210.

[351] MARTINELLI; JOYAL, 2004, p. 68.

[352] VÁSQUEZ BARQUERO, 2007, p. 184.

[353] BUARQUE, 2002 *apud* NUNES; KARNOPP, 2015, p. 213.

[354] SACHS, Ignacy. *Caminhos para o desenvolvimento sustentável*. 3. ed. Rio de Janeiro: Garamond, 2002.

> Assim, o Estado precisa apenas intervir no sentido de buscar conhecer as potencialidades das regiões, considerando que cada região apresenta características diferentes, buscando, inclusive, políticas para as regiões mais atrasadas, com o intuito de minimizar as diferenças regionais, procurando fazer com que ocorra o efeito multiplicador entre as regiões.[355]

Para que aconteça o desenvolvimento endógeno, faz-se necessário que haja a cooperação entre os atores sociais, com o aproveitamento dos sistemas tradicionais de gestão de recursos, organização dos processos participativos no que tange à identificação das necessidades locais, e o investimento nas potencialidades da região. Entende-se que, no caso do poder público, já não é mais possível que haja uma única estratégia de desenvolvimento, em termos de políticas públicas, para que seja aplicada em todas as regiões de um território.

A ideia de comunidade também está relacionada com o desenvolvimento local. É por ele que se reforçam as comunidades, dando dinamicidade à região pelo uso das potencialidades do lugar e da união de diversos fatores, entre eles: os atores, a cultura, os recursos e as instituições.

Para Martinelli e Joyal[356], efetivar o processo de desenvolvimento endógeno requer que o grau de educação da população seja suficiente para que as pessoas possam tomar iniciativas, assumir as responsabilidades e ainda empreender em novos negócios. Os autores expõem ainda que

> [...] a decisão do poder local e dos diferentes níveis de governo, conduzindo as suas comunidades de maneira sóbria e equilibrada, num mundo em constante mutação, é outra variável relevante, levando às mudanças necessárias, porém com a participação ativa da sociedade. Por outro lado, tem-se também a capacidade de atração de novos investimentos externos, tão necessários para complementar o desenvolvimento das potencialidades locais.[357]

Nesse processo do desenvolvimento, que é dependente de muitas variáveis, como a industrialização, o progresso tecnológico, a modernização social e as disposições sociais e econômicas, Oliveira reforça que

> [...] para que aconteça o desenvolvimento endógeno é necessário que ocorra a cooperação entre os agentes sociais, mesmo em um ambiente competitivo, que é típico do sistema eco-

---

[355] OLIVEIRA, 2016, p. 61.

[356] MARTINELLI; JOYAL, 2004.

[357] *Ibidem*, p. 54.

nômico baseado na globalização, além de investimentos no conhecimento das potencialidades locais, em pesquisa, desenvolvimento, inovação, conhecimento e capital social.[358]

Dessa cooperação entre os agentes sociais, têm-se a teoria relacional de si e as lógicas de permuta[359]. Porém, mesmo com essa cooperação entre os atores sociais, Yúdice pondera que existem dificuldades metodológicas para o desenvolvimento de indicadores para a cultura, uma vez que

> [...] o conceito é cunhado segundo indicadores econômicos, que possibilitam aos economistas a determinação da "saúde" econômica e a previsão dos tipos de intervenções que a fortalecerão. Evidentemente, existem diferentes abordagens para se precisar indicadores, dependendo de que critérios são apresentados: econômicos (quantos empregos serão produzidos), profissionais (seriam as instituições artísticas hegemônicas viáveis?), ou referentes à justiça social (os valores e preferências culturais dos residentes da comunidade serão compreendidos e honrados quando os recursos forem destinados ao apoio cultural?). [...] as instituições culturais e financiadores estão cada vez mais voltados para a medida da utilidade, pois não há outra legitimação aceita para o investimento social.[360]

Subsidiada nas ideias de George Yúdice, já apresentadas ao longo desta obra, acredito que existem sim possibilidades para a cultura ser entendida e trabalhada como ferramenta para o desenvolvimento local, a partir do momento que as políticas e as ações existam e possam ser implementadas e executadas.

Desse modo, esses autores (e esta autora) defendem que se tem buscado políticas públicas voltadas à promoção do desenvolvimento econômico, com base direcionada para o desenvolvimento regional, e com a interação de todos os agentes envolvidos no processo, ou seja: comunidade, poder público, entidades privadas, paraestatais e demais.

3.3 Cultura no/para/como desenvolvimento

Na atualidade, diversos pesquisadores têm debatido formas de integrar a cultura dentro da discussão do desenvolvimento. Para Joanildo Burity[361],

---

[358] OLIVEIRA, 2016, p. 61.

[359] BAJOIT, 2006.

[360] YÚDICE, 2004, p. 33-34.

[361] BURITY, Joanildo. Cultura e desenvolvimento. *In*: NUSSBAUMER, Gisele Marchiori (org.). *Teorias e políticas da cultura*: visões multidisciplinares. Salvador: EdUFBA, 2007. p. 53.

> [...] cultura sempre remete a um lugar (quer seja o local por oposição ao estranho, ao externo, quer seja o lugar como o lugar da comunidade), ou o dessa valorização da cultura para cumprir um papel no processo de desenvolvimento.

E, nesse processo de entender a cultura e o desenvolvimento, há que se descobrir um lugar para a cultura que não seja apenas como estratégias de desenvolvimento econômico, reflexo de uma lógica que já se espalhou por diversas partes do mundo: a da hegemonia assumida pelo discurso neoliberal em que a mola propulsora do desenvolvimento de um lugar se dá apenas por meio da economia.

Nessa esteira, Burity[362] explica que só se descobre o peso da cultura na economia quando são identificados projetos e atividades culturais que possam ser incorporados como "peças no tabuleiro" das estratégias de desenvolvimento econômico, a exemplo da indústria do turismo, que passa a procurar lugares, comunidades, eventos e pessoas que possam atrair mais turistas para o local. Para o autor,

> [...] há um vínculo entre cultura e desenvolvimento, que recomenda uma série de estratégias diferenciadas e sempre caso a caso de elaboração e implementação de projetos de desenvolvimento sem cair na mera legitimação de processos hegemônicos mais amplos nos quais esse reconhecimento do vínculo entre cultura e desenvolvimento é um reconhecimento instrumental que está a serviço de uma outra ótica, ou de uma outra lógica.[363]

Com base nisso, e trazendo o debate para o desenvolvimento sustentável, têm-se os estudos da COST Action IS1007 Investigating Cultural Sustainability[364], uma rede de pesquisa europeia focada em uma perspectiva multidisciplinar no relacionamento entre cultura e desenvolvimento sustentável, considerando que, se a cultura não for explicitada, debatida e discutida explicitamente dentro do campo da sustentabilidade, ela não tem poder na tomada de decisão.

Cultura e desenvolvimento são conceitos amplos que cobrem diferentes esferas da vida; assim, entender e tentar definir os papéis da cultura no desenvolvimento permite que se abram questionamentos sobre o que seria essa relação, como ela está conexa a vários tipos de desenvolvimento e como ela vive com diversas interpretações de sustentabilidade.

---

[362] BURITY, 2009.

[363] BURITY, 2009, p. 62.

[364] Os resultados do trabalho e a publicação do documento *Culture in, for and as sustainable development: conclusions from the COST Action IS1007 Investigating Cultural Sustainability* foram compartilhados e discutidos em uma conferência, a *Culture(s) in Sustainable Futures: theories, policies, practices*, realizada em Helsinque, de 6 a 8 de maio de 2015.

Dentro dessa perspectiva, os estudos da COST Action IS1007 Investigating Cultural Sustainability revelam os três papéis da cultura atuando com os demais pilares do desenvolvimento: ecológico, social e econômico. A cultura **no** desenvolvimento sustentável é considerada como apoio. Nesse caso, a cultura é adicionada como um quarto pilar, com um papel de dimensão independente e autônoma ao lado dos outros. Já a cultura **para** o desenvolvimento tem o papel de mediar e conectar os três pilares, atuando como motor dos processos de sustentabilidade. A cultura **como** base para o desenvolvimento sustentável assume sua forma evolutiva, holística e papel transformador, fornecendo um novo paradigma para a questão do desenvolvimento sustentável[365].

Dessein et al.[366] demonstram, nos diagramas a seguir, a relação dessas três funções definidas para a sustentabilidade da cultura, do desenvolvimento e entre si.

> Eles não são mutuamente exclusivos, mas representam maneiras diferentes de pensar e organizar valores, significados e normas estrategicamente e ecleticamente em relação às discussões sobre desenvolvimento sustentável.

Figura 15 – Cultura *no* desenvolvimento sustentável (A); Cultura *para* o desenvolvimento sustentável (B); e Cultura *como* desenvolvimento sustentável (C)

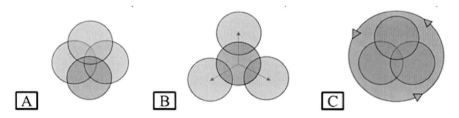

Fonte: adaptada de Dessein *et al.* (2015)

Na Figura 15, o diagrama A representa a cultura **no** desenvolvimento sustentável e é considerada uma dimensão separada e independente das outras dimensões do desenvolvimento (como um quarto pilar). Logo, essa percepção tem como foco a proteção dos ativos culturais, reduzindo a cultura aos setores artísticos e culturais. Essa visão desconecta a cultura de outros temas sociais e planetários.

---

[365] DESSEIN *et al.*, 2015.
[366] *Ibidem*, p. 20, tradução nossa.

Já no diagrama B, a cultura **para** o desenvolvimento sustentável é considerada mediadora e facilitadora e tem como tarefa precípua: traduzir conflitos e demandas entre os diversos grupos sociais, seus valores e formas de viver, com base nessa percepção de desenvolvimento dos povos e nações, agregando aos grupos um significado social e humano.

E, no diagrama C, a cultura **como** desenvolvimento sustentável é considerada, segundo os autores, a princípio, criadora das condições de sustentabilidade para o desenvolvimento no planeta. Muito mais processo do que produto, a cultura é aprendizagem, matriz de transformação e fundamento para a construção de novas epistemologias, outros modos de pensar, de ser e de agir no mundo.

Comparando os diagramas, percebe-se que a complexidade do modelo aumenta conforme cada análise. No primeiro diagrama (quarto pilar), há uma ênfase ecológica; e, seguindo do segundo até o terceiro diagrama, e graças ao poder integrador da cultura, percebe-se a relação de aspectos culturais, sociais e ecológicos, e, em sua dinâmica geral, uma maior abertura e diversidade. Nesse contexto, as políticas públicas de cultura devem comprometer-se cada vez mais com a governança territorial, capaz de fazer dos indivíduos os protagonistas do seu próprio desenvolvimento.

Como exposto, dependendo das circunstâncias e objetivos, considerando as três maneiras de usar a cultura de forma sustentável, o desenvolvimento será relevante em contextos particulares, sejam eles teóricos, sejam políticos ou práticos. As três funções não devem necessariamente ser vistas na sequência apresentada pelos autores. Como elas ainda não formam necessariamente um caminho evolutivo, no entanto, dentro das três funções no quadro apresentado, pode-se observar tendências, trajetórias e dinâmicas gradientes[367]. Assim, essa estrutura pode funcionar como uma primeira tentativa sistemática de analisar o papel da cultura no desenvolvimento sustentável.

Quando se fala em desenvolvimento, não se trata aqui de uma lógica geral, mas sim de modelos estabelecidos ao longo dos anos. E, trazendo a discussão para o objeto desta pesquisa, é preciso em primeiro lugar compreender o modelo nessa relação cultura e desenvolvimento, e se esse modelo abrange todo o território tocantinense de maneira geral ou se ele está concentrado em localizações específicas, uma vez que isso diz respeito à maneira como se pode pensar o tipo de turismo que se desenvolve ou que pode se desenvolver em Natividade.

---

[367] *Ibidem.*

Para Margarita Barreto[368], os que detêm poder de decisão nas esferas governamentais, em sua maioria, acreditam que o turismo são viagens, propaganda e pacotes turísticos. "O turismo não tem um tronco principal para se virar e se expandir. É um entrelaçamento em que circulam múltiplos atores, que se relacionam em diversos graus de dependência".

Logo, surgem questionamentos como: qual modelo de desenvolvimento está em processo na região onde Natividade está inserida? E qual é o modelo e de que maneira esse modelo estabelece então as lógicas processuais que foram abordadas no capítulo anterior?

3.4 Cultura e desenvolvimento: as políticas para a cultura no estado do Tocantins

A análise da relação entre desenvolvimento e cultura não pode ser mecanicista nem unilateral, ou seja, as correspondências não são diretas. O modelo de desenvolvimento industrial estabelece canais e mecanismos de influência e mediação.

Como exposto anteriormente, sabemos que o desenvolvimento não pode ser analisado apenas pelo viés do crescimento do PIB e da renda, o qual é restritivo, muito menos ser comparado com a modernização dos grandes centros, uma vez que é urgente focar as questões do desenvolvimento conforme a centralidade das questões humanas e ambientais. Logo, será por meio dessas questões que outros modelos de desenvolvimento poderão surgir, com destaque para a cultura e o local.

A própria ideia de desenvolvimento parte desse pressuposto, porque ela se coloca sobre os lugares e se coloca sobre as comunidades. Logo, esses canais, os mecanismos e essas influências tendem a ser influências recíprocas, o que se pode reconhecer na realização das festas religiosas, seja em forma de índices, seja de sinais ou vestígios dessas atuações, de forma material ou de forma simbólica.

> Assim, cada localidade expressava contextualmente um sistema de valores, condutas e simbologias próprias e apropriadas aos limites (entendidos como fronteiras) das relações configuradas na convivência comunitária. Situada numa

---

[368] BARRETTO, Margarita. *Turismo y cultura*: relaciones, contradiciones y expectativas. El Sauzal (Tenerife, España): ACA; PASOS; RTPC, 2007. p. 11 (tradução nossa).

perspectiva localista, a cultura geralmente não é percebida como tal pelos dos lugares, devido aos valores em jogo na própria convivência em que os sujeitos estão imersos.[369]

A mídia também exerce influência nessa relação da cultura e o desenvolvimento, a partir do momento que define como pauta o assunto que será apresentado sob seus critérios de noticiabilidade[370]. E, dentro dessa influência do que é cultura e como ela atua no desenvolvimento de uma região, o *Jornal do Tocantins*, periódico impresso tocantinense que iniciou suas publicações em 18 de maio de 1975 e com sua última edição impressa até 2018, realizou o papel de "baú de memórias" das festas religiosas de Natividade, principalmente a Festa do Divino e a Romaria do Senhor do Bonfim. Em algumas edições, refletindo e cobrando estrutura nas localidades, em outras destacando a importância das festividades para a promoção e preservação da cultura local. Atualmente o jornal segue o formato on-line.

José Rogério Lopes explica que, com o crescente desenvolvimento da tecnologia de informação, as manifestações culturais tradicionais e populares de uma região transformaram-se em espetáculos e performances. Assim,

> [...] entram em cena, então, os meios de comunicação, como *espaço* de produção e difusão da cultura de massa, cultura esta que delimitou os parâmetros da modernidade projetada a partir da industrialização e enquadrou, classificou e hierarquizou as manifestações e produtos culturais existentes na região, em comparação com as manifestações e produtos que passaram a ser acessados pela mesma.[371]

Em 2016, o *Jornal do Tocantins* passa por adequações com a limitação de páginas, reformulação do formato e reestruturação do periódico. As festas de Natividade foram perdendo espaço na cobertura geral, e a editoria de Cultura e Arte sobreviveu com apenas uma página.

> [...] vivendo sob a égide da mundialização da cultura, que afeta a região, passamos a reconhecer as manifestações culturais por rótulos e embalagens, novos processos de identificação,

---

[369] LOPES, José Rogério. Industrialização e mudanças culturais no Vale do Paraíba, SP. *In*: CHAMON, Edna Maria Querido de Oliveira; SOUSA, Cidoval Morais de. *Estudos interdisciplinares em ciências sociais*. Taubaté: Cabral Editora; Livraria Universitária, 2005. p. 193-218. p. 202.

[370] A seleção e hierarquização de acontecimentos suscetíveis a se tornarem notícia segue fazendo parte do rol das principais funções dos jornalistas. Os valores-notícia e os critérios de noticiabilidade funcionam conjuntamente em todo o processo de produção e difusão das notícias, além da hierarquização do produto. Para mais detalhamento sobre o assunto, ver: SOUSA, Jorge Pedro. *Elementos de jornalismo impresso*. [*S. l.*]: Letras Contemporâneas, 2005.

[371] LOPES, 2005, p. 212.

em detrimento dos traços característicos das tradições locais. As atividades culturais tornam-se datadas e fragmentadas em calendários institucionais, ajustando-se aos horários do homem contemporâneo.[372]

Carvalho e Nóbrega[373] explicam que os efeitos do enfrentamento do sistema para a difusão e sobrevivência das produções culturais locais ficam de lado nessa nova era da informação. "Quem deixa de ver uma telenovela da Globo para assistir a uma produção musical ou teatral local se tais produtos não forem famosos, fazerem parte dos circuitos das indústrias culturais?"

Assim, e após a análise sobre a cultura alinhada ao desenvolvimento e trazendo a questão para o objeto dessa obra, questiona-se: o modelo de desenvolvimento em Natividade, ele é ofertado ou imposto? Entende-se que "os modelos de industrialização vividos pela sociedade ocidental possibilitam compreender que as mudanças impostas pelos mesmos são processuais, como também o foi, e é, o próprio desenvolvimento industrial de nossa sociedade"[374].

Logo, esse tipo de influência chega a um lugar, mesmo que a materialidade daquilo que a mídia divulga não tenha chegado. Se a mídia divulga as festas religiosas de Natividade como potenciais destinos de turismo religioso, por exemplo, as pessoas do lugar passam a se ver dentro dessa realidade e investem naquela área. Ou seja, a simbologia do que é um destino de turismo religioso poderia mudar os hábitos e os costumes das pessoas, mudando até mesmo as características hegemônicas da cultura.

Para George Yúdice citando fala de James D. Wolfensohn (Banco Mundial, 1999), presidente do Banco Mundial, explica que

> [...] existem dimensões de desenvolvimento da cultura. A cultura material e expressiva é um recurso subvalorizado nos países em desenvolvimento. Ela pode gerir renda através do turismo, do artesanato, e outros empreendimentos culturais. [...] O patrimônio gera valor. Parte de nosso desafio mútuo é analisar os retornos locais e nacionais dos investimentos que restauram e extraem valor do patrimônio cultural – não importando se a expressão é construída ou natural, tais como a música indígena, o teatro, as artes.[375]

---

[372] *Ibidem*, p. 217.
[373] CARVALHO; NÓBREGA, 2012, p. 139.
[374] LOPES, 2005, p. 193.
[375] YÚDICE, 2004, p. 31.

Quando se caracteriza a cultura como instrumento para o desenvolvimento, os indivíduos daquela comunidade passam a reconhecer que algumas características são comuns àquela cultura e eles passam também a entender que certos aspectos são tradicionais, passam a ver com a comunidade e como é a comunidade.

Os hábitos e os modos de vida vão se alterando, o efeito dessas influências (comunicação, principalmente) traz outras mudanças, como a internet, a telefonia celular, e mais mudanças acabam se tornando residuais. Assim, atividades e manifestações que, por força dessas influências externas, fazem com que as pessoas do local passem a desvalorizar a sua cultura, vão se tornando residuais, sendo deixadas de lado. Porém, aquilo que esses atores ainda consideram mais importante da sua cultura eles mantém, e isso, *grosso modo*, vem se tornar a tradição local.

Com isso, há uma carga de valor; os indivíduos costumam conflitar com essas influências externas, mas logo as mudanças são impostas, criam tensões crescentes, considerando ainda que a maior parte dessas mudanças que são impostas são mudanças também tecnológicas. Hagen[376] explica que, "de tempos em tempos, em consequência disto, novas técnicas serão descobertas. Algumas talvez não sejam adotadas porque sua adoção implicaria alterações conflitantes com atitudes e valores vigentes, mas outras o serão".

Porém, quando não há mudança? Ou quando se estruturam as políticas para o desenvolvimento com base na cultura e não são executadas?

Independentemente da pandemia, e não é objetivo desta obra se aprofundar nesse debate, no Tocantins, de acordo com a Lei 3.252, de 31 de julho de 2017, publicada no *Diário Oficial* 4.922, que trata sobre o Sistema de Cultura do Tocantins (SC/TO), o estado reforça seu papel de consolidar a cultura como importante vetor do desenvolvimento sustentável, e mais:

> Art. 4º. A cultura é um importante vetor de desenvolvimento humano, social e econômico, devendo ser tratada como uma área estratégica para o desenvolvimento sustentável e para a promoção da paz no Estado do Tocantins.
> Art. 5º. É responsabilidade do estado do Tocantins, com a participação da sociedade, planejar e fomentar políticas públicas relativas à área de cultura, destinadas a assegurar a preservação e promover a valorização do patrimônio cultural material e imaterial tocantinense e estabelecer condições para o desenvolvimento da economia da cultura e fruição

---

[376] HAGEN, 1974, p. 29.

da arte e das linguagens artísticas em geral, considerando, em primeiro plano, o interesse público e o respeito à diversidade cultural.[377]

Em que pesem tais diretrizes de implementação de órgãos e dispositivos institucionais, até o momento não existe uma Secretaria de Cultura na estrutura de governo do estado do Tocantins. As ações da área estão vinculadas à Agência de Desenvolvimento do Turismo, Cultura e Economia Criativa, na Superintendência de Desenvolvimento da Cultura, com duas gerências, sendo: a Gerência de Acervos e Patrimônio Histórico, Artístico e Cultural; e a Gerência de Fomento e Promoção da Cultura.

Das ações voltadas para políticas públicas de cultura, tem-se o Calendário Cultural do Tocantins, que é atualizado a cada ano e disponibilizado para download em formato PDF. Esse calendário foi criado pela Lei 1.525/2004 e regulamentado pelo Decreto 4.357, de 25 de julho de 2011, e é um instrumento de divulgação das manifestações culturais e tradicionais do estado. O calendário foi subdividido em duas estruturas básicas: Calendário de Eventos Tradicionais e Agenda Cultural.

Em 2018, um ano após a aprovação da lei que rege o Sistema de Cultura do estado do Tocantins, nenhum edital foi proposto para financiamento de projetos, como recomendado no próprio Plano Estadual de Cultura (PEC/TO). Até então, o cenário permanece, e os únicos editais públicos lançados após a implementação do PEC/TO são para participação de artesãos em eventos.

Percebe-se que existe certa complexidade em avaliar uma política pública no campo da cultura, pois não existe uma relação direta de causa e efeito entre os interesses e propósitos que fundam o planejamento dessa política e sua efetivação[378].

Ellen Immergut[379] expõe que as "decisões políticas surgem de combinações altamente complexas de fatores que incluem tanto características sistemáticas de regimes políticos como 'acidentes da luta pelo poder'". Porém, as ações públicas têm que evidenciar minimamente coerência entre o que se afirma buscar e as ações postas em prática, e essa correlação está ausente no Tocantins, considerando as informações disponibilizadas pelo próprio poder público.

---

[377] TOCANTINS. *Lei 3252 de 31 de julho de 2017*. 2017a.

[378] SOUSA; LOPES, 2020.

[379] IMMERGUT, Ellen Margaretha. O núcleo teórico do novo institucionalismo. *In*: HEIDEMANN, Francisco Gabriel; SALM, José Francisco (org.). *Políticas públicas e desenvolvimento*: bases epistemológicas e modelos de análise. Brasília: Editora da UnB, 2009. p. 184.

Analisando tal correlação, Hall e Taylor[380] explicam que as instituições são estruturadas como outras já existentes, uma vez que

> [...] os processos pelos quais os atores que criam novas [*sic*] instituições tomam de "empréstimo" elementos dos modelos de instituição existentes. Essa abordagem dá útil relevo ao fato de que o mundo institucional existente circunscreve a gama de criações possíveis.

Portanto, o desafio que se apresenta, no estado, é transformar esse complexo de ações em políticas que possam estabelecer alguma garantia de continuidade nas próximas décadas.

Como a maior parte das metas do PEC/TO finda em 2025, não há mudanças significativas para o cenário das políticas públicas de cultura no Tocantins, principalmente após a aprovação do Sistema de Cultura. Um fator para não haver mudanças seria a falta de estrutura e empenho do governo do estado em seguir o Sistema Nacional de Cultura (SNC) implantado em 2011, aprovando o sistema estadual tardiamente, em 2017, e que ainda não foi devidamente implantado no Tocantins. As datas estabelecidas no PEC/TO estão defasadas com relação à aprovação da lei em si.

Embora o atual cenário político de recessão, pandemia e cortes nas mais diversas pastas do governo federal produza efeitos de contingenciamento também nas ações públicas dos estados, pode-se afirmar que, por terem sido aprovadas tão tardiamente em âmbito estadual, as políticas públicas de cultura no Tocantins encontram-se no "papel". E, considerando os prazos de implantação do PEC/TO, estabelecidos até 2025, pode-se questionar se haverá tempo de recuperar o planejamento das ações da área, após anos de inércia. Essa postura de postergação das ações acaba dificultando a elaboração de políticas culturais, pois a ausência de estruturas, dispositivos institucionais e recursos afeta a gestão das políticas e fragiliza o setor da cultura no estado do Tocantins[381].

Em suas discussões, Lia Calabre[382] ressalta que a função da elaboração de políticas públicas na área de cultura deve ser a de garantir plenas condições de desenvolvimento desta, uma vez que o estado não

---

[380] HALL, Peter A.; TAYLOR, Rosemary C. R. As três versões do neo-institucionalismo. *Lua Nova*, São Paulo, n. 58, p. 193-223, 2003. p. 217.

[381] RODRIGUES, Sandra Regina. *Políticas de cultura no Tocantins*: uma análise dos editais de premiação de 2011 e 2013. 2016. Dissertação (Mestrado em Desenvolvimento Regional) – Universidade Federal do Tocantins, Palmas, 2016.

[382] CALABRE, Lia. Políticas culturais no Brasil: balanço e perspectivas. *In*: RUBIM, Antonio Albino Canelas; BARBALHO, Alexandre. *Políticas culturais no Brasil*. Salvador: EdUFBA, 2007. (Coleção Cult).

deve ser um produtor de cultura, mas pode e deve ter a função de democratizar as áreas de produção, distribuição e consumo, pois cultura é fator de desenvolvimento.

Seguindo essa concepção, e analisando o percurso das políticas públicas de cultura no Tocantins até então, percebe-se que não se investiu em uma política de cultura de fato, mas em ações isoladas. E atualmente, por mais que se tenha aprovado o Sistema de Cultura do Tocantins, e, com ele, o Plano Estadual de Cultura, se todas as metas e ações ficarem apenas no papel, não alcançarão a efetividade apropriada para se configurarem como uma política pública de cultura, nem sequer a legitimidade necessária para garantirem continuidade, diante da alternância de governos e seus gestores.

Por fim, considerando essa reflexão sobre a relação convergente ou conflitante que contêm as diversas perspectivas culturais que conformam a sociedade brasileira e no Tocantins, com relação aos padrões de desenvolvimento dominantes, a questão principal para o momento é adaptar-se à transformação digital, o que é uma tendência preexistente que se acelerou devido à pandemia da covid-19, constitui uma prioridade fundamental para as políticas culturais e das formas de entender a cultura e o desenvolvimento.

4

TURISMO E DESENVOLVIMENTO LOCAL

Entende-se que desenvolvimento regional é um conceito que se opera segundo as análises de fatores sociais e econômicos de uma região, incluindo diversos fatores que, conforme forem empregados, podem reduzir ou acelerar as desigualdades. Assim, como se compreende também que o desenvolvimento regional não ocorre em toda parte ao mesmo tempo e de forma homogênea, e que o setor público tem o papel-chave de promover e estimular as novas formas de trabalho e produção.

Neste capítulo será abordada a relação do turismo com o desenvolvimento local, sendo este um fenômeno social da globalização[383] e que pode ser um instrumento para o desenvolvimento[384]. É por meio do desenvolvimento local e com a atuação dos atores sociais que haverá o estímulo ao crescimento econômico, com a criação de empregos e a melhora na qualidade de vida de uma comunidade. O desenvolvimento endógeno, como abordado no capítulo anterior, deve ser entendido como um processo em que se priorizam as potencialidades locais, "seja os de recursos humanos, os institucionais, os físicos e os de empreendedorismo, para procurar atingir as metas desejadas e estabelecidas no âmbito do planejamento estratégico da região"[385].

Dividido em quatro subcapítulos, pretende-se neste capítulo apresentar, no primeiro tópico, o percurso histórico da área do turismo[386], além das iniciativas pioneiras no mundo e no Brasil[387, 388, 389], seus segmentos[390] e sua

---

[383] ABUMANSSUR, 2018.

[384] SAARINEN, Jarkko. Editorial: Tourism and development. *Fennia*: International Journal of Geography, v. 194, n. 1, p. 1-2(2), 2016.

[385] MARTINELLI; JOYAL, 2004, p. 68.

[386] SOUSA COLANTUONO, Aline Correia de. O processo histórico da atividade turística mundial e nacional. *Cadernos da FUCAMP*, v. 14, n. 21, p. 30-41, 2015.

[387] NAKASHIMA, Sérgio Kaoru; CALVENTE, Maria del Carmen Matilde Huertas. A história do turismo: epítome das mudanças. *Turismo & Sociedade*, Curitiba, v. 9, n. 2, p. 1-20, maio/ago. 2016.

[388] CONFEDERAÇÃO NACIONAL DO COMÉRCIO (CNC). *Breve história do turismo e da hotelaria*. Rio de Janeiro: Confederação Nacional do Comércio/Conselho de Turismo, 2005.

[389] SANTOS, Marivan Tavares. *Fundamentos de turismo e hospitalidade*. Manaus: Centro de Educação Tecnológica do Amazonas, 2010.

[390] BRASIL. Ministério do Turismo. *Segmentação do turismo*: marcos conceituais. Brasília: Ministério do Turismo, 2006b.

importância no efeito direto e indireto na economia de uma localidade[391]. No segundo tópico, adentra-se o segmento do turismo religioso, partindo das origens das peregrinações/romarias[392, 393, 394], a sua relação com o turismo cultural[395, 396], as categorizações que incidem sobre o terreno do turismo religioso[397] e o turismo religioso no Brasil[398]. No terceiro tópico, explica-se o processo histórico e de desenvolvimento no estado do Tocantins[399, 400], principalmente pelo seu desmembramento do estado de Goiás, para, entre outros motivos, mostrar-se com características sociais, culturais e econômicas díspares[401], para então poder apresentar as políticas e potencialidades da região estudada[402] com relação ao turismo de forma geral e o turismo religioso. O quarto tópico, finalmente, aborda aspectos da região das Serras Gerais no Tocantins, além de apresentar os programas, políticas públicas e projetos desenvolvidos no âmbito do governo estadual e governo federal, por meio da ADETUC; como estão divididas as regiões turísticas do estado, a categorização das cidades da região estudada, a atuação de órgãos como o SEBRAE, a UFT e associações locais, além de apresentar como está a área do turismo no município de Natividade.

4.1 Turismo: origem, conceitos e categorias

Em escala global, o turismo é um fenômeno amplo e crescente com uma gama de impactos socioculturais, econômicos, ecológicos e políticos. O turismo é frequentemente utilizado como instrumento para o desenvolvimento econômico. "Embora tenha uma infinidade de elementos e dimensões, o turismo como atividade é frequentemente visto – às vezes apenas – através de uma lente econômica"[403].

---

[391] BARBOSA, Fábia Fonseca. O turismo como um fator de desenvolvimento local e/ou regional. *Caminhos da Geografia (UFU)*, v. 6 n. 14, p. 107-114, fev. 2005.

[392] SANCHIS, Pierre. Peregrinação e romaria: um lugar para o turismo religioso. *Ciencias Sociales y Religión* [Ciências Sociais e Religião], Campinas, v. 8, n. 8, p. 85-97, 2006.

[393] LEANDRO; LEANDRO; NOGUEIRA, 2019.

[394] MÓNICO; MACHADO; ALFERES, 2018.

[395] RINSCHEDE, Gisbert. Forms of religious tourism. *Annals of Tourism Research*, v. 19, p. 51-67, 1992.

[396] BRIZOLLA, Tânia (org.). *Segmentação do turismo*: marcos conceituais. Brasília: Ministério do Turismo, 2006.

[397] DIAS; SILVEIRA, 2003.

[398] ABUMANSSUR, 2018.

[399] OLIVEIRA, Nilton Marques de. *Desenvolvimento regional e territorial do Tocantins*. Palmas: Universidade Federal do Tocantins; EdUFT, 2019.

[400] PARENTE, 2003.

[401] CAVALCANTE, 2003.

[402] PAIVA, Carlos Águedo Nagel. *Como identificar e mobilizar o potencial de desenvolvimento endógeno de uma região?* Porto Alegre: FEE, 2004. (Documentos FEE; 59).

[403] SAARINEN, 2016, p. 1.

> De fato, a ênfase econômica é uma perspectiva relevante sobre o turismo como indústria em ambientes regionais. Mesmo nesse contexto, no entanto, o nexo de desenvolvimento do turismo (regional) não é necessariamente visto como direto; em vez disso, é considerado como envolvendo um conjunto complexo de interligações e não interligações, inclusões e exclusões, continuações e quebras. Assim, mesmo de uma perspectiva econômica, o turismo nem sempre é "apenas uma economia", mas também uma forma de governar localidades com implicações nos meios de subsistência locais, modos de vida, redes sócio-políticas, cultura, biopolítica, acesso a recursos e meio ambiente, e assim por diante.[404]

Sabe-se que turismo é um fenômeno social do século XX e parte dos processos modernos da globalização. Para Abumanssur[405], a democratização das viagens resultou em uma grande oferta de produtos turísticos envolvendo muitos indivíduos.

> O turismo de massa não significa apenas a quantidade de gente envolvida em viagens. O volume de pessoas em trânsito impõe aos agentes turísticos a necessidade de dar a esse contingente um tratamento padrão, nivelado, homogeneizado e indiferenciado.

Dias e Silveira[406] expõem que a atividade turística envolve o movimento de pessoas, que se deslocam de um local para outro, e esse deslocamento bem como a permanência das pessoas que estão longe do seu local de origem ou local de moradia ocasionam alterações econômicas, políticas, culturais, sociais e ambientais.

O turismo tem o objetivo de prestar uma série de serviços a pessoas que intencionam aproveitar o tempo livre para viajar, que são chamadas de turistas ou excursionistas, que fazem dele uma necessidade essencial para a qualidade de vida[407].

Para a Organização Mundial de Turismo (OMT),

> [...] o turismo compreende as atividades que realizam as pessoas durante suas viagens e estadas em lugares diferentes ao seu entorno habitual, por um período consecutivo inferior a um ano, com finalidade de lazer, negócios ou outras.[408]

---

[404] *Ibidem*, p. 1.

[405] ABUMANSSUR, 2018, p. 94.

[406] DIAS; SILVEIRA, 2003.

[407] SANTOS, 2010.

[408] ORGANIZAÇÃO MUNDIAL DE TURISMO (OMT). *Introdução ao turismo*. Tradução de Dolores Martins Rodriguez Córner. São Paulo: Roca, 2001.

Para tanto, é necessário entender a origem dessa atividade no mundo e no Brasil, para que se possa adentrar a dinâmica do turismo enquanto fator de desenvolvimento e posteriormente o turismo religioso.

Ao se entender a etimologia da palavra "turismo", tem-se que deriva do termo inglês *"tourism"*, que, por sua vez, tem origem na palavra francesa *"tourisme"*.

> O termo provém do substantivo latino *tornus* (volta) ou do verbo *tornare* (voltar). Inicialmente, significava "movimento circular" e, com o tempo, passou a ser entendido como viagem de recreio, excursão.[409]

É difícil definir com precisão o início das atividades do turismo no mundo como um todo. Alguns pesquisadores acreditam que havia um turismo rudimentar praticado por povos primitivos ainda na pré-história.

> Existem ainda, registros arqueológicos na Caverna de Madasin, nos Pirineus, identificaram que seus habitantes, há 13.000 anos, viajavam até o mar e retornavam. [...] Alguns estudiosos atribuem ainda um dos marcos iniciais do turismo na Antiguidade à viagem da rainha de Sabá, que no século X a.C. deixou seu palácio a sudoeste da Arábia para fazer uma visita ao Rei Salomão, em Jerusalém. Mas foi na Grécia Antiga que o Turismo começou a tomar forma como atividade econômica. Por volta do século VII a.C., os eventos desportivos realizados a cada quatro anos na cidade-estado de Olímpia atraíam não apenas atletas como também espectadores.[410]

Outra questão abordada pelos autores é que a expansão do Império Romano, além de estimular o intercâmbio comercial, favoreceu também viagens de entretenimento, devido a espetáculos circenses, teatros, lugares termais e locais de lutas com os gladiadores que se oferecia em Roma. "É importante ressaltar que o desenvolvimento das obras viárias (estradas, pontes, viadutos e outras) pelos romanos permitiu deslocamentos cada vez mais longos pelos viajantes europeus"[411].

Destacam-se ainda, dentro desses marcos históricos do início do turismo enquanto atividade,

> [...] as peregrinações religiosas realizadas pelos romeiros à Roma a partir do século VI; pelos mulçumanos com destino à Jerusalém e à cidade de Meca no século VII e pelos cristãos

---

[409] SOUSA COLANTUONO, 2015, p. 32.

[410] CNC, 2005, p. 7.

[411] SOUSA COLANTUONO, 2015, p. 33.

em direção à tumba de Santiago de Compostela, descoberta no século IX, na Espanha; todas elas levaram às primeiras formas de excursões registradas; as Cruzadas, ocorridas entre os séculos XI e XIV, que, pelo lado religioso, visavam à expulsão dos mulçumanos de Jerusalém e, pelo lado econômico, objetivavam não só a expansão de terras e riquezas pelos cavaleiros e senhores feudais, bem como a ampliação dos mercados pelos comerciantes; o Renascentismo que floresceu na Europa entre os séculos XIV e XVI, a fim de promover uma intensa produção artística e científica, o que estimulou a nobreza masculina e o clero a realizarem viagens educativas e culturais para acumularem conhecimentos, aprenderem idiomas e curtirem aventuras; a expansão comercial europeia e a disseminação do uso da bússola, entre os séculos XVI e XIX, que promoveram, por um lado, as viagens de negócios e, por outro lado, o Grand Tour, ou seja, uma modalidade de viagem que combinava lazer e instrução, difundindo-se entre a elite britânica e, posteriormente, entre a elite europeia.[412]

Considerado o pai do turismo moderno por alguns autores, Thomas Cook organizou a primeira viagem coletiva da história do turismo internacional, em 1841, ao andar 15 milhas e transportar 578 pessoas, de Loughborough a Leicester, na Inglaterra, para participarem de um congresso contra o alcoolismo. Em 1845, ele fundou, em parceria com o seu filho James, a agência Thomas Cook & Son e escreveu um livro profissional sobre viagens para o uso dos turistas, titulado *Handbook of the trip*. Thomas Cook introduziu o conceito de viagem organizada[413, 414]. Outros autores consideram como pioneiro Bernardo de Abreu, fundador da Agência Abreu em Portugal, em 1840, em que comercializava passagens de trem e de navio, até mesmo para a América do Sul. Nessa mesma época em que surgia a Agência de Viagens Thomas Cook & Son, surgiu também nos Estados Unidos a American Express Company, fundada por Henry Wells[415].

No Brasil, considera-se que o desenvolvimento do turismo foi motivado pela abertura dos portos às nações amigas em 1808, com a chegada da família real ao país. A falta de hospedagem e restaurantes na então colônia não era um grande problema, "apesar de pouquíssimos e de suas precárias

---

[412] *Ibidem*, p. 33-34.

[413] CNC, 2005.

[414] SANTOS, 2010.

[415] NAKASHIMA; CALVENTE, 2016.

condições, os albergues existentes atendiam aos eventuais visitantes de outras capitanias que não tinham prestígio, recomendações ou amigos na cidade"[416]. Porém, com o aumento da entrada de visitantes no Brasil,

> [...] novas hospedarias foram construídas, restaurantes se tornaram mais apresentáveis, novas rotas de trem foram estabelecidas e novos costumes foram assimilados, entre eles, banhar-se em águas termais ou salgadas e recorrer-se aos locais de veraneio, a fim de se evitar a proliferação de doenças.[417]

Assim, o período colonial brasileiro é marcado pela necessidade de povoar o país, principalmente o litoral, com o objetivo de evitar invasões estrangeiras, além de explorar o interior do país, em busca de ouro e de metais preciosos, por meio das expedições bandeirantes.

Se, nas mais diversas regiões do mundo, o desenvolvimento da atividade turística passou a se relacionar ao aparecimento das estâncias termais e dos jogos de azar, no Brasil, esse cenário não foi diferente. Cidades como Petrópolis (RJ), Caxambu (MG), Poços de Caldas (MG), Campos do Jordão (SP), Caldas da Imperatriz (SC) e Santo Amaro (SC) passam a hospedar turistas, e em 1907 a cidade do Rio de Janeiro foi pioneira ao receber uma excursão internacional organizada pela agência Thomas Cook & Son.

A partir desse momento, passaram a ser ofertados no país incentivos fiscais para a construção de hotéis no Rio de Janeiro, então capital do Brasil, e, nos anos 1930, os estímulos governamentais também contribuíram para o desenvolvimento da hotelaria e do cassinismo[418] em estâncias termais[419].

Um conjunto de iniciativas e incentivos contribuiu para o desenvolvimento e profissionalização da área do turismo no Brasil, principalmente pelos incentivos fiscais para a construção de hotéis e de cassinos em estâncias termais, o desenvolvimento da aviação comercial brasileira, a criação de diversas instituições ligadas ao turismo, como Serviço Social do Comércio (SESC), Serviço Nacional de Aprendizagem Comercial (SENAC), Confederação Nacional do Comércio (CNC), Associação Brasileira das Agências de Viagens (ABAV), Comissão Brasileira de Turismo (COMBRATUR), a

---

[416] CNC, 2005, p. 18.

[417] SOUSA COLANTUONO, 2015, p. 35.

[418] Por meio do Decreto-Lei 9.215, de 30 de abril de 1946, pelo general Eurico Gaspar Dutra, e apesar do crescimento do número de cassinos no país, todos os estabelecimentos (casas, centros, cassinos e termas) que mantinham os jogos de azar foram fechados, porque eram considerados nocivos à moral e aos bons costumes do povo brasileiro.

[419] SOUSA COLANTUONO, 2015, p. 36.

concepção do Agência Brasileira de Promoção Internacional do Turismo (EMBRATUR) em 1966, a fim de formular, coordenar e executar a Política Nacional do Turismo, entre outras, além da regulamentação da Lei Geral do Turismo em 2008.

Com isso, o turismo, considerando a ideia de desenvolvimento, apresenta-se como uma possibilidade para a tomada de consciência, dos turistas e das pessoas do lugar, como agentes sociais, em que os saberes, as formas de pensar e de sentir, os modos de fazer sejam valorizados por um novo modo de fazer e pensar o mesmo.

> Desse modo, a atividade turística pode atingir as perspectivas de quatro agentes econômicos de formas diferentes, ou seja: o turista busca satisfazer as suas necessidades e desejos por meio de novas experiências com o turismo, enquanto os prestadores de serviços almejam a obtenção do lucro financeiro com esse ramo de atividade. Por sua vez, a comunidade onde se localiza o destino turístico visa à geração de empregos e à promoção do intercâmbio cultural, ao passo que os agentes do governo consideram o turismo como um setor que gera riqueza e desenvolvimento para a região que o compreende.[420]

O turismo inclui serviços e produtos criados para satisfazer as necessidades dos turistas, que compreende tanto a viagem até o destino quanto as atividades realizadas durante a estada. Dias e Silveira[421] explicam que a atividade turística envolve o movimento constante de pessoas, deslocando de um lugar para o outro, e que esses deslocamentos e permanências "provocam profundas alterações econômicas, políticas, culturais, sociais e ambientais que podem apresentar aspectos positivos e negativos".

Dentro do turismo, de maneira geral, existem os segmentos que são uma forma de organizar o turismo para fins de planejamento, gestão e mercado. Os segmentos turísticos podem ser estabelecidos conforme os elementos de identidade da oferta, as características e variáveis da demanda. De acordo com o documento *Segmentação do turismo: marcos conceituais*, publicado pelo Ministério do Turismo em 2006, são considerados segmentos do referido setor: turismo social, ecoturismo, turismo cultural, turismo de estudos e intercâmbio, turismo de esportes, turismo de pesca, turismo náutico, turismo de aventura, turismo de sol e praia, turismo de negócios e eventos, turismo rural, e turismo de saúde[422].

---

[420] FERREIRA, Victor Henrique Moreira. *Teoria geral do turismo*. 2. ed. Palhoça: UnisulVirtual, 2007.
[421] DIAS; SILVEIRA, 2003, p. 7.
[422] BRASIL, 2006b.

O turismo tem efeito direto e indireto na economia de uma localidade ou região e que beneficia ainda os setores ligados indiretamente ao fenômeno turístico. Na região, qualquer município pode se beneficiar do turismo, mesmo não tendo a presença do turista no município. E essa relação se dá por meio do fornecimento de bens de consumo, como, por exemplo, artesanato, alimentos, mão de obra, entre outros[423].

> Turismo enquanto possibilidade de desenvolvimento, pela via do fortalecimento das identidades locais, da participação ativa da comunidade local, da preservação da diversidade cultural e ambiental. O eixo que alicerça a reflexão pauta-se no fomento do Turismo a partir do diálogo entre poder público, agentes locais e a comunidade, estimulando processos endógenos, dinamizando a economia local, nunca perdendo de vista seu propósito: a busca pela emancipação e dignidade humana.[424]

Entre as condições indispensáveis para que haja o desenvolvimento do turismo em uma localidade, com a divulgação de seus elementos culturais e simbólicos, deve-se entender que é pelo "respeito às singularidades inerentes a cada região e a participação da comunidade enquanto agente de primeira ordem no desenvolvimento da atividade"[425] que haverá essa mudança.

Para Agustín Talavera[426], o turismo é constituído como um sistema que engloba vários processos de interação e diversos agentes, como população local, turistas, trabalhadores estrangeiros, empresas, macroempresas e microempresas, sem contar com a gama de lugares carregados de significados e simbolizações.

Dentro desses processos de interação promovidos pelo turismo, atores como o poder público, associações e demais buscam, como forma de preservar a cultura local, promover o turismo e reforçar um discurso em que

> [...] os bens naturais e/ou culturais que dão coesão e grandeza a um imaginário do passado e da tradição, esses lugares, foram resgatados, preservados e guardados desde então, não tanto por sua funcionalidade para as populações locais, mas pelo

---

[423] BARBOSA, 2005.

[424] PIMENTA, Carlos Alberto Máximo; MELLO, Adilson da Silva. Entre doces, palhas e fibras: experiências populares de geração de renda em cidades de pequeno porte no sul de Minas Gerais. *Estudos de Sociologia*, [s. l.], v. 1, n. 20, maio 2014. p. 12.

[425] PIMENTA, Carlos Alberto Máximo; PEREIRA, Samanta Borges (org.). Turismo e desenvolvimento: outros caminhos. Porto Alegre: CirKula, 2017.

[426] TALAVERA, Agustín Santana. Turismo cultural, culturas turísticas. *Horizontes Antropológicos*, Porto Alegre, ano 9, n. 20, p. 31-57, out. 2003.

> mero monumentalismo/conservacionismo, embora para esse fim seus usos devam ser limitados, seus estilos adornados e suas histórias recriadas.[427]

Ao analisar o turismo, deve-se entender ainda dois aspectos primordiais: o interesse dos turistas e o interesse do local que recebe os turistas. "O relacionamento entre essas duas partes produz resultados que levam o local visitado ao desenvolvimento econômico, à medida que a localidade se organiza e dinamiza o setor turístico"[428], uma vez que, assim como explicam Dias e Silveira, "não importando o motivo pelo qual foi realizada a viagem, o turismo inclui serviços e produtos criados para satisfazer as necessidades dos turistas"[429].

Independentemente da motivação da viagem, é necessário equipamentos turísticos, porque só os recursos naturais são insuficientes para garantir a permanência dos viajantes no destino, como aqueles que viabilizem o deslocamento e assegurem a permanência, por exemplo: hotéis, restaurantes, agências, táxi, meios de telecomunicação, entre outros. É necessário gerar produtos e serviços para atender as expectativas e as necessidades exigidas pelo setor do turismo.

> O turismo, desde esta perspectiva de desenvolvimento, apresenta-se como uma possibilidade para a tomada de consciência, dos turistas e autóctones, como agentes sociais. [...] O desafio atual está na ressignificação, em um novo pensar sobre o desenvolvimento, o lugar e o turismo. Novos modelos de desenvolvimento serão adotados e os aspectos culturais, como forma de ser, sentir e de viver de um povo no mundo, serão um dos eixos do desenvolvimento, pensado para o ser humano, seja este um turista ou autóctone. O turismo, desde este paradigma é, portanto, uma atividade estimuladora de experiências e vivências das capacidades humanas.[430]

Assim, por ser um produto da sociedade capitalista[431], a atividade turística desenvolveu-se principalmente para o consumo de bens culturais.

---

[427] *Ibidem*, p. 33, tradução nossa.

[428] BARBOSA, 2005, p. 108.

[429] DIAS; SILVEIRA, 2003, p. 13.

[430] BRASILEIRO, Maria Dilma Simões. Desenvolvimento e turismo: para além do paradigma econômico. *In*: BRASILEIRO, Maria Dilma Simões; MEDINA, Júlio César Cabrera; CORIOLANO, Luiza Neide (org.). *Turismo, cultura e desenvolvimento*. Campina Grande: EdUEPB, 2012. p. 95.

[431] RODRIGUES, 2011.

Barbosa expõe ainda que é necessário que haja interesse dos turistas e da comunidade do lugar, pois

> [...] o primeiro procura regiões que oferecem atividades que ocupem seu tempo livre e que atendam a seus interesses. O segundo visa atrair os turistas para ocupar o tempo livre dos mesmos por meio das atrações que já possui ou que pode criar. O relacionamento entre essas duas partes produz resultados que levam o local visitado ao desenvolvimento econômico, à medida que a localidade se organiza e dinamiza o setor turístico.[432]

Dentro dessa discussão sobre o consumo de bens culturais, tem-se o turismo religioso, que é contemporâneo e está relacionado com as peregrinações para centros religiosos. À medida que essas localidades começaram a ser divulgadas pelos meios de comunicação, ganharam mais força e atratividade, embora esses roteiros aos centros religiosos se associem, primeiramente, ao turismo cultural, como será apresentado no tópico a seguir.

4.2 Turismo religioso: da peregrinação à atividade econômica

Peregrinar é um ato antigo da espécie humana, uma vez que as religiões antigas já organizavam ritos nos locais das suas divindades, fazendo com que as pessoas se deslocassem para tal. A peregrinação pode ser considerada uma romaria[433], uma vez que, desde os ritos pagãos na Antiguidade, com os povos egípcios, romanos, celtas e gregos, a peregrinação[434] esteve presente nessas culturas em certas épocas, principalmente nos solstícios de inverno e de verão.

> No Antigo Egipto, o templo de Osíris atraía muitos peregrinos aí chegados através do Nilo. Na Grécia Antiga, uma festa em honra de Zeus é celebrada de 4 em 4 anos desde o século VIII a.C. [...] No cristianismo, no século III desenvolveram-se as peregrinações aos locais da paixão de Cristo [...]. Após a aprovação oficial do Cristianismo (Édito de Milão, 313), a igreja organiza vários tipos de peregrinação à Terra Santa, em função das respetivas motivações. [...] Na Idade Média,

---

[432] BARBOSA, 2005, p. 108.

[433] SANCHIS, 2006.

[434] A história das peregrinações foi, também, favorecida pelo recurso às termas, sobretudo em virtude das curas que lhe estavam associadas e pelas antigas rotas comerciais, aliás, as mais antigas formas de migração turística e econômica. *Cf.* LEANDRO; LEANDRO; NOGUEIRA, 2019.

crescem as peregrinações, a canonização de santos e criam-se vários centros de peregrinação em torno dos locais que lhes são dedicados.[435]

Com o crescimento das peregrinações possibilitou-se uma infraestrutura de estradas, abrigos e pontes por onde esses peregrinos passavam; aliás, essas deslocações de indivíduos e até mesmo grupos favoreciam as trocas de dinheiro, trocas culturais e de bens.

Em Portugal, no século VII, há um nascimento das romarias portuguesas, que

> [...] nos mostram um povo que se desloca em direção a montes, a florestas, a rochedos, a fontes – ou às capelas já ali construídas – venerar as relíquias ou as imagens dos santos, que no seu imaginário podem muito bem confundir-se com os seres míticos – deuses ou encantados – ("demônios", dirá o bispo) que as religiões antigas, celta ou romana, lhe tinham ensinado a cultuar. Reproduzindo até para os santos cristãos os gestos do culto tradicional.[436]

Logo, "em termos gerais, todas as peregrinações se direcionam a um santuário ou a um lugar consagrado pela religião oficial ou pela religiosidade popular. Para os peregrinos, independentemente da configuração material e arquitetônica, identifica o fim da jornada"[437].

Com a globalização, o turismo religioso tornou-se um produto comercial e parte das estratégias do mercado turístico em si, porém bem diferente de como foi no passado.

> Aumentando a circulação de pessoas, bens, ideias, imagens e dinheiro entre vários circuitos, mediados por instituições de índole religiosa e laicas, abre-se identicamente o leque das aspirações e a vontade de conhecer de perto o desconhecido próximo ou longínquo, favorecido pela facilidade e rapidez dos meios de transporte e por uma mais livre circulação.[438]

Trazendo a discussão para a contemporaneidade, Abumanssur[439] acredita que só se tornou possível tratar as peregrinações ou romarias como turismo religioso quando do surgimento da classe de trabalhadores e do direito ao lazer, que foi sendo conquistado ao longo dos anos.

---

[435] LEANDRO; LEANDRO; NOGUEIRA, 2019, p. 237.

[436] SANCHIS, 2006, p. 87.

[437] MÓNICO; MACHADO; ALFERES, 2018, p. 205.

[438] LEANDRO; LEANDRO; NOGUEIRA, 2019, p. 235.

[439] ABUMANSSUR, 2018, p. 94.

> Essa conquista veio crescendo desde a segunda metade do século XIX, até que, no final do século XX, acreditava-se que estávamos assistindo ao surgimento de uma sociedade de lazer, com menos trabalho e mais tempo de ócio. Grosso modo, durante o século XX, numa perspectiva peregrina, observam-se três grandes fases: um maior impacto das peregrinações durante a primeira metade deste século; diminuição deste embate até cerca de 1980; posteriormente, uma revivescência deste movimento, integrando agora, muitos elementos novos mais conformes com a modernidade religiosa em curso. Denota-se, assim, uma importante renovação das peregrinações, a que se juntam as caminhadas a pé tanto a nível individual como grupal.[440]

A partir dos anos 2000, ou seja, nas duas últimas décadas, há um crescimento dos estudos sobre peregrinações relacionadas ao turismo. E essas peregrinações adquiriram um estilo mais moderno, envolvendo questões não só culturais, como políticas, sociais e econômicas.

Na década de 1970, convencionou-se chamar essas peregrinações de "turismo religioso". Naquela época, MacCannell[441] acreditava que tanto o turista como o peregrino buscavam algo diferente e mais fidedigno, enquanto Nelson Graburn[442] já caracterizava o turismo como um ritual com processos paralelos; tanto na peregrinação já formalizada quanto no turismo em si, o autor afirmava que esses rituais poderiam ser decodificados como jornadas sagradas.

Apesar de existir um embate entre correntes distintas de autores, seja no cenário internacional, seja no nacional, no qual acreditam que peregrinação e romaria estão sendo confundidas com o turismo religioso, ou seja, não são turismo religioso, nesta obra se segue a corrente do "sim": o turismo religioso é aquele em que as pessoas se deslocam por motivações religiosas, nas quais estão compreendidas as romarias, as peregrinações e a visitação aos espaços sagrados, a festas religiosas, espetáculos e demais atividades religiosas.

A relação entre cultura e turismo é indissociável. Com isso, o turismo religioso surge de um segmento do turismo cultural, que está relacionado à motivação do turista em vivenciar o patrimônio histórico e cultural de um lugar, além de vivenciar determinados eventos culturais, preservando esses bens.

---

[440] LEANDRO; LEANDRO; NOGUEIRA, 2019, p. 241.

[441] MacCANNELL, Dean. Staged authenticity: arrangements of social space in tourist settings. *American Journal of Sociology*, v. 79, n. 3, p. 589-603, 1973.

[442] GRABURN, Nelson. The anthropology of tourism. *Annals of Tourism Research*, v. 10, p. 9-23, 1983.

> Vivenciar implica, essencialmente, em duas formas de relação do turista com a cultura ou algum aspecto cultural: a primeira refere-se ao conhecimento, aqui entendido como a busca em aprender e entender o objeto da visitação; a segunda corresponde a experiências participativas, contemplativas e de entretenimento, que ocorrem em função do objeto de visitação.[443]

Logo, o turismo cultural compreende as atividades turísticas relacionadas à vivência do conjunto de elementos significativos do patrimônio histórico e cultural e dos eventos culturais, valorizando e promovendo os bens materiais e imateriais da cultura[444].

A motivação primordial, em se tratando dos elementos que contribuem para o turismo religioso, é religiosa. Contudo, o turismo religioso é um subsegmento do turismo cultural, e "[...] as viagens são, em regra, multifuncionais, mesmo quando o fator religioso domina. Como tal, as motivações de ordem religiosa não o impedem de desenvolver durante a viagem outras atividades de consumo turístico."[445]

Dentro do turismo cultural, a utilização turística dos bens culturais implica a sua valorização e promoção, bem como a manutenção de sua dinâmica e permanência no tempo. Os deslocamentos para fins religiosos, místicos ou esotéricos são entendidos como recortes no âmbito do turismo cultural e podem constituir outros segmentos para fins específicos: turismo cívico, turismo religioso, turismo místico e esotérico, e turismo étnico[446].

Gisbert Rinschede[447] explica que, atualmente, o turismo religioso está intimamente ligado ao turismo cultural e de férias. Geralmente, para quem participa de viagens e peregrinações organizadas, há um dia planejado na programação, para que os peregrinos também possam fazer excursões pela área ao redor da festa, santuário ou local de visitação religiosa.

> O desenvolvimento das práticas religiosas é um importante fator na determinação de locais com potencial turístico. Nesse sentido, o Brasil, onde a fé católica é predominante, possui um número bastante significativo de locais religiosos que atraem viajantes de todo tipo: peregrinos, romeiros, pessoas atraídas pela cultura do espaço religioso, etc.[448]

---

[443] BRIZOLLA, 2006, p. 14.

[444] BRASIL, 2006b.

[445] ALVES, 2014, p. 78.

[446] BRIZOLLA, 2006.

[447] RINSCHEDE, 1992, p. 652.

[448] DIAS; SILVEIRA, 2003, p. 15.

Para diversos autores, a prática do turismo religioso não pode ser balizada apenas como o ato de viajar, mas engloba todo um complexo de valores e crenças inerentes de cada indivíduo[449, 450], sem contar com os locais onde ocorrem as festividades religiosas, que são também patrimônios e têm se transformado em elemento de atração turística[451, 452], e ainda as transformações dessas manifestações religiosas e alteração dos modos de vivência da fé [453, 454].

> A crescente e diversificada mobilidade contemporânea das pessoas em busca de lugares aprazíveis para descanso e diversão, para conhecimento e auto conhecimento, e mesmo trabalho, está longe daqueles deslocamentos turísticos iniciais em busca de idealizações idílicas ou utópicas.[455]

Associadas às transformações ocorridas na segunda metade do século XX, com a melhoria das estradas de rodagem e a popularização dos automóveis, as viagens aos santuários passaram a ser vistas como excursões religiosas. O caráter secular dessas atividades esvaziou o poder organizacional das entidades eclesiásticas oficiais, possibilitando que empresas turísticas ocupassem essa função nas viagens, restringindo a ação pastoral da Igreja ao espaço dos santuários. Com isso, as antigas peregrinações e romarias transformaram-se em turismo religioso. E a diferença fundamental entre as peregrinações ou romarias e turismo religioso, segundo Steil[456], está no grau de imersão e externalidade que cada uma dessas atividades pode proporcionar. As peregrinações e romarias caracterizam-se por uma imersão no sagrado, e o turismo religioso caracteriza-se por uma externalidade do olhar[457].

Giumbelli[458] aponta que existem diferentes entendimentos que incidem sobre a ideia de turismo religioso, em que

---

[449] TERZIDOU, Martina; SCARLES, Caroline; SAUNDERS, Mark N. K. The complexities of religious tourism motivations: sacred places, vows and visions. *Annals of Tourism Research*, v. 70, p. 54-65, May 2018.

[450] PRAZERES, Joana; CARVALHO, Adão. Turismo religioso: Fátima no contexto dos santuários marianos europeus. *Pasos*: Revista de Turismo y Patrimonio Cultural, v. 13, n. 5, p. 1.145-1.170, 2015.

[451] PRAT FORGA, José María; CÀNOVES VALIENTE, Gemma. Las romerías, oportunidad turística y relaciones sociales entre locales y visitantes: el caso de la Cerdanya en Cataluña. *Cuadernos de Turismo*, n. 41, p. 575-589, 2018.

[452] BARBOSA, 2005.

[453] PRAZERES; CARVALHO, 2015.

[454] LOPES, 2014.

[455] LOPES; PEREIRA, 2017, p. 48.

[456] STEIL, Carlos Alberto. Romeiros e turistas no Santuário de Bom Jesus da Lapa. *Horizontes Antropológicos*, Porto Alegre, ano 9, n. 20, p. 249-261, out. 2003.

[457] MAIO, Carlos Alberto. Turismo religioso e desenvolvimento local. *Publ. Ci. Hum., Ci. Soc. Apl., Ling., Letras e Artes*, v. 12, n. 1, p. 53-58, jun. 2004. p. 55.

[458] GIUMBELLI, Emerson. Religious tourism. *Religion and Society*: Advances in Research, v. 9, p. 24-38, 2018. p. 32, tradução nossa.

> [...] a dimensão religiosa é acompanhada por elementos ecológicos e culturais, formando um conjunto enquadrado pela ideia de turismo, para a qual o argumento econômico é fundamental. [...] Embora as referências oficiais sobre "turismo religioso" se endereçem quase sempre a sítios e eventos católicos, ele é apresentado como uma modalidade do "turismo cultural".

O turismo religioso é uma viagem em que a fé é o motivo principal, mas que pode traduzir motivos culturais em conhecer outras manifestações religiosas[459].

> Diante das transformações que, em muitos casos, tornaram difícil separar o que é religioso e o que é turístico no plano dos destinos, das tecnologias de deslocamento, das motivações, somos tentados a desistir de produzir distinções. Por outro lado, é fácil constatar como essas categorias – religião e turismo – são parte dos discursos de agentes que experienciam ou buscam interferir nas características de destinos, deslocamentos e motivações. Parece então que a tarefa está em estabelecer uma perspectiva a partir da qual essas categorias – e outras – em suas relações variadas são produzidas e agenciadas.[460]

Para Lopes e Pereira[461], "os diferentes destinos turísticos não se distinguem somente pelos serviços e estruturas de lazer que proporcionam, senão que o fazem pela diferenciação que projetam de uma paisagem turística, como um lugar singular a ser habitado".

> Esse ganho de escala do turismo religioso é coisa recente no desenvolvimento do mercado turístico nacional. Até o início dos anos 2000, não havia agência de viagens especializada nesse nicho comercial. As poucas agências que vendiam pacotes com formatação religiosa tinham como destino, quase que exclusivamente, a Terra Santa ou Roma. O grau de especialização das agências surge à medida que pastores e outros líderes religiosos percebem que os membros de suas igrejas são clientes potenciais com perspectivas de bom retorno financeiro para si e para agências.[462]

---

[459] DIAS; SILVEIRA, 2003.
[460] GIUMBELLI, 2018, p. 28, tradução nossa.
[461] LOPES; PEREIRA, 2017, p. 49.
[462] ABUMANSSUR, 2018, p. 95.

Ainda nesse sentido, Abumanssur critica o mercado especializado quando se trata de pacotes de turismo religioso para os destinos nacionais, o qual ainda é carente de investimentos.

> O turismo religioso interno é considerado turismo de pobre, pois é muito comum que as caravanas e romarias sejam organizadas de forma espontânea pelos próprios romeiros ou pelas paróquias. Nesse sentido, muitas das peregrinações e romarias que acontecem no Brasil só não são turismo religioso por falta de interesse econômico dos operadores do mercado turístico.[463]

O turismo brasileiro apresenta, a cada ano, números mais expressivos em relação ao segmento religioso. O turismo religioso movimenta um número cada vez maior de peregrinos pelo país. No ano de 2019, estima-se que 20 milhões de brasileiros tenham viajado no Brasil motivados pela fé, movimentando cerca de R$ 15 bilhões na economia brasileira, aquecendo atividades do comércio e serviços com a geração de emprego e renda. Ainda de acordo com Ministério do Turismo[464], o calendário nacional de eventos conta com 513 festas religiosas cadastradas no site do órgão.

No Brasil, os grandes santuários surgiram em torno da devoção popular e foram sendo assumidos pelas congregações religiosas a partir do século XIX.

> Aparecida é reconhecida como centro devocional principalmente no Centro-Sul do Brasil. Sua influência é mais forte no triângulo São Paulo, Rio de Janeiro, Minas Gerais, porém, nas demais regiões, esse santuário disputa com outros a hegemonia sobre as almas dos devotos: Bom Jesus da Lapa, Nossa Senhora da Conceição da Praia ou o Senhor do Bonfim, na Bahia; Padre Cícero, no Nordeste; e, no Norte, a Nossa Senhora de Nazaré, em Belém. A geografia religiosa do Brasil não coincide com a geografia política e econômica.[465]

A Igreja Católica, por meio da Pastoral do Turismo (PASTUR)[466], organismo vinculado à CNBB e criado em 1969, desenvolve ações e parcerias diretamente com os atores do setor turístico nacional. A PASTUR

---

[463] *Ibidem.*

[464] BRASIL. Ministério do Turismo. *Turismo religioso continua em alta no Brasil.* Brasília: MTur, 12 jan. 2015d.

[465] ABUMANSSUR, 2018, p. 101.

[466] Ação pastoral da Igreja no Brasil, ou simplesmente pastoral, é a ação da Igreja Católica no mundo ou o conjunto de atividades pelas quais a Igreja realiza a sua missão de continuar a ação de Jesus Cristo junto a diferentes grupos e realidades.

forma grupos de turismo religioso, motivando as visitas aos santuários com intuito de promover o desenvolvimento do turismo religioso nos diversos locais de romaria. Nessa conjuntura, destaca-se o uso da mídia na divulgação de roteiros, seja na forma de ações publicitárias, seja em redes sociais de grande alcance e repercussão.

Entretanto, na maior parte das localidades, a infraestrutura para receber os visitantes ainda é precária e não atende as necessidades dos turistas. Nos locais onde existem santuários ou ocorrem manifestações religiosas, há pouca compreensão do potencial econômico de visitações periódicas. "Os romeiros não se põem em marcha em resposta aos apelos feitos pelos guardiões do Santuário. Eles obedecem, antes, ao calendário das devoções de seus locais de origem. Os maiores números de romeiros ocorrem à Aparecida em maio, outubro e dezembro"[467] — assim como ocorre em Natividade, nosso objeto de estudo, já que romeiros e devotos se deslocam até a cidade nos momentos de devoção e conforme o calendário.

Com relação ao aspecto organizacional, autores tentam organizar o turismo religioso subdividindo-o em três tipos, sendo: romaria, peregrinação e penitência.

> [...] por romaria entende-se o deslocamento de livre vontade a lugares sagrados e sem pretensões de recompensas materiais ou espirituais; a peregrinação compreende os deslocamentos a lugares sagrados objetivando o pagamento de promessas anteriormente feitas a espíritos bem-aventurados e, por último, a penitência, ou a viagem de reparação, que compreende os deslocamentos a lugares sagrados, cujo objetivo é redimir-se dos seus pecados em uma viagem de arrependimento.[468]

Stausberg[469] expõe que as categorizações que incidem sobre o terreno do turismo religioso são complexas. Não é a estrutura turística que determinará o modo como os viajantes se identificam, porque em alguns casos o indivíduo não quer se identificar como peregrino, mesmo que esteja fazendo o papel de um, e em outros casos os viajantes se autotitulam peregrinos pela motivação da viagem, mas não fazem a peregrinação.

---

[467] ABUMANSSUR, 2018, p. 101.

[468] JALUSKA, Taciane; JUNQUEIRA, Sérgio. A utilização dos espaços sagrados pelo turismo religioso e suas possibilidades como ferramenta auxiliar para o estabelecimento do diálogo entre as nações. *Revista Turismo Visão e Ação – Eletrônica*, v. 14, n. 3, p. 337-348, set./dez. 2012. p. 340.

[469] STAUSBERG, 2011 *apud* GIUMBELLI, 2018.

Apesar de o turista ser considerado o "grande estrangeiro, porque ele não faz parte do mesmo ciclo de motivações que mobiliza o peregrino e a comunidade"[470],

> [...] o turista religioso, este apresenta semelhanças com os peregrinos, pois ambos compartilham uma crença religiosa e gastam a maior parte do tempo no espaço religioso objeto da visitação. Por outro lado, parecem-se mais com os verdadeiros turistas, sendo a motivação religiosa um pretexto para a realização da viagem, aproveitando-a para visitar outros lugares de interesse cultural e recreativo.[471]

Dias e Silveira[472] expõem que são utilizados seis atributos para classificar os atrativos turísticos e religiosos, podendo ser analisados para verificar a área de destino, o objetivo final e a motivação da viagem.

Quadro 1 – Classificação dos atrativos turísticos e religiosos

Santuários de peregrinação	Locais de valor espiritual e com datas devocionais especiais;
Espaços religiosos	Locais com grande significado histórico-cultural, que podem ser considerados como atrações turístico-religiosas;
Encontros e celebrações	Seminários, eventos de caráter religioso;
Festas e Comemorações em dias específicos	Com eventos dedicados a determinados símbolos de fé, calendários litúrgicos ou manifestações de devoção popular;
Espetáculos artísticos de cunho religioso	Como encenação de eventos religiosos;
Roteiros de Fé	Caminhadas de significado espiritual, pré-organizadas em um itinerário turístico- religioso.

Fonte: adaptado de Dias e Silveira (2003)

O turismo religioso também pode ser diferenciado de acordo com os critérios de tempo de permanência: de curto prazo (sem pernoite) ou de longo prazo (com pernoite de pelo menos um dia). O turismo religioso de curta duração é caracterizado por distâncias curtas e o "[...] objetivo desse turismo é ir a um centro religioso com área de captação

---

[470] ALVES, 2014, p. 86.
[471] DIAS; SILVEIRA, 2003, p. 23.
[472] *Ibidem*, p. 29.

local, regional ou suprarregional (locais de peregrinação) ou participar de uma celebração religiosa, uma conferência religiosa ou uma reunião da igreja."[473]

Já o turismo religioso de longo prazo envolve visitas aos centros religiosos ou santuários religiosos por vários dias ou semanas. Não se limita à visitação de locais de peregrinação; inclui a visita de outros centros religiosos[474].

Giumbelli[475] ressalta que "o religioso já não é suficiente ou pertinente para estipular o destino de uma peregrinação. [...] As noções de sagrado e de espiritual precisariam ser adotadas para dar conta dessas transformações". Essa categorização é apresentada pelo autor como uma ideia de "turistificação" que é apreendida como recurso.

E ainda:

> [...] lugares religiosos que são transformados – com ou sem a colaboração de autoridades religiosas – em destinações turísticas. Museus dedicados à religião ou mantidos por instituições religiosas são cotejados por parques temáticos nos quais a religião torna-se o foco. Espetáculos cujo tema é a religião fazem parte da programação cultural de algumas cidades. Há muitos exemplos de como turismo e peregrinação podem se misturar, como no caso de pessoas que viajam de volta a seus locais de origem (*diaspora tourism*).[476]

Timothy e Olsen[477] questionam a pertinência das motivações como critério para distinguir o peregrino do turista.

> Muitas pessoas viajam para uma variedade cada vez maior de locais sagrados [...] porque têm interesse educacional em aprender mais sobre a história de um local ou entender uma fé religiosa específica e sua cultura e crenças, em vez de serem motivadas apenas pela busca de prazeres ou crescimento espiritual. [...] Assim, falamos de tipos de turistas e não se uma motivação é mais importante que outra na definição de um turista. Desta perspectiva, então, um "peregrino" é um turista (turista religioso) motivado por fatores espirituais ou religiosos.[478]

---

[473] RINSCHEDE, 1992, p. 57.
[474] *Ibidem*.
[475] GIUMBELLI, 2018, p. 26.
[476] *Ibidem*, p. 25, tradução nossa.
[477] TIMOTHY; OLSEN, 2006 *apud* GIUMBELLI, 2018.
[478] GIUMBELLI, 2018, p. 26, tradução nossa.

Assim como esclarece Steil[479]: não se pode demarcar uma linha divisória entre turistas e peregrinos, uma vez que, dada a complexidade do fenômeno, existe "uma miscelânea de atos religiosos e turísticos praticados pela mesma pessoa, de modo que se toma muito difícil saber se estamos diante de um turista ou de um romeiro".

> Condicionar a compreensão do fenômeno do turismo religioso ao entendimento da motivação das viagens é reduzi-lo excessivamente. As motivações se transformam durante e, principalmente, depois da viagem, não se configurando como estáticas, mas advindas da função de estímulos externos, que se diversificam e se misturam às multiplicidades das experiências. É nessa temporalidade que os estudos do turismo religioso devem se adentrar, vendo-os como fenômeno de interação.[480]

O turismo religioso também se destaca na área econômica, uma vez que os peregrinos e turistas consomem bens e serviços. E ainda faz com que surjam atividades paralelas às atividades religiosas, como comércio ambulante e outros atrativos de diversão. Rinschede[481] comenta que o desenvolvimento econômico das cidades que são destino de peregrinos está ligado ao crescimento do fluxo de turistas atraídos pela religiosidade. "Para as necessidades dos peregrinos, vários ramos econômicos se estabelecem, como em todos os locais turísticos, além das diversas instalações religiosas"[482].

O centro religioso geralmente está em um local aberto, onde os peregrinos podem se reunir, e, com isso, vários outros estabelecimentos vão se instalando ao redor desse centro. Esses estabelecimentos cercam o lugar sagrado, que, inicialmente, estava livre de atividades comerciais. São exemplos: mosteiros, hospitais, lojas de *souvenir*, agências de viagens, estacionamentos e demais.

Para Millán, Pérez e Martínez Cárdenas[483], existe a necessidade de traçar planos estratégicos eficazes para promover a atividade turística em destinos religiosos, resultando no desenvolvimento econômico das regiões. E que o desenvolvimento e o interesse dos meios de comunicação em luga-

---

[479] STEIL, 2003 *apud* ALVES, 2014, p. 87.

[480] ALVES, 2014, p. 88.

[481] RINSCHEDE, 1992.

[482] *Ibidem*, p. 64.

[483] MILLÁN VÁZQUEZ DE LA TORRE, Genoveva; PÉREZ, Leonor M.; MARTÍNEZ CÁRDENAS, Rogelio. Factores que determinan el crecimiento del turismo en destinos religiosos. *Revista de Ciencias Sociales (Ve)*, v. 22, n. 1, p. 85-97, ene./mar. 2016.

res ou eventos religiosos, bem como o papel dinâmico e coordenado das diferentes autoridades, tanto seculares como eclesiásticas, tem um peso importante nesse caráter do desenvolvimento do turismo.

> Animados pelo mercado de consumo, seja de bens materiais ou imateriais, os peregrinos e os turistas se encontram num mesmo espaço em que o lazer, cada vez mais integrado com os meios de comunicação, os tornam consumidores a serem explorados por um mercado turístico em desenvolvimento. O momento da festa é o da geração de emprego e renda, da sustentação do local, do ritual religioso, do discurso político e também do grupo de forró, da comida, das compras de produtos religiosos e artesanais, dos shows com bandas regionais e da dança. Os comerciantes da cidade voltam-se para a organização do evento, assim como outras instituições também o fazem, contando com a participação da comunidade. Por sua vez, as empresas turísticas procuram investir em propagandas, incentivar e associar as viagens com as datas dos espetáculos.[484]

Logo, muitos agentes interagem formando um campo concorrencial sob as lógicas das permutas[485], apresentadas no capítulo 2 deste livro, e que envolvem prestadores de serviço, transporte, hospedagem e tantas outras atividades que fazem parte da cadeia do turismo, além de órgãos públicos e terceiro setor.

Para Barreto[486],

> [...] o fenômeno turístico atinge, de alguma forma, também aqueles que não o praticam. O que em economia se denomina "efeito multiplicador do turismo", que consiste em um modelo teórico de distribuição da renda turística de um país entre os diferentes setores de sua economia.

Natividade, cidade localizada na região turística das Serras Gerais no Tocantins, por sua cultura e seu patrimônio, pode oferecer/atrair desenvolvimento local por meio do turismo religioso, tanto para a região quanto para quem participa de suas festividades. A cidade traz duas grandes festas religiosas que envolvem e reúnem peregrinos/romeiros, comunidade e turistas, como se vem apresentando ao longo deste trabalho.

---

[484] ALVES, 2014, p. 88-89.
[485] BAJOIT, 2006.
[486] BARRETO, 2007, p. 9.

Assim como acontece em Natividade, Rinschede explica que

> O turismo religioso está vinculado a uma certa sazonalidade, mesmo quando alguns locais religiosos podem ser visitados durante todo o ano. Fatores influentes importantes são cerimônias religiosas e dias de comemoração, bem como a localização climática do local de peregrinação e o calendário de trabalho da população rural. Cerimônias religiosas e dias de comemoração certamente desempenham um papel importante, se não o papel decisivo na ênfase sazonal do turismo de peregrinação.[487]

Considerando esses apontamentos iniciais acerca do turismo e seu papel como vetor do desenvolvimento local, analisa-se a seguir como o estado do Tocantins vislumbra o turismo em seu território e como, por meio das políticas de regionalização do Ministério do Turismo, tem atuado até então.

4.3 Breve história do estado do Tocantins e o desenvolvimento regional

Antes de adentrar a questão do turismo de uma forma geral e do turismo religioso no Tocantins, é necessário — com base nas discussões acerca de desenvolvimento regional, desenvolvimento endógeno e lógicas de ação social — que se entenda o processo histórico e de desenvolvimento no estado, principalmente pelo seu desmembramento do estado de Goiás, entre outros motivos, a fim de apresentar características sociais, culturais e econômicas díspares, para então poder identificar as potencialidades dessa região.

O início da ocupação do norte de Goiás deu-se exclusivamente pela descoberta de minas de ouro no século XVIII, sendo o primeiro passo para o processo de formação econômica e do povoamento da região. Devido a essa exploração, a região foi aos poucos inserida no contexto da economia colonial brasileira, só que o grande vazio territorial, a dificuldade de abastecimento e a grande mobilidade para disposição de mão de obra na extração do ouro fez com que essa atividade logo entrasse em decadência. Concomitantemente, desenvolvia-se a lavoura de subsistência e a pecuária extensiva[488].

Palacín e Moraes afirmam que a descoberta de ouro em Goiás impulsionou o povoamento da região:

---

[487] RINSCHEDE, 1992, p. 61.

[488] OLIVEIRA, 2019.

> [...] três zonas distintas no seu imenso território: uma no centro-sul, com arraiais a caminho de São Paulo ou nas suas proximidades (Vila Boa); a segunda na "região do Tocantins", no alto Tocantins, considerada a região de maior densidade mineira; e, por fim, a terceira zona, o verdadeiro norte da capitania (estado do Tocantins), abrangendo extensa região entre o rio Tocantins e o sertão da Bahia (Arraias, São Félix, Cavalcante, Natividade e Porto Real).[489]

As discussões sobre a separação entre o sul e o norte de Goiás são antigas e do período colonial, sendo essa separação distinguida pelas lutas políticas acerca de um ideal de desenvolvimento. O Tocantins só foi desmembrado do estado de Goiás em 5 de outubro de 1988, por meio da Assembleia Constituinte, no Art. 13, que tratou das disposições transitórias da Constituição federal e criou o estado do Tocantins, sendo, assim, um dos mais novos estados brasileiros, instalado em 1.º de janeiro de 1989.

O novo estado passou a integrar a região Norte, bem como a Amazônia Legal[490]. O Tocantins possui área de 277.423,630 km², participa com 7% em relação à área da região Norte (3.869.637) e 3,3% do território nacional; a capital do estado é Palmas. Limita-se ao norte com o Maranhão e o Pará; ao sul, com Goiás; ao leste, com Maranhão, Piauí e Bahia; e ao oeste, com Pará e Mato Grosso. O estado possui 139 municípios[491].

O Tocantins tem duas mesorregiões, Ocidental e Oriental, além de oito microrregiões, conforme a divisão do estado adotada pelo IBGE, sendo elas: Araguaína, Bico do Papagaio, Gurupi, Miracema do Tocantins, Rio Formoso, Dianópolis, Jalapão e Porto Nacional. No censo demográfico do IBGE em 2022, a população do Tocantins foi contabilizada em 1.511.460 habitantes.

Ainda com base no último censo demográfico[492], a densidade demográfica é de 5,45 hab./km² e a composição demográfica é 79% urbana e 31% rural. O rendimento médio real habitual do trabalho principal das pessoas (14 anos ou mais de idade) ocupadas na semana de referência em trabalhos formais é de R$ 2.706,00. Com relação ao Índice de Desenvolvimento Humano (IDH), o Tocantins apresenta o valor de 0,731, estando na 13.ª posição em comparação com os outros estados do Brasil.

---

[489] PALACÍN; MORAES, 1989 apud OLIVEIRA, 2019, p. 71.

[490] Território criado pela Lei 1.806, de 6 de janeiro de 1953, com o objetivo de promover e planejar o desenvolvimento da região Norte do país por meio de incentivos fiscais. A Amazônia Legal inclui os estados de Amazonas, Roraima, Rondônia, Pará, Amapá, Acre, Tocantins, Mato Grosso e parte significativa do Maranhão.

[491] INSTITUTO BRASILEIRO DE GEOGRAFIA E ESTATÍSTICA (IBGE). *Censo demográfico 2022*. Rio de Janeiro: IBGE, 2022.

[492] *Ibidem*.

Para o pesquisador Nilton Oliveira[493], a divisão territorial que ocorreu no norte de Goiás foi produto da ampliação espacial das atividades econômicas. "Este novo território, Tocantins, se formou e se expandiu seguindo o modo de produção capitalista de exploração, o que refletiu diretamente nos movimentos migratórios de capitais e de pessoas".

Já Temis Parente[494] acredita que a região norte de Goiás, hoje o Tocantins, é resultado histórico particular do processo de desenvolvimento capitalista brasileiro, bem como da expansão da fronteira agrícola na Amazônia, que não é um espaço isolado, mas parte integrante e interdependente da economia capitalista.

As atividades econômicas no então norte de Goiás tiveram maior impulso a partir das décadas de 1950 e 1960, principalmente com a construção de grandes rodovias federais, entre elas a Belém-Brasília (BR-153), que corta o estado de norte a sul.

E é nesse período também que ocorreu a construção de Brasília. O conjunto de investimentos na infraestrutura da região "motivou o avanço da fronteira agrícola, alterou a estrutura socioeconômica da região e impôs novas relações com o Sudeste, integrando assim, o norte de Goiás ao centro hegemônico – São Paulo"[495].

Com a criação do Tocantins, poucas transformações socioeconômicas ocorreram na década de 1990, pois o estado ainda estava se consolidando, principalmente com relação aos investimentos em infraestrutura básica e instalação dos seus Poderes Executivo, Judiciário e Legislativo, assim como no restante do estado, contudo com menor intensidade do que na sua recém-criada capital, Palmas.

A criação do estado do Tocantins, em 1988, validou um projeto de autonomia que expressava as necessidades econômicas e político-administrativas daquela época, como também trouxe consigo os anseios de outras gerações e seus projetos inconclusos.

Marcam essa trajetória os movimentos separatistas desde 1821, momento em que, em algumas províncias do Brasil, os ideais liberais influenciavam os movimentos de independência nacional, passando pelos anos 1940, 1950 e 1960, com diversas ações e movimentos nos municípios do então norte de Goiás. E com isso o movimento que se inicia em 1984 e

---

[493] OLIVEIRA, 2019, p. 8.

[494] PARENTE, 2003.

[495] OLIVEIRA, 2019, p. 8.

segue até 1988, quando o Tocantins foi desmembrado do estado de Goiás, em 5 de outubro de 1988, tendo sua criação e sua configuração outorgadas na Constituição federal.

O discurso utilizado para essa separação territorial era de evidenciar as dificuldades socioeconômicas do norte de Goiás, além de mostrar que existiam potencialidades que poderiam ser exploradas com o novo estado. "Atribui-se esse contraste regional ao desprezo político-administrativo da representação do poder em Goiás, fator que preponderou e prepondera na construção do discurso autonomista do Tocantins ao longo de sua trajetória"[496].

A ideia de pertencimento ao norte goiano, e não ao estado de Goiás, reforçou o discurso separatista, em que a diferença regional, a discriminação e o abandono político-administrativos foram assimilados pelos habitantes. Jornais da época, discursos políticos, entre outros, destacavam e nomeavam toda essa região como o "norte goiano".

Logo, os traços culturais atribuídos à identidade de ser do norte goiano devem ser reconhecidos como traços regionais que convergem para a própria constituição desse estado, que foram repassados de geração para geração, fosse pela influência familiar, fosse pelo próprio processo de colonização dessa região.

Nesse processo de instalação do estado e seus instrumentos, no decorrer das décadas de 1990 e 2000, foi por meio da ação estatal que ocorreram novos investimentos, como ferrovia, hidrelétrica e suporte financeiro à instalação do estado do Tocantins, além de investimentos no setor do agronegócio e a sua colaboração para inserção do estado no mercado nacional e internacional.

É a partir do período de 2000 a 2010 que quase todos os setores de atividades no Tocantins aumentaram sua participação na economia, refletindo em uma maior urbanização do estado. A população teve crescimento médio de 22,5% nesse período, e, em relação ao PIB, foi o estado que mais cresceu no acumulado entre 2002 e 2010, com 74,2% em termos absolutos[497]. Conforme dados da Secretaria de Planejamento e Orçamento do Estado do Tocantins[498], o PIB do Tocantins atingiu em 2021 o valor de R$ 51,8 bilhões e apresentou crescimento em volume de 9,2%, em relação a 2020. O Estado

---

[496] CAVALCANTE, 2003, p. 13.

[497] INSTITUTO BRASILEIRO DE GEOGRAFIA E ESTATÍSTICA (IBGE). *Contas regionais do Brasil*. Rio de Janeiro: IBGE, 2012.

[498] TOCANTINS. Secretaria de Planejamento e Orçamento. *Produto Interno Brito - PIB 2021*. 2021b.

manteve participação de 0,6% no PIB nacional e a 24.ª posição entre os entes federativos. O PIB per capita de 2021, por sua vez, foi R$ 32.215, contra R$ 27.448, em 2020. O setor de serviços é o grupo de atividade de maior peso na economia tocantinense, seguido pela agropecuária e pela construção civil.

> Porém, há de se mencionar que as atividades se concentraram espacial e setorialmente em apenas três cidades: Palmas, Araguaína e Gurupi. Em 2010, administração pública, comércio e serviço representaram 80% do total de empregos gerados no Tocantins. Esses setores juntos somavam quase 75% do PIB do estado.[499]

O desenvolvimento no Tocantins, em suas primeiras décadas enquanto novo estado, foi (e ainda é) mais intenso nas cidades às margens da BR-153, principalmente naquelas que centralizam diversas atividades aglomeradas, pessoas e negócios na base de polo diversificado, como é o caso de Araguaína, Colinas do Tocantins, Paraíso do Tocantins, Guaraí e Gurupi. Apesar de não estar às margens da BR-153, Palmas entra nesse desenvolvimento por ser capital do estado e ter atraído pessoas, negócios e investimentos.

Nilton Oliveira[500] explica que o cenário que se tem hoje é um transbordamento dessas atividades aglomerativas para cidades mais próximas dos polos regionais de base econômica e redução dos municípios considerados retardatários, conforme demonstrou o Índice de Desenvolvimento Regional (IDR) no período de 2000 a 2010. E, com relação à concentração dos melhores IDRs, "estão concentrados no corredor da BR-153 (Belém-Brasília), onde acontece a dinâmica econômica. Os municípios polos acabam irradiando o processo de desenvolvimento para os municípios intermediários, estes, por sua vez, para os retardatários"[501].

O IDR do estado do Tocantins foi construído segundo os indicadores sociais e econômicos e representa o grau de desenvolvimento dos municípios tocantinenses. O IDR é classificado em três categorias, que representam o estágio de desenvolvimento dos municípios, sendo eles: Municípios-Polo (IDR de 1,0 a 0,1) apresentam uma dinâmica na sua base produtiva com potencial de crescimento e de consumo; Municípios Intermediários (IDR de 0,099 a 0,050) apresentam uma estrutura econômica e social em crescimento, não obstante sua dinâmica seja inferior à dos municípios polos, pois con-

---

[499] OLIVEIRA, 2019, p. 155.

[500] OLIVEIRA, 2019.

[501] OLIVEIRA, Nilton Marques; PIFFER, Moacir; STRASSBURG, Udo. O indicador de desenvolvimento regional no território do Tocantins. *Interações*, Campo Grande, v. 20, n. 1, p. 3-20, jan. 2019. p. 15.

seguem atrair recursos e renda dos municípios retardatários; e Municípios Retardatários (IDR abaixo de 0,050) não apresentaram nenhuma capacidade de implementar um processo de crescimento e desenvolvimento econômico, uma vez que não conseguem reter ou atrair recursos de forma a assegurar as condições mínimas de um processo de desenvolvimento regional.

A partir de 2010, ainda segundo Oliveira, Piffer e Strassburg[502], verificou-se uma melhora sensível do IDR dos municípios no Tocantins. Os municípios considerados polos passaram a ser 16 em todo o estado, os municípios intermediários contabilizam 82, correspondendo a 59% do total do Estado. Já os classificados como retardatários contabilizam 41 municípios.

Alguns municípios no Tocantins ainda não descobriram o caminho para o seu processo de desenvolvimento, como é o caso das regiões do Bico do Papagaio, do Jalapão e da microrregião de Dianópolis.

Trazendo o foco para a região sudeste do Tocantins e de acordo com Oliveira e Piffer[503], as principais atividades econômicas são prestação de serviços, comércio, construção civil, criação de gado e cultivo de soja ou milho. Na região sudeste, destaca-se o município de Dianópolis como polo, o único entre os 20 municípios que compõem essa microrregião. Os municípios intermediários, que são aqueles que apresentam uma estrutura econômica e social em crescimento inferior à do município-polo, mas que conseguem atrair recursos e renda dos municípios menos desenvolvidos são Arraias, Taguatinga, Natividade, Almas, Combinado, Novo Alegre, Pindorama do Tocantins e Conceição do Tocantins.

No entanto, como identificar o potencial de uma região? Para identificar as potencialidades de uma região, é necessário identificar os setores que, ao estar mobilizados, geram o maior benefício por unidade de custo, dividido em três posições: em primeiro lugar, capacidade da região em dar início e sustentar os processos de autonomia material e bem-estar crescentes dos agentes produtivos locais e de seus dependentes; em segundo lugar, os recursos que existem (naturais, infraestrutura, capital humano, capital social, entre outros) se encontram subutilizados ou mal utilizados e apresentam custos de oportunidade nulo ou reduzido; e, por fim, na terceira posição, "determinação de 'potencial regional' diz respeito à especificidade da divisão regional do trabalho vis-à-vis à divisão internacional do trabalho"[504].

---

[502] *Ibidem.*

[503] OLIVEIRA, Nilton Marques de; PIFFER, Moacir. Conjuntura do desenvolvimento regional dos municípios do estado do Tocantins. *DRd*: Desenvolvimento Regional em debate, v. 6, n. 3, p. 32-61, nov. 2016.

[504] PAIVA, 2004.

Paiva[505] acrescenta que a especialização regional é uma indicação basilar do potencial de uma região e o poder público tem o papel indutor de fomentar o setor produtivo, o comércio e os serviços. E que as instituições e as organizações devem atuar em conjunto na elaboração de planos estratégicos para as regiões, profissionalizando os agentes públicos, investindo em qualificação e em educação.

> Existem níveis de planejamento que vão desde políticas gerais, com diretrizes para um território específico (geralmente uma nação), até projetos específicos. Essas políticas gerais devem ser da responsabilidade de órgãos públicos do governo que considerem tanto os interesses dos empresários turísticos e das comunidades de acolhimento (naturalização incluída) e os cofres públicos, quanto o bem-estar dos próprios turistas.[506]

Com isso, o poder público vem buscando alternativas para a região sudeste do Tocantins por meio das suas potencialidades naturais, históricas e culturais, voltando suas estratégias quase que exclusivamente para o turismo cultural e o ecoturismo com apoio de paraestatais.

4.4 Serras Gerais e o turismo em Natividade

O Tocantins possui em seu território atrativos naturais, como cachoeiras, rios, desertos e serras, o que tem despertado o interesse de turistas ao passar dos anos, principalmente após a divulgação massiva na mídia das belezas naturais, que passou a instigar a população a vir conhecer o estado.

Entre os anos de 2018 e 2019, o processo político por que passou o estado do Tocantins — com a cassação do governador Marcelo Miranda, a eleição suplementar para um novo governador (com sete meses de mandato), e a reeleição do suplementar, no caso o governador Mauro Carlesse — fez com que as políticas públicas e ações estratégicas para diversas áreas estivessem em *stand-by*.

Em 2019, a então Secretaria de Desenvolvimento Econômico, Ciência, Tecnologia, Turismo e Cultura do Estado do Tocantins (SEDEN) foi desmembrada em quatro autarquias por setor, sendo elas: Agência de Tecnologia da Informação (ATI); Agência do Desenvolvimento do Turismo, Cultura e Economia Criativa; Agência de Fomento; e Fundação de Amparo à Pesquisa (FAPT).

---

[505] *Ibidem.*
[506] BARRETTO, 2007, p. 13.

Já em fevereiro de 2021, período após eleições municipais e retomada da economia, por boa parte dos governantes, devido aos protocolos sanitários da pandemia de covid-19, o governador Mauro Carlesse realiza mais uma reforma no seu quadro de gestores. Na ADETUC, Tom Lyra deixa o cargo de presidente e a função passa a ser ocupada por um ex-prefeito da cidade de Pedro Afonso, Jairo Soares Mariano, que liderava também a Associação Tocantinense de Municípios até o fim de 2020.

Com essas constantes mudança de gestão, o desenvolvimento dos setores de turismo, cultura e a economia criativa ficou sob responsabilidade da Agência do Desenvolvimento do Turismo, Cultura e Economia Criativa[507]. No que tange ao turismo, em seu site institucional, a ADETUC reforça as características naturais do Tocantins como atrativos para o turismo.

> O Tocantins reúne atrativos para todos os segmentos turísticos: uma natureza com rios, cachoeiras, lagos, praias, serras, cânions, cavernas, grande diversidade de fauna e flora; rica cultura com influência ainda preservada de povos tradicionais; culinária que valoriza produtos locais e a tradição dos povos que aqui se desenvolveram; arquitetura antiga e moderna; artesanato que destaca culturas ancestrais; e as festividades e tradições influenciadas pela fé do seu povo.[508]

E mais:

> No centro do planalto central e banhado, em toda sua extensão, pelos rios Araguaia e Tocantins, o Estado abriga ambientes naturais de grande importância socioambiental, como a Ilha do Bananal, maior ilha fluvial do mundo; o Jalapão, conhecido como o "deserto das águas" por abrigar ambiente típico de savana, mas com grande riqueza hídrica; e o Cantão, que é o maior ecótono do planeta. Ainda, Palmas, a mais nova capital do País, possui uma arquitetura moderna e é considerada a cidade das oportunidades e da qualidade de vida. Embora o Cerrado seja a vegetação predominante, é possível encontrar ainda áreas de Floresta Amazônica e áreas com característica pantaneira.[509]

São as características naturais ou as modificadas (no caso de Palmas, a capital) que são divulgadas como as principais potencialidades do Tocantins como atrações turísticas.

---

[507] Em 2023, sob a gestão do governador eleito Wanderley Barbosa, a ADETUC deixou de existir, e foram criadas secretarias estaduais específicas para a área da cultura e do turismo.

[508] AGÊNCIA DO DESENVOLVIMENTO DO TURISMO, CULTURA E ECONOMIA CRIATIVA DO ESTADO DO TOCANTINS (ADETUC). *Desenvolvimento do turismo*. Palmas: ADETUC, 2019.

[509] *Ibidem.*

Sobre as ações do Ministério do Turismo e o Programa de Regionalização do Turismo – Roteiros do Brasil, o objetivo é descentralizar e regionalizar as políticas públicas buscando resultados socioeconômicos do território.

> Desse modo, o Programa de Regionalização do Turismo - Roteiros do Brasil consiste em uma estratégia geopolítica de compartimentar espaços para trabalhá-los em porções menores, com o alcance de objetivos em curto, médio e longo prazo. Pensar em uma região implica identificar processos que possibilitem reativar pequenas economias, dinamizar a comunidade local, mediante o aproveitamento de seus recursos, estimular e diversificar o crescimento econômico, e melhorar a qualidade de vida das populações residentes, tal qual os pressupostos do desenvolvimento social e humano destacados anteriormente.[510]

O Ministério do Turismo adotou uma nova metodologia para categorizar os municípios brasileiros[511], valendo-se de quatro variáveis de desempenho econômico: número de empregos, número de estabelecimentos formais no setor de hospedagem, estimativas de fluxo de turistas domésticos e internacionais, categorizando, assim, os 3.345 municípios do Mapa do Turismo Brasileiro de A até E[512].

Ainda segundo informações do MTur, a categorização é um instrumento previsto como uma estratégia de implementação do Programa de Regionalização do Turismo e permite tomar decisões mais acertadas e implementar políticas que respeitem as peculiaridades dos municípios brasileiros.

Assente nesse programa de regionalização, no Tocantins, sete regiões turísticas foram identificadas de acordo com suas características geográficas e de atrações turísticas. As regiões foram definidas em Serras e Lago, que inclui a capital, Palmas; Encantos do Jalapão; Praias e Lagos do Cantão; Bico do Papagaio; Ilha do Bananal; Serras Gerais; e Vale dos Grandes Rios.

A formação de regiões turísticas, pela integração de municípios, mostrou-se a melhor forma de incluir no processo de desenvolvimento os municípios que ficavam à margem da implementação de políticas públicas. Por meio do desenvolvimento regional, esses municípios poderiam se beneficiar de alguma forma da atividade turística.

---

[510] OLIVEIRA, 2016, p. 92.

[511] Pela Portaria 144, de 27 de agosto de 2015, que estabelece a categorização dos municípios pertencentes às regiões turísticas do Mapa do Turismo Brasileiro.

[512] BRASIL. Ministério do Turismo. *Programa de Regionalização do Turismo*: categorização dos municípios das regiões turísticas do mapa do turismo brasileiro. Brasília: MTur, 2015c.

Existem dois programas de incentivo ao desenvolvimento do turismo no Tocantins: o Programa de Desenvolvimento do Turismo (PRODETUR) e o Programa de Desenvolvimento Regional, Integrado e Sustentável (PDRIS).

O PRODETUR, criado pelo governo federal no âmbito do Ministério do Turismo, busca organizar intervenções públicas para o desenvolvimento da atividade turística, por meio de ações voltadas para o planejamento de regiões turísticas, com vistas à obtenção de crédito de financiamento externo. Nele, a prioridade será dotar de infraestrutura e de equipamentos as regiões turísticas, neste caso, só nos polos de Palmas, Jalapão e Cantão, para promover a qualificação na prestação dos serviços turísticos, apoiar a produção associada ao turismo, estruturar a oferta e dar qualidade aos produtos, além de fomentar projetos de base comunitária e aumentar a geração de renda das comunidades locais com mínimos impactos ambientais.

Ainda pelo PRODETUR, foram autorizados US$ 120 milhões, sendo US$ 72 milhões financiados pelo Banco de Desenvolvimento da América Latina (CAF) e US$ 48 milhões de contrapartida do Governo do Estado do Tocantins.

Já o PDRIS beneficia 72 municípios contribuindo para a melhoria da competitividade e integração regional, promovendo a inclusão social e a sustentabilidade ambiental. Fomenta ainda a eficácia do transporte rodoviário e dos serviços públicos em apoio ao desenvolvimento integrado e territorialmente equilibrado do estado.

O PDRIS dispõe de US$ 300 milhões de financiamento do Banco Mundial e US$ 75 milhões de contrapartida do governo do estado. Pelo programa, já foram elaborados projetos de turismo de base comunitária no polo do Jalapão; e de arvorismo no polo do Cantão, além de outras ações em tramitação como a elaboração de Política Estadual de Turismo, Elaboração de Plano de Desenvolvimento Integrado e Sustentável e Planos de marketing nos demais polos turísticos do Estado.

No Plano Plurianual (PPA)[513] de 2020 a 2023, publicado no *Diário Oficial do Estado* (DOE) do Tocantins 5.789, no dia 16 de fevereiro de 2020, o PPA tinha a pretensão de aumentar o fluxo turístico da região das Serras Gerais na taxa de 6% no ano de 2021, 8% em 2022 e 12% no ano de 2023.

---

[513] O PPA 2020-2023 é instrumento de planejamento governamental que estabelece as diretrizes, os objetivos e as metas da administração pública estadual para as despesas de capital, custeio e outros delas decorrentes, e para as relativas aos programas de duração continuada.

Em 2019, após as turbulências políticas ocorridas no Tocantins, iniciou-se a elaboração do Plano de Desenvolvimento Integrado do Turismo Sustentável (PDITS), que é o instrumento de planejamento do turismo em uma área geográfica selecionada e tem por objetivo principal orientar o crescimento do setor em bases sustentáveis em curto, médio e longo prazo, estabelecendo as bases para a definição de ações, as prioridades e a tomada de decisão[514].

O PDITS é o instrumento técnico de gestão, coordenação e condução das decisões da política turística e de apoio ao setor privado, de modo a dirigir seus investimentos e melhorar a capacidade empresarial e o acesso ao mercado turístico.

Assim, o PDITS foi criado pelo governo federal no âmbito do Ministério do Turismo e busca organizar intervenções públicas para o desenvolvimento da atividade turística, por meio de ações voltadas para o planejamento de regiões turísticas, no âmbito do PRODETUR, com vistas à obtenção de crédito de financiamento externo.

Considerando-se os múltiplos agentes públicos e privados no desenvolvimento das atividades turísticas, e ainda o necessário envolvimento de grupos sociais, os PDITSs devem orientar as autoridades governamentais quanto aos ajustes no marco legal e institucional necessários para facilitar o pleno desenvolvimento do turismo nas áreas prioritárias e quanto aos investimentos que devem ser efetivados, além de oferecer informações específicas para promover investimentos da iniciativa privada em empreendimentos e produtos turísticos que aproveitem os atrativos dessas áreas e de conscientizar as comunidades locais sobre o papel do turismo como indutor do desenvolvimento econômico, gerador de novas oportunidades de trabalho e emprego e melhoria da qualidade de vida.

Por intermédio desse plano, a ADETUC atua junto aos agentes públicos, privados e grupos sociais no desenvolvimento das atividades turísticas. Na teoria, o PDITS deve orientar o poder público com relação à regulação da atividade e quanto às políticas públicas para o setor nessas regiões, para facilitar o pleno desenvolvimento do turismo nas áreas estabelecidas como prioritárias[515].

O PDITS das Serras Gerais foi iniciado em outubro de 2017, em conjunto com os planos das regiões turísticas de Ilha do Bananal, Bico do Papagaio e Vale dos Grandes Rios[516], e finalizado em agosto de 2019. O

---

[514] ADETUC, 2019.

[515] *Ibidem.*

[516] OLIVEIRA, Daniela. Plano de Desenvolvimento de Turismo Sustentável de quatro regiões do Tocantins começa a ser elaborado. *Secretaria da Comunicação – Governo do Tocantins*, Palmas, 6 out. 2017.

documento foi disponibilizado pela Superintendência de Turismo da ADE-TUC para esta obra, e o mesmo plano está disponibilizado e publicado nas páginas do órgão. O consórcio que realizou o trabalho foi formado pelas empresas Sociedade Portuguesa de Inovação (SPI), THR Tourism Industry Advisors, Oikos, com filial em Palmas, e T4 Consultoria.

Outro programa paralelo aos realizados por iniciativa do governo do Tocantins é o Investe Turismo, que também pretende identificar oportunidades de negócios, políticas públicas e outras ferramentas oferecidas pelo programa para potencializar o desenvolvimento da atividade turística local. No estado, a rota é dividida em duas regiões turísticas: Encantos do Jalapão, que compreende as cidades de Mateiros, Ponte Alta do Tocantins e São Félix do Tocantins; e Serras e Lagos, que contempla a capital, Palmas. O Programa Investe Turismo é resultado de uma parceria do SEBRAE nacional, Ministério do Turismo e EMBRATUR, e prevê investimentos de cerca de R$ 200 milhões em todo o país[517].

Percebe-se que os principais programas de investimento do Tocantins e demais instituições para o turismo, com ou sem financiamento estrangeiro ou federal, estão direcionados prioritariamente para as regiões de Palmas, Jalapão e Cantão. E as demais regiões? Quando serão lembradas pelas políticas de desenvolvimento?

Dentro da categorização dos municípios pelo Ministério do Turismo, o Tocantins possui 42 cidades agrupadas nas categorias de A a E. Palmas, assim como todas as capitais brasileiras, ficou na categoria A, que representa os municípios com maior fluxo turístico e maior número de empregos e estabelecimentos no setor de hospedagem. Outros cinco municípios do estado foram inseridos nessa categorização; Araguaína está na categoria B; e as cidades de Dianópolis, Gurupi, Paraíso do Tocantins e Porto Nacional, na categoria C. As demais 36 cidades foram categorizadas como D. O conjunto de municípios do grupo D reúne características de apoio às cidades geradoras de fluxo turístico. Muitas vezes são aquelas que fornecem mão de obra ou insumos necessários para atendimento aos turistas[518].

As Serras Gerais, uma das sete regiões turísticas do Tocantins, conforme o Programa de Regionalização do Turismo do Ministério do Turismo, está localizada entre os municípios de Aurora do Tocantins e Taguatinga, que fazem parte da maior cadeia de serras do Brasil e, além das maravilhas

---

[517] AGÊNCIA SEBRAE DE NOTÍCIAS DO TOCANTINS (ASN/TO). Programa Investe Turismo é lançado no Tocantins. *Agência Sebrae*, Palmas, jun. 2019.

[518] BRASIL. Ministério do Turismo. *Mapa do turismo*: categorização. Brasília: MTur, 2019a.

naturais, guardam tradições, arquitetura colonial, história e cultura, como as Cavalhadas, a Romaria do Senhor do Bonfim e a Festa do Divino Espírito Santo, entre outras festas folclóricas e religiosas herdadas do colonialismo e da era do ciclo do ouro, como em Natividade[519].

> Em toda a região, o ecoturismo é propiciado por uma profusão de rios, canyons, cachoeiras e cavernas como em Dianópolis, município que também guarda tradições ancestrais dos povos quilombolas. Outro município da região é Peixe, que de maio a outubro oferece praias de água doce à margem do rio Tocantins. Em meio a fauna, a flora e outras belezas naturais, o visitante pode apreciar também os centros históricos de Natividade, Dianópolis e Arraias, que em suas ruas estreitas e muros de pedra construídos por escravos guardam memórias da história do Tocantins.[520]

Com isso, a região das Serras Gerais está localizada no sudeste do Tocantins e é formada por 22 municípios, em que a concentração das atividades turísticas ocorre em nove cidades, sendo elas: Almas, Arraias, Aurora do Tocantins, Dianópolis, Lavandeira, Natividade, Pindorama, Rio da Conceição e Taguatinga. Os municípios que estão na região das Serras Gerais estão classificados, em sua maioria, na categoria D, sendo eles: Almas, Arraias, Pindorama, Rio da Conceição, Taguatinga. A cidade de Aurora do Tocantins está classificada como E. Natividade está na categoria D[521].

No Portal do Governo do Tocantins, sitiado no endereço http://turismo.to.gov.br, que tem como objetivo divulgar os atrativos turísticos no estado, as categorizações estão subdivididas nas áreas de artesanato e cultura, ecoturismo e aventura, negócios e eventos, gastronomia de negócios, sol e praia, esporte e náutica e pesca esportiva. Não há categorização para visitação voltada ao turismo religioso, característica essa que é pouco mencionada nos materiais promocionais do turismo no Tocantins.

Outro espaço em que há divulgação das festas religiosas de Natividade é na Rodoviária de Palmas, com banners nas colunas em que estão os boxes dos ônibus. No aeroporto da capital, apenas fotos do Jalapão e Palmas.

Como Natividade está na região das Serras Gerais, no próprio portal do governo do Tocantins é apresentada como a cidade que se destaca pela sua charmosa arquitetura colonial, pelas festas religiosas, pelo folclore e pela gastronomia, porém não há um aprofundamento e destaque para as

---

[519] TURISMO TOCANTINS. *Serras Gerais*. Palmas, 2019.

[520] *Ibidem.*

[521] BRASIL. Ministério do Turismo. *Municípios são agrupados em cinco categorias*. Brasília: MTur, 25 ago. 2015b.

festas religiosas realizadas no município. A cidade está presente nos pacotes turísticos das agências de viagens, bem como possui legislação própria sobre a regulamentação da atividade turística, com a Lei do Voucher Único[522].

Nos roteiros das agências disponibilizados em sites na internet, Natividade integra os pacotes como vivência cultural por meio da capoeira, dança suça, confecção do Biscoito Amor-Perfeito, além de passeio pelo centro histórico. Não há diferença no roteiro na época das festas religiosas da cidade.

Como inserir o turismo religioso nesse projeto de desenvolvimento do turismo para a região de Natividade? Seria este o momento de ampliar o olhar do turista não só para o ecoturismo ou turismo cultural, como também para o turismo religioso?

Em abril de 2019, a ADETUC realizou um seminário com os representantes dos municípios que integram a região das Serras Gerais, com o tema "Serras Gerais: caminhos a serem percorridos". Apresentaram-se as demandas dos municípios e o portfólio da região. A reunião também serviu para elaboração de um inventário de toda a estrutura turística dos municípios de Arraias, Almas, Aurora, Dianópolis, Lavandeira, Rio da Conceição, Natividade e Taguatinga[523].

> Na pauta, também serão discutidos assuntos relacionados ao diagnóstico da infraestrutura considerando acesso, comunicação (telefonia e internet), Centro de Apoio ao Turista (CAT), secretaria municipal e seu aporte técnico e estrutural, modelo de governança, saneamento, segurança; atualizar a promoção do Estado incluindo Serras Gerais no site, folheteria, vídeos e todos os demais veículos de distribuição da imagem do turismo de Tocantins; viabilização da presença das Serras Gerais nas feiras contando com crachás de expositores para que possam ter acesso a rodadas de negócios e outras articulações; valorizar a imagem das Serras Gerais nas plotagens de stands promocionais; fomentar os registros no Cadastro de Prestadores de Serviços Turísticos (Cadastur); apoiar o fortalecimento do fórum regional e a participação da região no fórum estadual; sinalização turística, dentre outros.[524]

---

[522] Decreto-Lei 064, de 21 de dezembro de 2016: Lei do *Voucher* Único em Natividade, que regulamenta os passeios turísticos da cidade por meio dos passaportes de visitação.

[523] MACHADO, Wladimir. Potencial turístico das Serras Gerais é tema de evento em Palmas. *Secretaria da Comunicação – Governo do Tocantins*, Palmas, 22 abr. 2019.

[524] *Ibidem.*

Outro evento que abordou o potencial turístico da região das Serras Gerais e envolveu as entidades públicas foi realizado em Dianópolis, no mês de junho de 2019, promovido pela Universidade Federal do Tocantins por meio do Programa UFT Social, que foi lançado em 2018 e visa aproximar a universidade e suas soluções para os municípios, de modo a fomentar o potencial de cada um e também atender demandas básicas nas áreas de saúde, formação de professores, saneamento básico, implantação de planta genérica de valores e plano diretor[525].

Em setembro de 2019, o SEBRAE Tocantins, com apoio do governo do Tocantins, do Ministério do Turismo, da Prefeitura de Natividade, da ATTR e da ASSEGTUR, realizou em Natividade o fórum Efeitos do Turismo no Desenvolvimento Regional – Serras Gerais, com o objetivo de debater o turismo pela ótica do desenvolvimento regional, do associativismo, do cooperativismo e das oportunidades de crédito e financiamentos.

No evento, a ADETUC apresentou os projetos da pasta voltados ao fomento da pesca esportiva e do turismo de observação de aves. Especialmente sobre as Serras Gerais, foi enfatizada a acessibilidade da região, porém os projetos precisavam oferecer sustentabilidade social, ambiental e econômica. Já o Ministério do Turismo expôs que a região tinha que se estruturar, qualificar e divulgar os destinos para que o próprio povo fosse beneficiado com qualidade de vida e geração de renda[526].

Nesse mesmo evento, o SEBRAE expôs que a região tinha todas as condições de crescer por intermédio do turismo, que era o setor da economia que mais se desenvolveria nos próximos anos e que os produtos estavam formatados, então era preciso comercializá-los. Os produtos apresentados pelo SEBRAE como "formatados" em Natividade eram Biscoito Amor-Perfeito e o Grupo de Suça "Tia Benvida". No entanto, não se discutiu sobre o turismo religioso.

Para a cidade de Natividade, além dos atrativos naturais, como cachoeiras, cavernas e rios, há o turismo cultural, devido à preservação da sua arquitetura colonial, tombada como patrimônio, e ainda o turismo de experiência por meio do projeto Vida de Natividade[527], adotado pela fábrica de biscoitos Tia Naninha e pelo grupo de dança de suça "Tia Benvinda".

---

[525] LIMA, Samuel. Com foco no turismo, UFT Social é apresentado em Dianópolis. *Notícias – Universidade Federal do Tocantins*, Palmas, 18 jun. 2019.

[526] FONTES, Seleucia. Propostas para o desenvolvimento da região das Serras Gerais por meio do turismo são apresentadas durante fórum. *Portal do Tocantins*, Palmas, 20 set. 2019.

[527] Vida de Natividade é um roteiro turístico de vivência, em que o turista visita pontos históricos e culturais da cidade, e em alguns lugares há interação com os costumes locais: danças, culinária etc.

O turismo religioso apresenta características que coincidem com o turismo cultural, como exposto no tópico anterior. Para Dias e Silveira[528],

> [...] devido à visita que ocorre num entorno considerado como patrimônio cultural, os eventos religiosos constituem-se em expressões culturais de determinados grupos sociais ou expressam uma realidade histórico-cultural expressiva e representativa de determinada região.

Seria, então, por meio do turismo religioso que os atores que agenciam o patrimônio e o turismo poderiam encontrar alternativas para tornar Natividade não apenas um destino de ecoturismo e turismo cultural, como também um destino religioso? Ou ainda: a religião tem força de atração para se unir aos agenciamentos patrimoniais e turísticos, ou ela somente os replica?

> Assim, cabe questionar se esse fluxo de turistas é na verdade de peregrinos/romeiros, crentes convictos ou simplesmente mais alguns consumidores de um produto turístico aberto a um novo consumidor de espaços e lugares com um significado para além do mero lazer.[529]

Pensar o turismo apenas sob o aspecto econômico e comercial pode levar a um empobrecimento, por ser este compreendido como um fenômeno mais complexo do que simples negócio ou produto, já que este envolve tanto as pessoas que realizam as viagens quanto as que recebem os viajantes e, portanto, o encontro entre diferentes culturas, sendo vivenciado dentro de contextos históricos, políticos e sociais[530].

> Embora ainda muitos consideram que as motivações religiosas não têm nada de turístico, quando comparadas com outros propósitos de viagens, na realidade, o viajante pode ter um envolvimento grande com o sagrado, mas continua a necessitar de descanso, alimentar-se e desfrutar de momentos de calma e relaxamento, pois sua condição humana assim o exige. E, ao provocar essa demanda, usufrui dos mesmos equipamentos necessários para o atendimento do viajante que o faz com fins culturais, por exemplo.[531]

Em Natividade, as festas movimentam a economia local (muitas vezes na informalidade), o turismo e toda uma cadeia de serviços que acaba por reunir diversas pessoas nos dias que as antecedem, como, por exemplo,

---

[528] DIAS; SILVEIRA, 2003, p. 17.
[529] MILLÁN; PÉREZ; MARTÍNEZ, 2016, p. 86, tradução nossa.
[530] SOUZA, 2010.
[531] DIAS; SILVEIRA, 2003, p. 15.

nas comemorações do dia do Senhor do Bonfim, que reúne milhares de visitantes, que utilizam hotéis, pousadas, restaurantes e comércio local, de forma geral.

> Esse conjunto de atividades econômicas sustentado pelo que convencionamos denominar indústria do turismo, só existe de forma significativa em função da atividade turística. Desse modo, o conjunto de locais e atividades religiosas – santuários, eventos, caminhadas, romarias etc. que provoca o deslocamento de pessoas, quando estas permanecem no local mais de 24 horas, deve ser considerado como atrativo turístico e o fenômeno deve ser considerado como tipo particular de turismo, o religioso.[532]

Irving *et al.* explicam que

> [...] a efetiva participação das comunidades locais no processo de planejamento e gestão da atividade turística parece, portanto, essencial, pois a população local é conhecedora e vivencia a sua realidade imediata, sendo capaz de identificar problemas e necessidades, avaliar alternativas, desenvolver estratégias para proteção e/ou valorização do patrimônio natural e cultural e buscar soluções para os problemas identificados, sugerindo caminhos que levem à melhoria da qualidade de vida, ao fortalecimento da cultura local e ao bem-estar social.[533]

Para o desenvolvimento do turismo religioso em Natividade, a atuação de diversas entidades e ações direcionadas, a exemplo do Governo do Estado com a promoção das políticas públicas, os órgãos não governamentais com treinamentos e cursos, a associação com a mobilização da comunidade e a iniciativa privada com o investimento, são necessários, como é apontado por Moreira e Porta[534], em que o "desenvolvimento da economia da cultura exige mecanismos diversificados de fomento, diferentes da política de fomento via leis de incentivo fiscal".

Correlacionando as ações necessárias por parte dos atores sociais para o desenvolvimento do turismo religioso, e retomando a teoria da ação social apresentada por Guy Bajoit, em que o indivíduo assume compromissos para consigo mesmo e "a 'ideia' que ele tem de si mesmo não é imutável,

---

[532] *Ibidem*, p. 15.

[533] IRVING *et al.* 2005 *apud* LOPES; PEREIRA, 2017, p. 58.

[534] MOREIRA, Gilberto Passos Gil; PORTA, Paula. Economia da cultura. *Ministério da Cultura*, Brasília, 3 fev. 2008.

mas dinâmica, em constante evolução, em readaptação permanente. [...] aqueles que ocupam a mesma posição numa relação social participam da mesma identidade coletiva"[535].

Partindo dessas motivações, as ações desenvolvidas por diversos atores contribuem para o fomento do turismo religioso em Natividade, principalmente por parte da comunidade local, que pode desenvolver ações e projetos valendo-se de suas associações, que, além de cuidar do patrimônio e cultura local, são locais de preservação, disseminação de informação, construção da história e memória do lugar.

Um dos principais atores nesse processo em Natividade é a Associação Comunitária Cultural de Natividade (ASCCUNA)[536], que possui uma forte atuação na organização das festas tradicionais de Natividade e na preservação de manifestações folclóricas (música, dança e teatro), além de ser uma referência como fonte de informações sobre o município. Outra ação da ASCCUNA é a confecção do Calendário de Eventos[537] de Natividade, uma referência para turistas, pesquisadores, imprensa, órgãos e entidades, enquanto divulgadora de informações sobre a cidade e suas manifestações culturais na internet.

Em agosto de 2014, uma iniciativa por parte do SENAR e do SEBRAE no Tocantins resultou em um "Diagnóstico da Romaria do Senhor do Bonfim", que tinha como objetivo fomentar o turismo religioso no município de Natividade, por meio de uma ação educativa voltada ao setor comercial da cidade. Na época, foram realizados cursos, oficinas, palestras e consultorias especificamente para sanar as necessidades encontradas nessa análise, visando aprimorar e impulsionar o setor turístico na região[538].

---

[535] BAJOIT, 2006, p. 233.

[536] A Associação Comunitária Cultural de Natividade foi criada em 1992 com o objetivo de colaborar com a preservação do patrimônio cultural de Natividade, por meio da implantação de projetos e ações. Presidida atualmente pela sua fundadora, a economista Simone Camelo de Araújo, que também é especialista em Cooperativismo, a ASCCUNA possui, entre essas ações e projetos: a compilação de dados sobre o município em uma apostila que é utilizada nas bibliotecas e pelos professores em salas de aula das escolas do município, além de acervo bibliográfico sobre o município disponibilizado ao público na biblioteca municipal e na sede da entidade; implantação de projetos de resgate e preservação de técnicas tradicionais na comunidade, como trabalhos manuais (vagonite, hardanger e ponto de cruz), confecção de joias artesanais em ouro e prata (criação e manutenção da Ourivesaria Mestre Juvenal), confecção de bolos, biscoitos e licores típicos, confecção de tambores da suça, entre outros.

[537] *Cf.* Calendário disponível em: http://joiasdenatividade.com.br. Acesso em: 18 ago. 2021.

[538] FAET RURAL. SENAR e SEBRAE apresentam diagnóstico sobre turismo religioso para o Bonfim. *Portal FAET Rural*, 15 mar. 2014.

Sabe-se que as festas religiosas em Natividade promovem uma grande concentração de pessoas que se organizam todos os anos para manter essas tradições, fazendo com que essas festividades se tornem uma característica local, ou seja, reforçando e/ou reconhecendo ali uma identidade do lugar.

Para esse diagnóstico da Romaria do Senhor do Bonfim, uma das maiores festas religiosas do Tocantins, como apresentado anteriormente nesta obra, foram entrevistadas 345 pessoas a fim identificar o perfil de turistas; e 105 comerciantes para diagnóstico do perfil de pequenos negócios. Dados do relatório mostram que, na Romaria do Bonfim, que acontece na primeira quinzena de agosto, a maioria dos romeiros é de turista (52%), vem acompanhada de suas respectivas famílias (60%), desloca-se em veículo próprio (57%), pernoita na cidade (63%) entre dois e quatro dias, hospeda-se em casa de amigos ou parentes (37%) ou em acampamentos (34%), e apenas 7% ficam hospedados em hotéis ou pousadas.

Sobre a motivação da viagem, 37% relataram que estariam pagando promessa e, destes, 74% receberam um milagre. A principal reclamação do público no perfil de turistas estava relacionada à infraestrutura da festa, e 50% dos entrevistados consideram os banheiros e a limpeza do evento "ruins".

Além dos festejos religiosos, a romaria reúne comerciantes de diversas partes do país, que aproveitam a concentração de fiéis para vender roupas, sapatos, artesanatos, artigos religiosos e alimentos. Outro dado relevante desse relatório acerca do turismo religioso para a Romaria do Senhor do Bonfim é que 49% dos comerciantes não residem no Tocantins e 51% dos entrevistados não compram suas mercadorias no estado, o que gera preocupação quanto à movimentação da economia. Os comerciantes também se queixaram quanto à infraestrutura da festa, como acomodações, limpeza e banheiros, porém a principal queixa (80%) é quanto às taxas que são pagas para utilização do espaço da Romaria para o comércio, que variam de R$ 30 a R$ 800.

A avaliação da infraestrutura básica e turística de Natividade, na visão dos turistas e excursionistas, na comunidade do Bonfim, foi que o meio de hospedagem no local está entre regular e ruim (67%), os restaurantes disponíveis estão entre regular e ruim (75%), o posto médico disponível está regular para 42% dos entrevistados, e o transporte intermunicipal até o local da festa está entre regular e ruim para 62% dos visitantes. A recomendação final do diagnóstico foi "seguir o modelo de Trindade (GO)"[539].

---

[539] SERVIÇO BRASILEIRO DE APOIO ÀS MICRO E PEQUENAS EMPRESAS (TOCANTINS) (SEBRAE/TO). *Diagnóstico do segmento de turismo religioso na Romaria do Senhor do Bonfim – Natividade (TO)*. Palmas: SEBRAE Tocantins, 2013.

Por esse diagnóstico, nota-se que a região e suas festas atraem pessoas e movimentam a economia local, mas não há estrutura adequada e satisfatória nem para os turistas, nem para os comerciantes que ali estão. Algumas políticas pensadas nos últimos três anos por parte do governo do estado para o turismo na região das Serras Gerais não incluem a Romaria do Bonfim (nem sequer é citada), como é o caso do PDITS, que será analisado no próximo capítulo.

E, em Natividade, não há como seguir um modelo e apenas aplicá-lo como se fosse a solução para o desenvolvimento da região e para o fomento do turismo religioso.

Todos que participam das festas religiosas atuam como atores sociais, por motivos religiosos ou não, compartilhando as decisões e estabelecendo as relações sociais necessárias para o desenvolvimento local.

No próximo capítulo, serão analisadas as entrevistas com os atores sociais que agenciam o turismo na cidade e as festas religiosas, os questionários aplicados para a comunidade interna e externa de Natividade (dos visitantes da Festa do Divino Espírito Santo e da Romaria do Bonfim), além de confrontar os dados coletados com base nos planos, projetos e políticas que já foram estabelecidos pelos atores exógenos, principalmente o governo do Tocantins.

FESTAS RELIGIOSAS, AGENCIAMENTOS E O TURISMO RELIGIOSO

Como já exposto, esta obra tem por objetivo investigar as principais festas religiosas da cidade de Natividade, neste caso, a Festa do Divino Espírito Santo e a Romaria do Senhor do Bonfim, de forma a reconhecer e analisar como se estabelece a relação entre desenvolvimento local e turismo religioso, por meio do agenciamento de seus atores em torno de uma identidade religiosa e cultural que é atribuída à cidade.

As festas religiosas na cidade promovem uma grande concentração de pessoas que se organizam todos os anos para manter essas tradições, fazendo com que essas festividades se tornem uma característica local, ou seja, reforçando e/ou reconhecendo ali uma identidade do lugar.

Entende-se que Natividade segue esse modelo de expressão cultural por meio de suas festas populares e vive em torno de suas principais festividades religiosas durante seis meses do ano, de forma sequencial a partir de março e/ou abril, iniciando com a Festa do Divino Espírito Santo, e logo depois, em agosto, com a Romaria do Senhor do Bonfim. Nos últimos anos, esses eventos contam com apoio da Igreja e do poder público em ações pontuais, como segurança.

Questiono neste capítulo: como a realização da Festa do Divino Espírito Santo e da Romaria do Senhor do Bonfim — as quais são representativas da religiosidade da população católica local — pode se tornar referência para o desenvolvimento local por meio do turismo religioso?

Neste capítulo, analiso os dados coletados na pesquisa correlacionando-os com o referencial teórico, com o intuito de responder ao questionamento supracitado e referendar (ou não) as hipóteses levantadas no início deste trabalho, sendo elas: a) para que Natividade seja reconhecida como destino turístico religioso, necessita-se que exista o compromisso de todos os atores envolvidos nesse processo, sendo eles comunidade, poder público e empresários; b) não havendo elementos locais para impulsionar o desenvolvimento local, a inserção de Natividade em um circuito já estabelecido seria um elemento impulsionador, como é o caso do projeto de incentivo turístico para a região das Serras Gerais, porém com viés religioso e cultural; e c) a identidade religiosa atribuída a Natividade demarca um conjunto de práticas e manifestações que podem orientar um modelo de desenvolvimento local, no qual as festas adquirem centralidade.

Para entender os agenciamentos, precisa-se compreender como está sendo trabalhado o turismo pelos atores sociais e principalmente, como estão sendo trabalhados os projetos em torno desse turismo em Natividade. Para tanto, foram utilizados diferentes meios de coleta de dados, como: visitas aos diversos ambientes da cidade durante as celebrações das festas e em épocas fora das festividades, até mesmo em horários diferenciados, para observação das atividades cotidianas e dos diferentes usos do espaço; observação direta e registro sonoro, fotográfico e, na medida do possível, audiovisual das atividades realizadas durante as festas nos anos de 2018 e 2019; visitas e conversas informais por meio de aplicativos de trocas de mensagem, redes sociais e pessoalmente com a comunidade, nos anos de 2019, 2020 e 2021, em que se buscaram informações para que os pontos de vista dos atores fossem levados em consideração na análise dos dados; foram realizadas ainda entrevistas abertas, deixando os participantes à vontade para tratar em maior ou menor extensão das questões de seu interesse; além da consulta aos arquivos, livros, matérias jornalísticas, estudos e documentos históricos da comunidade referentes às festividades pesquisadas.

Para esta pesquisa, os instrumentos de pesquisa de campo, como o diário de campo e a observação direta, iniciaram-se nos meses de junho e agosto de 2018, durante a realização da Festa do Imperador do Divino e da Romaria do Senhor do Bonfim daquele ano. Como também conversas com representantes da ASCCUNA, empresários locais e comunidade.

Assim, a pesquisa de campo seguiu até o ano de 2019 na cidade de Natividade e no povoado do Bonfim, locais esses em que ocorrem as festas religiosas que são objeto de pesquisa deste estudo. E, entre os meses de abril a junho, período da Festa do Divino Espírito Santo, além do mês de agosto, a Romaria do Senhor do Bonfim. Em 2020, devido às medidas de distancia-mento sociais estabelecidas pelos governos (federal, estadual e municipal) e devido à pandemia do novo coronavírus, a metodologia utilizada durante a produção de dados desta pesquisa foi adaptada às novas condições de contato social. O método *snowball* (bola de neve)[540] foi utilizado para a seleção dos entrevistados, a partir da entrevista com um representante da ASCCUNA, ou seja, um entrevistado indica o próximo.

---

[540] COLEMAN, 1958 *apud* HANDCOCK; GILE, 2011.

Dividido em sete seções o questionário inicia-se com a concordância do participante assinando o Termo de Consentimento Livre e Esclarecido[541] (TCLE). A primeira seção trata sobre o perfil do respondente (nome completo, origem, sexo, estado civil, faixa etária, renda mensal familiar, escolaridade, ocupação e como se informa); a segunda, sobre a participação nas festas pesquisadas (quantos dias/vezes participa, principais motivos em participar) com duas perguntas abertas sobre a) qual a relação do respondente com as festas pesquisadas, b) o que mais marca o respondente ao participar das festas; a terceira e a quarta seção foram sobre a avaliação das duas festas pesquisadas, aplicando quesitos entre "ótimo" a "sem declaração", nas áreas de limpeza, energia, internet, estacionamento, segurança, área da Missa, atendimento ao visitante, público visitante e organização; na quinta seção, o participante respondeu também sobre o turismo e se visitava outros locais de Natividade quando ia participar das festas (caso a resposta fosse positiva, quais locais seriam esses), além de responder se, caso uma empresa oferecesse passeios turísticos após as festividades religiosas, ele faria o passeio, se compra lembranças da viagem (qual e onde compra), se benze essas lembranças na Missa, se acredita que Natividade possa ser um destino para o turismo religioso e outra pergunta aberta sobre o porquê do participante acreditar na potencialidade do turismo religioso na cidade; na sexta seção, o respondente analisa a infraestrutura das Festas do Divino Espírito Santo e da Romaria do Bonfim, no que se refere ao local onde se hospeda quando participam da festa, qual meio de transporte utiliza para chegar às festas, o que considera que foi melhor nas últimas festividades e o que acredita que possa melhorar na infraestrutura das próximas festas; por fim, na sétima e última seção, o participante analisava a infraestrutura turística de Natividade aplicando quesitos entre "ótimo" a "sem declaração", com relação a rodoviária, transporte intermunicipal, hospedagem, restaurantes, posto médico, apoio aos visitantes e sinalização turística.

Ao todo, foram respondidos 120 questionários, sendo divulgados nos grupos do aplicativo multiplataforma de mensagens instantâneas da comunidade de Natividade, nos perfis nas redes sociais vinculados à cidade e das festas ora pesquisadas, além de envio por e-mail aos respondentes que assim o solicitavam em contato comigo.

Nos resultados das perguntas abertas, foram utilizadas, para melhor visualização das palavras-chave encontradas na análise das respostas dos questionários, imagens em nuvens de palavras, que são um recurso gráfico

---

[541] Aprovado pelo Comitê de Ética em Pesquisa da UFT. CAAE: 28369420.3.0000.5519.

utilizado para descrever de forma simples os termos mais frequentemente citados pelos visitantes. Assim, as palavras mais frequentes são desenhadas em fontes de tamanho maior; palavras menos frequentes são desenhadas em fontes de tamanho menor. Essas nuvens foram geradas por meio do site www.wordclouds.com, sendo subtraídos os artigos e pronomes das 120 respostas recebidas até o dia 15 de abril de 2021.

A construção de informações, conceitos e explicações obedeceu a um critério gradual, em que, sempre que necessário, eu estabelecia a comunicação contínua com os participantes da pesquisa para obter informações adicionais durante todo o processo de construção da obra.

Logo, este capítulo aborda os seguintes temas: análise dos agenciamentos locais por meio dos atores sociais que atuam na cidade; as políticas públicas que foram planejadas para a região de Natividade e a análise desse instrumento conforme os dados levantados; a análise, conforme as respostas dos 120 questionários aplicados de forma on-line, sobre estrutura, impressões sobre as festas religiosas e sobre Natividade; relata como está sendo a Festa do Divino Espírito Santo, seus principais ritos e como as celebrações ocorreram em meio à pandemia; análise também da Romaria do Senhor do Bonfim, suas características, estrutura e público, com a incidência da pandemia; e faz a avaliação dos atores sociais com relação à possibilidade do turismo religioso em Natividade.

As festas religiosas de Natividade envolvem muitas pessoas, são ricas de significado e de fé. As pessoas são motivadas a estar no local, independentemente da estrutura e/ou dos serviços oferecidos durante essa estada, pois, quando se fala de religiosidade, adentra-se um território muito particular e misterioso do ser humano, que é a fé.

Com isso, Raymond Williams[542] reforça que só se pode entender uma cultura dominante e efetiva a partir do momento que se entende o processo social e as relações sociais que dela derivam. Em Natividade, os atores estão organizados sob uma lógica de compromissos identitários[543], que se faz necessária para entender os projetos que estão sendo trabalhados na cidade, sendo o maior questionamento sobre o turismo religioso: quem o está organizando? Quais são os atores envolvidos? Há disputas nesse contexto? Quais são essas disputas? Essas disputas se fazem em torno desses projetos para o turismo religioso ou não?

---

[542] WILLIAMS, 1979.
[543] BAJOIT, 2006.

Ainda relembrando Guy Bajoit[544], os indivíduos tentam gerir as tensões existenciais vividas dentro das suas respectivas identidades coletivas, uma vez que nem todos adotam a mesma lógica do sujeito, nem todos possuem o mesmo compromisso com determinado projeto e nem todos se comprometerão com as mesmas lógicas identitárias necessárias para o desenvolvimento da cidade.

Será com base nesses questionamentos que serão analisados os dados desta pesquisa e, ainda, compreender-se-á como ocorre a participação dos atores sociais nos processos de decisão acerca das políticas desenvolvidas para o município, no que tange ao desenvolvimento local, e o agenciamento desses atores acerca dos projetos que estão sendo estabelecidos na área do turismo em Natividade.

Sobre esses compromissos, a Associação Comunitária Cultural de Natividade vem atuando desde a década de 1990, sob a iniciativa da economista e nativitana Simone Camelo Araújo, em parceria com a comunidade. Em entrevista ao *Jornal do Tocantins*, na comemoração dos 25 anos da associação, Simone explica sua motivação à frente da organização e destaca que a ASCCUNA sempre está em busca da história e da cultura de Natividade, e que a associação realizou nos últimos anos o resgate de projetos que dão identidade para a comunidade, que também abraça a causa e é beneficiada com geração de renda e a preservação das memórias e das tradições.

> Percebi que Natividade precisava ter uma entidade, e que várias pessoas faziam ações, e que ter uma instituição seria um respaldo junto às políticas públicas. [...] Logo que criamos, cobramos a presença de um escritório do Iphan no Tocantins e chamamos o órgão para Natividade por ser, na época, a única cidade tombada no Estado. Foi feita então a parceria e funcionaram juntos a sede da associação e do Iphan. [...]. Mas o processo de resgate, manutenção e transmissão desse saber histórico não é algo fácil. Natividade tem uma característica que torna difícil e fácil ao mesmo tempo. Tudo é cultura, tudo é patrimônio. Você lidar com um festejo não é algo comum, existe todo um rito que deve ser seguido. É uma responsabilidade muito grande para a entidade e temos procurado levar o reconhecimento da comunidade.[545]

---

[544] *Ibidem.*

[545] SOARES, Marcelle. Cultura e patrimônio. *Jornal do Tocantins*, Palmas, 9 dez. 2017.

Essa constante busca de objetivação de propósitos, exposta na motivação da fundadora da associação, guarda uma correlação com a construção da identidade. Nessa construção, segundo Bajoit:

> [...] os compromissos que o indivíduo assume para consigo mesmo, e, portanto, a "ideia" ou a "imagem" que ele tem da sua identidade, nunca são completamente (in)conscientes nem (in)voluntarias. [...] a "ideia" que ele tem de si mesmo não é imutável, mas dinâmica, em constante evolução, em readaptação permanente. [...] aqueles que ocupam a mesma posição numa relação social participam da mesma identidade coletiva.[546]

Para Bajoit[547], a própria construção da identidade projeta compromissos e planos de ação que estabelecem quadros de interação, nos quais permutas e vínculos modelam as lógicas de ação. Porém, nem todos os atores que estão vivenciando essas lógicas e com projetos na cidade atuam dessa forma, como será analisado neste capítulo.

Acredita-se que será por meio das festas religiosas de Natividade que o turismo religioso encontrará seu caminho, porém só valendo-se das ações dos atores envolvidos (externos e locais), da visibilidade dos seus atrativos e da regulação para a construção de um modelo de desenvolvimento local. "A sociedade é altamente beneficiada com a geração de empregos tanto nas empresas que atendem diretamente os turistas, quanto nas demais empresas associadas à cadeia produtiva do turismo"[548].

Para tanto, precisa-se entender o turismo religioso e suas características a fim de, então, conseguir orientar um modelo de desenvolvimento local, com base nas ações de todos os atores sociais, para que no fim as festas religiosas de Natividade possam ser a centralidade desse modelo de desenvolvimento.

As escolhas dos critérios de sistematização dos dados ocorreram dentro de um conjunto de detalhes, informações repassadas, diálogos, análise dos comportamentos, dos espaços, dos posicionamentos pessoais e enquanto representantes de instituições, além de comunicações que auxiliaram para que se pudesse entender e compreender os agenciamentos em torno das festas religiosas e consequentemente o desenvolvimento do turismo religioso para Natividade.

---

[546] BAJOIT, 2006, p. 233.

[547] *Ibidem*, p. 235

[548] BARRETTO, 2007, p. 15.

Para Barreto[549],

> [...] analisados segundo o modelo econômico, os componentes do turismo são, por um lado, os turistas, os consumidores que constituem a demanda; de outro, os criadores dos atrativos turísticos e o próprio atrativo que compõe, junto com os prestadores de serviço, a oferta.

E, pensando nesse turismo, analisa-se agora como está o turismo na cidade de Natividade e quem são as pessoas e as empresas que tomam a frente desse setor, e como tem ocorrido o agenciamento dele.

5.1 Agenciamentos locais e o turismo em Natividade

O turismo tem efeito direto e indireto na economia de uma localidade ou região, beneficiando ainda os setores ligados indiretamente ao fenômeno turístico. Aqui também se analisarão os agenciamentos em torno das festas religiosas de Natividade, lembrando que não se tratará de sujeitos ou instituições, mas sim de reconhecer os projetos e quem são os atores que estão envolvidos nesses projetos. É fundamental ainda entender os processos que ocorreram ou ocorrem no município, considerando que esses agenciamentos podem ser individuais, em grupos ou por associações.

O intuito é compreender e identificar como o turismo religioso está sendo implantado em Natividade, configurando-se como mais uma alternativa de renda e emprego para a comunidade e forma de promover o desenvolvimento local, e com isso, ainda, pretende-se compreender em torno de quais projetos os atores sociais endógenos estão envolvidos.

Com os agenciamentos em torno dos patrimônios e a memória como algo fundamental dentro de uma sociedade, a cultura passou a ser vista como uma área em que se deve investir. Como expôs George Yúdice[550], a cultura como mercadoria é diferente da cultura como recurso, pois da vivência e do histórico-cultural que se sustenta a cultura como recurso, senão ela se torna apenas mercadoria. A cultura tem o poder de construir relações, memórias e tradições, assim como afirma Clifford Geertz[551]: a cultura é criadora e recriadora de comportamentos.

Segundo o fotógrafo e guia de turismo regional, nacional e da América do Sul Flávio Pereira de Sousa, mais conhecido como Flávio Cavalera, que atua há mais de dez anos na cidade nesse setor:

---

[549] *Ibidem*, p. 10.

[550] YÚDICE, 2004.

[551] GEERTZ, 2008.

Natividade sempre teve um fluxo de turismo razoável, mas a maior parte de turistas são estudantes de universidade, escola particular e estadual que visita a cidade, as outras restantes são de agências de turismo que passam bastante por aqui para ir para o Jalapão, e acabam passando por Natividade, seja por causa de restaurante, hotel ou para fazer algum atrativo.[552]

De acordo com o folheto a seguir, que foi distribuído pelo SEBRAE com os passeios turísticos da região das Serras Gerais, em Natividade operam três agências autorizadas a realizar o roteiro de Turismo de Experiência na cidade: Agência Paraíso, Agência Serra Geral e Cavalera Turismo. Ainda nesse produto de divulgação dos atrativos da cidade, há o destaque para a fábrica do Biscoito Amor-Perfeito e o passeio Vida de Natividade, ambos produtos formatados como turismo de experiência.

Figura 16 – Folheto com os atrativos de Turismo de Experiência e Turismo Educacional

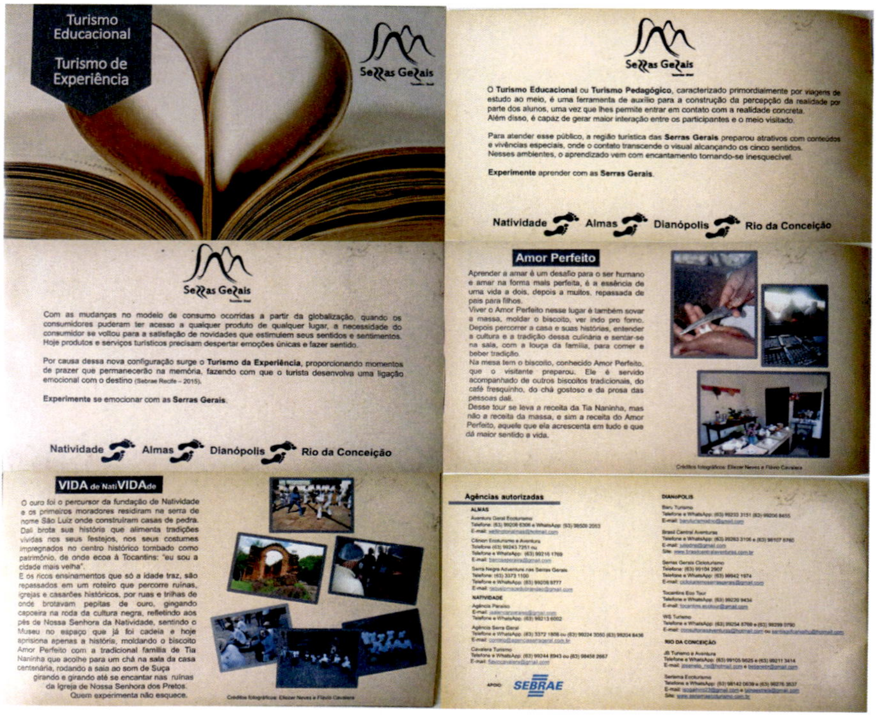

Fonte: SEBRAE (2018)

---

[552] SOUSA, Flávio Pereira de. *Entrevista IX*. [Entrevista cedida a] Poliana Macedo de Sousa. Natividade, 15 abr. 2021. 1 mp3 (18 min).

Pelo Cadastro de Prestadores de Serviços Turísticos (CADASTUR)[553], a partir de 2019 foram cadastrados mais guias e agências que atendem na cidade, porém apenas duas agências retornaram o contato e concederam entrevista formal sobre o turismo na cidade. Segundo o proprietário e guia da Agência Leão do Cerrado, Jorge Suarte, em conversa informal pelo WhatsApp: atualmente em Natividade atuam três agências, são três guias de turismo, e alguns guias estão cadastrados (não atuam mais, porém continuam cadastrados no portal).

A Agência A[554] é a mais antiga de Natividade, ofertando passeios turísticos na cidade e região, com boa divulgação na cidade, principalmente na distribuição de panfletos com os atrativos nos mais diversos estabelecimentos do município, porém não constava mais no cadastro do governo federal. Um possível motivo é que, como o cadastro tem prazo de validade, é necessário atualização, e provavelmente os prestadores não renovaram esses cadastros no Ministério do Turismo. A Agência A[555] não retornou as cinco tentativas de entrevista sobre o seu trabalho na cidade.

Logo, os dados apresentados pelo sistema CADASTUR não refletem com exatidão a realidade do local. Em Natividade existem muitas empresas que não se encontram registradas no CADASTUR. Uma das possibilidades do reduzido interesse dos empresários locais do setor turístico na sua inscrição naquele cadastro pode ser o pouco conhecimento relativo às vantagens de que estes poderiam usufruir, se estivessem inscritos.

Hoje, em Natividade, encontram-se registrados no CADASTUR apenas cinco das sete unidades hoteleiras existentes. No total, a cidade possui 125 unidades habitacionais e 265 leitos:

- Vereda's Hotel: com 28 unidades habitacionais e 72 leitos;

- Hotel Nova Esperança: com 19 unidades habitacionais e 25 leitos;

- Pousada do Cesar: com 14 unidades habitacionais e 30 leitos;

- Hotel July: com 13 unidades habitacionais e 16 leitos;

- Pousada dos Sertões: com 14 unidades habitacionais e 30 leitos;

- Hotel Serra Geral: com 24 unidades habitacionais e 56 leitos;

- Pousada das Nações: com 13 unidades habitacionais e 36 leitos.

---

553   O CADASTUR, do Ministério do Turismo, é o cadastro de pessoas físicas e jurídicas que atuam no setor turístico.

554   Nome da empresa alterado para divulgação deste trabalho.

555   Nome da empresa alterado para divulgação deste trabalho.

Em pesquisa realizada no dia 9 de abril de 2021 ao site do CADASTUR, Natividade possuía cadastrados: Amor Perfeito Tia Naninha, na atividade de restaurante; Agroenergia, como prestador da atividade de empreendimento de lazer; prestador Flávio Cavalera, como único guia de turismo; e quatro agências de turismo, sendo elas: Flávio Cavalera Turismo e Fotografia, Haine Maranhão, Leão do Cerrado Ecoturismo e Nativas Tour.

O valor médio dos passeios em Natividade custa entre R$ 150 e R$ 200 por pessoa, dependendo do passeio na cidade e da variação de dias. Sobre o potencial da cidade para o turismo, Flávio explica que:

> Natividade, ela tem um potencial turístico muito grande e um dos mais procurados ali é a parte do centro histórico, onde tem seus casarões em estilo colonial da época dos bandeirantes, da pecuária, do ouro, e isso chama muita atenção dos turistas. E, além dos casarões, tem as praças que não são históricas, mas fazem parte do conjunto arquitetônico, e chamam muita atenção as igrejas, com diferentes tipos de estruturas e fachadas. As ruínas da Igreja N. S. Rosário dos Pretos é o cartão-postal de Natividade e do estado, assim como a Igreja São Benedito, a Matriz, que faz parte do centro histórico, o Amor-Perfeito da Tia Naninha, que é o mais famoso, que os turistas procuram bastante. Além do centro histórico, os casarões, o detalhe interessante são as janelas e treliças diferentes e o detalhe das fachadas, detalhamentos das informações e casas coladas umas nas outras. A gente tem também a Dona Romana, que é uma parte mística que é bem procurada, uma das mais procuradas de Natividade, onde os turistas visitam. As trilhas na cidade antiga de São Luiz e as cachoeiras do Paraíso, que também são bem procuradas, além das trilhas na Serra de Natividade, a caminho ali dos Poções e o Poço dos Moinhos, esses locais os turistas procuram bastante porque é natureza, é lugar mais tranquilo. A cidade de São Luiz foi onde começou a primeira cidade, tem ruínas, e a cidade é toda rodeada com águas, a Serra de Natividade e a Serra dos Olhos d'Água. Então, procuram bastante essas localidades. O valor médio é R$ 150 a R$ 200 por pessoa e depende do passeio na cidade e a variação de dias.[556]

Ainda analisando o estado atual do turismo de uma forma geral em Natividade, em 2016 foi implantando o *voucher* único, por meio do Decreto-Lei 64, de 21 de dezembro de 2006, que dispôs também sobre a regulamentação da atividade turística na cidade. Com esse dispositivo legal, também foram regulamentados os passeios turísticos da cidade, por meio de passaportes de visitação.

---

[556] SOUSA, 2021.

O *voucher* único é de uso obrigatório dos turistas nos locais de visitação da cidade e é emitido gratuitamente pela Secretaria Municipal de Finanças de Natividade. O preenchimento do *voucher* é de responsabilidade das agências de turismo, e serve ainda como um instrumento que dará maior precisão sobre o fluxo de turistas nos atrativos do município, que deve ainda especificar o valor cobrado por atração, traslado, o valor da diária do guia e os serviços da agência.

Esse documento garante então a prestação de um serviço direto ao turista, cuja venda pode ter sido intermediada por agência e/ou operadora, pressupondo que cada membro integrante da rede de prestação de serviços honrará seu compromisso implícito. A experiência funciona no município de Bonito/MS[557] desde 1995 e ajuda a gerir a atividade turística do município com utilização obrigatória na visitação dos atrativos turísticos. Assim, o estabelecimento do *voucher* único no turismo de Bonito estimulou a formação de uma rede, na medida em que todos os prestadores de serviços turísticos, sejam de hotelaria, sejam de agenciamento, transporte, guias e donos de atrativos, vincularam seus trabalhos ao fluxo de turistas obtidos da emissão deste.

> Assim, a institucionalização do voucher único, por parte do poder público municipal, na busca de uma tarefa de organizar a atividade turística, catalisou de maneira geral, o sentimento coletivo de bem utilizar os seus recursos naturais, estabelecendo padrões exploratórios de atrativos – capacidade de carga estimada para a frequência de turistas a serem observados pelo trade, estabeleceu a justiça fiscal – tributando todos os atores da atividade, agregando todo o desempenho da atividade turística na emissão deste documento.[558]

Em Natividade, pelo que foi estabelecido em lei, os proprietários dos atrativos são obrigados a exigir o *voucher* único, que se torna o documento arrecadador de Imposto Sobre Serviços de Qualquer Natureza (ISSQN), no

---

[557] Por iniciativa própria, um empresário natural de Bonito/MS, Antônio Carlos Silveira Soares (Tó), um dos pioneiros do turismo, desenhou e criou o modelo do *"Voucher* único" utilizado até 15 de janeiro de 2003. O modelo atual foi implantado a partir de 15 de janeiro de 2003, impresso pela prefeitura municipal, sendo distribuído e controlado pela Central do Imposto sobre Serviços de Qualquer Natureza – Central do ISSQN. A entrega de *voucher* também, como era anteriormente, está condicionada à entrega dos anteriores preenchidos, bem como ao devido recolhimento do ISS devido. *Cf.* VIEIRA, João Francisco Leite. *Voucher único um modelo de gestão da atividade turística em Bonito – MS.* 2013. Dissertação (Mestrado em Desenvolvimento Local) – Universidade Católica Dom Bosco, Campo Grande, 2013.

[558] *Ibidem*, p. 16.

valor de 4%, seja do atrativo turístico, seja do agenciamento receptivo local e/ou do condutor de turismo local. Os residentes ou nativos de Natividade são isentos de pagar o *voucher* único.

Outro ponto da Lei do *Voucher* Único é a obrigatoriedade de que as agências de turismo receptivo deverão ser instaladas para a atividade-fim em Natividade e que essas agências devem fornecer, por meio do COMTUR, informações estatísticas do fluxo turístico decorrentes do preenchimento do *voucher* único.

Percebe-se que há uma rixa no trade turístico local pelo acesso aos pontos turísticos e recolhimento do *voucher* estabelecido pelo município. O então presidente da Associação Tocantinense de Turismo Receptivo e proprietário da agência Livre Expedições de Palmas, Fernando Torres, não concorda com a cobrança de *voucher* único em Natividade. Para ele, o município não tem gestão na área do turismo e uma das agências locais impede o crescimento do turismo no local.

> *O turismo em Natividade tem em uma péssima gestão municipal, sua maior dificuldade para o crescimento, comparado com outros atrativos na região, Natividade recebe um número muito pequeno. [...] Natividade não vai para frente pelos "zóio" grande da [X][559]. Lá é difícil justamente por essa pessoa dona do hotel, dona de um restaurante, ela quer monopolizar tudo. Eu mesmo deixei de ir com escola para lá por isso. Ela retalhou a Dona Naninha do biscoito. Triste a situação. Era dona da única agência que tinha lá. [...] Eu mesmo, a gente faz turismo educacional nas escolas, para sair de Palmas, a gente faz o seguro de viagem, daí eu saía daqui com as crianças para passar um dia e ela me cobrava na faixa de R$ 35 por aluno lá, que seria mais um seguro durante o dia lá e o guia, para você ter uma ideia. [...] e hoje Natividade está morrendo, principalmente com as empresas de Palmas, por causa desse posicionamento dela à frente dessa gestão municipal de querer monopolizar as coisas, e, quando eu fui com as crianças, ela queria que eu tomasse café no restaurante dela, almoçasse com ela e fizesse tudo com ela. [...] A gente tem um grande problema, porque a gente é guia regional do estado, então, quando a gente ia, ela queria cobrar que a gente contratasse um guia, um guia não, um condutor, né? E fora as vezes que discutia com ela, pois está errado, a gente é guia regional, é guia do estado e a gente fez o curso para Natividade também, e não tem lógica a gente chegar aqui e contratar um condutor. E ela falava que "Aqui, se vocês quiserem entrar na igreja, vão ter que me contratar, porque senão*

---

[559] Retiramos o nome da pessoa mencionada.

> *ela vai ficar fechada". E está tudo bem, a gente visitava por fora. E acabou perdendo um monte de espaço por isso, a maioria das empresas acabou tirando Natividade do roteiro por causa dela, por causa dessa postura dela.*[560]

Porém, os atores ligados ao agenciamento do turismo na cidade apoiam o *voucher* único e reforçam que esse instrumento auxilia o município na arrecadação. Para Verônica Tavares de Albuquerque, professora da rede básica de Ensino Fundamental II, atual presidente do COMTUR e coordenadora do projeto Grupo de Suça "Tia Benvinda", a Lei do *Voucher* Único valoriza a classe que trabalha com o turismo na cidade.

> *Para mim, o voucher único, ele veio para somar, para dar oportunidade para as pessoas capacitadas na cidade, para valorizar as pessoas que buscam e precisam de oportunidade na cidade. A Lei do Voucher Único não exclui ninguém de fora, mas ela valoriza as pessoas da cidade, o guia de turismo, ele pode vir de fora, mas ele chega na cidade e precisa ter e contratar também o condutor local, que é estudado e capacitado, que teve formações para falar com propriedade sobre a cidade. As agências de turismo também são capacitadas, então é toda uma cadeia, eu acho muito importante isso, além de ter o seguro de vida para os turistas, além de ter o imposto arrecadado para a prefeitura, que vai fazer a manutenção dos atrativos turísticos, e tudo isso está ali, ó, para somar, né?*[561]

Ainda, para a presidente do COMTUR, falta melhor divulgação do que seja o *voucher* e sua importância para proteção dos profissionais que trabalham com turismo, e ainda visa ao crescimento e ao enriquecimento das regiões que utilizaram o *voucher*.

> *Precisa-se ter uma divulgação melhor da Lei do Voucher Único, precisa ter uma explanação e um entendimento melhor sobre ela, para que ela de fato seja vista por tantas outras de fora como algo positivo. Tanto é que Natividade foi uma das primeiras cidades a implantar o voucher único no estado do Tocantins e hoje já temos outras cidades implantando isso aqui, principalmente aqui nas Serras Gerais, eu já estou sabendo que tem outras cidades que também estão colocando o voucher único. E, em vários lugares do Brasil que têm essa lei, o turismo só cresceu, só favoreceu, só enriqueceu a cidade e a região.*[562]

---

[560] TORRES, Fernando. *Entrevista XXI*. [Entrevista cedida a] Poliana Macedo de Sousa. Palmas, 3 set. 2020. 1 mp3 (3 min).

[561] ALBUQUERQUE, Verônica Tavares de. *Entrevista XI*. [Entrevista cedida a] Poliana Macedo de Sousa. Natividade, 30 mar. 2021. 1 mp3 (12 min).

[562] *Ibidem.*

Para a presidente de honra da ASCCUNA Simone Camelo de Araújo, a Lei do *Voucher* precisa de algumas adequações, pois foi publicada de modo muito rápido e sem o debate necessário. A lei foi publicada no fim da gestão do prefeito Albany Nunes Cerqueira (2013-2016), e não houve um trabalho de divulgação e conscientização para implantação dela.

> *Olha, essa questão do voucher na época, eu alertei algumas questões. Por exemplo, é importante que tenha pessoas, porque, se tivesse com políticas públicas, como te falei, se tivessem todos participando, a cidade estava muito mais preparada para implantar a Lei do Voucher Único. Mas a gestão passada, no final da gestão passada, foi implantada a lei, mas a gestão seguinte não deu continuidade. Então o que que acontece? Antes, para o funcionamento do voucher único, precisa da participação efetiva do poder público junto com os empresários. Informação, de ter o museu abrindo, de ter instalando os outros espaços que estavam previstos, de ter o Centro de Apoio ao Turista. Então assim: isso não foi feito. Então, o que que acontece, se você chega, tem o voucher, aí tem que ter uma empresa local, aí a empresa local só tem uma, o poder público diz que não vai abrir o museu e aí, para você visitar, tinha que ficar com a chave, entendeu? Para levar a pessoa no final de semana, tinha que ficar com a chave para poder abrir. A empresa que tinha que tomar conta. Então, o poder público não assumiu. Aí, na área cultural, essa gestão foi um retrocesso enorme, não acompanhou a evolução que a gente estava. E eu sempre falo: o cavalo passou arreado um bocado de vez. Passou arreado várias vezes e perdeu a oportunidade. [...] Então, assim, teria que ter mais empresas, teria que ter mais pessoas treinadas, para poder funcionar direitinho. Para que vá o dinheiro para o fundo, para que tenha aplicação no fundo, para que tenha um conselho atuante. O que que aconteceu com o poder público? Eles paralisaram os conselhos. Então, nós estamos em uma briga danada. Está inerte.*[563]

Percebe-se que a Lei do *Voucher* Único foi publicada, implantada, porém pouco divulgada e difundida dentro do *trade* turístico de Natividade. Para Flávio Cavalera, a lei foi positiva para os guias da cidade, pois vai proporcionar renda para as pessoas do município, arrecadar, preservar o patrimônio e até certo controle do turismo no local.

> *Foi a melhor coisa que aconteceu para a cidade, porque isso assegurou tanto para agências, guias, atrativos na cidade com informações corretas, porque chegavam na cidade condutores e agências de fora e apresentavam Natividade de qualquer jeito e de qualquer forma, com outras histórias que não eram verdadei-*

---

[563] ARAÚJO, Simone Camelo de. *Entrevista XV*. [Entrevista cedida a] Poliana Macedo de Sousa. Natividade, 4 out. 2021. 1 mp3 (66 min).

ras e não tinham fundamento. E, com o voucher, não só além de assegurar essas informações, ele dá um respaldo maior para quem mora na cidade, igual guia e agência ali ele vai desenvolver uma renda maior para a cidade, porque a agência que vinha de fora não contratava guia e com a Lei do Voucher, minha opinião... é que foi a melhor coisa que aconteceu, porque obrigatoriamente agências, grupos de escolas, pesquisadores teriam que ter uma agência, um guia, formando um pacote, nesse pacote fechando com seguro obrigatório, com acesso aos atrativos, e isso foi muito bom, porque estava um turismo descontrolado e iam de qualquer jeito, eles falavam de Natividade de qualquer forma. E a utilização desse voucher foi uma proposta que foi desenvolvida com toda a sociedade local, dono de comércio, restaurantes, guias, agências para também controlar o acesso ao centro histórico e com a gente, guia, no centro histórico com até 20 pessoas, nas trilhas são até 10 pessoas, e também desenvolver o seguro que a gente não fazia e os pacotes são fechados com as agências. Tem muitas coisas a melhorar, mas isso com a Lei do Voucher fortaleceu muito a economia local, a mão de obra, os serviços e fortaleceu também as informações turísticas, porque a pessoa de Natividade, ela passa as informações certas e concretas e a Lei do Voucher também é uma parte que o poder público toma conta, esse dinheiro ele volta para a cidade para investir em placas, sinalização, acesso e também uma forma de organizar a atividade turística, capacidade de carga, estimativa de quantos turistas e frequência de turistas em cada atrativo. Então, isso foi muito bom.[564]

Quando o local é utilizado como ferramenta do desenvolvimento endógeno, assunto exposto nos capítulos anteriores por Vasquéz Barquero[565], Martinelli e Joyal[566]; e Nunes e Karnopp[567], a comunidade pode resolver os desafios que surgirem, com respostas produtivas e adequada, atendendo às necessidades das pessoas. Tem-se que as ações desenvolvidas por diversos atores são fundamentais para o fomento do turismo, inclusive para o religioso em Natividade e, principalmente, pela comunidade local.

Neste caso, Natividade tem se destacado com as associações, como é o caso da já citada Associação Comunitária Cultural de Natividade, que desenvolve ações e projetos relacionados a patrimônio e cultura locais, como base de informação e de construção da história e memória do lugar;

---

[564] SOUSA, 2021.
[565] VASQUÉZ BARQUERO, 2007.
[566] MARTINELLI; JOYAL, 2004.
[567] NUNES; KARNOPP, 2015.

a Associação de Desenvolvimento do Turismo Sustentável e Produção Associada (ASSEGTUR), que com um ano de fundação tem organizado o *trade* turístico nos municípios que integram a região das Serras Gerais, incluindo Natividade; e a Associação Comercial e Industrial de Natividade (ACINAT), que retomou suas atividades e tem defendido os interesses dos comerciantes locais.

Fernanda Tainã, presidente da ASSEGTUR e uma das sócias na Agência Seriema Turismo, explica que a associação começou com os Comitês de Turismo de cada cidade da região das Serras Gerais e que vem cobrando do poder público mais atuação com políticas públicas para a região.

> *A gente começou com comitês, quando o SEBRAE começou os projetos, ele criou comitês de turismo em cada cidade. esses comitês evoluíram para conselho municipal e aí nós viramos Conselho Municipal de Turismo, e daí desses conselhos é que surgiu a ASSEGTUR.*[568]

Pela ACINAT, Manoel Salvador, presidente da associação e proprietário de uma farmácia em Natividade, explicou que a associação ficou sem representação por mais de dez anos, e em 2018 retomou as atividades com ele na presidência para o mandato de dois anos. Devido à pandemia, Manoel continuava à frente da Associação Comercial e Industrial de Natividade até que pudessem ser realizadas novas eleições, mas afirma que tem cobrado do poder público de todas as esferas mais investimentos e manutenção na cidade.

> *A associação comercial sempre cobra do poder público e das autoridades essa questão. Uma cidade turística não pode pecar nesse aspecto: limpeza, iluminação e segurança. Na questão de segurança, nós estávamos para perder a delegacia, fizemos uma contribuição de todos os membros e conseguimos que fizéssemos que funcionasse a delegacia, mudou de prédio, reformou o prédio. Foi uma ação da associação para que nós não perdêssemos a delegacia. E esses três pontos são fundamentais: a iluminação, a segurança e a limpeza. Não adianta o turista chegar aqui e ser assaltado. Não adianta o turista chegar aqui e achar a cidade cheia de lixo, não adianta o turista chegar aqui e achar a cidade escura. Então, nós temos bons atrativos, Natividade tem um povo acolhedor, nós precisamos desse turismo, nós temos uma cidade diferenciada das outras cidades, que traz esse turista para cá e temos que aproveitar esse potencial. E o poder público é o carro-chefe disso aí. A parte empresarial tem*

---

[568] CASTRO, Fernanda Tainã Alves de Lima. *Entrevista X.* [Entrevista cedida a] Poliana Macedo de Sousa. Dianópolis, 28 ago. 2020. 1 mp3 (51 min).

> *feito por onde, porque nós temos bons hotéis, bons restaurantes, boas farmácias, bons postos de gasolina. E outra coisa que atrai boa parte do comércio é que aqui é tranquilo, mas a questão do poder público está um pouco a desejar para a melhoria da cidade. E isso a gente tem questionado, e é, assim, um trabalho de toda a sociedade, é a cobrança. E com certeza o turismo precisa passar por essas coisas aí: a segurança, uma iluminação boa, uma boa hotelaria e uma boa gastronomia.*[569]

Com relação à segurança na cidade, uma Ação Civil Pública (ACP) foi proposta pela Promotoria de Justiça de Natividade, iniciando-se o trâmite na Justiça em 2016, em que relatava a ineficiência dos serviços da delegacia em razão da falta de estrutura de pessoal e física. Segundo a ação, a população estava desamparada até mesmo quanto aos registros de ocorrência, e as diligências policiais requeridas pelo Ministério Público do Tocantins (MPTO) estavam comprometidas, o que ocasionava, muitas vezes, a revogação da prisão preventiva de réu devido ao excesso de prazo para a conclusão de inquéritos policiais.

Em junho de 2021, a Justiça julgou procedente o pedido de cumprimento de sentença requerido pelo MPTO e determinou que, no prazo de 30 dias, o Estado do Tocantins promovesse a lotação de escrivães de polícia, agentes de polícia, delegado titular e delegado substituto, bem como disponibilizasse mobiliário e equipamentos suficientes e adequados para a Delegacia de Polícia de Natividade[570].

Após reuniões realizadas com a comunidade e toda a rede de atores que envolviam o turismo na região das Serras Gerais, principalmente com base nas capacitações ofertadas pelo SEBRAE e nas consultorias do órgão em alguns comércios de Natividade, além de toda a divulgação na mídia, a cidade começou a mudar o cenário e receber muitas visitas para uso do pacote/roteiro Vida de Natividade.

> *Nós em Natividade, nós percebemos um turismo muito vindo de Brasília — Alto Paraíso, Natividade —, Jalapão, aqui estava servindo, as pessoas vinham e acabavam dormindo aqui. Chegava final de tarde [...] e um monte de carros, daqueles, assim, carros traçados, jipes, motos. Então, assim, Natividade estava no auge. Isso em 2019, no ano passado. Estava assim, crescendo. Com isso, foi criado dentro desse das Serras Gerais um roteiro chamado Vida*

---

[569] MOURA, Manoel Salvador. *Entrevista VIII*. [Entrevista cedida a] Poliana Macedo de Sousa. Natividade, 16 set. 2020. 1 mp3 (32 min).

[570] JUSTIÇA determina que Estado estruture delegacia de Natividade. *Primeira Página*, 2021.

> *de Natividade [...]. Então, Natividade representa a cidade histórica, que tem o patrimônio arquitetônico para mostrar, nas demais, os atrativos são de ecoturismo. Natividade se viu um lugar onde a pessoa chega, vai ficar um final de tarde, caminhar, dormir por aqui, para ir para outros atrativos da região. Relaxa, vai fazer uma caminhada, vai comer um biscoito, vai tomar uma cerveja na praça, entendeu? Então, Natividade tem uma estrutura e isso estava decolando, crescendo. Quando veio a pandemia, foi um susto porque a gente, nós fizemos um roteiro e aí entrou vários parceiros, entra o SEBRAE e há todo um movimento de pessoas ligadas à área de turismo, tem a questão do restaurante, a questão do hotel.[571]*

Antes da pandemia, o turismo vinha crescendo na região e, de acordo com João Marcelo Sanches — técnico em Turismo, guia regional e nacional, além de presidente da Associação dos Profissionais de Turismo —, na questão do ecoturismo, a região das Serras Gerais será bastante procurada e já está sendo, apesar de haver pouca divulgação.

> *Eu estive lá recentemente fazendo um levantamento dos atrativos locais lá para começar a operar lá, e, na realidade, as Serras Gerais hoje vai ser o novo destino do turismo de aventura, de natureza do estado do Tocantins. E olha só: os ambientalistas, os amantes da natureza, cada vez mais eles querem visitar lugares inexplorados. Ali em Goiás, na Chapada dos Veadeiros, já é um lugar bem [inaudível] e tem o Jalapão. O refúgio agora vai ser Serras Gerais. Hoje Serras Gerais está mais caro que o Jalapão, inclusive vários famosos estão vindo visitar a gente. [...] Lá nas Serras Gerais, agora era para estar o boom, mais aí veio esse problema da pandemia.[572]*

Para João Marcelo, com relação ao turismo religioso, este sempre esteve presente em Natividade, mas precisa de melhorias, principalmente na parte da infraestrutura.

> *Na realidade, eu considero Natividade, que é o berço cultural do nosso estado, e o único destino de turismo religioso forte no nosso estado. [...] Antes faltava estrutura de hotel, mas já deu uma melhorada. E eu acredito que tenha até outros projetos para melhorar mais. Temos hotel lá, a comida é boa, a história é boa, é do século passado, traz é muito devoto.. Então, Natividade é a cidade do turismo religioso no estado.[573]*

---

[571] ARAÚJO, 2020.

[572] SANCHES, João Marcelo. *Entrevista XVI*. [Entrevista cedida a] Poliana Macedo de Sousa. Palmas, 28 ago. 2020. 1 mp3 (27 min).

[573] *Ibidem*.

De acordo com o analista técnico do SEBRAE/Dianópolis e gestor do Projeto de Turismo nas Serras Gerais desde o fim do ano de 2016, Antônio Louça Cursino, que é da região, natural de Paranã e há 13 anos trabalha na instituição, Natividade foi um dos primeiros municípios da região da Serras Gerais que receberam o incentivo do SEBRAE por meio de projetos e consultorias para o desenvolvimento do turismo na região, fosse ele cultural, fosse histórico ou religioso.

> *Natividade é um dos municípios que a gente iniciou o desenvolvimento do turismo lá há mais tempo. Por si só, a cidade já tinha um movimento turístico com relação à questão histórico e cultural, cultura e religioso também envolve aí nesse processo. [...] É o nome do produto. E tem também a capoeira! Aí o turista tem a oportunidade, ele começa a assistir à suça, mas ele não só assiste, ele participa um pouquinho, ele aprende a tocar o tambor, ele aprende ali a dançar. Da mesma forma, a capoeira também, jogada a capoeira com ele no meio da rua ali, e ele participa. Tem a visitação ao museu, que é a antiga cadeia, e tem a visitação de todo o centro histórico, mostrando a questão das casas coloniais e a visitação na igreja, nas ruínas. E, na verdade, a suça, dentro do produto Vida de Natividade, ela é dançada dentro das ruínas lá. E é bem legal todo esse procedimento. E comidas típicas, e é feita lá uma vivência lá dentro da Tia Naninha, a gente também produziu com eles lá, uma oportunidade do turista vivenciar a manipulação do Amor-Perfeito. Então, no turismo de experiência, o turista vai lá, ajuda a amassar o bolo, vê as fornalhas e como é feito tudo e depois ele vai tomar um café, o café colonial. E tem todo esse trabalho aí.[574]*

Com base nas ações provocadas pelo turismo, como a regulação dos atrativos e incentivos aos atores, há esse agenciamento da cultura em prol de um desenvolvimento local por meio do turismo religioso e do turismo cultural/histórico. Com isso, o estabelecimento do roteiro Vida de Natividade foi um ganho para o município e para as pessoas que trabalham com o turismo.

Fernanda Taiã, presidente da ASSEGTUR, ressalta o trabalho do SEBRAE e da UFT na região:

> *Olha, o SEBRAE... não existiria nada disso aqui que estamos falando, se não fosse o SEBRAE. O SEBRAE foi o grande incentivador desde o começo, e depois as pessoas abraçaram a*

---

[574] CURSINO, Antônio Louça. *Entrevista XVII*. [Entrevista cedida a] Poliana Macedo de Sousa. Dianópolis, 28 ago. 2020. 1 mp3 (43 min).

causa. Aí essa corda ficou mais firme, mais resistente. A UFT recentemente tem feito um trabalho espetacular, a UFT de Arraias [...], que tem dado um apoio muito grande em relação a documentação, estruturação e até nessa parte de mediação entre as pessoas para fortalecimento do trade, porque nós somos nove municípios, e aí é complicado de você manter esse diálogo nos nove municípios, então a gente precisa de bastante ajuda.[575]

Para a presidente da ASCCUNA, Simone Camelo, os projetos em torno da cidade fizeram com que algumas pessoas despertassem para essa renda que pode ser obtida pelo turismo.

Agora é o seguinte, o que a gente percebe é que a economia criativa de Natividade, ela cresceu bastante, com as atividades com o turismo. O que, por exemplo? Vamos pegar o exemplo das máscaras, a pessoa que faz a bandeira do Divino, que faz os bordados, bordados fazendo nas máscaras. Aqui na cidade, estava o povo usando a do Divino. Daí, eu tenho várias. As pessoas, o que ela faz, estão vestindo a cidade. Então, assim, a confecção de produtos mostrando essa devoção ao Senhor do Bonfim, isso tudo fez com que crescesse, por exemplo, os meninos da suça, confeccionando tamborzinho e eles estavam vendendo isso. Aí, você tem que criar esses caminhos para criar renda. Certo? Você dá essa opção, o turismo faz isso, faz com que aquela pessoa que participe, ela faça algum produto que vai ser atrativo e as pessoas comprem. Você percebeu a variedade que tem de produtos: camisetas, pano de prato?[576]

Percebe-se que, pelos projetos para turismo em Natividade, e principalmente para turismo de experiência com a formatação do roteiro Vida de Natividade, a comunidade que ainda não participava começa a se interessar e encontrar maneiras de entrar nesse nicho turístico.

A segmentação é entendida como uma forma de organizar o turismo para fins de planejamento, gestão e mercado. Os segmentos turísticos podem ser estabelecidos com base nos elementos de identidade da oferta e também pelas características e variáveis da demanda. E é, pela oferta, que a segmentação define tipos de turismo cuja identidade pode ser conferida pela existência de atividades, práticas e tradições, como é o caso de Natividade.

---

[575] *Ibidem.*

[576] ARAÚJO, 2020.

Segundo Brizolla[577], os produtos e roteiros turísticos, de modo geral, são definidos com base na oferta e na demanda, de forma que se possam caracterizar segmentos ou tipos de turismo específicos. Logo, são essas características que os segmentos ofertam que determinam o roteiro e dão base para que sejam estruturados os produtos.

> *A gente compreende que o potencial aqui do sudeste, aqui é muito seca essa região aqui, chove pouco, porém tem muita água que brota do solo, além do agronegócio também, que é algo que mantém a economia nessa região. Então vamos dizer assim: que o enfoque econômico aqui da região é o agro e a gente compreendeu que essa pegada do turismo também seria algo legal aqui.[578]*

Do roteiro Vida de Natividade, Simone Camelo foi contratada pelo SEBRAE para fazer a capacitação dos condutores e dos guias locais. O curso já foi ministrado para três turmas, e, de acordo com o gestor do projeto, Antônio Cursino, já estava em fase de estruturação para ser ministrado para todos os professores de Natividade. *"Um curso da história verídica de Natividade, porque cada um acaba contando para o outro, aí tem muito causo, tem muita coisa que não existe"*[579].

Simone explica também que, com o início dos trabalhos no *trade* turístico em Natividade e com a venda dos pacotes Vida de Natividade, a cidade ficou movimentada; e as pessoas, envolvidas com os projetos.

> *Então esse roteiro, Vida de Natividade, eu fiz a capacitação dos condutores, aí já contratada pelo SEBRAE para fazer. E eu já tenho até um roteiro descritivo. Então Natividade estava assim. E nós temos essa capacidade de ter mais um dia a mais aqui, de ficar para dormir em Natividade, para continuar o roteiro, e isso estava envolvendo os meninos, os jovens da capoeira, os jovens da suça, que foi criado um grupo de suça que saiu de dentro da escola, foi criado, que é o Grupo de Suça "Tia Benvinda", que estava mais disponível que o outro grupo, que era um pessoal mais de idade, um trabalhando e outro morando na zona rural, tinha mais dificuldade. Então, com a criação desse grupo novo, que nós da associação apadrinhamos também, incentivando essa questão do jovem estar repassando o saber. Então, assim, foi muito importante isso, aí veio a pandemia e cortou, e aí a gente ficou com esse sentimento do levantar do voo e ter que quietar.[580]*

---

[577] BRIZOLLA, 2006, p. 3.

[578] CURSINO, 2020.

[579] *Ibidem.*

[580] ARAÚJO, 2020.

Para entender o roteiro, durante a produção de dados foi realizada uma caminhada simulando o percurso que os turistas fazem pelo centro histórico. Logo, o visitante que vem do sul e segue as placas indicativas chega ao local e já encontra as Ruínas da Igreja de N. S. Rosário dos Pretos, avista a loja Divino Artesanato, logo na esquina para entrada no Largo da Matriz N. S. da Natividade, a igreja em si e, logo abaixo, com sua fachada colonial em vermelho e branco, a loja do Biscoito Amor-Perfeito.

Quem já visita Natividade sabe o roteiro a seguir, como também é instruído nos locais em que se para comer ou fotografar: *"onde devem ir mais, para conhecer mais"*. Um dos locais mais procurados e conhecidos de Natividade é a loja do Biscoito Amor-Perfeito, que é patrimônio do estado e bastante conhecido no Tocantins e região, fazendo com que quem passe ou avise que vai até Natividade seja o encarregado de trazer alguns pacotes dessa iguaria.

> *Durante as festas religiosas do município de Natividade, eles enchem os olhos e alegram o paladar. O Biscoito Amor-Perfeito é conhecido por derreter na boca e atrai consumidores de toda a região. É preciso leite de coco, polvilho, manteiga de leite, açúcar e as boleiras de Natividade. O segredo da massa e o ponto do formato desse biscoito é um conhecimento raro. O tempo de produção é muito longo, as mulheres que o produzem são poucas. Com o objetivo de profissionalizar essas boleiras, estimulando-as a olhar essa tradição como fonte geradora de renda, o SEBRAE no estado, por meio do Projeto Empreender – Sudeste, desenvolveu uma ação para dar consultorias a esse público.*[581]

A fábrica participou em 2009 do Projeto Empreender – Sudeste, com cursos e consultoria do SEBRAE na área de segurança alimentar para desenvolvimento da tabela nutricional, elaboração do manual de boas práticas de fabricação, criação de logomarca, rótulos para os produtos, e oferecidas consultorias de controles gerenciais.

Antes disso, algo mais "rudimentar" desse nicho de turismo vendido pelo SEBRAE já era realizado pelos proprietários no local. Em 2005, na época dos seminários promovidos pela Universidade Federal do Tocantins, não se pagava para ter acesso à cozinha, às fornalhas e nem mesmo para petiscar alguns biscoitos que haviam "passado do ponto" ou que acabavam de sair do forno. Hoje, essa sensação de intimidade com o local é paga. Toda aquela atenção fazia com que se levasse pelo menos um ou dois pacotes para

---

[581] LOPES, Ana Paula. Biscoito regional atrai consumidores e ganha mercado. *ASN/TO*, Palmas, 11 set. 2009.

casa, algo em torno de R$ 5 cada pacote. Alguns estudantes, na sua grande maioria, não levavam os produtos; apenas a experiência e muitas fotos. Na época, questionados sobre essa sensação de *"chegar, comer e não comprar"*, os proprietários diziam que *"era assim mesmo"*.

Com isso, saindo da loja do Biscoito Amor-Perfeito, o turista segue pelo centro histórico, que vai se expandindo logo atrás da Igreja Matriz, com suas casas coladas umas nas outras, cada qual com sua característica, além de praças silenciosas e com bancos que convidam para sentar e admirar o som dos pássaros, o balanço do vento nas árvores e admirar a vista da serra.

Seguindo pelas calçadas, passa-se pelo museu da cidade, que era a antiga cadeia pública, chegando ao restaurante Casarão e por ali almoçando. No mais, o cenário é convidativo para muitas fotos. Caso alongue mais o passeio, o visitante ainda passa pela Igreja de São Benedito e pelas casas de ourivesarias no seu entorno, onde pode encontrar algum ourives fabricando uma peça de ouro em filigrana.

> *Antes não tinham essas apresentações culturais da suça, e ela foi desenvolvida para esse projeto. Então, são mais pessoas ganhando dinheiro. Tudo foi o SEBRAE esse projeto. E quando eu falo "nós" é o SEBRAE, a comunidade, são os comitês. Porque em cada cidade foi criado um comitê de turismo, e aí nós trabalhávamos todos juntos. Daí os consultores do SEBRAE vieram e falaram que "Olha, isso aqui tem potencial". Nós fomos aprendendo, e tudo que acontecia na outra cidade nós estávamos acompanhando de perto e participando de todo o processo, tanto é que hoje nós temos a expertise de até formatar produtos. E já são seis anos que o projeto existe [Vida de Natividade] e a gente está aprendendo e fazendo formações e cursos, são muitas horas de trabalho. E aí formatou o grupo da suça, "Tia Benvinda", que quem coordena é a professora Verônica, muito bom o trabalho deles, que já se desdobrou para o artesanato também; além do grupo de apresentação cultural, eles também fazem artesanato. E, por exemplo, o Amor-Perfeito, eles tinham uma forma de receber o turista lá, mas, depois que foi formatado o produto mesmo, as agências conseguem levar lá o turista e tem uma outra recepção, agora tem o café colonial, tem tudo o que o turista pode fazer, o que não pode, tem toda uma formatação. O ourives também, sempre recebeu visitação, mas hoje eles foram capacitados para receber o turista e como fazer, tem toda essa questão.[582]*

---

[582] CASTRO, 2020.

Quem chega pelo norte já encontra a Igreja Espírito Santo à esquerda e a avenida dupla que leva até o centro histórico, o prédio da prefeitura e suas ruas de bloquetes hexagonais. Placas indicativas de que é um lugar histórico e turístico começam nessa região. Logo atrás da prefeitura, fica o largo da Igreja São Benedito, geralmente os micro-ônibus que fazem as linhas intermunicipais passam na frente dessa igreja. Dali, o visitante faz o roteiro inverso e finaliza sua visita nas ruínas ou no largo da Igreja Matriz.

Da primeira impressão que se tem da cidade: Natividade é bastante parada e quieta, principalmente o centro histórico. O som dos pássaros, e vez ou outra a passagem de um carro ou pedestre, quebra o silêncio do lugar. No período da noite, o lugar é mais movimentado, principalmente na Praça Leopoldo Bulhões, onde estão o restaurante Casarão, o restaurante Bistrô e a sorveteria da franquia Frutos do Cerrado.

Essa representação dos modos de vida correlaciona-se com o que Bourdieu[583] estabelece como *habitus*, com recorte no que tange à reprodução do modo de vida, o qual recebe influências externas e faz com que os indivíduos mudem sua percepção da vida e de suas relações sociais, com o que Yúdice[584] chama de campo de forças performáticas. Logo, a comunidade demonstra a sua cultura, declara a sua identidade[585], enquanto prática de identificação[586].

Os atores sociais "estabelecem estratégias e ativismos que buscam superar as normas totalizadoras, fundamentando-se no uso da cultura como recurso, o que gera possibilidades de interpretação de suas próprias necessidades"[587]. E será no interior desse campo de forças performáticas que os atores desconstruirão um modelo hegemônico e seguirão agenciando sua autonomia e legitimidade, trazendo significação aos seus discursos e atos.

> Eu vejo um crescimento eficiente do turismo aqui na cidade, quando eu cheguei aqui aquele centro histórico sempre foi muito lindo, mas ele era pouco utilizado, hoje você chega naquele centro e você tem opções da culinária nativitana para você estar participando, tem o aconchego dos espaços dos casarões, hoje você consegue entrar em um casarão e consegue conhecer a estrutura e fazer uma boa refeição nesses lugares. Então, começou a ser bastante utilizado esses espaços históricos para receber a população que vem de fora,

---

[583] BOURDIEU, 2009.

[584] YÚDICE, 2004.

[585] AGIER, 2001.

[586] BAJOIT, 2006.

[587] LOPES, 2009, p. 335.

as festas cada vez mais encantadoras, e sim, eu não conhecia nada do tipo e, para mim, a cada ano se renova e fica mais bonito, mais glamoroso, eu não sei me expressar em palavras a beleza que é esses festejos. Sou muito suspeita para falar sobre isso.[588]

Durante as visitas de campo realizadas nos meses junho, agosto e dezembro de 2019, além de outubro de 2020, conversando com os comerciantes, percebe-se uma inquietação e um desânimo com a prefeitura, uma vez que aos fins de semana, quando se dá o maior fluxo de visitantes, o museu e a loja de artesanatos ficam fechados, pois como são servidores públicos que ficam no local, eles não trabalham aos fins de semana. E, durante a pesquisa de campo, encontrava-se muitas pessoas que perguntavam pela loja e onde poderiam comprar alguma lembrança do lugar.

Figura 17 – Loja Divino Artesanato, mantida pela prefeitura, com produtos de artesãos locais

Fonte: Natividade (2020) e a autora (2019)

Com isso, tanto a loja do Biscoito Amor-Perfeito quanto o restaurante Casarão, além da loja de conveniência do posto de combustível que fica às margens da BR-010, dentro do perímetro urbano de Natividade, começaram a vender "lembrancinhas", como imagens do Divino Espírito Santo, biscoitos,

---
[588] ALBUQUERQUE, 2021.

licores artesanais, enxoval de cozinha com dizeres bordados "Lembrança de Natividade-TO" e imagem das Ruínas de N. S. Rosário dos Pretos, biojoias com capim dourado, crochês e imagens de santos.

Figura 18 – Produção de lembranças de Natividade com réplicas das igrejas de Natividade

Fonte: @tiabenvinda (Instagram)

Além das miniaturas das igrejas históricas da cidade esculpidas em casca de cajazeiras pelos alunos do projeto Grupo de Suça "Tia Benvinda". Essas miniaturas também fazem alusão à dança suça, o objeto de trabalho do grupo que integra o roteiro Vida de Natividade que é ofertado pelas agências de turismo da cidade. O grupo também começou a produzir canecas, porta-canetas e ímãs de geladeira para a venda nos restaurantes e pontos turísticos de Natividade.

Figura 19 – Canecas produzidas pelo grupo "Tia Benvinda" com imagens de Natividade

Fonte: Albuquerque (2021)

Conforme esse contexto e trazendo para a discussão sobre turismo religioso, percebe-se que há um reforço da imagem do Divino Espírito Santo e do patrimônio da cidade, como acontece com as igrejas. O turismo gira em torno do patrimônio cultural que a cidade possui, como as igrejas e a Festa do Divino Espírito Santo.

Na época da Romaria do Senhor do Bonfim, o movimento é diferente, as pessoas hospedam-se e utilizam os serviços do *trade* turístico de Natividade, mas também não deixam de visitar a cidade e seus locais históricos. O que traz para a discussão os estudos de Comaroff e Comaroff[589] sobre conceito de comodificação da cultura e a busca por uma autenticidade da identidade cultural, em que a incorporação da identidade e a comodificação da cultura fazem com que diversos grupos se reinventem conforme a reflexividade sobre suas etnicidades e sobre a comercialização destas.

A menção ao perfil religioso da cidade está nos monumentos, nas miniaturas esculpidas e vendidas no comércio, no artesanato local, no nome da loja de artesanato, nas fitas do Senhor do Bonfim de Natividade ou na camiseta que leva a imagem do santo.

> Quando ativos intangíveis, como a expressão cultural, os lugares, as paisagens, as histórias, as tradições, os rituais e as artes são apropriados por "outros", colocados em formato de mercadoria — miniaturizados, padronizados e precificados —, entende-se que existe uma comodificação da cultura. Nas últimas décadas, observa-se uma intensa reconfiguração espacial de lugares e uma ressignificação identitária de comunidades tradicionais, fatos que alteram as dinâmicas sociais e são tributados a ações de interesse econômico e político.[590]

Integrando os projetos de vivência cultural em Natividade agenciados e formatados com base na consultoria do SEBRAE, como o grupo "Tia Benvinda", que dança suça junto aos visitantes, Verônica, coordenadora do projeto, explica que

> *[...] em Natividade, o turismo, os atrativos estão prontos para receber; infelizmente, por causa da pandemia, não tem conseguido desenvolver, mas, para você ter ideia, esse turismo de experiência é uma coisa muito linda, é uma imersão, é a pessoa chegar e sentir a vida do povo simples daqui, conhecer a culinária, conhecer a cultura, colocar a mão na massa mesmo, sabe? Você vai ali no Amor-Perfeito da Tia Naninha e você pega a massa e molda o*

---

[589] COMAROFF; COMAROFF, 2009.

[590] BECK; CUNHA, 2017, p. 140.

> *biscoito, coloca no forno artesanal e em seguida você experimenta o que você mesmo fez, é viver para sentir na pele a experiência daquilo ali. Você vem para uma roda de capoeira, e vai lá fazer o gingado, da forma mais simples possível, mas você faz o gingado, você dança uma suça, você roda uma saia, você faz um batuque.*[591]

Toda essa experiência do roteiro pode despertar o turista para retornar à cidade nos momentos das festas religiosas ou indicar a experiência para um amigo, colega ou familiar.

> Para os habitantes nativos de regiões situadas fora do circuito turístico de massa, a cultura significa uma ligação aos costumes ancestrais [...] Para os turistas, esta cultura comodificada é vendida em pacotes turísticos, a partir do valor ligado à autenticidade: o turista é convencido a "comprar" e vivenciar as emoções tradicionais dos povos nativos.[592]

Apesar de todo esse roteiro e investimento no turismo de experiência, Natividade não possui Centro de Apoio ao Turista (CAT) e não possui inventário turístico. O Centro de Apoio ao Turista possui área (próxima à Igreja do Espírito Santo), projeto e recurso, porém ainda não saiu do papel. A ex-assessora de Cultura da Prefeitura de Natividade Vitória Pinto de Cerqueira informou que todos os conselhos também estiveram paralisados e sem se reunir.

> *A cultura ficou aí uns cinco a seis anos, cinco anos praticamente parado. Quatro anos ela estacionou mesmo. O Conselho Municipal não funcionou, o Conselho Municipal de Cultura, e foram várias coisas que não deu andamento nesses últimos quatro anos.*[593]

Essa falta de políticas públicas voltadas para o turismo desmotiva os que vivem no lugar, e pode ser sentida nas conversas informais com donos dos restaurantes na cidade, artesãos e demais comerciantes que vivem do turismo em Natividade.

Para Hagen[594], o processo de mudança é demorado, tanto na lógica quanto na realidade histórica, e entende-se que o processo de mudança começa no indivíduo e nos compromissos que ele assume consigo mesmo e com o meio em que vive. O que nos remete, mais uma vez, aos estudos de Guy Bajoit[595] e às lógicas de ação.

---

[591] ALBUQUERQUE, 2021.

[592] BECK; CUNHA, 2017, p. 140.

[593] CERQUEIRA, Vitória Pinto de. *Entrevista XXII*. [Entrevista cedida a] Poliana Macedo de Sousa. Natividade, 10 abr. 2021. 1 mp3 (45 min).

[594] HAGEN, 1974, p. 30.

[595] BAJOIT, 2006.

O diálogo com Bajoit[596] e com Camaroff e Camaroff[597] auxiliam o entendimento de aspectos mais atualizados das tradições, em certos momentos, adaptadas à modernização. Porém, em alguns desses momentos, há os atores que seguram a tradição para que ela não se atualize.

Com relação à atuação do poder público, na cidade não havia até 2020 uma Secretaria de Turismo. Esta foi implantada na gestão atual como uma Diretoria de Cultura e Turismo. Essa situação não é diferente de outros lugares, como apresentou o pesquisador Carlos Pimenta[598] sobre o município de Piranguçu/MG, em que analisou as estratégias populares de geração de renda, por meio de grupos de artesãos presentes nas cidades de Maria da Fé, Piranguçu e Alfenas, todas localizadas no sul de Minas Gerais, e que deixavam desestimulados os associados, pois não havia incentivo à formação de uma rede de turismo relacionando artesanato local. Para o autor, e o que reforça essa ideia para o caso de Natividade,

> [...] é importante que se pense na possibilidade de construção de canais de comunicação entre poder público e setor privado, também, para fomentar diálogo com esses movimentos organizados, na perspectiva de constituir caminhos para geração de políticas públicas inclusivas.[599]

Durante a pesquisa de campo e nas diversas visitas à cidade, bem como nas entrevistas dos atores sociais de Natividade e região, o fato que chamou atenção é que a prefeitura municipal não "existe" no campo da cultura e do turismo. Há um hiato de ações que os entrevistados relatam, e não só da gestão passada (2017-2020), como também da gestão anterior (2013-2016).

Um exemplo é que, ainda durante a pesquisa de campo, antes da pandemia, no dia 15 de agosto de 2019, a sensação de andar no centro histórico de Natividade era andar com medo e no escuro. O único local do centro histórico que estava iluminado e transparecia segurança era a Praça Leopoldo Bulhões, no restaurante Casarão. Antes disso, no dia 9 de junho de 2019, um domingo de Pentecostes, acontecia a Festa do Imperador do Divino, muitas pessoas de outras cidades estavam no local, não havia nenhum atrativo turístico público (museu e loja de artesanato) aberto. Os únicos locais em que o turista conseguia comer, comprar algo e descansar eram o restaurante Casarão e a loja de Biscoito Amor-Perfeito.

---

[596] *Ibidem.*
[597] CAMAROFF; CAMAROFF, 2009.
[598] PIMENTA; MELLO, 2014.
[599] PIMENTA, 2014.

Com base nas reclamações das associações e da comunidade, a gestão atual da Prefeitura Municipal de Natividade está contratando, por meio de edital, uma empresa que preste assessoria e consultoria na área de patrimônio, cultura e meio ambiente. Segundo a diretora de Cultura e Turismo, Mônica Bianchi[600], entre os 31 pontos em que atuará, o vencedor do edital deverá: realizar oficinas, acompanhar o Programa Monumenta e o Fundo Municipal de Preservação do Patrimônio Cultural (FUPPAC); disponibilizar o Calendário Anual Cultural de Natividade contextualizado e com registro fotográfico; participar de reuniões técnicas com instituições governamentais e paraestatais. E ainda assessorar a recuperação da Sinalização Histórica nos espaços e imóveis públicos revitalizados pelo Programa Monumenta, com textualização e definições de tipos; assessorar as atividades do Museu Histórico de Natividade e em celebrações municipais; criar e auxiliar a secretaria municipal no cadastro de artistas, artesãos e outras pessoas envolvidas com a área cultural e de turismo em Natividade; colaborar com a reorganização dos Conselhos Municipais de Turismo, do Meio Ambiente e do Conselho Curador do FUPPAC; viabilizar/articular apoio municipal aos projetos das maiores festividades do município (Reis, Divino, São João, Romaria Senhor do Bonfim, Padroeira N. Sra. da Natividade, N. Sra. da Conceição); participar das discussões/elaboração de projetos na área de cultura, turismo, meio ambiente e de economia criativa; além do atendimento a jornalistas e imprensa em geral em assuntos que tratam da história e cultura de Natividade. Ou seja, contratarão uma empresa para fazer o trabalho de uma Secretaria de Cultura.

> *No momento em que assumi a Secretaria de Cultura e Turismo, não encontrei nada em relação à pasta, nada foi entregue. Não obtive quaisquer informações sobre tal pasta, não obtive informações necessárias para dar continuidade aos trabalhos, tampouco existia um computador com informações. O turismo em Natividade estava totalmente parado, sem ações para a população local e turística. Nossa principal dificuldade é em relação ao cumprimento da Lei do Voucher, tendo em vista a não aceitação por alguns empresários e guias/condutores: enfatizar a Lei do Voucher, para que todos os empresários do ramo turístico cumpram com seu dever, para que o município consiga angariar mais recursos e reinvestir no crescimento contínuo do Turismo; criar um site próprio para o turismo, onde o turista encontrará todas as informações necessárias sobre os meios de hospedagens, restaurantes, bares, atrativos, entreteni-*

---

[600] BIANCHI, 2021.

> *mento, meio de locomoção, entre outros; criar a Casa do Artesão, [que] será uma loja onde o turista poderá comprar lembranças e artesanatos locais; incentivar os proprietários de atrativos que ainda não são utilizados para o turismo, para que eles iniciem no ramo e ajudem a desenvolver o município; e, futuramente, buscar sempre a participação do SEBRAE, um importante aliado para o crescimento turístico nativitano.[601]*

Tentou-se entrevistar o secretário de Cultura da gestão 2017-2020, mas em nenhum dos números de telefone se conseguiu êxito. Porém, em entrevista realizada no dia 10 de abril de 2021, a ex-assessora de cultura na gestão passada (2017-2020) da prefeitura municipal, Vitória Pinto de Cerqueira, explicou que entrou na pasta da Cultura em meados de 2019, permanecendo 14 meses no cargo; que apresentou para a então prefeita, Martinha Rodrigues, um projeto de revitalização da Casa de Cultura Amália Hermano Teixeira, local em que funciona também a Biblioteca Municipal Mestre Zacarias Nunes. Esse mesmo projeto já tinha sido apresentado na gestão municipal 2013-2016.

> *Então, na gestão de 2009-2015, eu apresentei um projeto, mas ele não interessou muito. E eu guardei para mim, quando foi em 2019 eu conversei com a prefeita, porque ali ficou abandonado quase cinco anos, já estava abandonado o prédio, e aí eu conversei com ela, se ela poderia me dar essa oportunidade de estar revitalizando, dando vida a essa casa, a esse prédio que estava abandonado. E foi onde ela me colocou lá, aceitou a ideia e me colocou como assessora de Cultura, mas o meu objetivo era só fazer a revitalização da Casa Amália. E mediante isso foi que eu entrei para a pasta de Cultura de Natividade.[602]*

Uma das poucas ações durante quatro anos de gestão foi a revitalização da Casa de Cultura, que estava em fase de finalização, com previsão para término no primeiro semestre de 2021. Na época, sem colaboradores para auxiliar na reforma e limpeza do local, Vitória firmou parceria com a Cadeia Municipal.

> *E durante esses cinco meses eu também tive que fazer a limpeza do ambiente, que estava realmente muito deteriorado com cupins, e a gente, e assim, na Casa de Cultura era eu e eu mesma, não tinha auxiliar de serviços gerais, e isso foi muito difícil. Aí eu consegui ajuda com uma parceria com os reeducandos da cadeia*

---

[601] *Ibidem.*
[602] CERQUEIRA, 2021.

pública do município para fazer essa limpeza pesada. E durante esses cinco meses nós fizemos isso.[603]

Segundo Vitória, o secretário de Cultura não residia em Natividade e a área da Cultura ficou estagnada. *"De 2017 até 2020, o que avançou foi a questão de turismo no município porque os próprios comerciantes tocavam só, mas há muito tempo a gente tem dificuldade com os gestores municipais com apoio para a cultura, principalmente para os prédios municipais"*[604].

Figura 20 – Casa de Cultura de Natividade sendo reformada (2021)

Fonte: Instagram da Secretaria de Cultura de Natividade (2021)

A então diretora de Cultura e Turismo também não era de Natividade. Segundo Vitória Cerqueira, ex-assessora de Cultura, ela se sente cobrada pela comunidade por ter feito parte da gestão anterior, mas ela se defende e diz que só estava responsável por um produto: a Casa de Cultura.

---

[603] *Ibidem.*
[604] *Ibidem.*

> *Só que assim: uma coisa que eu fico chateada, eu falei para ele, falei para Simone e falo para você, é que eu não concordo com o secretário de Cultura ser de outra cidade, não concordo. Porque a cultura nossa tem uma raiz, e a raiz vem de muito tempo, não é só chegar, pesquisar, é sentir e ter amor. E, na nossa cidade, têm muitas pessoas que podem estar à frente da cultura, né? Porque um secretário de Cultura, ele precisa pelo menos conhecer as pessoas daqui e não conhece. Na gestão passada, tive grande dificuldade com essa pessoa também, que veio para ser secretário de Cultura, que veio de lá [...]. E eu tive grande dificuldade, por isso que não foi concluída a revitalização da Casa de Cultura, porque ele queria fazer de um jeito e eu sabia que aquilo não era assim. Até então, ele foi embora e até hoje poucas pessoas sabem que ele passou por lá. Então era eu que as pessoas sabem que estive lá, mas ninguém sabia que eu estava lá só por um produto, né? E acham que era pelo todo.*[605]

Essa rixa entre o gestor da Cultura ser ou não ser de Natividade é notória nas entrevistas realizadas durante a produção de dados. Muitos pontuam que, com a nova gestão, a área da cultura pode melhorar. Ainda sobre a gestão da cultura no município, em conversas informais e entrevistas, os empresários e a comunidade como um todo reclamavam de como a cidade estava abandonada com relação à manutenção dos espaços turísticos.

Com isso, é necessário que políticas sejam implantadas como incentivo tanto pelo poder público municipal quanto estadual, e que escutem a comunidade, para que nenhum projeto surja e seja implantado "de cima para baixo", uma vez que, no turismo, há a interação de múltiplos atores, que se relacionam em diversos graus de interdependência.

Para Carmenizia Cardoso da Silva, guia local em Natividade, é preciso conhecer para pertencer e valorizar. A guia nasceu e cresceu em Natividade, mas passou muitos anos fora da cidade e, depois que retornou, começou a trabalhar com o turismo.

> *E a gente vê de certa forma a cidade evoluindo, mas eu percebo que ela vem evoluindo não pelo investimento dos gestores, percebo que ela evolui pelo espírito empreendedor que o nativitano tem, sabe? A maioria das pessoas que eu vejo que se deram bem aqui foram pessoas que conseguiram abrir um negócio e conseguiram prosperar. A gente tem muito desse espírito empreendedor em Natividade, você anda nas casas, antigamente a maioria das mulheres de baixa renda, elas sempre iam trabalhar de empregada doméstica, e hoje em dia não, a*

---

[605] *Ibidem.*

gente tem visto esse quadro mudar. Existem pessoas que dizem que é por causa de Bolsa Família ou isso aqui, mas não é, existem muitas pessoas que são empreendedoras. Tem muita mulher que está fazendo salgado, fazendo doce, fazendo bolo, está vendendo lingerie, que faz uma unha, que faz uma sobrancelha, que faz um monte de coisa. Então, assim, isso melhora a situação da pessoa tanto econômica como social. Sem falar que essa mulher que consegue despertar esse espírito empreendedor, ela acaba tendo mais tempo para sua família, mais tempo para os filhos, melhora a vida como um todo.[606]

Os atores sociais envolvidos no processo reconhecem-se como agentes endógenos capazes de promover o desenvolvimento em sua região, sem depender dos agentes exógenos, como poder público e paraestatal. Fora essa questão de não haver políticas públicas, Natividade enfrenta, na visão desses atores sociais endógenos e exógenos, uma dificuldade com o perfil da comunidade em relação ao turismo.

Tudo que se faz na cidade do interior, a comunidade é mais aco-modada e tudo espera pelo prefeito. Espera muito pelo gestor municipal. Porque, se fosse em outra cidade, as pessoas mesmos, a comunidade alavanca esse turismo. Já que nós vamos falar a realidade do nosso município: o gestor, o padre, o bispo, tudo isso contribuiu e todos ganham. Então, o que falta é isso, falta as pessoas pensarem em rede, as pessoas se juntar. Aqui o turismo está bom, mas precisa melhorar muito ainda. Porque a cidade, nós temos praças, temos recursos para isso e não foi feito; por quê? Porque o gestor não teve esse olhar, não despertou para isso. Quando o turismo alavancar bastante, o gestor pode perceber o seguinte, que o fluxo de pessoas que vai depender do dinheiro municipal vai ser menos. Então, o que falta é isso. E também a comunidade despertar pelo potencial que o município nosso tem e dar valor no que nós temos! Poucas pessoas dão valor, se você chegar, poucas pessoas sabem muito sobre Natividade. Poucas![607]

Percebe-se que existe uma lógica de organização dos atores na comu-nidade de Natividade, em que há os agenciamentos em torno das festas reli-giosas, porém esses mesmos atores não pretendem, por enquanto, afirmar a cidade como um destino para o turismo religioso dentro do Tocantins. Há, na cidade, uma autopromoção de atores isolados ou agrupados por afinidades familiares. Ainda, as ações são voltadas para o turismo cultural, o turismo de vivência e, mais recentemente, o turismo de aventura/ecoturismo.

---

[606] SILVA, Carmenizia Cardoso da. *Entrevista XIII*. [Entrevista cedida a] Poliana Macedo de Sousa. Dianópolis, 17 abr. 2021. 1 mp3 (6 min).

[607] CERQUEIRA, 2021.

Outro ponto que se observa nas falas dos entrevistados é que ainda não há uma consciência comunitária de que o turismo, de uma forma geral, e o turismo religioso possam ser um atrativo na cidade e gerar renda. Há uma consciência individualizada, e falta, portanto, criar e colocar em prática a rede de atores com projetos e ações.

> *Tem a questão dos hábitos, né? Que é bem difícil você alterar hábitos, porque é o seguinte: o dia a dia você tem a vivência e não está clara essa questão turística, então hoje a gente tem o restaurante que tem uma visão turística, que é o Casarão. [...] não é só a classe empresarial, tem que ter políticas públicas. Então, é aí que faz falta do poder público aqui em Natividade, assumir a questão turística como primordial. Aí eu acho que tem que estar junto de poder, de discutir, de estar junto com a associação comercial, estabelecer normas. Porque a nossa vida não vai ser mais voltar ao normal, então eu acho que está no momento de sentar e que já passou do momento, de pensar nisso, nesse novo normal, para que se possa trabalhar de uma forma.[608]*

O gestor do Projeto de Turismo nas Serras Gerais do SEBRAE/Dianópolis, Antônio Cursino, ressalta a mesma dificuldade apontada por Simone Camelo, que os próprios comerciantes ou aspirantes a comerciantes não se veem como empresários que fomentam o turismo, e que, por vezes, a comunidade em si não quer turista na cidade.

> *Essa é uma dificuldade que a gente sempre enfrenta lá. E qual a dificuldade que a gente enfrenta em relação ao turismo e à produção associada aqui para a região nossa, porque o empresário ali, o artesão, principalmente o artesão, porque é um dos segmentos que a gente tem mais dificuldade com eles, porque eles não se veem como empresários. Ele faz um negócio por hobbie, ele gosta de manipular alguma coisa, gosta de fazer o crochê, gosta de fazer o artesanato, mas ele faz porque ele gosta. São poucos deles que vê aquilo ali como uma fonte de geração de renda, e a maioria deles têm outras fontes de geração de renda, que é a principal geração de renda dele. E ele faz o artesanato por hobbie. Então, para ele, no dia do festejo, ele quer aproveitar o festejo na cidade em vez de aproveitar a oportunidade para gerar emprego e renda. E o SEBRAE tem feito muito esforço para mostrar para eles que eles podem viver só disso e mais além eles podem enricar com isso. É tanto que nós fizemos várias missões com eles, e temos uma previsão e queremos fazer uma específica só de turismo religioso, mas já fizemos missão com eles para Pirenópolis [GO], para*

---

[608] ARAÚJO, 2020.

> *alguns conhecerem a realidade de Pirenópolis, como você vivencia o turismo lá, a questão da gastronomia, do artesanato, para onde você vai, você compra. Em qualquer lugar que você passa tem folder, tem informação, sabe quem vende, você pode comprar em qualquer horário, tudo aberto. E lá em Natividade a gente tem tentado fazer isso, mas a comunidade em si, são poucos que veem como um negócio mesmo. E, mesmo assim, evoluiu muito.[609]*

O desenvolvimento deve partir da comunidade, da iniciativa e do comprometimento dos atores endógenos para encontrarem o caminho ideal na promoção do turismo religioso, não deixando de lado o apoio dos agentes exógenos na construção desse modelo.

Para que se possa entender como estão sendo pensadas as políticas públicas para o turismo na região das Serras Gerais e, consequentemente, para Natividade, o próximo tópico aborda o Plano de Desenvolvimento Integrado do Turismo Sustentável para a região. Apesar de não ter força de lei, este serve como base para implantação de projetos em curto, médio e longo prazo. Ressalta-se que o plano, no que tange ao turismo cultural, não traz novidades, e omite alguns eventos de relevância em Natividade.

5.2 Políticas públicas nas Serras Gerais: o que planeja o poder público?

O cenário que se tem buscado é a implantação de políticas públicas direcionadas à promoção do desenvolvimento econômico, por meio do desenvolvimento endógeno, em que há a interação de todos os atores envolvidos no processo. Assim, todas as vozes são ouvidas e participam do processo de desenvolvimento da sua comunidade.

A atuação do SEBRAE/Dianópolis, nos últimos anos, foi de grande importância para a capacitação da população local para o turismo, incluindo a instituição de guias turísticos, criação de agências e operadoras turísticas para trabalharem na região das Serras Gerais, colaborando com os Comitês Municipais dos nove municípios na elaboração dos planos municipais de turismo para estruturar e planejar a atividade turística na região, além de ajudar na elaboração de produtos turísticos com base nos atrativos locais.

A Universidade Federal do Tocantins em Arraias oferta o curso Tecnólogo em Turismo Patrimonial e Socioambiental na região, que tem como princípio a formação humana, o desenvolvimento sustentável numa

---

[609] CURSINO, 2020.

perspectiva que harmoniza o imperativo do crescimento econômico com a promoção de equidade social e a preservação do patrimônio natural, garantindo, assim, que as necessidades das atuais gerações sejam atendidas sem comprometer o atendimento das necessidades das gerações futuras.

> *Muitas pessoas vão embora da região porque não têm renda extra, não têm oportunidade de emprego. A região sudeste é conhecida como corredor da miséria, e o estado foi criado, desenvolveu ali para o Norte, Centro-Norte, e nós ficamos longe das rodovias, não temos indústrias, não temos grandes empreendimentos, e aí quem é empregado da prefeitura ou do estado ou tem um comércio vai sobrevivendo, e quem não tem vai minguando. E aí eu já vi várias famílias indo embora para poder conseguir oportunidade de estudar os filhos, de conseguir alimentar melhor suas famílias. A hora que a população local perceber que a conservação (entende?) dá dinheiro, eles vão poder ganhar dinheiro aqui e não vão precisar ir embora. É vendendo artesanato, é vendendo a farinha de mandioca, é frango caipira, na visitação dos atrativos. O turista não vem lá de São Paulo para ouvir som automotivo, para ir em balneário, não é esse o objetivo.*[610]

Com base nessas ações e atividades independentes da própria comunidade na região e especificamente em Natividade, o poder público estadual, por meio dos seus órgãos, neste caso a ADETUC, contratou as empresas Sociedade Portuguesa de Inovação; Assessores em Turismo (THR); Hotelaria e Recreação; OIKOS – Pesquisa Aplicada; e T4 – Consultoria em Turismo (Consórcio SPI, THR, OIKOS, T4) para serviços de consultoria para Revisão da Política Estadual e Elaboração do Plano de Desenvolvimento Integrado do Turismo Sustentável de quatro regiões prioritárias: Serras Gerais, Peixe, Vale dos Grandes Rios e Bico do Papagaio.

Assim, o PDITS foi elaborado de acordo com os incentivos do Ministério do Turismo e com base no Plano Nacional de Desenvolvimento Turístico, e propõe desenvolver o turismo com sustentabilidade em regiões turísticas prioritárias no estado do Tocantins.

O PDITS estabelece as bases para a definição de ações, as prioridades e a tomada de decisão por parte de agentes públicos e privados. Este se torna, por isso, o instrumento técnico de eleição para a gestão, coordenação e condução das decisões de política pública. Ao melhorar a capacidade empresarial, direcionar os investimentos e o acesso ao mercado turístico, o PDITS contribui de forma decisiva e substancial para o desenvolvimento do setor turístico.

---

[610] CASTRO, 2020.

O plano tem o objetivo de orientar o crescimento e o desenvolvimento do turismo sustentável na região das Serras Gerais, ao promover ações de menor impacto socioambiental, ampliar o papel do turismo na economia local e promover a melhoria da qualidade dos serviços.

Maria Antônia Valadares de Souza, superintendente de Operações Turísticas e Projetos Estratégicos da ADETUC, explicou que o PDITS vai

> [...] oferecer subsídios sobre o potencial e as estratégias para o desenvolvimento do turismo da região [...] não necessita de publicação. O PDTIS é um documento norteador para, a partir dele, tanto os municípios quanto o estado investirem na política pública da região Serras Gerais. É um documento que dá uma linha orientativa e por isso não é uma lei. [...] O turismo de aventura e o ecoturismo são os dois segmentos de maior procura/demanda pelos turistas.[611]

Sobre a elaboração do PDITS, a superintendente explica que

> A metodologia em si foi contratada uma empresa especializada através de recursos do Banco Mundial, que financia alguns projetos do governo do estado. A metodologia foi participativa, com várias oficinas e reuniões tanto com os municípios da região como também com os conselhos de turismo e as empresas do setor. [...] O segmento turístico, ele é mais identificado pelas pesquisas de demanda turística, ou seja, quando se pergunta para alguém que mora em São Paulo, por exemplo, por que ela viria para Tocantins, as respostas teriam que aparecer, de forma significativa, que seria o turismo religioso.[612]

Com base nos dados apresentados no plano, os segmentos mais interessantes, na opinião dos visitantes atuais, são cinco: turismo gastronômico, turismo de sol e praia, turismo de natureza, turismo de aventura e ecoturismo. Dentre estes, destacam-se os segmentos de natureza e ecoturismo, que sintetizam bem a atual oferta turística da região e despertam o interesse de 73,9% e 78,4% dos visitantes, respectivamente. Os segmentos considerados de baixo potencial foram o turismo rural, o turismo religioso, o turismo étnico, o turismo de pesca e o turismo de estudos.

Para a devida impulsão desses cinco segmentos menos potenciais, será necessário identificar nichos de mercado, isto é, delinear os perfis de consumidores que potencialmente se interessariam por tais segmentos. O plano apresenta que a maior parte dos visitantes (80%) conhece outras

---

[611] SOUZA, Maria Antônia de Valadares. *Entrevista I.* Destinatário: Poliana Macedo de Sousa. Palmas, 29 ago. 2020. 1 mensagem eletrônica.

[612] *Ibidem.*

cidades e regiões do estado do Tocantins, por isso é provável que tenham sido capazes de identificar nas fotografias destinos turísticos visitados anteriormente, passando a julgá-los não só pelas imagens que viram, mas também de acordo com suas próprias experiências de viagem.

Entre os locais turísticos mencionados, o Jalapão aparece muito à frente de todos os outros, tendo sido indicado por 50,6% dos visitantes. Os demais locais foram lembrados por 10% ou menos dos entrevistados.

Apesar do grande potencial turístico existente na região das Serras Gerais, o fluxo de turistas ainda é pequeno, e de abrangência regional. Os visitantes, em sua maioria, residem no próprio Tocantins ou nos estados vizinhos, como Goiás e Bahia. A permanência média na região das Serras Gerais é de 1,6 dia.

Ainda de acordo com o PDITS, a simplicidade e a pouca diversidade dos estabelecimentos de hotelaria e alimentação não motivam os visitantes, que também se incomodam com a precariedade das estradas que dão acesso aos atrativos. Por outro lado, os visitantes reconhecem e encantam-se com a beleza cênica e singularidade dos atrativos naturais e histórico-culturais existentes na região, afirmando seu desejo de retornar ao destino no futuro.

> A **religiosidade** é igualmente uma marca da região, na qual se destacam os municípios de Taguatinga e Natividade. Os cortejos, corridas de cavaleiros e a cavalhada, assim como uma representação da batalha medieval entre cristãos e mouros são característicos em Taguatinga. A "Festa do Divino" em Natividade é um ritual com forte influência portuguesa e do período escravocrata, incluindo cantos, louvação e a missa solene dos Romeiros. As festas religiosas são um importante ponto de atração turística nas Serras Gerais, atraindo todos os dias milhares de turistas à região. De ressaltar a **vertente mística** na região, através do Labirinto Místico da líder espiritual Dona Romana. Este santuário inclui diversas figuras humanas, pássaros gigantes, portais e seres cósmicos esculpidos em pedra como mensageiros do mundo espiritual.[613]

Um detalhe nessa parte do plano é que citam a Missa dos Romeiros, uma programação da Romaria do Senhor do Bonfim, como evento vinculado à Festa do Divino Espírito Santo em Natividade.

---

[613] TOCANTINS. *Plano de Desenvolvimento Integrado de Turismo Sustentável (PDITS)*: Serras Gerais. Palmas: Consórcio SPI/THR/OIKOS/T4, 2019. Grifo nosso.

A definição da estratégia teve como base a etapa de diagnóstico do PDITS, e pretende guiar as seguintes etapas do projeto, no sentido de estabelecer as prioridades para o desenvolvimento turístico das Serras Gerais, quer em nível de localização, quer de segmentos de investimento, promoção prioritária e de estruturação de uma estratégia para as cinco componentes que guiam todo o PDITS: Produto Turístico, Comercialização, Fortalecimento Institucional, Infraestrutura e Serviços, e Gestão Ambiental.

O PDITS apresenta ainda uma pesquisa de demanda atual para as Serras Gerais e a demanda potencial do estado do Tocantins. No que tange à pesquisa de demanda atual, das pessoas que já visitaram a região das Serras Gerais, a maior parte dos turistas era oriunda de cidades do próprio estado do Tocantins (59,9%), com forte presença também de visitantes dos estados que fazem fronteira com a porção sudoeste do Tocantins, ou seja, Bahia, Goiás e Distrito Federal, que representaram 31,9% dos visitantes. Apenas 7,1% dos visitantes tiveram origem nas regiões Sul e Sudeste do Brasil, sendo os estados de Minas Gerais, São Paulo e Santa Catarina os únicos representados na amostra. "Para 54,7% dos visitantes, essa havia sido sua primeira viagem às Serras Gerais. Os demais 45,3% já conheciam a região, mas apenas 19,2% costumam frequentar o local com regularidade, ou seja, uma ou mais vezes ao ano"[614].

Ainda na demanda atual, 99,4% organizaram suas viagens por conta própria, utilizando informações dadas por amigos ou parentes em 76% dos casos. Apenas 10% dos turistas colheram informações na internet; e 8% viram informes na TV ou no rádio. Guias turísticos impressos e revistas especializadas foram consultados por 6% dos visitantes, apenas. A maioria dos visitantes (54,7%) trabalha como assalariada em organizações públicas ou privadas; e 27,9% são empresários ou profissionais liberais. Já os estudantes representaram 9,9% dos visitantes.

Para o estudo de demanda potencial do Tocantins, foram definidos, para produção de dados primários, locais com grande fluxo de turistas/visitantes que possuem o perfil desejável para a pesquisa: interesse e disposição para viajar, proximidade do polo receptor e capacidade financeira para viagens domésticas.

A pesquisa apresentada no PDITS foi realizada entre 2017 e 2019, coletando-se 817 amostras nos aeroportos de Brasília, Guarulhos/São Paulo), Fortaleza e Belo Horizonte. Do perfil desses respondentes, que foram

---

[614] TOCANTINS, 2019, p. 58.

base para elaboração do PDITS das Serras Gerais, tem-se que 31,6% viajam acompanhados do(a) esposo(a), namorado(a) ou companheiro(a); 15% viajam no mês de julho, e 28% no mês de dezembro; 73% organizam a viagem por conta própria; utilizam como fontes de informação sites de reserva (30,2%), amigos/parentes (26,8%) e agências de viagem (17,1%); 63% possuem nível superior de escolaridade; da faixa etária, têm-se 36,4% entre 26 e 35 anos, e 32,5% de 36 a 50 anos; a renda dos entrevistados era de R$ 3.748,01 a R$ 9.370; segurança, acessibilidade digital (telefone e internet) e atrativo de lazer estruturado, além de boas referências da localidade estão entre os itens mais mencionados no perfil quando da escolha de um destino.

> Dentre os entrevistados, 37% tem seu domicílio na região Sudeste (SP, MG e RJ, ES), maior polo emissor de turistas no Brasil. Vale ressaltar que visitantes dos estados limítrofes de Tocantins também foram identificados na pesquisa com destaque para BA, DF, MT e GO.[615]

Na metodologia da pesquisa de demanda potencial, foram utilizados cartões com imagens dos segmentos turísticos e atividades que já existem e são oferecidas no Tocantins, porém sem revelar a identidade do destino sobre o qual a pesquisa tratava. Foram apresentadas fotos dos segmentos de ecoturismo, sol e praia, aventura, pesca, étnico, observação de aves, religioso e contemplação. Vale ressaltar que utilizaram a imagem das Ruínas da Igreja N.S. Rosário dos Pretos de Natividade como representante do segmento religioso.

De acordo com as respostas obtidas, os segmentos com maior atratividade para o público pesquisado são: sol e praia, ecoturismo, turismo de contemplação e turismo de aventura.

---

[615] *Ibidem*, p. 77.

Figura 21 – Imagens utilizadas durante a pesquisa de demanda para as Serras Gerais no PDITS

Fonte: Tocantins (2019)

"Lembrando que 79% dos entrevistados ainda não conheciam nenhum município ou região do estado do Tocantins, esses foram questionados a respeito das razões que os mantinham afastados desse destino turístico"[616]. Assim, a maioria dos entrevistados (42,7%) informou que não o fez por falta de oportunidade; e 24,9% revelaram que não tinham interesse em visitar o destino.

Ainda, 47,1% só ouviram falar do Jalapão; 21,3% nunca ouviram falar de nenhuma região turística do Tocantins; e 8,1% já tinham ouvido falar da região das Serras Gerais. "A maioria dos entrevistados (58%) já ouviu falar do destino[617], porém o número de indivíduos que não ouviu falar do estado de Tocantins é muito alto". Para cerca de 20% dos entrevistados que nunca visitaram o estado, o desconhecimento do destino e falta de informação/divulgação são os principais fatores de não o terem visitado ainda.

Percebe-se que, das duas pesquisas (atual e potencial) para definirem as políticas que serão implantadas nas Serras Gerais, alguns dados básicos chamam atenção, principalmente com relação ao perfil de renda, escolaridade

---

[616] *Ibidem*, p. 103.

[617] *Ibidem*, p. 104.

e faixa etária dos turistas. No caso da faixa etária, há dois grupos: 26 a 35 anos, e 36 a 50 anos. Na demanda atual, a faixa etária de 26 a 35 anos corresponde a 31,6%; e de 36 a 50 anos, 27,2%. Na demanda potencial, a pesquisa apresenta que 36,4% dos entrevistados têm 26 a 35 anos; e 32,5%, 36 a 50 anos.

No caso da renda na demanda atual, no PDITS, no valor de R$ 3.800 a R$ 9.500 equivalem a 65,8% e 47,3% na demanda potencial. A maior diferença é no grau de escolaridade, em que, na demanda atual, o percentual de nível superior e com pós corresponde a 39,5%; e, na demanda potencial, 63%. "O perfil jovem e o baixo nível de instrução da maioria dos visitantes justificam o perfil de renda também mais baixo"[618]. Porém, *grosso modo*, não há uma grande diferença entre a demanda dos turistas que já visitam a região e os potenciais turistas. Necessita-se de divulgação dos destinos e olhar voltado para demais nichos, como o turismo religioso e cultural, uma vez que até a forma de "informar" na pesquisa sobre o turismo religioso, nosso objeto de estudo, é deturpada, uma vez que esse turismo é feito por pessoas, nas relações sociais, e não com a imagem das Ruínas da Igreja de N. S. Rosário dos Pretos, patrimônio arquitetônico e histórico de Natividade.

Quadro 2 – Prazos estabelecidos no PDITS das Serras Gerais

Curto	Médio	Longo
Ordenar, desenvolver e promover os segmentos turísticos das Serras Gerais em conjunto com as atividades do SEBRAE na região: ecoturismo, turismo de aventura, cultural e religioso	Aumentar o fluxo de turistas, o tempo de permanência e gasto médios dos turistas nas Serras Gerais	Fomentar a geração de emprego e renda por meio do estímulo às atividades de turismo sustentável reduzindo disparidades sociais e econômicas, promovendo a inclusão social e a distribuição de renda
Identificar as necessidades de infraestrutura de serviços e equipamentos das Serras Gerais	Impulsionar a prática do turismo sustentável, promovendo e incentivando a adoção de modelos de menor impacto socioambiental	Estimular a melhoria da gestão municipal para o turismo

---

[618] *Ibidem*, p. 54.

Curto	Médio	Longo
Estruturar ações e instrumentos para a promoção, divulgação e comercialização das potencialidades turísticas das Serras Gerais	Incentivar a participação da comunidade indígena, rural e quilombola na prestação de serviços turísticos, numa lógica de preservação da sua identidade e do seu ecossistema	
Estruturar projetos e ações que facilitem a captação de recursos e investimentos para as atividades turísticas das Serras Gerais	Estimular a preservação da identidade cultural das comunidades e populações tradicionais envolvidas com a atividade turística	

Fonte: adaptado de Tocantins (2019)

Outro ponto importante que aparece no PDITS é que "corrobora o fato de que a imagem do estado está extremamente atrelada **apenas** à imagem do Jalapão, região apontada por muitos entrevistados ao serem questionados sobre o que ouviram falar do destino turístico"[619].

De acordo com o plano, Natividade está na área de prioridade no desenvolvimento do turismo. "No caso de Natividade, é o destino na melhor situação de toda a região, o que exige mais inovação de produtos e experiências no destino, além de melhorias em suas instalações turísticas"[620].

> Desenvolvimento prioritário: Turismo Cultural, Turismo Étnico e Turismo Religioso. O Turismo Cultural, embora conte com alta competição de outras regiões do Brasil, nas Serras Gerais adquire características de interesse para a demanda e de alto valor para a oferta, fazendo com que a oferta seja estruturalmente distinta na região. Este tipo de turismo deve ser desenvolvido prioritariamente, para agregar valor ao turismo das Serras Gerais e de todo o estado do Tocantins. O Turismo Religioso deve ser desenvolvido a partir do Turismo Cultural, como complemento que agrega elementos culturais aos destinos. O mesmo para o Turismo Étnico, resgatando uma agenda de atividades tradicionais, comunitárias e religiosas que agreguem valor à parte cultural das Serras Gerais.[621]

---

[619] *Ibidem*, p. 108, grifo nosso.

[620] *Ibidem*, p. 238.

[621] *Ibidem*, p. 243.

A estratégia de trabalho e investimento nos destinos e produtos selecionados divide-se em dois grandes momentos dentro do PDITS: curto prazo, que levará de dois até 3 anos; e médio/longo prazos, com período previsto de três anos até oito anos.

O plano também analisou o volume turístico na região das Serras Gerais, e a cidade de Natividade apresenta maior volume no quesito de atrativos "religiosos" do que nos atrativos "culturais". O volume turístico analisa a quantidade de turistas, o mês e a época de alta temporada.

O levantamento do PDITS aponta que, no Atrativo Religioso 27 (Festa do Divino Espírito Santo de Natividade), o volume é de 5 a 10 mil pessoas. No Atrativo Cultural 20 (fábrica de Biscoito Amor-Perfeito), o volume turístico é de 1 a 5 mil pessoas. Os Atrativos 21, 22 e 23, sendo respectivamente Pacote Turístico/Produto Vida de Natividade, Filigranas e Tour Histórico, correspondem a um volume turístico de 250 a 1.000 pessoas. E, no Atrativo 24, Trilha do Ouro, o volume de visitantes ficou entre 0 e 250 pessoas. Dos atrativos naturais, a Cachoeira Paraíso (25) aparece com volume turístico de 1.000 a 5.000 pessoas; e os Poções (26), de 0 a 250 pessoas na média do volume turístico.

Figura 22 – Volume turístico na região das Serras Gerais

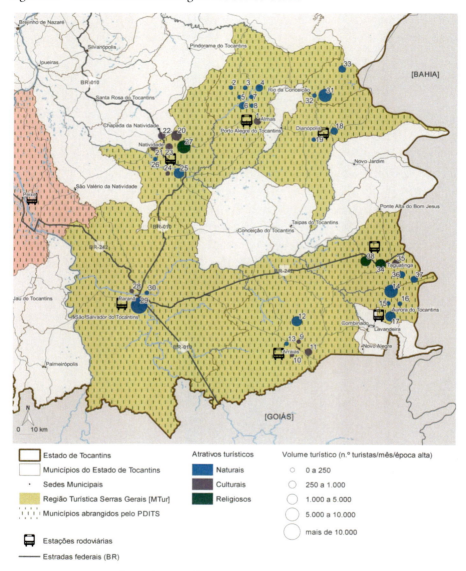

Fonte: Consórcio SPI/THR/OIKOS/T4 (TOCANTINS, 2019).

Com base nos mapas disponibilizados no PDITS, percebe-se que Natividade é uma cidade com desenvolvimento turístico na área cultural e natural, com mais destaque para o cultural, e pouco para o religioso. Porém, seu volume turístico maior é na esfera religiosa.

Figura 23 – Desenvolvimento turístico das Serras Gerais

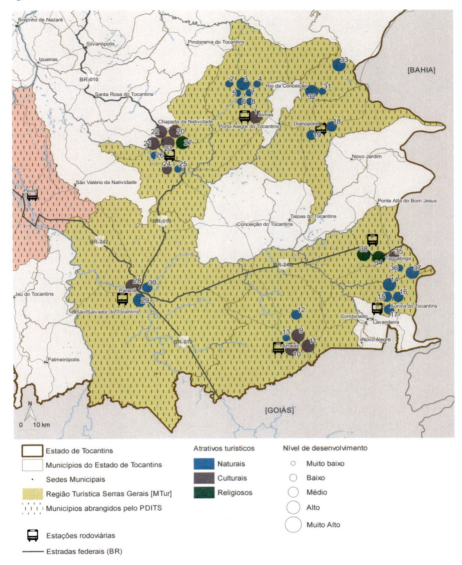

Fonte: Consórcio SPI/THR/OIKOS/T4 (Tocantins, 2019)

De acordo com o mapa *supra*, que consta no plano e apresenta o potencial para o desenvolvimento turístico, percebe-se que em Natividade as tipologias de turismo são: cultural, natural e religioso. Dos atrativos turísticos culturais da cidade, o PDITS apresenta:

- No item 20, a fábrica de Biscoito Amor-Perfeito (Tia Naninha), com índice 3 de volume turístico e índice 4 na classificação de acordo com o desenvolvimento turístico;

- No item 21, o produto Vida de Natividade (dança suça, *city tour* e café colonial), com índice de volume turístico 2 e índice 4 na classificação de acordo com o desenvolvimento turístico;

- No item 22, aparece o atrativo cultural Filigrana, também com índice de volume turístico 2 e índice 4 na classificação de acordo com o desenvolvimento turístico;

- No item 23, o Tour Histórico na Cidade, também com índice de volume turístico 2 e índice 4 de acordo com o desenvolvimento turístico; e

- No item 24, a Trilha do Ouro, com índice de volume turístico 1, e 3 como índice do desenvolvimento turístico.

Na categoria de atrativos naturais em Natividade, foram catalogados dois produtos, no item 25, a Cachoeira do Paraíso, com índice 3 de volume turístico e 2 na parte de desenvolvimento turístico; e no item 26, os Poções, com índice de volume turístico 1 e 2 na classificação de acordo com o desenvolvimento turístico.

Nos atrativos religiosos para a região das Serras Gerais, aparecem: a Festa do Divino Espírito Santo e o Labirinto Místico da Dona Romana, ambos em Natividade, e os Festejos de Nossa Senhora d´Abadia, no município de Taguatinga. Na avaliação do PDITS, a Festa do Divino Espírito Santo (27) aparece com índice de volume turístico 4 e o desenvolvimento turístico também com 4. O Labirinto Místico da Dona Romana aparece no PDITS como pertencendo à cidade de Taguatinga, porém está localizado em Natividade. O Labirinto possui volume turístico de 3 e desenvolvimento turístico com índice 4.

Sobre a justificativa para inclusão da Festa do Divino Espírito Santo nos atrativos religiosos no plano,

> Os custos para sua realização estão cada vez mais altos e atualmente existe uma dificuldade para obter financiamento. Considerando sua relevância para o estado é fundamental garantir no futuro que existem parcerias que apoiem de forma sustentada e significativa a realização da Festa do Divino Espírito Santo. Tratando-se de um dos maiores eventos

do Tocantins, atraindo um fluxo turístico considerável, é essencial a obtenção de apoio financeiro para garantir a continuidade da realização do evento.[622]

Sobre o Labirinto Místico, o plano faz a seguinte justificativa:

> É um local de caráter espiritual e que representa o universo holístico da líder espiritual Dona Romana, do Centro Bom Jesus de Nazaré. Este local é representativo do turismo místico de Natividade que, segundo a Dona Romana, faz a ligação com "guias superiores" através das diversas figuras construídas no local pela própria, e cujo propósito é salvar a humanidade a um futuro de grandes transformações. Visitantes de todo o país visitam o labirinto místico em busca de orientação espiritual.[623]

Porém, enquanto atrativo turístico do PDITS, a Romaria do Senhor do Bonfim, localizada na comunidade do Bonfim, município de Natividade que movimenta centenas de milhares de romeiros, todos os anos, no mês de agosto sequer aparece na relação dos 38 atrativos turísticos mais relevantes das Serras Gerais. Por que a Romaria não aparece no plano que será o instrumento basilar para a implantação das políticas públicas em curto, médio e longo prazo no turismo das Serras Gerais?

Apesar de nunca ter ido às festas religiosas de Natividade[624], a superintendente da ADETUC, Maria Antônia, acredita que Natividade possa ser destino de turismo religioso, pois *"tem potencial para isso"*, mas falta *"maior divulgação focada no evento"*. Sobre a influência de que o ecoturismo possa incentivar o turismo religioso ou vice-versa, ela explica que *"são bem diferentes. Os públicos não buscam os mesmos objetivos, portanto não têm influência um no outro"*, porém o PDITS incentiva esse tipo de estratégia.

> Após esta seção estará completo o diagnóstico estratégico que servirá de base para as próximas etapas do PDITS, nomeadamente a estruturação da estratégia e dos planos de ação [...] A identificação dos segmentos principais e complementares, e de quais os atrativos que compõem cada segmento é fundamental para o correto direcionamento de recursos no planejamento do setor, a médio e longo prazo. Por outro lado, a construção da imagem turística da região das Serras Gerais será baseada necessariamente nos segmentos turís-

---

[622] *Ibidem*, p. 116.
[623] *Ibidem*, p. 117.
[624] SOUZA, 2021.

ticos com maior potencial distintivo desta região. A partir da análise realizada no presente diagnóstico estratégico são considerados como principais segmentos das Serras Gerais o "Ecoturismo" e "Turismo de Aventura". Como segmentos complementares a região apresenta o "Turismo Cultural", "Turismo Religioso" e "Sol e Praia".[625]

É fato que o governo do Tocantins tem investido para promoção do turismo em Natividade, mas são ações pontuais, como aponta a superintendente.

> *De uma forma geral e também em atividades específicas para o turismo religioso. O governo faria isso [ajudar nas festas] esse ano, se não fosse a pandemia do novo coronavírus. [...] Seria a gente fazer material promocional, divulgação do evento, ajudar o povo lá a organizar o evento de forma melhor, esse tipo de coisa.[626]*

Para Fernanda Taiã, presidente da ASSEGTUR e proprietária de agência de turismo na região, toda essa política definida no PDTIS para as Serras Gerais:

> *Está só no papel. Teve uma reunião em Palmas que eu questionei: "O que que vai ser efetivamente; seria feito nas Serras Gerais?" Aí enrolaram, e não sei o que, e diziam "Está lá no plano, está lá no plano", mas não souberam dizer. E muitas coisas que fazem para poderem cumprir metas, no papel, mas que efetivamente não chega. A nossa associação é nova e agora já virou uma instância de governança, e o nosso próximo objetivo é esse: nos aproximar mais do estado, conseguir com que chegue alguma coisa aqui efetivamente, pois a luta é muito grande.[627]*

Assim, independentemente da pandemia, nunca houve ação do poder público com relação à região das Serras Gerais, a não ser em época eleitoral (que será demonstrado nos próximos tópicos) e nas festas religiosas, como a Romaria do Senhor do Bonfim (que nem sequer foi citada no plano) e a Festa do Divino Espírito Santo. Fernanda Taiã reforça ainda que a ASSEGTUR se tornou a primeira instância de governança e que a associação começou de um jeito atípico de outras regiões, em que geralmente as regiões "estouram", recebem uma demanda muito grande e aí eles vão organizar para poder lidar com essa demanda. Os membros da ASSEGTUR fizeram missões técnicas

---

[625] TOCANTINS, 2019, p. 202.

[626] SOUZA, 2020.

[627] CASTRO, 2020.

com o SEBRAE, fizeram cursos de adequação da Associação Brasileira de Normas Técnicas (ABNT) sobre a capacidade de carga em cada atrativo, quanto pode comportar de pessoas naquele atrativo.

> *As políticas públicas nas Serras Gerais, elas não existem ainda, pode ter algum documento por aí perdido que fala alguma coisa bonita, mas especificamente não tem nada sendo aplicado pelo estado aqui. Nesse momento, nós fomos a primeira instância de governança, reconhecida no estado, nosso documento está lá no jurídico do estado para ser analisado e formatado para ser usado como modelo para outras instâncias que vão vir. E o que a gente percebe é que tudo foi voltado para o Jalapão e Ilha do Bananal, e é isso que a gente está lutando, para que olhem para as Serras Gerais, que reconheçam o valor e que estendam essa política para cá. Nós precisamos de sinalização. Um turista chega no aeroporto, ele não sabe que existe Serras Gerais, não tem nenhuma foto das Serras Gerais lá para ele ver, tudo é voltado para o Jalapão. E a gente se sente muito esquecido, deixado de lado aqui, mas quem não chora não mama. E é por isso que a gente está correndo atrás desse reconhecimento para poder essas políticas chegarem aqui. Lá fora as pessoas não sabem o que é o Tocantins, elas sabem o que é Jalapão.[628]*

O presidente da ACINAT, Manoel Salvador, ressalta que não há políticas públicas nem infraestrutura básica ou apoio do poder público em áreas como saúde e educação, principalmente educação superior.

> *E isso a gente tem debatido, pois nós não temos um hospital estadual, o município não suporta atender a demanda, aí inclui os municípios vizinhos que precisam do hospital de Natividade e que naturalmente não suporta. E precisa de uma participação do Estado, urgentemente, a questão da saúde e como na questão também na segurança, melhorar mais a segurança, trazendo segurança para as pessoas investirem mais. [...] Outra questão que a gente vem batendo, uma faculdade para nosso município aqui. Falam que é o berço cultural, que tem uma história muito bonita, precisava pelo menos ter um curso universitário aqui, porque as pessoas que não têm condição de sair pudessem estudar aqui, né? E isso poderia ajudar os jovens aqui. Tudo longe. E aqui uma faculdade beneficiaria os jovens das cidades vizinhas, como São Valério, Chapada, Almas e Conceição.[629]*

---

[628] *Ibidem.*
[629] MOURA, 2020.

Apesar de a Universidade Federal do Tocantins ter cursos de Turismo, Direito, Pedagogia e Matemática no campus de Arraias, a cidade fica distante 190 km de Natividade, o que inviabiliza a saída dos jovens para estudar, pois a maior parte das famílias não tem condição financeira para tal. A guia de turismo Carmenizia Cardoso também pontua a falta de investimento na educação superior no município.

> *Eu vejo Natividade como uma cidade ainda bastante oligarquista e carrancuda, os filhos dos ricos, quando terminam o fundamental ou metade do médio, já vão embora, já têm oportunidade de sair, de estudar. Agora, de uns 10 a 15 anos para cá, a gente observa que já tem voltado muita gente e nós já temos serviços que antes não tínhamos, como especialista em odontologia, fisioterapeuta, várias áreas que nós não tínhamos e hoje nós temos, essa questão de serviço, aquilo e aquilo outro. Só que, para população de baixa renda, ainda existe esse obstáculo, porque as pessoas que não têm condições não têm como mandar seus filhos para fora para estudar. Hoje, eu me vejo nessa situação com uma filha de 15 anos dentro de casa, e eu ainda não consegui fazer um curso superior, e daqui cincos anos ela vai precisar ingressar no curso superior. Então a gente fica com todas essas questões. Hoje aqui, nós temos um polo do IFTO, desde o ano passado já vinha acontecendo os cursos, mas agora vai ter esse polo para fazer EaD também. [...] Sempre quando há as campanhas eleitorais, eles pontuam coisas, por exemplo, nós temos aqui cursos profissionalizantes, mas temos técnico em Agropecuária, inclusive eu fiz técnico em Agropecuária e pensei: "Poxa, é a oportunidade que eu tenho", e técnico em Agronegócios, só que é no IFTO. E no Colégio Agropecuário tem técnico em agropecuária e três ou quatro cursos, que não me engano. Mas veja: se você se forma em técnico em Agropecuária, é necessário principalmente sair daqui da região, e tem muita gente que já conseguiu sim se estabilizar, profissionalmente e financeiramente, fazendo esses cursos, mas saindo de Natividade.*[630]

Uma cidade com carências e pouca previsão ou incentivo para investimentos no local, por meio das políticas públicas, é um dos termos mais mencionados entre os entrevistados. Porém, segundo o PDITS, a estratégia definida para a região dar-se-á sob cinco áreas de atuação: produtos turísticos, comercialização, fortalecimento institucional, infraestrutura e serviços básicos, além de gestão ambiental. O dimensionamento do investimento total no PDITS das Serras Gerais será de R$ 168.400.000, lembrando que

---

[630] SILVA, 2021.

o prazo para a maior parte das etapas é de três anos até oito anos, e ainda não se começou a implantar, devido à pandemia.

5.3 Participantes das festas religiosas de Natividade

O turismo religioso está vinculado a certa sazonalidade, mesmo quando alguns locais religiosos podem ser visitados durante todo o ano[631]. Fatores importantes são cerimônias religiosas e dias de comemoração, bem como a localização climática do local de peregrinação e o calendário de trabalho da população rural. Cerimônias religiosas e dias de comemoração certamente desempenham um papel importante, se não o papel decisivo na ênfase sazonal do turismo de peregrinação.

Pensar o turismo apenas sob o aspecto econômico e comercial pode levar a um empobrecimento, por ser este compreendido como um fenômeno mais complexo do que simples negócio ou produto, já que este envolve tanto as pessoas que realizam as viagens quanto as que recebem os viajantes e, portanto, o encontro entre diferentes culturas, sendo vivenciados dentro de contextos históricos, políticos e sociais[632].

Assim, para traçar o perfil do visitante das festas religiosas de Natividade, foi utilizada a produção de dados por meio de questionários on-line aplicados entre os dias 30 de março e 15 de abril de 2021 como alternativa encontrada quanto ao impedimento da coleta *in loco* das respostas, uma vez que não ocorreram as Festas do Divino Espírito Santo e a Romaria do Senhor do Bonfim no ano de 2020.

Ao todo, foram respondidos 120 questionários, cujo link para participação foi divulgado nos grupos do WhatsApp da comunidade de Natividade, nos perfis nas redes sociais vinculados à cidade e às festas ora pesquisadas, além de envio por e-mail aos respondentes que o solicitavam em contato com a pesquisadora.

Nas perguntas abertas, foram utilizadas, para melhor visualização das palavras-chave encontradas na análise das respostas dos questionários, imagens em nuvens de palavras, um recurso gráfico utilizado para descrever de forma simples os termos mais frequentemente citados pelos visitantes:

---

[631] RINSCHEDE, 1992, p. 61.
[632] SOUZA, Tatiana Roberta de. Lazer e turismo: reflexões sobre suas interfaces. *In*: SEMITUR, 6., 2010, Universidade de Caxias do Sul. *Anais* [...].

palavras mais frequentes são desenhadas em fontes de tamanho maior, palavras menos frequentes são desenhadas em fontes de tamanho menor.

Dividido em sete sessões, o questionário inicia-se com a concordância do participante assinando o TCLE, passando para as sessões seguintes. A primeira seção estabeleceu o perfil do respondente (nome completo, origem, sexo, estado civil, faixa etária, renda mensal familiar, escolaridade, ocupação e como se informa).

Do perfil dos respondentes e iniciando na seção socioeconômica, tem-se que, da cidade de origem dos participantes da pesquisa, 36% são de Natividade, 18% de Dianópolis, 16% de outra cidade tocantinense não mencionada no questionário, 15% de outro estado e 9% da capital Palmas. Percebe-se, pelas respostas dos questionários, que se tem um perfil mais local, de pessoas de Natividade, com abrangência nas cidades circunvizinhas. Há pouca presença de pessoas de regiões mais distantes e demais estados da Federação.

Gráfico 1 – Cidade de origem

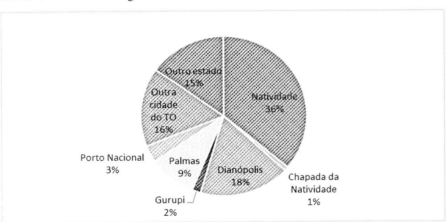

Fonte: a autora (2021)

Sobre gênero, 63% dos respondentes identificam-se com o gênero feminino e 37% com gênero masculino. Ainda do perfil socioeconômico, tem-se que 49% são casados ou em união estável, 42% são solteiros, 6% divorciados e 3% definiram-se como "outros". Há predominância, dentro do universo de respondentes, de mulheres e pessoas casadas, porém o quantitativo de pessoas solteiras que frequentam a festa chama atenção, uma vez que essas festividades podem integrar e influenciar a vivência nuclear de uma família.

Gráfico 2 – Gênero

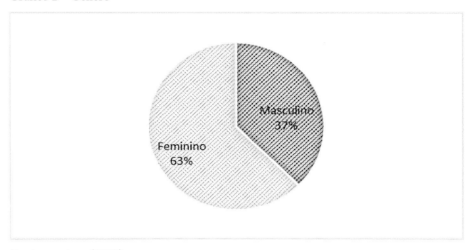

Fonte: a autora (2021)

Gráfico 3 – Estado civil

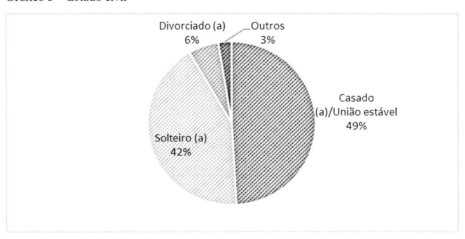

Fonte: a autora (2021)

Com base no salário-mínimo vigente[633] no ano de 2021, 45% dos respondentes confirmaram receber entre dois e quatro salários mínimos por mês; outros 29% recebem cerca de cinco a dez salários mínimos; 11% recebem apenas um salário mínimo mensalmente; 7% dos respondentes recebem mais de dez salários mínimos por mês; 5% recebem menos que um salário mínimo; e 3% não possuem uma renda fixa.

Sobre o grau de escolaridade, o questionário demonstrou que 69% dos que responderam ao questionário e frequentam as festas religiosas de Natividade têm nível superior; 18%, ensino médio; 3%, ensino fundamental; e 10% marcaram "outros", porém não o especificaram. Não houve marcação para "não alfabetizado". Há aqui uma lacuna da pesquisa, pois esta, por ter sido apenas on-line, exclui pessoas não alfabetizadas e de classes menos favorecidas e com acesso às tecnologias da informação e comunicação.

Gráfico 4 – Renda média

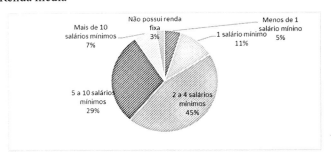

Fonte: a autora (2021)

Gráfico 5 – Escolaridade

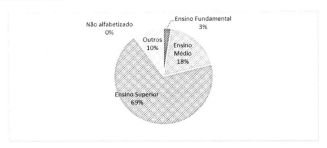

Fonte: a autora (2021)

---

[633] Pela legislação, o presidente da República é obrigado a publicar uma medida provisória até o último dia do ano com o valor do piso para o ano seguinte. Em 2021, o salário-mínimo estava em R$ 1.100.

A faixa etária dos respondentes foi de 37% para pessoas com 30 a 39 anos; 26%, 40 a 49 anos; 11%, 25 a 29 anos; como também 11% da faixa etária dos 18 aos 24 anos; 9% de respondentes com idade entre 50 e 59 anos; e 6% para as pessoas com mais de 60 anos de idade. Neste gráfico, também se percebe a lacuna da pesquisa, uma vez que a maior parte da comunidade idosa que frequenta as festas religiosas de Natividade geralmente não tem familiaridade com as novas tecnologias.

Gráfico 6 – Faixa etária

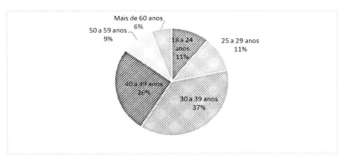

Fonte: a autora (2021)

Com relação à ocupação profissional, 55% das pessoas que responderam ao questionário são empregadas públicas; há 13% autônomas; 9% delas são empregadas do setor privado; 6% são aposentadas/pensionistas; 4% são donas de casa; 4% estão desempregadas; 3% informaram como ocupação "outros"; e 3% das pessoas em cada ocupação profissional está empresário ou estudante.

Gráfico 7 – Ocupação profissional

Fonte: a autora (2021)

Com isso, no gráfico *supra* sobre "Ocupação profissional", e reforçando a análise de que há essa lacuna na pesquisa, principalmente devido ao acesso às tecnologias da informação e comunicação, a maior parte dos respondentes é servidora pública. Outra perspectiva seria de que, pelo perfil do próprio estado do Tocantins, a classe de servidores públicos também é demasiadamente alta, principalmente nas cidades do interior.

Na primeira seção do questionário, também se perguntou qual era o meio de comunicação que o participante utilizava no dia a dia para se informar.

Gráfico 8 – Qual meio de comunicação você utiliza no dia a dia para se informar?

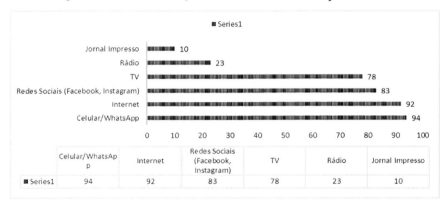

Fonte: a autora (2021)

Nesta pergunta, o entrevistado poderia marcar mais de uma opção, e com isso 94 pessoas informam-se por aplicativo de mensagens (WhatsApp), 92 pela internet, 83 por meio das redes sociais, como Instagram e Facebook, 78 informam-se pela televisão, 24 por rádio e 10 por jornal impresso.

Na segunda seção do questionário, foi abordada a participação nas festas pesquisadas (quantos dias/vezes participaram e principais motivos em participar), com duas perguntas abertas sobre: a) qual a relação do respondente com as festas pesquisadas; e b) o que mais marcava o respondente ao participar das festas.

Na pergunta sobre quais festas o respondente participava, 41% responderam que já participaram tanto da Festa do Divino Espírito Santo quanto da Romaria do Senhor do Bonfim; 39%, apenas da Romaria; 17%, da Festa do Divino; 1% citou a Festa da Padroeira do Tocantins, Festa de Nossa Senhora da Natividade; e 2% não vão nem à Festa do Divino Espírito Santo, nem à Romaria do Senhor do Bonfim.

Gráfico 9 – Participação nas festas

Fonte: a autora (2021)

Tanto a Festa do Divino Espírito Santo como a Romaria do Senhor do Bonfim são festividades que ocorrem por dias seguidos em Natividade. Sobre a frequência às festas, as respostas foram quase equânimes, sendo: 35% frequentam as festas todos os dias; 35%, de dois a três dias; e 30% dos respondentes só vão às festas um dia.

Gráfico 10 – Quantos dias participam das festas?

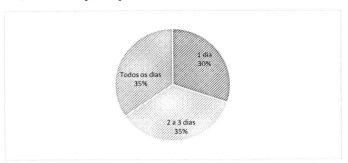

Fonte: a autora (2021)

Da quantidade de vezes que já frequentou as festas, 48% já participaram mais de dez vezes; 17%, apenas uma vez; 16% participaram de duas a quatro vezes; 10%, de cinco a sete vezes; e 9% participaram de oito a dez vezes das festas pesquisadas nesta pesquisa. Ou seja, 83% dos respondentes da pesquisa já foram mais de duas vezes a essas festividades, e 57% mais de oito vezes. Com isso, tem-se que o público pesquisado conhece as festividades as quais analisou.

Gráfico 11 – Quantas vezes você participou das festas?

Fonte: a autora (2021)

Com relação aos principais motivos dos participantes da pesquisa em participar das festas religiosas de Natividade, neste caso a Festa do Divino Espírito Santo e a Romaria do Senhor Bonfim, 73 pessoas responderam que devido à tradição familiar; 54, para assistir à Missa; 34, para pagar promessas; 34, para visitar ou reencontrar parentes e amigos; 15, para pedir um milagre; 9, para tratar de negócios ou a trabalho; 4, como conhecimento cultural e estudos, além das demais no que tange à organização da festa, a evento popular, fé no Divino, tradição da região e conhecer a festa. Nesta pergunta, os participantes poderiam marcar mais de uma ação.

Gráfico 12 – Quais os principais motivos em participar dessa(s) festa(s)?

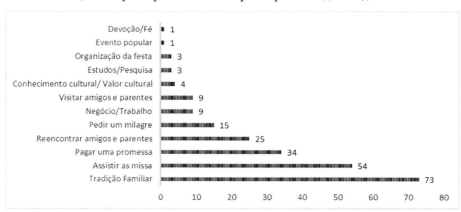

Fonte: a autora (2021)

Ainda nesta seção, foram realizadas duas perguntas abertas sobre a relação dos entrevistados com as festas religiosas de Natividade e o que mais os havia marcado quando participavam delas. Para melhor visualização das respostas-padrão dos participantes, foi elaborada uma nuvem de palavras no site www.wordclouds.com, como citado anteriormente.

Figura 24 – Qual sua relação com as festas religiosas de Natividade?

Fonte: a autora (2021)

Analisando a primeira nuvem de palavras, que trata sobre a relação com as festas em Natividade, percebe-se que ela traz uma dimensão marcada por termos evidentes e em equilíbrio de proporcionalidade com os termos menos evidentes.

Na segunda pergunta aberta, perguntou-se aos respondentes o que mais os marcava ao participar das festas. As palavras que mais apareciam nas respostas foram as seguintes:

Figura 25 – O que o marca mais quando participa de alguma dessas festas?

Fonte: a autora (2021)

Apesar da segunda nuvem supra trazer os termos que expressam o que marca os indivíduos na participação, os quais estão em evidência, são em menor número, mas os termos em menor evidência são bem mais diversificados, com expressões como "cidade", "culinária", "afeto", entre outras, o que, nas descrições dos entrevistados e nas análises posteriores, repercutirá essa diversidade de expressões em arranjos discursivos.

A terceira e a quarta seção foram sobre a avaliação das duas festas pesquisadas, aplicando quesitos entre "ótimo" a "sem declaração", nas áreas de limpeza, energia, internet, estacionamento, segurança, área da Missa, atendimento ao visitante, público visitante e organização, como será apresentado a seguir.

5.4 Percepção sobre as festas religiosas de Natividade

5.4.1 Festa do Divino Espírito Santo

Com base nas últimas Festas do Divino Espírito Santo realizadas em Natividade e das quais já tinham participado, os participantes da pesquisa avaliaram a infraestrutura básica da festa, que é oferecida pela comunidade e que a cada ano é organizada por festeiros (Imperador e Capitão do Mastro) diferentes.

Com relação ao quesito limpeza do espaço de realização das festas até 2019, 38% dos participantes consideravam-no "bom"; 27%, "ótimo"; e 17%, "regular". Apenas 4% dos respondentes responderam que a limpeza nas festas era "ruim", ou seja, se somados os resultados de ótimo e bom, representam 65% dos respondentes, o que denota que, para as pessoas que responderam ao questionário, a limpeza nas edições das festividades do Divino Espírito Santo em Natividade é satisfatória. E realmente é algo que se nota quando da realização das pesquisas de campo ao longo dos anos de interação da pesquisadora com a comunidade e com essa festa em específico.

Gráfico 13 – Festa do Divino: limpeza

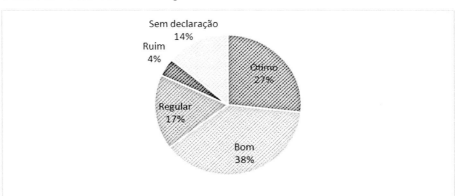

Fonte: a autora (2021)

Já no quesito de distribuição de energia elétrica no local da festa, 44% consideram-no "bom"; 23%, "ótimo"; 16%, "regular"; e 2%, "ruim". A energia distribuída também é bem avaliada pelos participantes, por ser uma festividade que possui seus principais ritos religiosos e profanos sendo realizados na cidade de Natividade.

Gráfico 14 – Festa do Divino: energia elétrica

Fonte: a autora (2021)

No quesito sinal de internet nos locais das festas, a avaliação recebeu o seguinte: 31% classificaram-no como "regular"; 20%, "bom"; e 17%, "ruim". Apesar de o sinal ser instável em alguns pontos de Natividade, esse é outro quesito que reforça o fato de a festa e seus principais ritos serem realizados na cidade.

Gráfico 15 – Festa do Divino: sinal de internet

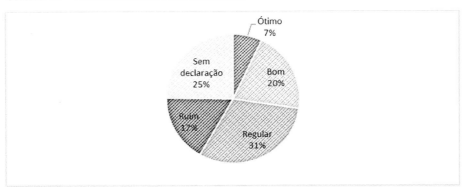

Fonte: a autora (2021)

O estacionamento também foi considerado como "regular" para 38% dos respondentes; para 22%, "bom"; para 19%, "ruim"; e 4% consideram estacionamento dos veículos como "ótimo". Assim, vale ressaltar que as festas principais do Divino acontecem na zona urbana de Natividade, facilitando o acesso a esses serviços para quem as visita. Algumas respostas possuem porcentagem para "Nada a declarar", pelo fato de terem participado só da Romaria do Senhor do Bonfim, por exemplo.

Gráfico 16 – Festa do Divino: estacionamento

Fonte: a autora (2021)

Outros quesitos avaliados foram segurança do local e área da Missa/festas. Com relação ao primeiro, segurança, 37% consideram-no "bom"; 30%, "regular"; 10%, "ruim"; e 7%, "ótimo". Contudo, na última Festa do Divino Espírito Santo, observou-se a presença de seguranças particulares, algo que não havia nas edições de 2010, por exemplo. Pode-se considerar uma preocupação com o bem-estar de todos os participantes, além de proteção e uma certa coação com a presença desses profissionais.

Gráfico 17 – Festa do Divino: segurança do local

Fonte: a autora (2021)

Sobre a área de realização da Missa, neste caso para a Festa do Divino Espírito Santo, em que é realizada na Igreja do Espírito Santo e demais igrejas da cidade, já tem estrutura, apesar de o espaço ser pequeno para a quantidade de devotos, foliões e turistas que participam da festividade. Com isso, 44% consideram o local da Missa "bom"; 21%, "ótimo"; 19%, "regular"; e 1% dos respondentes consideram-no "ruim".

Gráfico 18 – Festa do Divino: área da Missa

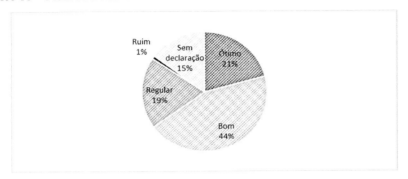

Fonte: a autora (2021)

Sobre o atendimento ao público visitante, 34% consideram-no "bom"; 24%, "regular"; 20%, "ótimo"; e 3% avaliaram-no como "ruim". Na Festa do Divino, por ter um perfil mais familiar, percebe-se essa receptividade mais intensa, uma vez que todos do lugar recebem os visitantes de maneira convidativa e acolhedora.

Gráfico 19 – Festa do Divino: atendimento ao público visitante

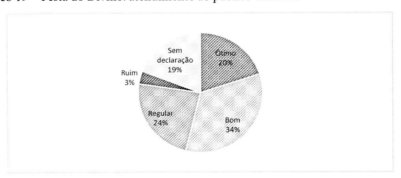

Fonte: a autora (2021)

E, quando avaliam o público visitante na Festa do Divino, no Gráfico 20, tem-se que 47% dos participantes o avaliam como "bom"; 29%, "ótimo"; 7%, "regular"; e 2%, como um público "ruim". Muitas pessoas da região, inclusive familiares dos festeiros e da própria comunidade, se deslocam para Natividade com intuito de participar das festas solenes do Divino Espírito Santo. É um movimento intenso.

Gráfico 20 – Festa do Divino: público visitante

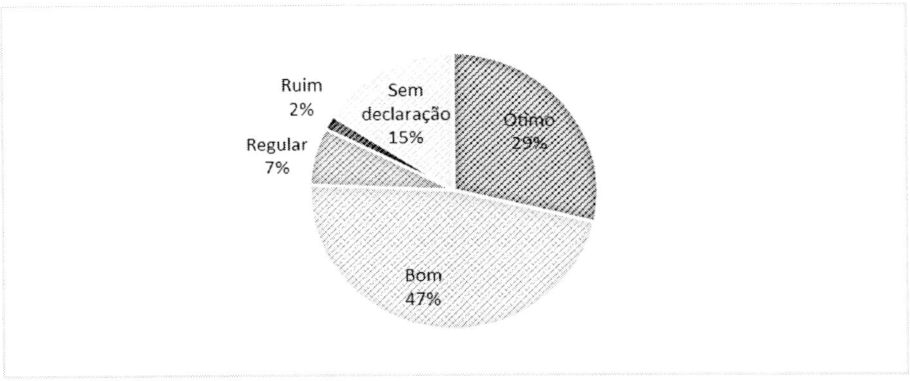

Fonte: a autora (2021)

A Festa do Divino em Natividade é caracterizada por ser uma comunitária, solene e repleta de ritos, predominando o dever e a obrigação por parte de todos, seja na preparação das comunidades, seja nos pousos, no giro das folias ou em todos os rituais que a complementam.

Assim, 40% dos respondentes do questionário consideram o quesito de organização da festa como "ótimo"; 39%, como "bom"; 4%, "regular"; e 1%, "ruim". Com isso, ao reunirem-se as porcentagens de "ótimo" e "bom", têm-se 79% de análise positiva com relação à organização da festa, conforme aponta o Gráfico 21.

Gráfico 21 – Festa do Divino: organização

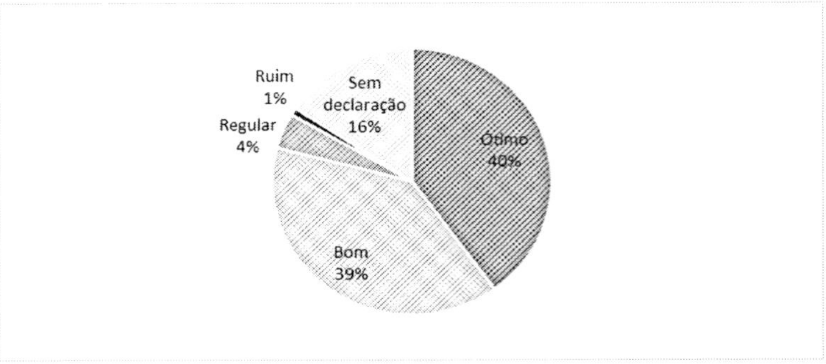

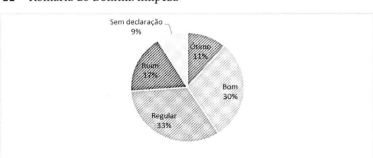

Fonte: a autora (2021)

Porém, se forem cruzados os dados de "regular" e "ruim", nos quesitos estacionamento (57%), sinal de internet (48%) e segurança no local (40%), é algo que a comunidade deve analisar para próximas edições.

5.4.2 Romaria do Senhor do Bonfim

Sobre a Romaria do Bonfim, os participantes da pesquisa também pontuaram suas impressões acerca das últimas vezes que compareceram ao local, analisando: limpeza, energia, internet, estacionamento, segurança, área da Missa, atendimento ao visitante, público visitante e organização.

Dos 120 participantes da pesquisa, 30% consideraram o quesito de limpeza do santuário do Bonfim "bom"; 33%, "regular"; 17% identificaram-no como "ruim"; 9% não declararam; e apenas 11% o consideram "ótimo".

Gráfico 22 – Romaria do Bonfim: limpeza

Fonte: a autora (2021)

Com isso, somando as porcentagens de "ruim" e "regular", tem-se que 50% das pessoas que responderam à pesquisa não consideram a limpeza no santuário, na época da Romaria, adequada para tal. Os percentuais de "ótimo" e "bom" somam 41%, ou seja, índice menor que a avaliação negativa, em que, se somados "regular" e "ruim", obtêm-se 50% das avaliações.

Já no quesito disponibilização de energia elétrica no local, 43% dos respondentes acreditam ser "bom"; 31% consideram-no "regular"; 10% não declararam resposta; 10% também o consideram "ótimo"; e 6% avaliaram-no como "ruim". Durante as pesquisas de campo, observou-se que há pontos para distribuição de energia, seja para os barraqueiros/comerciantes, seja para as pessoas que se instalam no local durante os dez dias de Romaria.

Gráfico 23 – Romaria do Bonfim: energia elétrica

Fonte: a autora (2021)

Foi questionado também sobre o sinal de internet e o estacionamento. É necessário salientar que, no local, o sinal de celular funcionava muito mal em alguns pontos, e em outros nem sequer havia sinal disponível.

Dessa forma, e conforme demonstra o gráfico a seguir, 52% consideram "ruim" o sinal de internet; 17% não declararam sua resposta; 15% apontaram que a internet é "regular"; outros 15% avaliaram-na como "boa"; e 1% dos entrevistados acreditam que o sinal de internet no Santuário do Senhor do Bonfim é "ótimo". Os percentuais de "ruim" e "regular", se somados, alcançam 67% dos entrevistados.

Gráfico 24 – Romaria do Bonfim: sinal de internet

Fonte: a autora (2021)

Em 2020, devido à pandemia, foi instalada uma antena na comunidade do Bonfim, da empresa Oi, para que a Missa da Romaria fosse transmitida pela internet. Com isso, o sinal de internet chega até o local com eficiência.

Gráfico 25 – Romaria do Bonfim: estacionamento

Fonte: a autora (2021)

Com relação ao estacionamento do local, que é pago, no valor de R$ 10 por carro, como foi descrito no início desta pesquisa, 37% consideram-no "regular"; para 26%, é um local "bom"; 23% dos respondentes acreditam que é "ruim"; 10% não declararam; e 4% avaliam-no como "ótimo". O local é na entrada do santuário; a vegetação é retirada por tratores enviados pelo governo do estado para limpeza da área, ou seja, o barro vermelho fica exposto e torna-se poeira pela ação do vento da época.

No local ainda, alguns fiscais controlam a entrada e a saída do local, mas só até determinado momento, principalmente enquanto há a programação religiosa no período da manhã. A poeira é intensa, as poucas árvores que sobraram em pé logo são ocupadas e cercadas pelos carros ou ônibus de excursão, o tempo é seco na época da Romaria, e um vento levanta areia no corpo de quem chega ao local, além do sol forte, que complementa a sensação de calor e deserto.

Ao unir os dados de "regular" e "ruim", tem-se que 60% das pessoas que responderam ao questionário e são frequentadoras do Santuário do Bonfim não avaliam positivamente o local para o estacionamento.

No quesito segurança durante a Romaria do Senhor do Bonfim, 40% dos respondentes consideram-no "bom"; 33%, "regular"; 11% relataram-no como "ótimo"; e com 8% cada ficaram "ruim" e "sem declaração". A presença da Polícia Militar (PM) é constante no controle do trânsito e no patrulhamento pelas ruas da comunidade, com policiais em bicicletas.

Gráfico 26 – Romaria do Bonfim: segurança do local

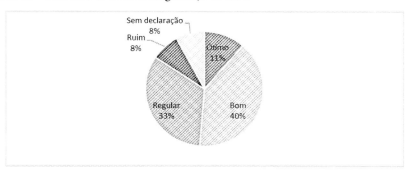

Fonte: a autora (2021)

Perguntou-se também a opinião com relação à área da Missa, tanto a no campo aberto como na igreja do santuário. Com isso, 44% consideram o local "bom"; 24% avaliam-no como "regular"; 17%, "ótimo"; 10% não declararam; e 5%, como "ruim".

Apesar de os respondentes considerarem o local da Missa como "bom", a igreja do santuário comporta cerca de 200 pessoas, e, quando de Missa na época da Romaria, esta acontece no meio do campo aberto, com algumas tendas para fazer sombra para os romeiros, sol forte e muita poeira. Não há local para sentar-se, e as pessoas levam seus próprios assentos.

Gráfico 27 – Romaria do Bonfim: área da Missa

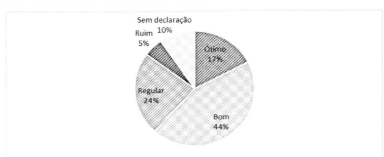

Fonte: a autora (2021)

Já com relação ao atendimento ao visitante, os respondentes assinalaram: 41% consideram-no "bom"; 29%, como "regular"; 13% analisam o atendimento ao visitante como "ótimo"; 6% avaliam-no como "ruim"; e 11% não declararam suas respostas. É fato que no Bonfim quem vai sozinho ou em um grupo que nunca foi ao local não se sente acolhido, nem sequer consegue lugar para comer ou dormir. O visitante fica à mercê de hospedagem, transporte e alimentação em Natividade. É como perambular por entre a multidão e não encontrar um canto.

Gráfico 28 – Romaria do Bonfim: atendimento ao visitante

Fonte: a autora (2021)

Já com relação ao público que visita o santuário e consequentemente participa da Romaria, a maior parte dos participantes da pesquisa o considera "bom" (48%); 29%, "ótimo"; 12%, "regular"; e apenas 2% ponderam ser "ruim" o público que participa da Romaria do Senhor do Bonfim em Natividade.

O público que visita a Romaria nos dez dias de festividades em honra ao Senhor do Bonfim chega facilmente às centenas de milhares, principalmente no dia 15 de agosto e nos fins de semana.

Gráfico 29 – Romaria do Bonfim: público visitante

Fonte: a autora (2021)

E, finalizando a seção de avaliação da estrutura da Romaria do Senhor do Bonfim, foi questionado sobre a organização da Romaria como um todo. Logo, 42% avaliaram esse quesito como "bom"; 23%, "ótimo"; 21% consideram a organização "regular"; 11% não declararam; e 3% analisam a organização da Romaria como "ruim".

Gráfico 30 – Romaria do Bonfim: organização

Fonte: a autora (2021)

Apesar de o local não possuir uma infraestrutura básica para receber quem o visita, como restaurantes com local mais limpo, fresco e arejado, banheiros em bom estado de conservação de limpeza e demais pontos abordados, das 120 pessoas que responderam ao questionário, 51 responderam que a organização é "boa".

Analisando o gráfico final e cruzando os dados das avaliações dos itens anteriores, se somadas as menções "regular" e "ruim" nos quesitos segurança (41%), estacionamento (60%), internet (67%) e limpeza (50%), a estrutura básica da Romaria não condiz com os 42% que a consideram "boa". Ou seja, na visão macro do romeiro e de quem frequenta, a festa é boa como um todo, mas, se analisada em seus pormenores, deixa a desejar com relação a sua infraestrutura básica. Contudo, analisando os quesitos "bom" e "ótimo" com relação à organização da Romaria, têm-se 65% de aprovação dos frequentadores.

5.5 Percepção do turismo nas festas religiosas

Na quinta seção, o participante respondeu também sobre a percepção dos participantes sobre o turismo e se visitava outros locais de Natividade quando participava das festas; caso a resposta fosse positiva, quais locais seriam estes. Além de responder que, se uma empresa oferecesse passeios turísticos após as festividades religiosas, ele iria, se comprava lembranças da viagem (qual e onde comprava), se benzia essas lembranças na Missa e se acreditava que Natividade poderia ser um destino para o turismo religioso. Como também outra pergunta aberta sobre o porquê de ele acreditar na potencialidade do turismo religioso na cidade.

Gráfico 31 – Quando participa das festas, você visita outros locais turísticos de Natividade?

Fonte: a autora (2021)

Com relação à programação após a parte religiosa da festa, se o respondente fazia ou não outra programação, 56 pessoas responderam que encontravam parentes e amigos; 49 permaneciam na parte social da festa, ou seja, na parte profana; 35 visitavam a cidade de Natividade; e 28 iam para bares e restaurantes que estavam nas proximidades tanto da Festa do Divino Espírito Santo como da Romaria do Senhor do Bonfim. É importante ressaltar que os respondentes poderiam escolher mais de uma resposta.

Gráfico 32 – Depois da parte religiosa da festa, o que costuma fazer?

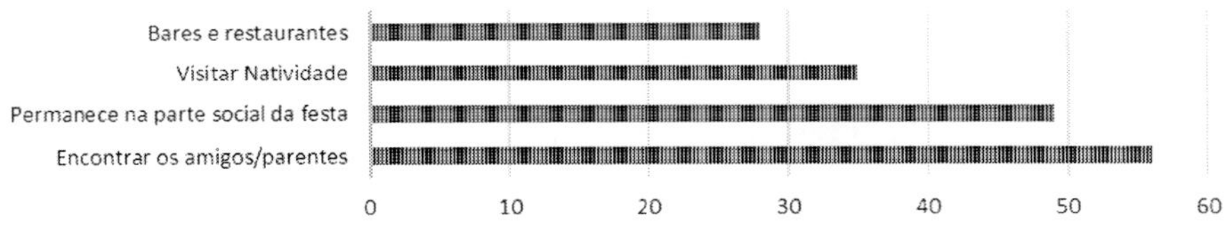

	Encontrar os amigos/parentes	Permanece na parte social da festa	Visitar Natividade	Bares e restaurantes
▪ Series1	56	49	35	28

Fonte: a autora (2021)

Também foi questionado, caso visitasse algum lugar turístico na cidade, a quais locais esse visitante/romeiro/devoto iria, assim que finalizasse a sua participação nas festas religiosas de Natividade. Nessa questão também foi permitido que os respondentes marcassem mais de uma resposta, bem como inserissem mais locais. Com isso, 68 pessoas visitavam o centro histórico de Natividade; 55, o Rio Manoel Alves; 51, as Ruínas da Igreja Nossa Senhora Rosário dos Pretos; 46, as cachoeiras de Natividade; e 40 pessoas, a Tia Naninha (Biscoito Amor-Perfeito) e as igrejas da cidade. Apenas 21 dos respondentes informaram que visitavam a loja de artesanato; e 16 visitam o museu em Natividade. E dez pessoas frequentaram a Mãe Romana, quando participaram de alguma festa religiosa da cidade.

Gráfico 33 – Lugares turísticos que visita em Natividade após as festas

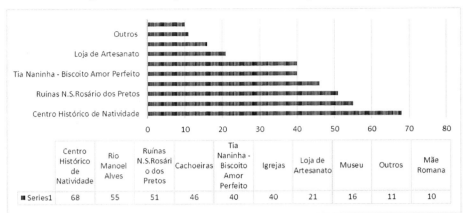

Fonte: a autora (2021)

Com relação a um possível hábito de consumir passeios turísticos, caso fossem oferecidos no período das festas religiosas, 73% dos respondentes responderam que fariam o passeio; 19% assinalaram que "talvez" fizessem o passeio; e 8% afirmaram que "não" fariam passeio por intermédio de uma empresa turística. Com isso, percebe-se que há interesse do público que frequenta as festas religiosas de conhecer outros locais turísticos em Natividade, inclusive de outros segmentos turísticos, como o ecoturismo e o turismo cultural.

Gráfico 34 – Se alguma empresa oferecesse passeios turísticos pela região, você iria?

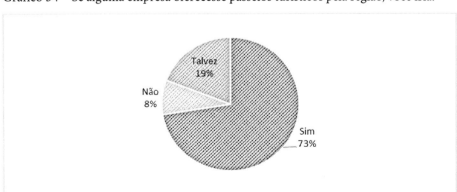

Fonte: a autora (2021)

Sobre os hábitos de consumo durante as festas religiosas objeto desta pesquisa, os respondentes foram questionados se compravam alguma lembrancinha (*souvenir*) para as pessoas (parentes ou amigos) que não puderam comparecer ao evento. Das respostas, obteve-se que 86% dos respondentes compravam alguma lembrança e que apenas 14% não tinham esse hábito. Há aqui uma possibilidade para reforço na produção de *souvenirs* relacionados com a cidade e com as festas religiosas em si, seja a Festa do Divino Espírito Santo, seja a Romaria do Senhor do Bonfim.

Gráfico 35 – Você comprava alguma lembrancinha para as pessoas que não puderam ir?

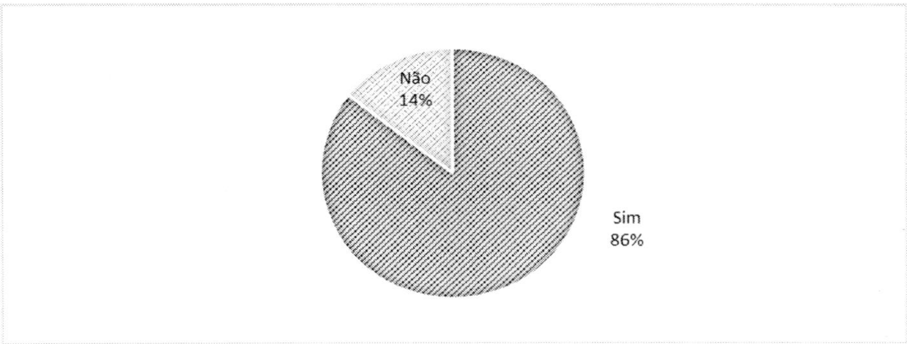

Fonte: a autora (2021)

Sobre os locais nos quais adquiriam a lembrancinha, 62 deles mencionaram a loja do Santuário do Senhor do Bonfim; 47 pessoas compravam da Tia Naninha (Biscoito Amor-Perfeito); 45, dos ambulantes na Romaria; e 31 pessoas, da loja de artesanato de Natividade, a Divino Artesanato. Lembrando que, nessa mesma questão, também os respondentes poderiam escolher mais de uma opção.

Gráfico 36 – Em que locais comprava essas lembranças de Natividade?

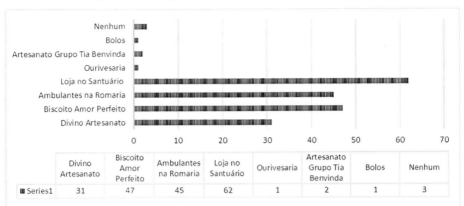

Fonte: a autora (2021)

E com relação ao tipo de lembrança que era adquirida, 35% compravam fitas; 24%, biscoitos Amor-Perfeito; 15%, terços; e 11%, artesanato local. Com a mesma porcentagem estão imagens, camisetas, licores e escapulários.

Nesse quesito, pode-se perceber que a iniciativa do Grupo de Suça "Tia Benvinda" com a produção de *souvenirs* como porta-canetas, ímãs de geladeira e chaveiros produzidas da casca da árvore do fruto cajá, além de canecas personalizadas com a iconografia de Natividade, dá pistas de um "mercado" dentro da cadeia do turismo a ser explorado e com potencial de crescimento.

Gráfico 37 – Qual lembrança costuma comprar quando vai às festas?

Fonte: a autora (2021)

Outra questão relacionada ao hábito do devoto/romeiro é sobre o ato de abençoar/benzer[634] as lembranças que comprava para presentear algum parente ou amigo. E 69% dos respondentes benziam as lembranças; 21% não benziam; e 10% às vezes benziam. Há aqui nesse quesito um reforço da tradição católica e todo o simbolismo do ato de benzer um objeto.

Gráfico 38 – Você benzia as lembranças quando as comprava para presentear alguém?

Fonte: a autora (2021)

E, por fim, nessa quinta seção, foi questionado se acreditavam que Natividade poderia ser um destino de turismo religioso no estado do Tocantins. Dos 120 respondentes, 93% confirmaram que "sim"; 6%, que "talvez"; e 1%, "não" sendo um destino.

Gráfico 39 – Natividade pode ser um destino de turismo religioso?

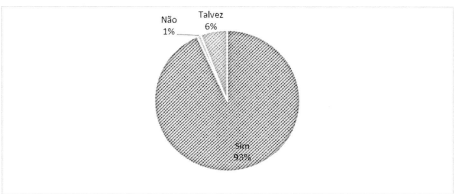

Fonte: a autora (2021)

---

[634] O ato de benzer coisa ou pessoa é santificá-la ou consagrá-la ao culto de Deus.

O turismo religioso, para os participantes desta pesquisa, já é uma realidade em Natividade: para 93% deles, a cidade possui potencial para crescer mais nesse segmento. Porém, como explanado nos capítulos anteriores, é necessário que haja mais investimentos dos agentes endógenos e exógenos na cidade e que, principalmente, haja uma concepção de que "tipo" de cidade Natividade pretende ser, ou seja: qual o projeto de cidade?

5.6 Percepção da infraestrutura das festas religiosas de Natividade

Na sexta seção, os respondentes avaliaram a infraestrutura das Festas do Divino Espírito Santo e da Romaria do Bonfim; além da forma como se hospedam quando participam dessas festas; quais meios de transporte utilizam para chegar a eles; o que consideram que foi "melhor" nas últimas festividades e o que acreditam que "poderia melhorar" na infraestrutura das próximas festas.

Com base nesses questionamentos sobre hospedagem, os participantes responderam que 40% moravam em Natividade ou em uma cidade circunvizinha; 21% pernoitavam na casa de amigos ou parentes; 19% ficavam em acampamentos, barracas ou cipós (e aqui se percebe um público mais direcionado para a Romaria do Senhor do Bonfim, mas não quer dizer que seja exclusivo); 15% ficavam hospedados em hotéis ou pousadas da cidade; e 1% foi como excursionista. Ainda dentro dessa análise, 4% dos participantes informaram outras formas de hospedagem, porém não foram mencionadas.

Gráfico 40 – Quando você participa das festas religiosas, onde você fica?

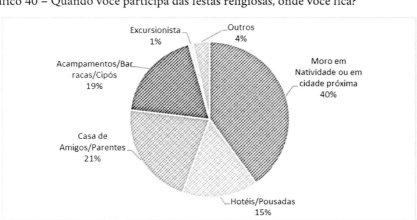

Fonte: a autora (2021)

Como a maior parte dos entrevistados é da própria região de Natividade, esses dados traduzem e refletem essa característica no questionário, em que 61% das pessoas que responderam têm relação familiar ou fraternal com a comunidade local, seja no período da Festa do Divino Espírito Santo, seja na Romaria do Senhor do Bonfim.

Sobre o meio de transporte utilizado para chegar até as festas religiosas em Natividade, 83% dos participantes da pesquisa responderam que usam carro próprio; 8% vão a pé; 5% utilizam ônibus; e 1% usa motocicletas. A alternativa "outros" 3% dos participantes assinalaram, porém sem especificar o meio de transporte.

Gráfico 41 – Qual meio de transporte utiliza para chegar às festas?

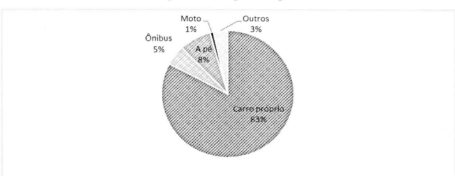

Fonte: a autora (2021)

Esse dado nos mostra um reflexo da própria infraestrutura da cidade (que será apresentada a seguir) no quesito transporte rodoviário, em que este não possui uma maior oferta de linhas operando das cidades maiores até Natividade. A exemplo do deslocamento dos romeiros que participam da Romaria do Senhor do Bonfim, em que, para um deslocamento de Palmas até a comunidade do Bonfim, as pessoas reúnem-se em grupos, fazendo o trajeto em carro próprio.

No questionário, perguntou-se também sobre a estrutura tanto da Festa do Divino Espírito Santo como da Romaria do Senhor do Bonfim. Sobre o que havia de melhor na estrutura da Festa do Divino, com maiores percentuais estão: 48%, a "organização" da festa em si; 18% avaliam a "Missa" como o que há de melhor; e 11%, o "acesso" à festa. Porém, 19% dos participantes elencaram "outros" pontos como o melhor na estrutura da festividade, também sem especificar quais seriam.

Gráfico 42 – Nos últimos anos, o que achou de melhor na estrutura da Festa do Divino?

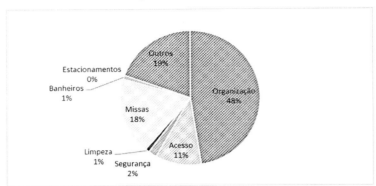

Fonte: a autora (2021)

Ainda avaliando o que havia de melhor na estrutura das festas, a questão seguinte perguntou sobre o que o participante achava de melhor na estrutura da Romaria do Senhor do Bonfim. Com isso, obteve-se o percentual de 33% para "Missa"; seguido por 30% para "organização"; 14%, "outros"; 11%, "segurança"; 6%, "estacionamento"; 5%, "acesso"; 1%, "limpeza"; e nenhuma marcação para "banheiros".

Gráfico 43 – Nos últimos anos, o que achou de melhor na estrutura da Romaria do Bonfim?

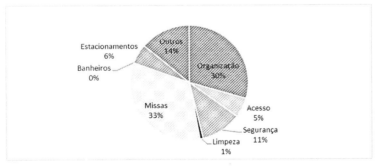

Fonte: a autora (2021)

Ou seja, a parte religiosa da Romaria, descrita como "Missa", é o principal atrativo da Romaria do Senhor do Bonfim de Natividade, seguida pela "organização" — as próprias respostas dos participantes da pesquisa já trazem outros pontos que integram a organização dela, mas que precisam melhorar, como limpeza e banheiros, por exemplo, o que será apresentado a seguir.

Também se perguntou sobre o que deveria melhorar na estrutura das festas de Natividade. Sendo assim, com relação à Festa do Divino Espírito Santo, obteve-se que deve melhorar a organização (30%), os banheiros (28%), a limpeza (11%), os estacionamentos (8%), a segurança (7%), e Missa (2%). A resposta "outros" recebeu 9% das avaliações, mas também não houve justificativa.

Gráfico 44 – O que deve melhorar na estrutura da Festa do Divino para os próximos anos?

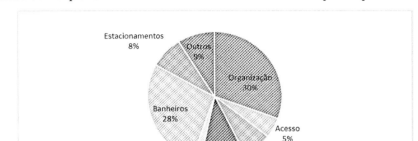

Fonte: a autora (2021)

Já com relação à Romaria do Senhor do Bonfim, os participantes da pesquisa consideram que se deve melhorar na estrutura dessa festividade: banheiros (30%), organização (23%), limpeza (16%), segurança (12%), estacionamentos (9%), acesso (4%), e Missa (2%). A alternativa "outros" recebeu 4%.

Gráfico 45 – O que deve melhorar na estrutura da Romaria do Bonfim para os próximos anos?

Fonte: a autora (2021)

Logo, com isso, analisando-se os quatro gráficos sobre estrutura das festas, percebe-se que, tanto na Festa do Divino Espírito Santo como na Romaria do Senhor do Bonfim, os participantes da pesquisa consideram como melhor a "organização" e a parte religiosa, representada pela "Missa". Banheiros, limpeza, segurança e estacionamentos, além da organização, também figuram no questionamento sobre o que "deveria melhorar" na estrutura dessas festas.

Ressalta-se que, principalmente para a questão dos banheiros e da limpeza, juntos estes aparecem com 46% no quesito "deve melhorar", relembrando-se e comparando-se que, em 2014, durante o diagnóstico realizado na Romaria do Senhor do Bonfim pelo SEBRAE em parceria com a FAET/SENAR, a principal reclamação do público no perfil de turistas estava relacionada à infraestrutura da festa: 50% dos entrevistados consideraram os banheiros e a limpeza do evento como ruins. Isto é, configura-se como algo que há de se avaliar com urgência, pois a mesma reclamação voltou a aparecer na pesquisa atual, e depois anos depois a situação permanece.

5.7 Percepção da infraestrutura turística de Natividade

Na sétima e última seção, o participante da pesquisa, por meio de questionário on-line, analisou a infraestrutura turística de Natividade aplicando quesitos entre "ótimo" a "sem declaração" com relação aos seguintes instrumentos: rodoviária, transporte intermunicipal, hospedagem, restaurantes, posto médico, apoio aos visitantes, e sinalização turística.

Gráfico 46 – Terminal rodoviário

Fonte: a autora (2021)

O Terminal Rodoviário de Natividade foi apontado por 37% dos participantes como "ruim"; 20% avaliaram-no como "regular"; 21%, como "bom"; 18% não opinaram; e 4% consideram-no "ótimo". O local não tem movimentação, e os ônibus que passam na localidade com destino para Brasília ou Salvador, por exemplo, chegam a Natividade à noite ou no início da tarde, e quase não há movimentação no terminal.

Gráfico 47 – Transporte intermunicipal

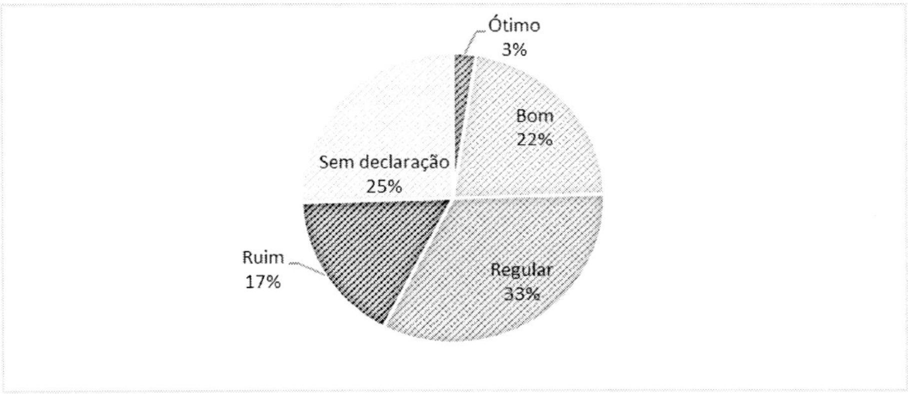

Fonte: a autora (2021)

Com relação ao transporte intermunicipal em Natividade, as empresas que operam saindo de Palmas são: Entram, Real Expresso e Tocantins. Na pesquisa, 33% dos participantes consideram esse transporte "regular"; 22%, "bom"; 17% avaliam-no como "ruim"; e apenas 3% ponderam-no como "ótimo". Ainda, outros 25% não declaram resposta, provavelmente por nunca o terem utilizado. Porém, somadas as respostas de "regular" e "ruim", tem-se um percentual significativo de 50% dos participantes que não consideram a atual oferta de transporte intermunicipal satisfatória.

Gráfico 48 – Apoio ao visitante

Fonte: a autora (2021)

No que tange ao "apoio ao visitante", apesar de a cidade não possuir um Centro de Atendimento ao Turista, os comerciantes e demais moradores cumprem seu papel com hospitalidade, por experiência desta pesquisadora, e ainda 42% consideram "bom" o apoio ao visitante em Natividade; 29% avaliam-no como "regular"; 9%, como "ótimo"; e 10% cada marcaram os quesitos "ruim" e "sem declaração".

Gráfico 49 – Restaurantes

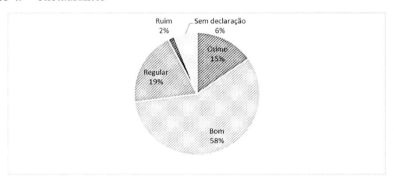

Fonte: a autora (2021)

A pesquisa também avaliou os restaurantes de Natividade, na visão das pessoas que participam das festas religiosas na cidade: 58% consideram esse quesito dos restaurantes da cidade "bom"; 19% avaliam-no como "regular"; 15%, como "ótimo"; e 2% acreditam que são "ruins". Não opinou nessa questão um percentual de 6% dos participantes. Se somados os índices de "bom" e "ótimo", obtém-se um percentual de 73% de satisfação dos visitantes quanto ao acesso a restaurantes em Natividade. O que corrobora a fala do presidente da ACINAT, Manoel Salvador, sobre o aumento de restaurantes na cidade, de boa qualidade, tanto da alimentação como do espaço em si.

Gráfico 50 – Posto médico

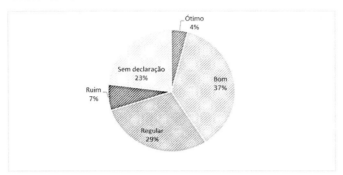

Fonte: a autora (2021)

Também se questionou sobre a estrutura do município no que tange à saúde e à oferta de posto médico. E 37% dos participantes consideram-no "bom"; 29%, como "regular"; 7%, como "ruim"; e 4% avaliam como "ótima" a estrutura para a saúde em Natividade. Dos participantes que não declararam resposta, o índice foi 23%. Se somados os índices de "regular" e "ruim", temos 36%, percentual que está próximo do conceito de "bom". Apesar da estrutura que existe, pode-se melhorar, na opinião dos participantes da pesquisa.

Gráfico 51 – Hospedagem

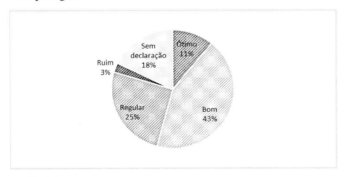

Fonte: a autora (2021)

Já sobre hospedagem, a cidade recebeu o conceito "bom" para 43% dos participantes da pesquisa; outros 25% avaliaram-no como "regular"; 11% consideram a hospedagem em Natividade como "ótima"; e 3%, "ruim". Uma análise desse resultado se dá devido ao aumento na oferta de hotéis e pousadas na cidade nos últimos dez anos.

Gráfico 52 – Sinalização turística

Fonte: a autora (2021)

E, finalizando a análise das respostas do questionário aplicado de forma on-line sobre as festas religiosas de Natividade e toda a sua infraestrutura, perguntou-se sobre a sinalização turística da cidade. Logo, 43% avaliaram como "regular" a sinalização turística da cidade; 26%, "boa"; 23% consideram a sinalização "ruim"; 5%, "ótima"; e apenas 3% dos participantes não declararam opção. Das visitas em campo, percebe-se que a sinalização está deteriorada em alguns pontos turísticos da cidade, principalmente os blocos de identificação dos monumentos.

A terceira pergunta aberta do questionário foi se o participante tinha percebido alguma mudança nas festas ou em Natividade ao longo dos anos com relação ao turismo, às festas e à cidade em si. Das respostas, obteve-se um padrão com termos mais citados, sendo "melhorou", notou mudança na "organização", "não percebeu mudança"; seguidos de menções acerca da "estrutura", "mais turistas" e "suporte/recepção dos turistas".

Com isso, e entre as respostas dos participantes, que foram mantidas sob sigilo, conforme o TCLE, identificando apenas a ocupação profissional e a cidade de origem, selecionaram-se as que continham frases e períodos completos. Logo, os participantes responderam à seguinte questão: "Você percebeu alguma mudança na cidade e nas festas em si desde que começou a participar delas? O que melhorou ou piorou?" As respostas mais fundamentadas foram:

- "Melhorou na organização, aumentou o número de colaboradores e de pessoas para ajudar na organização dos festejos!" (Empresário, Natividade);
- "Acredito que com a Internet os festejos tornaram mais conhecidos, trazendo mais turistas pra cidade" (Empregado do setor público, Dianópolis);
- "Melhorou bastante porque mudaram o local da Missa, antes era muito apertado. Mas sinto saudades da Missa celebrada em frente à igreja, mas entendo que ali não caberia mais tantas pessoas" (Estudante, outra cidade do Tocantins);
- "Sim, ocorreram várias mudanças, exemplo na Romaria do Senhor do Bonfim na parte de segurança melhorou muito com a identificação do policiamento o que diminuiu a ocorrências de roubos" (Empregado do setor público, Natividade);
- "Sempre cada um se esforça para dar mais conforto aos visitantes" (Empregado do setor privado, outra cidade do Tocantins);
- "Penso que nenhuma mudança para melhor. A cidade continua sem atender bem ao turista, especialmente quanto aos serviços bancários e a rodoviária local" (Empregado do setor público, outra cidade do Tocantins);
- "A distribuição dos bolos, doces, licores. Com o aumento da população fica difícil atender bem os participantes dos festejos" (Empregado do setor público, outro estado);
- "Sim... Aumentou o número de devotos. A pior parte na minha opinião é o consumo altíssimo de bebidas" (Empregado do setor público, Natividade);
- "Sempre a mesma coisa tendenciando a piorar quando observamos a queda abrupta da comercialização nos eventos em virtude das altas taxas cobradas, sem retorno. Descontentamento dos comerciantes, falta de perspectiva da gestão municipal em ter visão inovadora.

'Pensamento azeitona' impede o crescimento dos eventos a fim de se tornar uma 'máquina de girar dinheiro' de forma justa (sem exploração). Natividade precisa aprender com outras regiões do país que tem preços acessíveis, qualidade nos produtos e serviços" (Empregado do setor público, Natividade);

- "Sim. A vida não para. O que se percebe que há uma evolução, crescimento de participantes. No entanto, muitas coisas mantêm como pilares das festas" (Empresário, Natividade);

- "Sim... Diminuição dos participantes da Romaria falta de estruturas para os fiéis visitantes, preços elevados para os comerciantes em relação do aluguel de pontos e instalação de energia elétrica" (Dona de casa, Natividade);

- "Sim... crescimento. Organização, número de pessoas voluntárias envolvidas. Precisa de mais recursos para execução" (Aposentada, Natividade);

- "Melhorou a questão dos serviços turísticos" (Empregado do setor público, Palmas);

- "Percebo que no período das festas a cidade fica mais organizada, dinâmica e viva" (Autônomo, outra cidade do Tocantins).

Por fim, também em formato de questão aberta, foi perguntado aos participantes "Você acredita na potencialidade do turismo religioso na cidade?" Também se selecionaram as respostas mais fundamentadas, não identificando os participantes, e inserindo-se a ocupação e a localidade. Percebe-se nessa última questão um empenho maior dos participantes em defender o turismo na cidade e uma forte crença na potencialidade de Natividade como destino para o turismo religioso.

- "Porque é uma manifestação que envolve toda a comunidade, movimentando não só a cidade, os municípios, mas toda a região" (Empregado do setor público, outro estado);

- "Porque já é um grande destino religioso. E vendo a fragilidade em relação à pandemia, acredito que os fiéis voltarão mais fervorosos" (Empregado do setor público, outro estado);

- "Porque é uma cidade histórica, tem riqueza na história e uma fé enorme do povo" (Empregado do setor público, Natividade);

- "Primeiramente por si só ela é uma cidade turística e em consequência possui a Padroeira do Estado, fora todas outras atividades religiosas que possui na região, desde as atividades cristãs (católica e protestante), como também as atividades de matriz africana, entre outros" (Empregado do setor privado, outro estado);

- "Além de ser um ponto de referência religioso, a formação natural e geológica causa admiração e instiga a reflexão, tendo o balanceamento perfeito para a estruturação da região como um polo de turismo religioso" (Autônomo, outra cidade do Tocantins);

- "Porque é uma cidade que o turismo religioso não perdeu a essência. Há muitos devotos por aqui e se depender disso, o turismo religioso vai só crescer cada dia mais" (Empregado do setor privado, Natividade);

- "Porque tem tradição secular, marca a identidade local, atrai dividendos" (Empregado do setor público, Dianópolis);

- "As pessoas do povo acreditam na cidade, independente de incentivos das esferas de governos" (Empregado do setor público, outra cidade do Tocantins);

- "Uma cidade que possui um dos maiores santuários religiosos do meio norte, que devota todo mês um santo, tenho certeza que tem grande potencial pra entrar em um grande circuito de turismo religioso. Além do que, a fé e a devoção estão na alma do nosso povo seja ele de qual classe social participar" (Autônomo, Porto Nacional/TO);

- "Ela ainda existe pela devoção fervorosa... Pode-se identificar vários fatores para o declínio: super exploração da Igreja na cobrança do loteamento destinados aos ambulantes, falta de estrutura para comportar o fluxo de pessoa e serviços, falta de capacitação dos microempreendedores para que possam superar suas dificuldades, falta de capital para que os pequenos empreendedores possam ampliar seus comércios, dentre outros" (Empregado do setor público, Natividade);

- "Porque a cidade é praticamente um trevo que ligar várias cidades" (Autônomo, Natividade);

- "Pela própria história de cada festividade, pela força e envolvimento da comunidade, pela localização geográfica de Natividade (acesso), por ter outras características que podem somar aos produtos desenvolvidos entre outros" (Empresário, Natividade);

- "A cidade tem muitos pontos turísticos maravilhosos... Está faltando empenho dos responsáveis em privilegiar o turismo da cidade" (Dona de casa, Natividade);
- "Possui um alto potencial turístico, mas infelizmente ainda há pouca divulgação e pouco investimento" (Empregado do setor público, Palmas);
- "Sim, Natividade é uma cidade riquíssima de histórias e um pouco de investimento faria com que mais pessoas as olhassem com outro olhar" (Estudante, Natividade);
- "A tradição é muito forte, tem potencial de se disseminar mais pela região, e pode trazer muitos benefícios à cidade, melhorando sua infraestrutura" (Estudante, Natividade";
- "Pela força da fé, as pessoas da localidade gostam de manifestar e tem prontidão para colaborar nas festividades de uma maneira geral" (Aposentada, Natividade).

Com isso, percebe-se que as pessoas que visitam a cidade, seja na época das festas religiosas, seja demais períodos, já consideram Natividade como lugar turístico, porém falta investimento e infraestrutura. Muitas respostas enfatizam o papel da comunidade e sua devoção, e que o turismo religioso possa gerar renda para o local. Alguns mencionam a localização da cidade como um "entroncamento" da região, como sendo um fator primordial para o desenvolvimento. Outro ponto muito apontado é a interferência ou presença "extrema" da Igreja, no que tange à Romaria do Senhor do Bonfim, dificultando alguns acessos e não oferecendo infraestrutura.

Portanto, as pessoas querem conhecer Natividade, sua cultura, sua história e sua religiosidade. Vale salientar que quem respondeu ao questionário são pessoas que vão à cidade e/ou que já foram, principalmente, a suas festas religiosas.

5.8 Agenciamento nas festas religiosas de Natividade

5.8.1 Festa do Divino Espírito Santo

A Festa do Divino Espírito Santo de Natividade é considerada tradicional no Tocantins, caracterizando-se pela sua singularidade, em que alguns personagens, ritos e celebrações são distintos dos originários, vindos com os colonizadores portugueses para o Brasil e, em consequência, para a região central do país.

Caracterizada como uma festa católica, um sinal de partilha e de compromisso na missão de reunir os fiéis em torno da mensagem de Cristo, a festa de Pentecostes dá lugar às manifestações comunitárias de regozijo e alegria em que as pessoas do campo se juntavam na cidade mais próxima, seguindo em procissão, cantando e dançando em louvor ao Divino Espírito Santo. Brandão[635] retrata que todos os rituais presentes nessas festas cumprem regras estabelecidas ao longo dos anos pela própria comunidade e pela Igreja, sejam eles gestos coletivos, sejam individuais.

Natividade mostra a importância da festa para a comunidade, a partir do momento que "vende" essa identificação com o Divino Espírito Santo, como apresentado anteriormente, principalmente por meio do artesanato. A Festa do Divino segue o calendário cristão, com data móvel, celebrada 50 dias depois da Páscoa, precisamente no sétimo domingo após a Ressurreição de Jesus. Quando da realização da festa, símbolos como a pomba e a cor vermelha representam, respectivamente, o Divino e o fogo, e estão presentes em toda parte da cidade: nas bandeiras, na decoração da igreja e até mesmo na vestimenta dos devotos e foliões.

Por exemplo, na Festa em louvor à Nossa Senhora do Rosário em Catalão, na região sudeste de Goiás, essa movimentação de devotos faz com que ganhe centralidade na vida dos atores envolvidos. "A regulação do espaço-tempo da Festa é feita como estratégia de 'organizar' o espaço da festa, colocar limites de uso, cercear o desejo em nome do espetáculo que exige comportamentos e novos valores"[636].

Também em Natividade, na Festa do Divino Espírito Santo, observa-se um interesse em promovê-la como atração turística da cidade, enquadrando-a dentro da lógica capitalista. Essas estratégias são realizadas pela ASCCUNA, pelo poder público municipal, pela mídia e pelos próprios festeiros, com será apresentado a seguir.

Com relação às impressões da última Festa do Imperador do Divino realizada antes da pandemia e registrada em diário de campo, tem-se que, logo pela manhã do dia 9 de junho de 2019, a cidade ainda estava movimentada pela festa do Capitão do Mastro, que tinha durado até 5h30 da manhã. A Missa do Imperador ocorreria às 9h, na Igreja do Espírito Santo, e na sequência seria o sorteio dos próximos festeiros e a Festa do Imperador.

---

[635] BRANDÃO, 2010.

[636] COSTA, Carmem Lúcia. As festas e o processo de modernização do território goiano. *Raega*: O Espaço Geográfico em Análise, [s. l.], v. 16, dez. 2008. p. 69.

Algumas pessoas já chegavam para a Missa, pois queriam guardar lugar na igreja. Gente vinda de Santa Rosa, Porto Nacional, Palmas, Chapada da Natividade e demais cidades circunvizinhas.

Na casa do Imperador, foi realizada a sua coroação e a consequente saída do cortejo para a igreja. Apesar do difícil acesso, com rua de terra e quase no pé da serra, o local possuía um quintal enorme, com dezenas de árvores que forneciam valorosa sombra para a Festa do Imperador. O cheiro do preparo do almoço já estava no ar e anunciando que o almoço seria churrasco. A família do Imperador presente, e bem ornada, tudo muito bem decorado e respeitando as cores do Divino Espírito Santo: o vermelho do fogo do Divino e o branco da pomba.

As mulheres ornamentavam a mesa do bodo (doação simbólica de doces, bolos e bebidas), e os últimos ajustes eram feitos no altar do Imperador. No local, havia ainda dois seguranças contratados.

No local da Festa do Imperador, diversas pessoas chegavam com freezers para venda de bebidas, um outro ambulante instalava um pula-pula para as crianças, além de barraquinhas de bebidas quentes que eram montadas, os churrasqueiros cuidando da carne no fundo do quintal e debaixo de um sombreado, quase no fim do terreno, e os técnicos passavam o som do palco montado para a Festa do Imperador.

Figura 26 – Festa do Imperador do Divino Espírito Santo em 2019

Fonte: a autora (2019)

Em 2019, o espaço da Festa do Imperador era uma chácara, praticamente dentro do perímetro urbano. As pessoas comentavam que aquele era o melhor espaço que já tinham visto e que *"ia ser bom demais"*. Enquanto a cerimônia de Coroação acontecia no interior da casa, conduzida pelos devotos da festa e os Procuradores da Sorte, os demais devotos continuavam na organização do bodo, que ofereceu: bolos, licores, paçoca de carne de sol, almoço com churrasco e petas/biscoitos. Um detalhe dessa última edição da festa é que nenhum político "de renome" esteve presente e a festa só teve apoio dos comerciantes locais e comunidade. Apesar de o Imperador ser vereador na cidade, nenhum "padrinho" político compareceu.

Em anos anteriores, governadores, candidatos e deputados sempre estiveram presentes na Festa do Imperador, até mesmo participando do cortejo. A classe política agencia a Festa do Divino principalmente em ano eleitoral, como se pode perceber nas coberturas jornalísticas dos meios de comunicação e pela divulgação dos próprios políticos. Simone Camelo informou-nos ainda que naquele ano (2019) quem tocou a festa foi a comunidade, os comerciantes da comunidade que ajudaram, o governo não mandou nem imprimir os cartazes para divulgar, como era de praxe em anos anteriores.

Em 2018, com as eleições suplementares[637] no Tocantins, os políticos estiveram na Festa do Divino, como o candidato e governador interino Mauro Carlesse, acompanhado por outros tantos parlamentares, inclusive pela presidente interina da Assembleia Legislativa e deputada Luana Ribeiro. Em matéria veiculada por sua assessoria na página da Assembleia Legislativa, a então presidente disse que a "folia" é um marco histórico para a Natividade e para o Tocantins e que "[...] já é uma tradição a festa do Divino, que celebra a fé, renova as esperanças dos fiéis, atrai turistas e movimenta a economia através do turismo. Este ano a festa foi ainda mais bonita, colorida e bem prestigiada."[638]

Mauro Carlesse foi eleito governador do Tocantins na eleição suplementar, e em 2019 nenhum deles sequer compareceu à Festa do Divino em Natividade. Antes disso e pegando como exemplos algumas participações de políticos no decorrer dos anos, leia-se "agenciamentos" nas festividades do Divino Espírito Santo, tem-se em 2006 o então governador, Marcelo Miranda, que participou com toda sua comitiva da Missa e Coroação do Imperador Antônio Quintilhiano, o Tonio da Serra. Em sua fala, durante Missa, o governador ressaltou:

---

[637] A eleição suplementar para governador do Tocantins em 2018 foi convocada pelo Tribunal Superior Eleitoral mediante o veredito que cassou a chapa vitoriosa ao governo estadual no pleito de 2014 sob a acusação de abuso de poder.

[638] ASSESSORIA. Luana Ribeiro participa da Festa do Divino Espírito Santo em Natividade. *Assembleia Legislativa*, 2018.

> A nossa presença aqui, hoje, é mais uma vez para dizer ao povo Nativitano e a todo o povo tocantinense que nosso coração está em paz, cheio de alegria porque entendemos que é dessa forma, estendendo as mãos às pessoas que merecem nosso respeito, para que possam conosco continuar o desenvolvimento em todos os setores da área pública. Aqui quero dizer das parcerias com os prefeitos, com prefeito Tiquinho (Albaney Nunes Cerqueira), onde temos procurado dar nossa contribuição para que Natividade continue sendo uma cidade berço cultural.[639]

Em 2010, outra participação bastante publicizada foi do governador no mandato-tampão Carlos Henrique Gaguim, em que ressaltou: "Há mais de dez anos eu participo da Festa do Bonfim, da folia, uso a roupa vermelha em sinal de devoção. Nosso mandato é passageiro, mas as ações do Divino são eternas"[640]. Além de participar do cortejo, o governador discursou durante a Missa do Imperador Julio Dias Rocha e dividiu o altar com o festeiro, de um lado os políticos e do outro os festeiros do ano.

E, em 2013, o governador Siqueira Campos recebeu a Folia de Cima do Divino Espírito Santo no Palácio Araguaia, e ressaltou que "de certa forma vocês foliões são capazes de levar a religiosidade e a esperança a quem precisa"[641]. Os políticos surgem com promessas e mais visibilidade na época de eleições, sejam elas municipais, sejam estaduais. Todos se lembram do santo quando é época de votação. A Folia de Cima é uma das três que saem em busca de donativos, da Festa do Divino Espírito Santo em Natividade, e frequentemente faz seu giro na capital, pelos órgãos públicos e casas de devotos.

Retornando a análise para 2019, após a Coroação, inicia-se o reinado do Imperador do Divino Romeu Belém; saindo em cortejo até a Igreja Espírito Santo sob o sol quente e um pouco atrasados, os Alferes puxam o cortejo com suas bandeiras em vênias, seguidos pelo Imperador e sua família. Logo atrás, os festeiros de edições anteriores seguem, e a banda da cidade fecha o cortejo.

O bispo da Diocese de Porto Nacional esteve presente, assim como a TV Anhanguera fazendo a cobertura do último dia de festa. Como era domingo, o comércio próximo à Igreja do Espírito Santo abriu por causa

---

[639] GOUVEIA, Jorge. Governador percorre avenidas em cortejo do Divino. *SECOM Tocantins*, 2006.

[640] REDAÇÃO. Governador recebe Folia do Divino Espírito Santo de Natividade. *Conexão Tocantins*, 2013.

[641] *Ibidem.*

do movimento da Missa do Imperador; geralmente não abre, mas, como teria movimento na cidade, optaram por abrir por causa da festa, como informou a atendente da padaria.

Já no centro histórico, a cidade estava quieta, e todos se dirigiam para a Festa do Imperador, e a Missa perdurava após o meio-dia. No restaurante Casarão, o proprietário reclamou dos locais turísticos (museu e loja de arte-sanato) por estarem fechados, o que *"dificultava o negócio"*. Ele disse ainda que a briga dos comerciantes com a prefeitura era fazer de Natividade uma cidade com horários de cidade turística, em que as atrações fecham às segundas-feiras, e não aos sábados e aos domingos. Tanto no restaurante como na loja da Tia Naninha, eles vendem lembrancinhas produzidas pelo grupo "Tia Benvinda", uma forma de oferecer *souvenirs* da cidade e atender à alta demanda.

A imprensa aborda a Festa do Divino com menos ênfase, se comparada com a Romaria do Bonfim. Analisando o agenciamento da imprensa acerca das festividades do Divino Espírito Santo, realizou-se uma pesquisa no arquivo do *Jornal do Tocantins* avaliando as coberturas realizadas e as pautas abordadas nos últimos 21 anos. O jornal é um dos únicos que ainda circulam (atualmente on-line) e que possui um acervo das edições passadas; os demais jornais são on-line e reproduzem material de assessoria, principalmente quando um político vai até a festa. Geralmente, a imprensa aborda a Festa do Divino Espírito Santo em conjunto com o aniversário da cidade, dia 1.º de junho.

Em alguns anos, a festa teve destaque na cobertura do *Jornal do Tocantins*. Com relação aos exemplares do periódico dentro do período pesquisado(1998 até 2018), a Festa do Divino Espírito Santo não teve cobertura nos anos de 2004, 2007, 2008 e 2009, como em 2011, 2012 e 2015, provavelmente pela mudança do editor de cultura do jornal. Ao longo desses 20 anos, as editoras de cultura que deram mais espaço para as festas religiosas do Tocantins foram as jornalistas Elizangela Farias, Cinthia Abreu e Cejana Neiva.

Nos anos de 2000, 2003 e 2010, a festa obteve mais destaque nas páginas do *Jornal do Tocantins*, até mesmo com matéria de página inteira e jornalistas enviados especialmente para cobertura do evento. Um detalhe observado é que, quando a festa caía em datas comemorativas do jornal, como aniversário de criação deste, e outros eventos maiores, não havia cobertura da Festa do Divino Espírito Santo, como ocorreu nos anos de 1999 (aniversário de 20 anos do jornal); 2007 e 2008, em que o caderno de cultura foi voltado exclusivamente para o Salão do Livro do Tocantins; em 2011 e 2012, foi dado destaque para o aniversário do jornal e para o Festival de Cinema de Cannes.

Nas figuras a seguir, vê-se que o espaço dado para a cobertura da Festa do Divino Espírito Santo no *Jornal do Tocantins* foi diminuindo conforme a "modernização" do periódico. Em 1998, a festa foi citada em conjunto com o aniversário do município, ganhando um quarto da página do caderno. Em 2005 e 2012, a festa recebeu a mesma proporção de espaço; e em 2013, apenas um filete. Em 2015 não houve cobertura da festa.

Figura 27 – Cobertura da Festa do Divino pelo *Jornal do Tocantins* (1998-2013)

Fonte: Acervo do *Jornal do Tocantins*/Organização de Jaime Câmara

Com a mudança no formato do jornal em 2016, saindo do tamanho *standard* para tabloide, o caderno de cultura passou a ter uma página e reproduzir material dos grandes centros; as festas culturais e religiosas de todo o Tocantins deixaram de ser mencionadas e não aparecem mais. Percebe-se um enxugamento dos assuntos culturais locais em provimento de assuntos relacionados à região Sudeste e internacionais. Pode-se dizer que o jornal já não era mais "do Tocantins".

Desse agenciamento da mídia, a TV Anhanguera, afiliada da Rede Globo de Televisão, quando não desloca equipe, recebe material da produtora cultural e presidente da ASCCUNA, Simone Camelo. Tanto a Festa do Divino Espírito Santo como a Romaria do Senhor do Bonfim (que será analisada no próximo tópico) são pautadas e divulgadas por essa emissora e há relatos de que por insistência dos repórteres que eram devotos. Nos anos em que foi realizada a pesquisa de campo, analisando esse fato desde 2005, as demais emissoras não fazem essa cobertura espontaneamente, apenas quando algum político oferece vaga na comitiva que participará, acontecendo em 2010 e 2018, nas festas em que houve o acompanhamento *in loco* para pesquisa de campo, além de relatos dos participantes.

Em 2020, a Festa do Divino não ocorreu. Diante do cenário pandêmico, as festas religiosas de Natividade não foram realizadas em sua normalidade, ocorrendo apenas uma Missa com os festeiros do ano, sem a participação dos fiéis e com transmissão on-line, pela conta no Instagram de um dos devotos.

Dessa forma, a festa foi suspensa e transferida para 2021. Porém em 2021, como a situação pandêmica não melhorou (muito pelo contrário), a Festa do Divino Espírito Santo foi transferida novamente para 2022, mantendo os festeiros de 2020. Essa decisão foi tomada após reunião dos festeiros com o pároco e representantes da ASCCUNA, em que divulgaram, no dia 26 de janeiro de 2021, um comunicado via aplicativo de troca de mensagens (WhatsApp) para todos os envolvidos.

Os membros da ASCCUNA desempenham esse papel, como Brandão[642] já expôs, de que todo o ritual deve seguir rigorosamente cumpridos em cada casa, em cada momento de chegar, de pedir, de comer, de agradecer, de abençoar, de partir, para que tudo seja a repetição de um culto coletivo que reforça e ratifica aquela tradição acreditada, repetindo-se da mesma forma, com algumas pequenas alterações logísticas, no decorrer dos últimos anos.

---

[642] BRANDÃO, 2010.

As celebrações obedecem a uma hierarquia coletivamente estabelecida e legitimada, em que há negociação constante entre os atores (eclesiais e leigos) que orientam todo o seguimento do evento.

Figura 28 – Festeiros com a ASCCUNA e igreja fizeram alguns ritos em homenagem ao Divino Espírito Santo (2020)

Fonte: Simone Camelo (2020)

A não realização da festa por dois anos consecutivos mexeu com a comunidade. Para Romeu Belém dos Santos, que já foi festeiro, sempre se envolveu com as festividades do Divino, sendo o último Imperador do Divino antes da pandemia; nos últimos anos, já foi Despachante de folias, e em 2020 seria Alferes:

> *Um sentimento de tristeza e angústia, pois isso nunca tinha ocorrido! 90% dos habitantes de nossa cidade são muito devotos ao Divino Espírito Santo! Que essa pandemia passa o mais rápido possível, e que ano que vem possamos realizar todos os eventos religiosos da nossa região, com muita fé![643]*

Foram realizados alguns ritos religiosos e sagrados, e os devotos encaminharam fotos e depoimentos sobre a festa em 2020, como é o caso da devota Dirani Ribeiro de Oliveira Carvalho:

> *No Domingo de Páscoa que seria a Saída das Folias fizeram uma carreata com as três bandeiras do Divino Espírito Santo que sairia pro Giro (a dos Gerais, do Outro Lado do Rio e a de Cima), juntamente com os festeiros de 2020 e alguns membros da comunidade e das folias percorreram as ruas da cidade, levando a benção do Divino Espírito Santo, para nossa cidade, passando nas ruas das casas dos devotos. Na Quinta-Feira da Hora (que seria a Chegada das Folias), alguns foliões, se disponibilizaram para cantar na igreja, simbolizando ali a Chegada das Folias, onde cantaram tão lindo que não deu para conter a emoção contida de lágrimas, daquele momento tão lindo e único. Estavam presentes ali os festeiros, o Padre Marquinelio e alguns membros da comunidade. Todos com máscaras e com o distanciamento! Na semana que antecedeu a festa todos os dias tivemos tríduo celebrado pelo padre Marquinelio e os músicos da igreja, transmitido pelo o Facebook da Paróquia! No dia de Pentecostes foi celebrada a missa, tão linda, presidida pelo o Padre Marquinelio, também transmitida pelo o Facebook da Paróquia! Tive a honra de está presente nessa missa tão bela, mas foi muito estranho, estava faltando algo e com certeza o aconchego, carinho e aglomeração do povo todo reunido. Não segurei o choro, me emocionei em ver a igreja que nos outros anos estava tão cheia de devotos, ver ali poucas pessoas com máscaras com distanciamento assistindo a missa de Pentecostes. Igreja vazia me doeu muito ver aquela cena. Concluindo, essa missa de Domingo de Pentecostes foi feita outra carreata, mas dessa vez com a Bandeira da Misericórdia e as três bandeiras do giro, o Imperador, a Imperatriz, o Capitão do mastro e Rainha, juntamente com alguns devotos do Divino Espírito Santo. Assim como no Domingo de Páscoa percorreram as ruas da cidade, fazendo com os devotos recebessem a benção do*

---

[643] SANTOS, Romeu Belém dos. *Entrevista III*. Destinatário: Poliana Macedo de Sousa. Natividade, 16 jun. 2020. 1 mensagem eletrônica.

> *Divino Espírito Santo. O Padre transmitia mensagens de ânimo, agradecimentos e cânticos lindos ao carro de som com muita Fé e Devoção.*[644]

Conforme relata Adalho dos Santos Camelo Filho, na festa de 2020, estava ajudando os festeiros para definir o que seria feito. Na Festa do Divino, Adalho já foi o Despachante; e em 2019, Capitão do Mastro:

> *Os fiéis, mesmo sabendo da dificuldade em fazer e realizar, muitos e muitos mandando mensagem perguntando: "Ah, e a missa, vai ter? Como nós vamos fazer? Não pode deixar de ter". Mas, com o entendimento de alguns, viu que o momento não era fácil, mas, mesmo assim, alguns fiéis que frequentam a igreja teve uma combinação junto com os festeiros, que foi designado para o ano seguinte, que tinha que fazer alguma coisa.*[645]

A relação da Heryka Simone Lopes Sales com a Festa do Divino em 2020 era mais especial, pois seria o seu primeiro ano como Imperatriz do Divino, ao lado do esposo, Ademilson Ferreira Costa, Imperador do Divino.

> *Meu vínculo com outras edições: sou filha do Imperador do ano de 1995, Valcy de Sales Dias, na época tinha 15 anos de idade, foi minha primeira experiência com o festejo do Divino Espírito Santo de perto, desde então sempre estive envolvida indiretamente através do meu pai que é um grande devoto, e despachante de folias todos os anos. Fui duas vezes despachante de folias, no ano de 2012 e 2019, além de ter girado 15 dias junto com a Bandeira do Divino na folia dos Gerais como promessiante. Sim, moramos em uma cidade movida pela cultura e religiosidade e a festa do Divino Espírito Santo e bastante esperada pelos devotos da cidade e região. Sim, a Festa do Divino Espírito é uma festa religiosa, mas também cultural e todas essas manifestações faz parte de nossa cultura.*[646]

Sobre a realização dos ritos em homenagem ao Divino Espírito Santo, no ano em que as festas religiosas foram suspensas, Padre Marquinélio, pároco de Natividade, explicou que por gerações nunca aconteceu de a Festa do Divino ser cancelada:

---

[644] CARVALHO, Dirani Ribeiro de Oliveira. *Entrevista VII*. Destinatário: Poliana Macedo de Sousa. Natividade, 17 jun. 2020. 1 mensagem eletrônica.

[645] CAMELO FILHO, Adalho dos Santos. *Entrevista XVIII*. [Entrevista cedida a] Poliana Macedo de Sousa. Natividade, 12 jun. 2020. 1 mp3 (6 min).

[646] SALES, Heryka Simone Lopes. *Entrevista IV*. Destinatário: Poliana Macedo de Sousa. Natividade, 12 jun. 2020. 1 mensagem eletrônica.

> *Mas foi cancelado pelo bem do nosso povo. A Igreja Católica defende a vida. Nós não poderíamos ser contra as medidas de saúde do Estado e do Município. Como você sabe essa festa atrai muitas pessoas para a nossa cidade. Pela cultura forte que se tem pela Festa do Divino. Outro ponto muito importante que é o giro das folias. As três folias que saem de Natividade no Domingo de Páscoa e fazem o giro conduzindo a Bandeira do Divino Espírito Santo levando a muitos lares e cidades vizinhas de Natividade. Como as pessoas iriam se aproximar e fazer reverencia e beijar este símbolo que para nós é sagrado? Não poderíamos levar esse risco para as pessoas. O sentimento foi de tristeza. Mas nem tudo na nossa vida é como nós pensamos e organizamos. Aceitamos a realidade e enfrentamos com coragem e sem perder a fé e a esperança. Como falei, foi realizado esses momentos para nossa comunidade que é muito devota do Divino. Tenho certeza que esses devotos ficaram agradecidos por que nós levamos até eles a imagem do Divino Espírito Santo. Eles não puderam ir a Igreja mas nós formos até eles... Foi um momento muito emocionante para a comunidade em geral porque renovou a fé deles. A vontade da população local e aqueles que vem de fora era de está rezando juntos na Festa do Divino Espírito Santo. Os meios de comunicação nos ajuda muito na evangelização. Então pela internet as pessoas de suas casas puderam acompanhar a missa transmitida direto da Igreja do Espírito Santo.*[647]

Com a realização da carreata, o Imperador do Divino de 2020, Ademilson Ferreira Costa, expôs que poderia levar um pouco da força do Divino para a comunidade e que, quando soube que a festa seria cancelada, ele não queria nem sair de casa, com vergonha.

> *Recebi a notícia com muita tristeza, uma dor gigante um sentimento inexplicável, haja vista estarmos preparado pra realização da festa. Domingo de Páscoa, Saída das folias, já sabia que não iria ter o Giro das folia, mas na segunda caiu a ficha. Não consegui sair nem de casa. Mas o Divino sabe acalmar o coração da gente, depois fui percebendo que a gente deve respeitar a vontade de Deus, e em meio a tudo isso vi que o Divino ia permanecer na minha casa. [...] mas dentro do possível levamos o Divino a toda a comunidade, via carreatas respeitando o momento que passamos e abençoado a cidade, momento único de testemunho de fé e devoção pelas ruas, em ver seu povo chorando e se benzendo*

---

[647] SILVA, Marquinélio Rodrigues. *Entrevista V*. Destinatário: Poliana Macedo de Sousa. Natividade, 15 jun. 2020. 1 mensagem eletrônica.

> *com o tocar das caixas bem como, as bênças dada pelo nosso pároco em cima de um trio elétrico. Ou seja, fizemos de tudo, pelo menos para amenizar o sentimento de tristeza que pairava sobre os devotos em saber que nesse ano as folias não iria pro giro e nem tão pouco iria acontecer as festividades. [...] Pra mim foi um dos maiores testemunhos que já vivenciei em minha vida (por onde passávamos em carreatas, pessoas com as bandeiras estendidas em suas casas, outras querendo beijar a bandeira e às vezes querendo dar suas esmolas em dinheiro, mas essa última não era a nossa finalidade. Tínhamos o intuito de acender o fogo da fé que brota do Espirito Santo em seu corações. E a meu ver, isso foi muito importante, pois vivemos numa cidade movida pela fé e religiosidade, essas manifestações faz parte. Não deixando se esquecer que Natividade e a nossa festividade do Divino é um monumento cultural se assim posso dizer, ainda não reconhecido pelos órgãos competente, mas que logo logo será![648]*

Para Ademilson, a orientação da produtora cultural Simone Camelo foi fundamental para que a comunidade mantivesse viva a fé no Divino Espírito Santo:

> *Nossa Senhora, com os movimentos que fizemos, volto a dizer, respeitando o momento que passamos, foi crucial para a renovação de nossa fé, tanto no dia da saída, dia da chegada e principalmente no dia da missa de Pentecostes. Só tenho a agradecer a todas as pessoas que com gestos e palavras nos davam força. Quero aqui agradecer uma pessoa especial que é nossa amiga Simone, que sabe a dimensão da nossa cultura e nos orienta sempre, ao grupo de despachante que permaneceram firme para 2021. [...] E essa vontade, até hoje, ela é creditada, e nós, e nós temos o prazer e a honra, se assim o Divino nos conceder, de fazer ela, pois faremos ela com todo amor e todo carinho para o povo de Natividade merecer. Faremos ela dentro das nossas possibilidades, mas entendendo que, por se passar de um ano para o outro, devemos e assumimos um legado histórico de, assim, melhorar cada dia mais, em relação aos festejos. Posso dizer que é uma alegria imensurável, é gratificante, é muito bom ser Imperador. Ainda não concluí minha missão, mas a todo momento procuro ser o Imperador atuante, comunicativo e um Imperador que dê acesso ao povo, porque a festa não é do Imperador, é do povo, e eu fui apenas um instrumento que conduz a festa, e vai dar tudo certo.[649]*

---

[648] COSTA, Ademilson Ferreira. *Entrevista VI*. Destinatário: Poliana Macedo de Sousa. Natividade, 15 jun. 2020. 1 mensagem eletrônica.

[649] *Ibidem.*

Sobre o uso da Festa do Divino como atrativo turístico, ela está sendo trabalhada como atrativo de turismo religioso para a região. E, mesmo com a pandemia, o agenciamento dos atores permaneceu presente: a igreja, a ASCCUNA e os festeiros reforçando que a festa permanece, mesmo que nos ritos simbólicos e com poucas pessoas — fazendo com que a comunidade estivesse representada, por meio dos festeiros e acompanhando pelas redes sociais.

Com relação aos aspectos sociais da festa, ao crescimento dela e ao apoio do poder público, para a devota, arquiteta e urbanista, servidora pública do Instituto do Patrimônio Histórico e Artístico Nacional (IPHAN/TO) e professora universitária Cejane Pacini Leal Muniz, a festa relembra sua infância, pois a família sempre participou das festividades. Para ela, a Festa do Divino passou por processo de higienização com retirada de distribuição de bebidas e ingressos para festa do Capitão do Mastro, fazendo uma separação do sagrado e do profano, apesar de a parte profana da festa ser um grande atrativo também. Muniz ressalta ainda que a falta de apoio do poder público impulsionou mais a própria comunidade em se unir para realizar a festa, até mesmo com a inclusão de pessoas de todas as classes se dispondo em ser festeiras.

> *A festa foi crescendo e tendo apoio do Estado. No momento que o Estado passou a não contribuir significativamente do ponto de vista econômico, a comunidade abraçou e, na minha concepção, continuou transmitindo os saberes vinculados, realizando os rituais. Na verdade, mostrou o melhor lado, festa feita pela comunidade, para comunidade. A participação social é muito grande, seja com doações e nos auxílios. Aliás, ver, na visão de quem trabalha com gestão do patrimônio, a autonomia da comunidade foi bastante emocionante. [...] Na Festa do Divino, vejo que ela passou por processos de melhoria, em momentos anteriores, via-se claro nos sorteios pessoas que tinha mais condições sendo Imperadores, Capitães do Mastro. Hoje isto não fica tão evidenciado. Até porque quem não tem condições financeiras consegue realizar de forma bela a festa. Outro ponto interessante é a formação de grupos para poder soltar uma folia. Sabemos que o custo é alto. Já presenciamos formação de grupos de mulheres para soltar. A festa está em constante adaptação à realidade social.[650]*

---

[650] MUNIZ, Cejane Pacini Leal. *Entrevista XXIII.* [Entrevista cedida a] Poliana Macedo de Sousa. Palmas, 12 abr. 2021. 1 mensagem eletrônica.

Sobre a parte profana dos festejos do Divino Espírito Santo, o Imperador Ademilson diz que a festa como um todo não tem reconhecimento das autoridades e só quem participa e conhece sabe a dimensão que ela alcança.

> *Quem participa dessa festa e da dimensão que ela abrange sabe, falo do sertanejo que deixa sua propriedade para prestigiar a Festa do Divino, dos visitantes, dos filhos da cidade que moram fora e vêm, da voluntariedade das pessoas em ajudar, gratificante. Posso dizer que são essas manifestações, respeitando a religiosidade, que também nos move. Aproveito para agradecer a cada um que foram disponibilizar seu tempo para fazer parte das equipes, ornamentações, equipe encarregada do gado, equipe da paçoca, equipe dos bolos, equipe da cozinha, equipe que servem as mesas, equipe do foguete, equipe da música, conhecida como forrozeiro, equipe da confecção dos licores e muitas outras, enfim, só agradecer e pedir proteção para que ano que vem possamos dar essa alegria para o nosso povo.[651]*

Ainda sobre a parte profana da festa, o devoto e Procurador da Sorte Ailton de Paiva Moreira, mais conhecido em Natividade pelo seu nome artístico, Darlei Paiva, é natural de Natividade, compositor, folião do Divino desde os 12 anos de idade e já foi sorteado como Capitão do Mastro na festa de 2015:

> *Com relação à parte profana da festa, são as manifestações culturais, as danças, as cantigas de catira, de suça, a gente sente falta sim, porque, mesmo a gente sabendo que é o momento de manter isolamento social, mas esses momentos fazem parte da nossa cultura também e move nosso povo. A gente sentia falta, nós foliões fizemos algumas composições, algumas letras, para simbolizar também essa data, colocando também nossa fé em ação, mas simbolizando também essas festividades, essas alegrias de estarmos reunidos, e, com certeza, a gente sente a falta desses momentos. O entretenimento das pessoas participando, dos encontros nos pousos, da preparação da festa, que é uma grande alegria a organização da festa: as pessoas fazendo bolo, fazendo licor, aquela arrumação, aquela presença do povo abraçando a Festa do Divino, do povo fazendo a festa acontecer, porque a Festa do Divino ela é do povo, ela é feita pelo povo. A participação popular é imensa, e isso deixa em nós essa sensação de que foi tirado de nós algo muito especial, que falta uma parte de nós, é como se tivesse ficado um vazio imenso dentro de cada um de nós nativitanos.[652]*

---

[651] COSTA, 2020.

[652] MOREIRA, Ailton de Paiva. *Entrevista XIV*. [Entrevista cedida a] Poliana Macedo de Sousa. Natividade, 25 jun. 2020. 1 mp3 (30 min).

Dos projetos para a Festa do Divino Espírito Santo, outro atrativo para fomentar o turismo religioso é a construção da Casa do Divino. A Igreja Católica em Natividade recebeu uma área na década de 1990, localizada no centro da cidade, próximo ao centro histórico e ao cemitério antigo, para que fosse construída uma igreja. Atualmente, a igreja, em parceria com ASCCUNA e ACINAT, pretende construir um galpão naquela área, mas este não teria ares de museu, mas sim seria um espaço para armazenamento das tralhas usadas na festa e espaço para as próprias solenidades profanas.

> Que a gente acha importante a Casa do Divino, onde você guarda todo o material para a festa. E agora a gente está olhando o espaço para fazer um espaço para a festa. Só que todo espaço que a gente olha é pequeno. Então, esse espaço que tem, eu já pedi para o rapaz fazer o levantamento, eu acho pequeno. Fica aqui atrás, perto desse beco aqui. [...] Mas isso tem muitos anos, isso é antigo. É doação de 92, 90 e pouco, que era para fazer uma igreja. Entendeu? Esse espaço a gente está olhando porque fica entre a área tombada e a área que não é tombada. Ver se vai dar. Eu acho que é pequeno, mas a gente não vai achar outro espaço, a não ser ali para o lado da serra, ali descendo o beco da Tia Naninha, a gente já viu aquela área ali, que tinha uma cerâmica antigamente. [...] Aí a gente está fazendo essa parte de levantamento, e eu espero que em um ano a gente já tenha decidido tudo isso: de fazer, o que fazer. [...] A festa é grande, né? E a gente tem que pensar na dimensão. Não adianta a gente fazer um negócio aqui, e não cabe mais depois. Então nós temos que pensar em um projeto maior e fazer com que ele seja executado.[653]

Natividade, pelos registros desde 1904 da realização da Festa do Divino na cidade, já poderia ter um museu, como, por exemplo, em Pirenópolis/GO e Mogi das Cruzes/SP, que também realizam a Festa do Divino Espírito Santo e onde há museus com toda a história da festa. Em Pirenópolis, o museu foi inaugurado em 2007 e fica na antiga Casa de Câmara e cadeia, que foi reformada e hoje recebe os visitantes que buscam conhecer mais sobre a Festa do Divino do local. Em Mogi das Cruzes, o museu está instalado no centro da cidade e é mantido pela Associação Pró-Festa do Divino desde 2015, e até o momento o local conta com 190 obras no acervo[654, 655].

---

[653] ARAÚJO, 2020.

[654] MUSEU da Festa do Divino Espírito Santo. *Associação Pró-Divino*, 2021.

[655] MUSEU DO DIVINO. *Pirenopolis.com*, 2021.

5.8.2 Romaria do Senhor do Bonfim

A Romaria do Senhor do Bonfim acontece na comunidade rural do Bonfim, distante 23 km do município de Natividade. A festividade é realizada entre os dias 6 e 17 do mês de agosto, e é apontada como uma das festas religiosas mais expressivas do estado do Tocantins, atraindo pessoas de vários outros estados, e desenvolvendo um papel regional com relação ao cenário religioso.

É a mistura do sagrado e do profano, simbolizando um ambiente social e econômico de trocas e confirmação de identidade e cultura. Em 1998, a Diocese de Porto Nacional constituiu o local como santuário diocesano devido aos registros nos cânones 1230-1234, em que se cita a existência bicentenária da devoção dos fiéis ao Senhor do Bonfim, além do crescente número de romeiros da diocese e de todo o estado do Tocantins.

A data determinada da origem da devoção ao Senhor do Bonfim no Tocantins não é específica, porém, como relatado na introdução deste trabalho, existem registros da existência e movimentação de milhares de pessoas para a Romaria que datam de antes de 1883, quando "o Bispo de Goiás, Dom Cláudio Ponce de Leão faz uma visita pastoral em toda a sua diocese, alcançando também já a Romaria do Senhor do Bonfim e Porto Nacional"[656]. Além das menções em jornais como *Estado de Goyaz* e *Norte de Goyaz*[657], que publicaram textos referentes à Romaria do Bonfim de Natividade, em 1892 e 1908, respectivamente.

O reitor do santuário, Padre Leomar Sousa da Silva, é natural de Porto Nacional e participa da Romaria do Bonfim desde os 12 anos de idade, ou seja, há mais de 40 anos o reitor conhece a realidade do local e acompanhou as mudanças com o passar dos anos. No local, nos períodos que não são da romaria, celebra-se Missa no primeiro, no segundo e no terceiro domingo de cada mês.

> *De vários lugares, de todos os lugares. E vem muito quem se identifica com o padre do dia que reza, entendeu? Por exemplo, tem gente que diz assim "eu vou para missa do padre Leomar", tem gente que fala "eu vou para missa do padre Jakson", outras "não, eu vou para do Monsenhor Jones". Aí eu falo para eles, a gente*

---

[656] PEDREIRA, 2016, p. 29.

[657] *Cf.* http://hemerotecadigital.bn.com. Acesso em: 20 jan. 2024.

> *não briga porque cada um tem seu povo. Agora vai vir mais um outro, para o segundo domingo. Porque é assim: eu no primeiro, monsenhor Jones no terceiro e o padre Jakson no quarto domingo e o segundo ficava sem ninguém.*[658]

A presença física nos espaços religiosos, bem como o compartilhamento coletivo para a vivência da fé, é um dos aspectos primordiais da devoção católica brasileira. Advindo de um catolicismo ibérico em contato com as tradições religiosas indígenas e africanas, esse tipo de religiosidade criou rotas de devoções em locais considerados sagrados, fazendo emergir o hábito das romarias e das peregrinações.

Logo, a visita à casa do santo é sagrada e atua como elemento direto na ligação com o devoto. Invocados para resolver problemas cotidianos, curar os males do corpo e do espírito entre outras mazelas, os santos fazem-se de advogados, médicos, enfermeiros, aumentando as promessas, muitas delas por meio da prática da penitência e das ofertas materializadas nos ex-votos.

Steil[659] já apontou essa divisão do clero, romeiros e moradores, e os sentidos da romaria em seu trabalho sobre a Romaria de Bom Jesus da Lapa/BA, em que há um discurso metassocial que comporta duas formas de sociabilidade, que operam sob lógicas opostas: a da *communitas*, para a qual a verdadeira sociedade seria expressa pelo ideal fraterno da comunhão, e a da *societas*, em que a regra básica de funcionamento da sociedade estaria na distinção.

> Quando perguntamos aos romeiros-turistas quais as motivações que os levam a deslocar-se para a Lapa no período da romaria, percorrendo centenas ou mesmo milhares de quilômetros em seus carros particulares ou em ônibus confortáveis, as respostas mais recorrentes são as de que a romaria fornece-lhes uma ocasião ímpar para "admirar a fé do povo". Ou seja, já não se trata de peregrinar em busca de uma experiência pessoal da communitas, mas de se colocar como um observador externo, na qualidade de turista, frente a uma experiência vivenciada por outros e que se torna objeto de admiração.[660]

---

[658] SILVA, Leomar Sousa da. *Entrevista XX*. [Entrevista cedida a] Poliana Macedo de Sousa. Natividade, 4 out. 2020. 1 mp3 (57 min).

[659] STEIL, 2003.

[660] *Ibidem*, p. 254.

Assim como Sanchis[661] expôs, que, pela característica de penitência, o caminhar, o dormir de forma improvisada, a alimentação comunitária e um calor extremo não afastam as pessoas de cumprir sua promessa, ou de participar desse momento com os seus familiares e amigos, a Romaria nada mais é do que

> Um caminhar, muitas vezes penoso, doloroso até, em condições voluntariamente precárias, por isso demorado, mas cheio de encantos – imersão numa natureza selvagem e encontros lúdicos no caminho – até a concretização da apresentação e presença do peregrino a um "Santo": santuário próximo ou longínquo, Sagrado feito gente, com quem se conversa, se troca bens, energia e saúde (promessas), perto de quem se vive uma pequena porção de tempo, o tempo feito Festa: comida, bebida, encontros, dança; até a volta para um quotidiano transfigurado, já na espera de outra romaria. Um ritmo de vida – e na vida. Uma relação constituinte com o além-vida fonte da vida, o Sagrado. Mas uma relação tradicionalmente pouco regulada pela instituição (a Igreja) em princípio investida da missão de apresentar, representar, concretizar e distribuir este Sagrado à sociedade profana em que os homens instauram o quotidiano de suas vidas.[662]

Assim como acontece na Romaria do Senhor do Bonfim em Araguacema/TO, em que "[...] os territórios dos romeiros são configurados em relações de confiança e intimidade com milhares de pessoas que peregrinam em busca de soluções para os problemas do cotidiano e da transcendência espiritual."[663]

Sobre a atratividade da Romaria do Senhor do Bonfim, assim como em outras cidades do interior do país,

> [...] as festas e as feiras tiveram, e ainda têm um importante papel na sociabilidade, proporcionando os momentos de encontro, de troca, superando o isolamento. Ainda hoje, a feira é um atrativo dentro da Festa e não necessariamente a troca comercial é o objetivo de todos os que circulam pela feira.[664]

---

[661] SANCHIS, 2006.

[662] *Ibidem*, p. 86.

[663] CARVALHO, José Rodrigues. *Território da religiosidade*: fé, mobilidade e símbolos na construção do espaço sagrado da Romaria do Senhor do Bonfim em Araguacema, Tocantins. 2014. Dissertação (Mestrado em Geografia) – Universidade Federal de Goiás, 2014. p. 142.

[664] COSTA, Carmem Lúcia. *Cultura, religiosidade e comércio na cidade*: a festa em louvor à Nossa Senhora do Rosário em Catalão – Goiás. 2010. Tese (Doutorado em Geografia) –Universidade de São Paulo, São Paulo, 2010. p. 175.

Em Catalão/GO, na Festa em Louvor à Nossa Senhora do Rosário, também há espaço para o comércio, "uma ferinha" com várias barracas e comercialização de vários produtos. No Bonfim de Natividade, os camelôs e vendedores ambulantes vêm de outros lugares e aproveitam o calendário das festas religiosas para vender seus produtos. É nessa divisão que se pode perceber as fissuras do lugar, em que há o lugar para o consumo, para as festas, para a reza.

Para chegar à Romaria do Senhor do Bonfim, principalmente no dia 15 de agosto, é preciso paciência, disposição e reserva de muita água. Com a intenção de chegar ao santuário, nas primeiras horas do dia, os romeiros já cumprem suas promessas, muitos deles saindo às 3h ou às 4h da manhã. No dia 15, que é feriado em Natividade como Dia do Senhor do Bonfim, há uma fila de carros na BR-010 para acesso ao santuário, cerca de 3 km de fila para a Missa das 10 h. Participantes no local relataram que a mesma fila chegou aos 10 km de congestionamento na madrugada, para participarem da Missa das 8h da manhã.

A Polícia Militar (PM) faz o controle do trânsito, apenas no quesito de não ultrapassarem a faixa contínua, com o auxílio do Departamento Estadual de Trânsito (DETRAN). Porém, um dos pontos negativos percebidos foi o porquê de não fazerem uma fila dupla para acesso de quem ia para o Bonfim (facilitando e acelerando a fila) e outra com passagem livre para quem seguia destino na BR-010. A Polícia Rodoviária Federal (PRF) não estava presente, apesar de ser uma rodovia federal.

Pelo caminho, havia uma tenda como ponto de apoio para os romeiros, instalada pelo governo do estado, com distribuição de água e frutas, só no dia 15, uma vez que o governador passaria pelo local. A tenda foi organizada pela Secretaria do Trabalho e da Assistência Social (SETAS), oferecendo suporte para descanso, cuidados com a saúde, água e alimentação aos romeiros.

A FAET/SENAR também estava com ponto de apoio para os romeiros, com água e frutas. A instituição já monta essa estrutura às margens da BR-010 há alguns anos. A estrutura deles estava mais organizada, decorada e chamativa que a do governo do estado. Também desmontaram a estrutura logo após o meio-dia no dia 15 de agosto. Algumas outras tendas estavam montadas pelo caminho, mas sem identificação.

No povoado, há muitos ônibus de excursão, carros, caminhões, motos e todo tipo de transporte público, além de barracas de camping, barracas de lona improvisadas com toras de árvores. A Missa principal é debaixo do sol forte e muita poeira, com algumas tendas nas laterais do palco/altar, porém milhares de pessoas estão ali concentradas e assistindo à Missa com o Bispo Pedro. Logo na entrada do santuário, um verdadeiro comércio é instalado no local; onde não é local sagrado e definido pela Igreja como tal, há uma barraca de comércio ambulante.

Um ponto interessante observado durante a pesquisa de campo é o "se colar, colou" que os ambulantes fazem ao vender terços e fitinhas com dizeres de outras romarias, como a do "Divino Pai Eterno", "Bom Jesus da Lapa", "Senhor do Bonfim" e de várias outras romarias, tanto que alguns deles nem a fita da Romaria do Senhor do Bonfim de Natividade possuem, apenas das outras localidades. Mesmo assim, conseguem vendê-las.

A fila para subir a rampa para visitar a imagem do Senhor do Bonfim fica gigante após a Missa, independentemente do sol forte no local; as pessoas permanecem lá, aguardando sua vez, seja com um guarda-sol, seja com o folheto de cânticos da Missa ou um pano para se proteger. Nos momentos de oração, na Missa e quando há a visitação ao santuário, não há balbúrdia nem som alto, tanto que o comércio não fica próximo dessas áreas, mas existem casas ao redor da igreja que servem como hospedagem.

Uma dificuldade encontrada no local é hospedagem, principalmente entre os dias 10 e 15 de agosto, quando se intensifica a quantidade de romeiros, com destaque para a pernoite do dia 14 para o dia 15. Os preços nos hotéis em Natividade saltam de R$ 75 para R$ 125 a diária, e não há muita informação (ou quase nenhuma) na internet.

Muitos romeiros levam barracas de camping, alugam quartos na comunidade para passarem os dias, e as famílias mais assíduas montam acampamentos ou até mesmo compram um lote na comunidade e constroem casas de temporada, ou, como mencionam: "casa da Romaria".

Há ainda os cipós, que são espaços "limpos" dentro da mata com acampamentos feitos com troncos de árvores do cerrado e cobertos em sua maioria com lonas e palhas. Sobre esses cipós, a ministra e devota do Senhor do Bonfim Maria do Bonfim, ou Tia Bonfim, como é mais conhecida na região, explica que eles eram os lugares que a própria natureza abria dentro do mato, como se fosse um salão, sustentado pelos cipós. Segundo os devotos, tudo feito pelo Senhor do Bonfim.

> *Antigamente tinha os cipós, e eu já dancei muito nos cipós. No mato mesmo, o Senhor do Bonfim fazia um arco e o povo limpava embaixo e não caía. E ficava embaixo dele. Eu dancei muito forró debaixo desses cipós, aqui fazia casamentos comunitários e fazia*

muita festa nos cipós, então cada um já estava lá esperando no cipó para fazer a comemoração. O Bonfim foi desenvolvendo, e o povo não entende. E é aquela história de dizer que o padre está desmanchando, "Não, gente, paciência, nós temos que nos evoluir". Já pensou se hoje tivesse cipó cheio de cauí[665], como tinha?[666]

Durante os dias do festejo, o local conta com a presença da PM, cerca de 150 policiais, 12 bombeiros do Corpo de Bombeiros Militar (CBM), equipes especializadas do BPChoque (Giro, GOC e Rotam), do Batalhão de Polícia Militar Rodoviário e de Divisas (BPMRED) e do Batalhão de Polícia Militar Ambiental (BPMA). E ainda do Centro Integrado de Operações Aéreas (CIOPAER), que realiza patrulhamento aéreo com helicóptero na cidade de Natividade, no povoado do Bonfim e na via dos romeiros, onde a concentração de romeiros é a maior.

No dia a dia da cidade e do povoado, não há nenhum desses aparatos, como relatado anteriormente, nem delegacia. E ainda, pela quantidade de efetivo, o Colégio Agropecuário não pode funcionar, pois cede seu espaço como abrigo para o pessoal da segurança durante todos os dias da Romaria.

Os bombeiros sempre estavam ao lado dos locais, no santuário, em que os romeiros acendem as velas, monitorando o fogo que era gerado pela quantidade de velas no local. A PM faz o policiamento a pé, com bicicleta e motorizado, e há ainda no santuário um posto fixo de atendimento, as bases móveis e um micro-ônibus com a central de videomonitoramento da Polícia Militar.

A parte profana da Romaria mistura-se com a sagrada, e tudo se torna uma coisa só, vira festa. Outro fato que chama atenção no Bonfim é que, além da "disputa por espaço" nas barracas dos comerciantes ou nos bares instalados, o Rio Manoel Alves também é destino dos romeiros. Os ônibus que são usados nas excursões fazem um "extra", cobrando cerca de R$ 3 para levar os interessados até o rio. A festa lá também é garantida, pois muitas famílias acampam no lugar e com música ao vivo.

Após a Missa das 10 h, que termina por volta do meio-dia, as festas nos bares começam e não têm hora para terminar. À noite, em Natividade, por ser feriado, a cidade fica vazia e sem movimento. Na programação no santuário, haveria ainda uma Missa às 20h na igreja e depois festas nas boates

---

[665] Palmeira (*Euterpe edulis*) comum nas matas brasileiras tropicais e subtropicais; no Paraguai e na Argentina, de estipe delgado e alto, cuja parte terminal, macia e branca, envolvida pelas bainhas das folhas adultas, é comestível e muito apreciada como verdura, sob a denominação de palmito, cauí, jiçara, juçara, juçareira, palmiteiro, palmito, palmito-juçara.

[666] NUNES CASTRO, Maria do Bonfim P. *Entrevista XIX*. [Entrevista cedida a] Poliana Macedo de Sousa. Natividade, 4 out. 2020. 1 mp3 (25 min).

com shows ao vivo e nos bares montados para a temporada. Em Natividade, o único lugar aberto para comer era o restaurante Casarão. Um dos garçons informou que os comércios cujos donos eram católicos não estavam abertos, porque *"estava todo mundo no Bonfim"*, e apenas os bares cujos proprietários eram evangélicos permaneciam abertos e atendendo naquele dia. Seria essa a relação com a doutrina protestante em que o trabalho é uma forma de evolução espiritual? Ou por que preferem participar da festa?

Conversando com alguns vendedores ambulantes no local, eles relataram que tinham vindo da Romaria de Bom Jesus da Lapa/BA e que naquele ano tinha sido "fraca" de movimento. Em Natividade, os ambulantes pagariam R$ 100 pelos dez dias de romaria para venderem seus produtos, mas esse valor variava conforme o local e o tamanho da "barraca", e que iam de romaria em romaria vendendo seus produtos. Ao questionar sobre Trindade/GO, se também vendiam por lá, eles informaram que lá era difícil de vender, pois a organização os colocava em uma rua ruim de "venda" e para eles não compensava ir vender lá em Trindade.

Em 2019 ainda, um comerciante de Belo Horizonte que viera pela primeira vez até o Bonfim explicou que fizeram promoção nas peças (valores variando de R$ 10 a R$ 20) para diminuir o estoque e voltarem para Minas Gerais "mais sossegados".

Analisando as respostas em nuvem apresentadas anteriormente, percebe-se que a Romaria do Senhor do Bonfim é uma oportunidade para as pessoas comprarem produtos que não têm ali na região, renovar sua fé por meio da peregrinação e no pagamento das promessas e momento de diversão e rever amigos e familiares. É um verdadeiro ambiente da interação do sagrado e do profano.

Ainda sobre a estrutura da Romaria do Senhor Bonfim em Natividade, cada público apresenta um comportamento. Groetelaars[667] explica que, por exemplo, na Bahia, pode-se identificar os visitantes (que vão rezar), os que vão assistir à Missa, os turistas e os vendedores que negociam objetos turísticos e religiosos.

E esse modelo não é diferente na Romaria do Senhor do Bonfim em Natividade, acrescentando-se, como afirma Dias[668], os voluntários da Igreja, pedintes e profissionais da imprensa. Outra questão é o transporte para o povoado do Bonfim, aonde se vai de carro, moto, excursão, a pé ou por táxi-lotação, e este último com valor médio de R$ 10 por pessoa.

---

[667] GROETELAARS, 1983 *apud* DIAS, 2019.

[668] DIAS, 2019.

O mesmo acontece em Monte Santo/BA; na Romaria do Bonfim de lá, há uma disposição geral

> [...] favorável para converter o seu capital religioso em um recurso efetivo para atrair turistas, que não são os romeiros que já fazem parte da rotina e calendário da cidade, os quais, como já vimos, através de um modelo ideal primeiro, são pensados como cheios de fé, mas com poucos recursos e tempo livre para gastar.[669]

O que é diferente do município baiano, no que tange à relação com pouco recurso e tempo livre para gastar, porque aqui os romeiros aproveitam a vinda até o Bonfim para comprar no "shopping do Bonfim" e aproveitar as águas do Rio Manoel Alves, alguns destes acampando por dias com seus familiares nos cipós ou nas casas já construídas na comunidade.

Assim como acontece com a Festa do Divino Espírito Santo, na Romaria do Senhor do Bonfim também há o agenciamento político da festa, em que, principalmente nos anos eleitorais, sejam municipais, sejam majoritários, os candidatos comparecem em peso às festas religiosas de Natividade.

Se na Festa do Divino Espírito Santo o agenciamento político junto ao santo é notório, conforme a importância do ano (ou seja, se for ano eleitoral, os devotos e o santo voltam a existir), é na Romaria do Bonfim que o território é fértil.

> Os discursos advindos dos políticos quase sempre dizem respeito à religião; ao desenvolvimento do Estado do Tocantins com o apoio de Deus e, em tempos de crise, com a crença de que "tudo vai dar certo". Há ainda momentos em que o próprio governador se veste de povo, se coloca como romeiro e/ou como católico, para atrair o olhar dos fiéis e firmar sua fala como intelectual orgânico perante a sociedade.[670]

Segundo Dias e Ramos[671], que publicaram um trabalho sobre o uso político da cultura na Romaria do Senhor do Bonfim em Natividade, é no meio do povo que os políticos deixam o pedestal e ficam mais próximos

---

[669] REESINK, Mísia Lins; REESINK, Edwin. Entre romeiros e turistas: a busca do turismo religioso como alternativa econômica em um município do sertão baiano. *Estudos de Sociologia*, [s. l.], v. 1, n. 13, p. 195-217, abr. 2014. p. 214.

[670] DIAS, Weberson Ferreira; RAMOS, Geovanna de Lourdes Alves. Poder, religião e comunicação: o uso político da cultura na Romaria do Bonfim em Natividade (TO). *Diversidade Religiosa*, João Pessoa, v. 7, n. 1, p. 117-140, 2017. p. 118.

[671] *Ibidem.*

dos eleitores, colocando-se como simples romeiros e devotos. De acordo com o estudo ainda, as visitas ocorrem nos anos próximos à campanha ou mesmo em períodos de crise institucional. Com base na consulta a matérias jornalísticas e registros das assessorias, conseguiu-se fazer esse levantamento, em que a maior parte das matérias publicadas nos veículos de comunicação é oriunda das assessorias dos próprios políticos.

Figura 29 – Políticos durante a Romaria do Bonfim nas eleições suplementares (A, C, D, F), na eleição de 2014 (E) e no governo atual (B)

Fonte: *Conexão Tocantins* (2018, 2019), *Gazeta do Cerrado* (2018) e *Atitude Tocantins* (2014)

Na matéria circulada no dia 14 de agosto de 2017 intitulada "Obras de saneamento melhoram infraestrutura do Bonfim", no site da Agência Tocantinense de Saneamento (ATS), Eder Fernandes, presidente da agência, destacou que uma equipe de engenheiros civis, eletrotécnicos e operadores estava no povoado desde o mês de julho daquele ano, quando iniciaram as obras de extensão de 1.000 m na Rede de Distribuição de Água (RDA). Foram investidos mais de R$ 200 mil em obras e equipamentos[672]. Tudo isso por "determinação" do governador Marcelo Miranda. Já o reitor do Santuário reforçou que o investimento para canalizar água na comunidade foi da Igreja e que até hoje sofrem com

---

[672] MOREIRA, Lidiane. Obras de saneamento melhoram infraestrutura do Bonfim. *Agência Tocantinense de Abastecimento*, 14 ago. 2017.

o desabastecimento, sendo necessário adquirir uma bomba d'água. A conta da energia elétrica para funcionamento da bomba d'água ficava para a Prefeitura de Natividade.

> Porque, por exemplo, teve a Romaria, e, quando eu assumi aqui, minha primeira preocupação foi para com os romeiros, levar rede de água, porque o povo vinha buscar água em um chafariz que tinha aqui, assim, já até desmantelaram o chafariz. Porque gente que está lá longe, então nós levamos lá no cipó. Todo ano, nós contratamos uma empresa, ela vem na época da Romaria, um mês, mais ou menos. Ela fica tirando água dos poços, temos poucos, mas temos. Então essa empresa vem mais ou menos em julho e puxa água. Tem uma rede velha de água do rio, nós botamos uma bomba, pagamos para a empresa, ela faz toda a purificação da água. E neste ano não foi diferente, mesmo sem a Romaria, a empresa veio, nós renegociamos os valores porque a bomba e o material não era o mesmo, mas, quando terminou a Romaria, foi embora e desligou a bomba. E a água para o povo nos poços? Não tinha. Aí me liga: "O povo está sem água". Aí eu: "Gente, eu não sou prefeito, nem governo não, gente!" Mas daí eu vim! Uma calamidade. Eu voltei e falei para Celio que não tenho condições, falei com a prefeita e ela disse que "Eu estou correndo para comprar material". E eu disse: "Prefeita, eu conversei com o Erivaldo e não vai sair". Erivaldo é a pessoa responsável pela aquisição do nosso material. E conversei com ele e não vai sair com menos de quatro a seis meses porque tem a licitação. Aí falei para ela: "Façamos o seguinte: eu já tomei a iniciativa, Erivaldo já vai montar para mim a bomba, já vai comprar e em sete dias ele me disse que tá instalado, e a prefeitura fica com a responsabilidade de assumir a conta de luz, porque a conta de luz fica em torno de R$ 1.500 por mês".[673]

A imprensa sempre divulga a Romaria do Senhor do Bonfim, com maior ênfase do que a Festa do Divino Espírito Santo, a qual vem sendo trabalhada como produto turístico, como foi apresentado nos tópicos anteriores. No *Jornal do Tocantins*, as capas eram mais chamativas, com entrevistas, e o deslocamento de equipes era frequente na época da Romaria.

Essas coberturas também mostravam outras situações vivenciadas no período da Romaria, como as festas profanas, a atratividade do Rio Manoel Alves, os comerciantes, a inauguração de uma Via dos Romeiros em 2002 (atualmente não há nem sinal dela) e as pessoas dando esmolas.

---

[673] SILVA, 2020.

Um destaque para a matéria sobre a Via dos Romeiros, em que se detalha que a via teria 24 km de extensão e 4 m de largura, que estava localizada às margens da então rodovia TO-050[674], que liga Natividade ao Bonfim. A via contava ainda com 24 placas com frases de incentivo e saudação aos romeiros.

Figura 30 – Capas do caderno de cultura na cobertura jornalística da Romaria (1998-2015)

Fonte: Acervo do *Jornal do Tocantins*/Organização de Jaime Câmara

---
[674] Desde 2016, um trecho da antiga TO-050 tornou-se parte da BR-010.

Outro jornal que iniciou sua circulação em 2013 foi o *Jornal DAQUI*, em formato tabloide e com linguagem mais popular, com oferta de prêmio, por meio da aquisição do jornal, e um selo, que completam uma tabela. Foi um "copia e cola" do *Jornal do Tocantins*, em versão resumida. O jornal retratou a Romaria do Senhor do Bonfim nos anos de 2013 e 2014, mas a partir de 2015 não há mais menção à festividade.

Ainda sobre esse agenciamento da mídia, a TV Anhanguera, que é afiliada da Rede Globo de Televisão no Tocantins, sempre desloca equipe para cobertura da Romaria do Senhor do Bonfim. Em 2019, a cobertura da festa foi veiculada no *Jornal Nacional*, um dos noticiários mais antigos do país, sendo apresentado há mais de 50 anos.

Figura 31 – Matéria no *Jornal Nacional* sobre a Romaria do Senhor do Bonfim (2019)

Fonte: Globoplay – *Jornal Nacional* (2019)

Ainda em 2019, último ano da Romaria de forma tradicional e presencial, o bispo lançou uma campanha de doação ao Senhor do Bonfim, em que estavam cadastrando as pessoas interessadas. Houve distribuição de folheto durante a Missa, porém eles não continham dados bancários para uma possível ajuda dos devotos, apenas explicando o motivo da campanha.

> *Então, o Bonfim é velho. Está caminhando para uma modernização, mas a passos lentos, porque, quando se tem capital, se tem investimento. O pessoal pensa assim "Ai, o Bonfim..." e chega aqui e eu presto conta, todo ano, para o pessoal saber o que é que entra. E a minha primeira Romaria, na nossa entrada aqui, foram R$*

340 mil, mas o gasto aqui é alto. Eu estou indo para seis anos aqui. Comecei em 2014 a 2015, por aí assim... Então, o pessoal pensa assim "O Bonfim dá milhões e milhões, o padre enrica". A fama que tem é que o padre enricou, mas isso aqui não dá para enricar não.[675]

O reitor explica que, em razão da burocracia, foi difícil montar a associação, uma vez que a igreja deve se cadastrar como associação e nem todos os bancos aceitavam abrir conta desse perfil. E, avaliando a situação de que não há agências bancárias na região, a dificuldade era maior.

Para você ver como são as coisas, as coisas são tudo complicada, porque a igreja entra no hall de associação e até hoje eu nunca consegui abrir uma conta da Caixa, porque a Caixa não abre conta para associação. Aí, eu deleguei o Padre Jakson e Célio para resolverem isso, porque primeiro você tem que fundar uma associação e segue passos. Por fim, você tem que registrá-la no cartório, então demorou e só agora que ela ficou pronta. Aí nós abrimos conta no Banco do Brasil, no Bradesco, e não sei se tem outro banco não. Quem cuida disso não sou eu. Eu até falei para o Padre Jakson "Olha no regimento e estatuto da associação, eu quero cláusula que garanta que amanhã a associação não seja objeto de disputa fora da igreja, que ela não seja tomada do santuário e usada para o proveito próprio". Aí eu falei para o advogado que estava confeccionando "Coloque uma cláusula aí que a diretoria da associação, sobretudo a presidência, passaria aquiescência da reitoria do santuário". Não necessariamente seria o reitor, mas passaria por ele. Por exemplo, votaram em fulano de tal, leva para o reitor, o reitor disse "sim" ou disse "não", faça nova eleição. Para que amanhã não chegue pessoas fora da igreja e quer ser presidente da associação. Aí, quando foi, eu falei para o padre "Quero o senhor assuma nesse primeiro momento a presidência, mas leve lá para o pessoal, convoque assembleia geral". Ele marcou a assembleia geral, e por unanimidade o povo o indicou. Aí ele falou "E o tesoureiro?" Aí o povo foi indicando, eu não faço parte da diretoria, mas eu acompanho de perto. Todo mês eu quero prestação de contas, porque eu quero a prestação de contas, porque eu imprimo uma e a outra, mando para a Diocese. Entende? [...] E, na hora que investir os recursos que tiver, eu quero que o diretor, o presidente da associação, a diretoria da associação sente conosco para ver quais as necessidades para poder aplicar o dinheiro naquilo é de fato necessidade. Então, agora na pandemia, se viu a necessidade de comprar aparelhos para transmissão das nossas missas.[676]

---

[675] SILVA, 2020.

[676] *Ibidem.*

No folheto distribuído em 2019, ressaltava-se que a campanha tinha o comprometimento do santuário no que tangia ao seu crescimento em todos os aspectos, fazendo com que fosse um lugar de encontro e de harmonia dentro da sociedade, que era "marcada pelo descartável". Ainda no folheto, informava-se que havia dificuldades financeiras e que eram imensas; apesar das doações feitas, o valor arrecadado não era suficiente para arcar com a manutenção do santuário, seus projetos e a melhoria dele.

Figura 32 – Folheto da campanha de arrecadação de donativos para o santuário

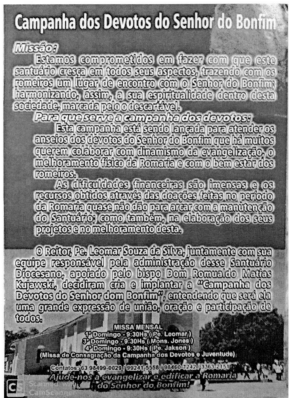

Fonte: Santuário do Senhor do Bonfim de Natividade

Percebe-se que, quando não é tempo da Romaria, a comunidade fica abandonada, os fiéis têm três domingos no mês para ir à Missa no santuário. Toda a estrutura que é montada para os dez dias desaparece, e há uma sensação de cidade-fantasma.

Figura 33 – Comunidade do Bonfim quando não é época de Romaria

Fonte: a autora (2020)

Na pesquisa de campo realizada no dia 4 de outubro de 2020, primeiro domingo do mês e com Missa no santuário, as ruas são quietas, sem nenhum movimento aparente, e ainda o local onde a Missa campal é realizada fica quase irreconhecível devido à quantidade de mato no local, os palcos (antigo piramidal e o novo) somem em meio ao cerrado. A Casa dos Milagres também fica fechada, o batistério (também é em forma piramidal) fechado, e apenas a Igreja está aberta.

Após a Missa de domingo, o local torna-se uma grande representação de almoço em família, com compartilhamento de alimentos e muita conversa na casa paroquial.

> *Nós temos um costume, que suspendeu por causa da pandemia, mas eu perguntava assim "Quem veio pela primeira vez na Romaria de mês?" Aí levantava a mão, e eu falava "Olha, você que veio pela primeira vez, deixa eu lhe ensinar a norma, você que veio pela primeira vez, comerá de graça na casa do padre com todo mundo. Agora você que já veio a segunda vez já sabe da norma. Ao sair de casa, tem que trazer uma Maria Isabel ou, se quiser, traz um frango, traz um peixe, moço, o que quiser trazer". Então, o pessoal traz, nós partilhamos a mesa, ele faz e o pessoal chega e já entrega lá na cozinha e faz para umas 20 pessoas. Pessoal entrega e na hora dá uma panelada, pessoal come que sobra.[677]*

Na área onde é celebrada a Missa campal, na época da Romaria e desde 1992, existem dois palcos: o antigo palco, em formato piramidal, foi construído pelo governador Moisés Avelino, e o novo palco foi construído pelo senador Ataídes Oliveira em 2016. Esse local é limpo quando é a época da Romaria.

Outro projeto que parece que não tem fim é a Via dos Romeiros. Em outubro de 2020, a situação era de restos de piche com brita descartados após a obra de recapeamento da BR-010, no meio do que seria a Via dos Romeiros. Os painéis de azulejo que representam a Via Sacra também estão abandonados e sem manutenção durante o percurso de 24 km.

---

[677] *Ibidem.*

Figura 34 – Via dos Romeiros, BR-010, que liga Natividade até o Bonfim e primeiro palco construído com recurso público

Fonte: a autora (2020)

Com relação à estrutura do lugar, o reitor Padre Leomar explicou que, desde que assumiu o cargo, vem implantando melhorias no lugar para receber os romeiros, mas o dinheiro arrecadado nunca dá, pois os gastos são altos.

> *Por exemplo, nós fomos criar a estrutura porque estava tudo velho e comido. Nós fomos estender rede de água, fomos botar de luz, padrões. A ENERGISA exigiu que não ligaria para ninguém, se não*

tivesse padrão. Aí o santuário sentou com a ENERGISA, negociou para três a quatro anos, e todo ano botando uma quantidade de padrão. E cada padrão nosso, por isso, quando estoura um padrão, não é um padrão comum, cada padrão tem 15 ligações. Aí você pode olhar por aí, está tudo cheio de padrão. Nós já concluímos o que assumimos com a ENERGISA. Iluminamos o estacionamento tudo, então isso é alto. Como nós fazemos? Fazemos na fé. Todo ano a gente deixa uma certa economia, no mês de julho, a gente começa os trabalhos e são 20 a 30 homens trabalhando aqui 30 dias, ganhando diária. Hoje deve estar uns R$ 60 a diária e com a alimentação nossa. Aqui não tem esgoto, tem que ser fossa séptica. Então, todo ano era um sofrimento com limpa-fossa. Antigamente, o governo estadual participaria de igual para igual com a Romaria. Hoje, o governo do estado não quer participar com nada. O que o governo do estado tem ajudado conosco é com a força de segurança, que isso é obrigação. A lei diz que, onde tem mais de 5 mil pessoas, é dever do estado. Então nós tivemos que fazer fossa para todos os banheiros, fossas com sumidouros, porque nós não aguentava mais o preço dos caminhões limpa-fossa. Aí, fizemos fossa de 6 m de comprimento por 8 a 10 de "fundura". Tudo com parede de cimento, pedra-canga para os sumidouros. Então, nos primeiros anos a gente fez isso. E a gente sempre fez o seguinte: paga o que pode antes, aí os demais a gente vai aguardar a Romaria. [...] O pessoal que vem trabalhar conosco, ela aqui sabe, chega em torno de umas 60 pessoas. Só a cozinha com a limpeza da casa paroquial são em torno de 12 a 15 pessoas. E os padres vêm, então, cada um que vem, diferente dela, que é ministra da Eucaristia, e a pessoa que vem de fora, ela tem uma remuneração. Aí, quando você termina, como no primeiro ano, uma entrada de R$ 340 e R$ 200 mil foram de despensas. Aí, durante o ano, as entradinhas são de missa mensal, como essa. Às vezes o pessoal vem e deixa no pé no santo, então nós pega, temos funcionários aqui que a gente mantém.[678]

Sobre o turismo religioso, o reitor explica que, apesar de o turismo religioso estar em pauta na região, ele reforça que o santuário está começando suas atividades nessa área, mas não avança muito na sua análise, e compara-o com o turismo religioso da Europa.

Hoje o turismo religioso está muito em voga, não digo moda, porque moda passa rápido, mas é algo que tem surgido, e isso não é novidade em países mais velhos, como Europa, que vivem do turismo, como França e Itália, que está desesperada com essa covid, países que vivem do turismo, turismo de toda natureza. Então, nós aqui estamos principiando, mas é algo que vai acontecendo,

---

[678] *Ibidem.*

> *que a gente não pode também fechar os olhos. As fontes e recursos para nós às vezes têm, mas é tão difícil de acesso, porque quando se fala que é para a Igreja ou para isso ou para aquilo...*[679]

Durante as entrevistas, as associações, o poder público municipal e instituições como o SEBRAE foram questionadas sobre a Romaria ser um destino para o turismo religioso na região, pelo seu forte apelo junto à comunidade católica do Tocantins e estados circunvizinhos.

Como apresentado anteriormente, em agosto de 2014, uma iniciativa por parte SENAR e do SEBRAE no Tocantins resultou em um "Diagnóstico da Romaria do Senhor do Bonfim", que tinha como objetivo fomentar o turismo religioso no município de Natividade, por meio de uma ação educativa voltada ao setor comercial da cidade. Na época, foram realizados cursos, oficinas, palestras e consultorias especificamente para sanar as necessidades encontradas nessa análise, visando aprimorar e impulsionar o setor turístico.

Segundo o analista e gestor do projeto de turismo nas Serras Gerais, Antônio Cursino:

> *[...] em alguns anos para trás, a gente até tentou fazer um trabalho lá com relação à Romaria do Bonfim, porém é algo um pouco delicado lá, porque quem faz a gestão lá é a própria igreja, e de tudo lá. O trabalho que a gente via acontecia e acontece ainda hoje, no turismo, porque para nós ele acaba sendo um turismo de evento do que um turismo religioso. Que é aquele turismo que o pessoal só vai à época mesmo dos festejos. Na época dos festejos da cidade e do Bonfim, a cidade lota e não consegue ofertar um serviço de qualidade, e aí você não encontra hotel, comida você também dificuldade de encontrar, enfim. No resto do ano, a cidade fica meio que ociosa. E o trabalho que a gente tem tentado, e já conseguiu desenvolver muita coisa lá, é de fazer com que esse turismo, ele seja permanente. É claro que vai ter os períodos de pico, de alta e baixa, mas que durante o ano a gente consiga fazer com que o turista vá visitar a cidade em função desses atrativos que lá têm. Tanto na questão do histórico e cultural quanto da questão religioso, né? E esse é o trabalho que a gente tentou entrar lá na Romaria, era tentar fazer basicamente isso: o devoto, a pessoa que gosta de vivenciar aquilo ali, que ele pudesse fazer visitas em qualquer época do ano, e não somente no dia que eles fazem*

---

[679] *Ibidem.*

lá a Romaria. Tornar isso como algo histórico, e não somente a questão da devoção em si.[680]

A ASCCUNA ressaltou que, a partir do momento que a Romaria saiu da Paróquia de Natividade e ficou vinculada à Diocese de Porto Nacional, eles não tiveram mais projetos em conjunto.

A associação com relação à Romaria... a Romaria, enquanto ela fazia parte da Paróquia de Natividade, a gente estava muito mais próxima, porque era o padre de Natividade que tomava conta da Romaria. Aí, ela se tornou diocesana, foi nomeado um reitor que não mora aqui, certo? Então, o padre, eu me lembro que a gente sentou para conversar algumas questões do começo, o Padre Leomar. Tem os auxiliares dele, que eu também sentei, e a gente já teve algumas conversas. Porque eles queriam que eu participasse mais, mas foi momentos que, assim, o braço não alcançava mais. Então, assim, a Romaria, por ter uma estrutura que poderia andar muito bem, a gente não. [...] Então, assim, a Romaria, com a saída dela da dimensão como entidade, a gente afastou mais, lá a questão mesmo é da gestão do padre que é o reitor.[681]

Vitória Cerqueira, ex-assessora de Cultura da prefeitura de municipal da gestão da prefeita Martinha (2017-2020), ressaltou que, enquanto devota e romeira, não concorda com a estrutura da Romaria:

A questão da Romaria aí, eu participei porque... e, olha, eu estou em tudo! O SEBRAE fez um, eu não recordo o ano, mas acho que foi em 2014 ou 2013, por aí, eu não recordo o ano. O SEBRAE tentou entrar na Romaria e não teve sucesso, porque, onde tem muito dinheiro, ninguém quer que o outro entra. E a nossa Romaria precisa de mudanças, muitas! Nós não temos estrutura, a Missa, eu fico muito triste porque as nossas missas, é doído! Precisamos sim de fazer uma penitência, mas não, né? Sendo que a gente pode ter um espaço melhor. Mas aí ficam esperando que venham do governo federal, do governo estadual. [...] Quem está perdendo? O município, a Romaria também está. Da maneira que ela começar a se organizar, já vem 20 mil, vai vir 50! Porque muita gente chega, não temos hotel lá na Romaria, lá poderia se tornar uma cidade com tudo, com toda a infraestrutura e Romaria o ano inteiro. E eu acho triste essa nossa Romaria não ser durante o ano inteiro. [...] Então, o que precisa é isso, porque lá tem o presidente da

---

[680] CURSINO, 2020.
[681] ARAÚJO, 2020.

> *Romaria, né? É um padre, e o Padre Jakson está doido para pegar essa presidência porque ele quer fazer essa mudança.* [682]

Antônio Cursino ressaltou ainda que

> *No diálogo que a gente teve na época com eles, e por vezes é a visão do padre que está ali gerindo, o interesse deles era na época. Por quê? Porque eles preparam o povoado para o festejo, e é isso que a gente acha triste, porque não sei se você já teve oportunidade de ir lá quando não é festejo: é jogado às traças, não tem nada, é cheio de mato. E como é a Igreja que faz a gestão daquilo ali, a Igreja que gere mesmo, não é a prefeitura não. Ele não tem interesse em gastar e manter limpo, aberto e funcionando. Meio que morreu ali. Porque o interesse nosso era que fosse aberto o tempo todo para o turista vim visitar, entender a história e ver como funciona. Hoje no Senhor do Bonfim, não tem esse turismo periódico, na cidade já tem. Com muita luta, já tem.* [683]

Com a pandemia, o ano de 2020 foi marcado pelas tecnologias. A partir da decisão da Igreja Católica, sob a liderança do Papa Francisco, que compactua com o isolamento social e incentiva a manutenção das atividades religiosas no espaço doméstico, houve investimentos de cunho religioso, artístico e cultural transmitidos nos meios de comunicação católicos.

Diante da gravidade da pandemia, quando as portas das igrejas e templos fecharam e as preces domésticas pareciam não ser suficientes, as imagens dos santos foram colocadas em carros abertos e saíram pelas ruas vazias das cidades, como relatado na Festa do Divino Espírito Santo. Já na Romaria, foram realizados investimentos para que a internet chegasse até o povoado.

> *Então, na pandemia nós usamos toda a tecnologia que tivemos ao nosso alcance e nós trouxemos, primeiro foi internet. Não tinha. É na dificuldade que a gente busca refrigero. Pagamos em torno de R$ 8 mil reais para instalar internet aqui, nós temos aquela torre da Oi ali, nós temos uma antena que ele pode usar, assinamos um contrato, ele comprou isso, que ele pode usar para botar internet para o povo do Bonfim. E o povo do Bonfim segue o ritmo da cidade. Então é um contrato dela (associação) com o provedor. Agora nós temos internet aqui no Santuário, e então nós já pudemos usar, na época da Romaria, o Instagram, Facebook, YouTube, tudo tava conectado, as rádios e tudo tava conectado. Então, na época*

---

[682] CERQUEIRA, 2021.
[683] CURSINO, 2020.

da Romaria nós temos 100 Gb para sustentar tudo isso. Ainda agora, nós não tínhamos aparelhos e nós tomamos emprestados de paróquias que já tinham. Agora nós vamos investir nesse campo, porque não dá mais para voltar atrás. Então nós vamos investir e ver quanto a gente tem, primeiro ver o que se tem e um orçamento. Agora esse pessoal que nos ajuda aqui, graças a Deus, no dia a dia, tirando nosso casal de zelador, no dia a dia são voluntários. Meus músicos são de Dianópolis, o santuário dá só a gasolina.[684]

Em agosto de 2020, a Missa da Romaria do Senhor do Bonfim foi transmitida por redes sociais como Instagram, Facebook, estações de rádio de Porto Nacional e canal no YouTube da Paróquia Santo Antônio de Gurupi, que já utilizava esses meios de comunicação no seu dia a dia e conta com uma equipe de comunicação.

Figura 35 – Transmissão da Missa do Senhor do Bonfim durante a pandemia

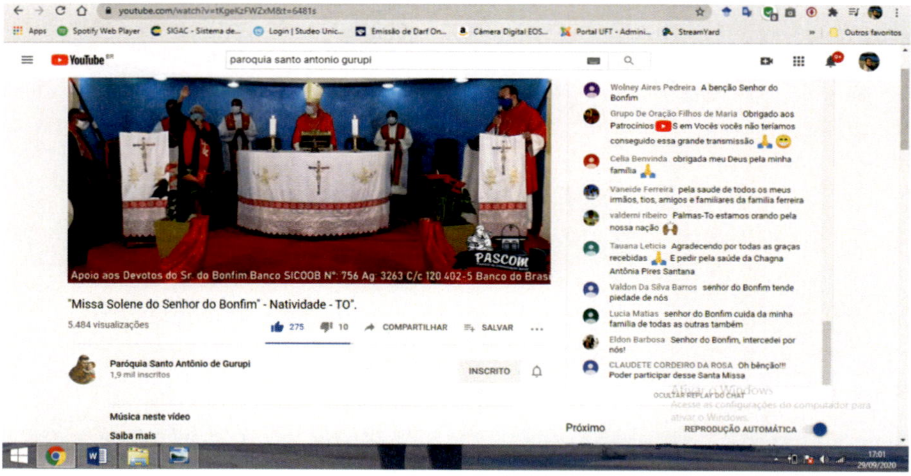

Fonte: captura de tela da plataforma YouTube (2020)

---

[684] SILVA, 2020.

Figura 36 – Arte de divulgação nas redes sociais da Missa do Senhor do Bonfim durante a pandemia

Fonte: Instagram Diocese de Porto Nacional (2020)

Toda essa estrutura para realização da transmissão foi apoiada pelo governo do estado e com investimento do próprio Santuário do Bonfim para instalação de internet da empresa Oi. Assim, entende-se toda essa estruturação na Romaria, uma vez que, na época, já haviam se passado cinco meses de pandemia e, seguindo as orientações dos órgãos de saúde da não aglomeração de pessoas, fizeram esse investimento para a transmissão e consequentemente receberem doações.

Ainda em 2020, alguns devotos foram até o santuário, apesar de ter circulado nas redes sociais um vídeo da Polícia Militar orientando que os romeiros não fossem para o local. Na transmissão pelo canal da Paróquia

Santo Antônio de Gurupi/TO no YouTube, o Padre Monsenhor Jones orientou aos fiéis presentes, logo no início da Missa, que mantivessem o distanciamento social. Na igreja, apenas a equipe litúrgica, os padres e o bispo, além da equipe responsável pela transmissão da Missa. Do lado de fora da igreja, cerca de 200 pessoas, em média, aglomeram-se debaixo das árvores, outras tantas tentando manter uma cerca distância entre si.

O apelo pelas ofertas ao santuário era notório, e eram transmitidas, no rodapé da tela de transmissão, todas as contas bancárias do santuário. No dia 15 de agosto de 2020, houve quatro celebrações da Missa: às 8h (transmitida), às 10h, às 15h e às 19h. Às 20h30, houve uma *live* para adoração da imagem do Senhor do Bonfim.

Segundo a devota Alessandra Bacelar, que foi ao santuário com marido, que cumpre promessa todos os anos, apesar dos pedidos das autoridades de que não fossem até o local, havia muitas pessoas chegando de carro e até em helicóptero.

> *Meu marido, que paga promessa, terceiro ano dele, Sandro, sai sempre 3 h 30 da madrugada. A gente fica no hotel, e por volta das 7 h saímos. [...] Tinha gente, mas longe de ser como em tempos normais. A praça da igreja era onde estavam as pessoas, mas não estava lotada. Longe de estar lotada, mas tinha gente. [...] Esse ano fiquei com vergonha de tirar foto, porque o povo estava me encarando. Acho que todos estavam ali meio que escondidos. A igreja estava com 180 pessoas e o restante do lado de fora espalhado na praça. A Polícia Militar filmou e vi o pessoal filmando a movimentação. A TV Anhanguera estava lá. Teve gente que chegou de avião e pousaram bem próximo. Vi carro de várias cidades e de outros estados. Só vi uma casa vendendo fitinhas, não tinha ambulantes, e um senhor e o neto que estavam distribuindo água. E pessoas de todas as idades.*[685]

---

[685] BACELAR, Alessandra. *Entrevista XII*. [Entrevista cedida a] Poliana Macedo de Sousa, Palmas, 15 ago. 2020. Áudios.

Figura 37 – Romaria do Bonfim no período da pandemia (2020)

Fonte: Simone Camelo (2020)

As redes sociais das entidades parceiras que transmitiram a Missa das 8h da manhã contabilizaram ao vivo os seguintes dados:

- Facebook Paróquia Santo Antônio de Gurupi: 2.800 visualizações ao vivo; e 3.900 visualizações até 16 de agosto;
- Facebook Santuário: 465 visualizações ao vivo; e 659 visualizações até 16 de agosto;

- Instagram Paróquia Santo Antônio de Gurupi: 40 visualizações ao vivo; e 46 visualizações até 16 de agosto;
- YouTube Paróquia Santo Antônio de Gurupi: 1.138 visualizações ao vivo; e 4.173 visualizações até 16 de agosto;
- YouTube Padre Jakson Porto Nacional: 6.072 visualizações até 16 de agosto.

Até o dia 16 de agosto, pelas redes sociais disponibilizadas para as transmissões, 14.850 visualizações foram feitas da Missa Solene do Dia do Senhor do Bonfim em Natividade. A Missa também foi transmitida pela Rádio Porto FM 87.9 – Porto Nacional, Rádio Mais FM 95.9 – Gurupi, SilTV Band (Canal 19) e TV Assembleia.

No pronunciamento do reitor do santuário, Padre Leomar Souza, ao fim da Missa solene transmitida pelas redes sociais, ele enfatizou que montaram toda a equipe técnica de transmissão, a internet, para que os romeiros tivessem a transmissão, e que, daquele momento em diante, além de Missa presencial, as transmissões pela internet aconteceriam no santuário. E agradeceu ao governo do estado o apoio na transmissão da Romaria.

> *Meu irmão, minha irmã, romeiro e romeira do Senhor do Bonfim, todos os anos nós preparamos a Romaria para recebê-los e recebê-las, e a maior alegria nossa, minha e de toda a equipe é de preparar o santuário para recebê-los. Ano passado eu dissera que ia arrumar a Romaria, nós já escutávamos os passos seus de romeiro. Essa era a nossa alegria. Neste ano, nós não fizemos como nos anos anteriores, mas nos preparamos não para recebê-lo aqui, já que os senhores e senhoras não puderam vir, nós nos preparamos para ir até suas casas, suas famílias, através dos meios de comunicação, e assim nos encontramos novamente. [...] Agradecemos aos benfeitores e benfeitoras desse Santuário do Senhor do Bonfim, agradeço a você, romeira e romeiro, pelo seu zelo, pelo seu cuide para com esse santuário, para com esta Romaria. Agradeço ao governo do estado do Tocantins, senhor Mauro Carlesse, pelo apoio que nos dá todos os anos, na organização e na efetivação da Romaria. De modo especial este ano, de 2020, ano atípico, com as forças de segurança: as Polícias Civil e Militar, ambas prestam relevantes serviços nessa Romaria, na segurança e na orientação aos nossos romeiros e romeiras. Agradeço ainda ao governo do estado pelo apoio técnico dado a esta Romaria nas transmissões das missas de ontem e de hoje. Quero lembrar que este santuário se organizou*

para isto, montou toda sua equipe técnica de transmissão para que os senhores tivessem: montamos internet, aparelhagem e de agora para frente nós vamos nos equipar, porque todos os anos, além das missas presenciais, nós também estaremos transmitindo. Esse ano, as santas missas foram transmitidas pelo Instagram da Paróquia Santo Antônio de Gurupi, pelo Facebook deste Santuário, estamos nos modernizando, pelo Facebook da Paróquia Santo Antônio de Gurupi, YouTube do Padre Jakson, YouTube da Paróquia Santo Antônio, TV Assembleia, Rádio 95.9 FM, Rádio 87.9 FM de Porto Nacional. E, como eu disse, com o apoio técnico do estado do Tocantins. [...] Investimos em todos os cuidados com a saúde dos senhores e senhoras, com álcool em gel em todo o espaço da Romaria, pia com água para que os senhores e senhoras pudessem lavas as mãos, máscaras à *disposição, caso os senhores precisassem, e os cuidados com este santuário no sentido da higienização, pulverização, pensando no seu bem-estar, na sua saúde.*[686]

Com todo esse cenário pós-pandemia, ficam os questionamentos com relação ao turismo e como funciona o santuário. A presença de muitas pessoas que não são do lugar, como os romeiros, turistas e visitantes em outras épocas do ano, faz com que se pense em uma alternativa de renda para a comunidade, e nota-se que os atores que trabalham o turismo em Natividade não querem comentar sobre a Romaria; quando o fazem, é uníssono que por vezes tentaram, mas a Igreja não quer.

Sendo assim, por mais que o turismo seja sazonal, nem por isso não deixa de ter potencial, pois tem que ser entendido como outro turismo, por exemplo, turismo de experiência, que já é vivenciado e "vendido" em Natividade. Além disso, essa sazonalidade é quase que habitual quando se fala em turismo de uma maneira geral, por exemplo, cidades pequenas e litorâneas que recebem grande fluxo de turistas em um determinado tempo e passam o resto do ano desertas também passam por esse processo de tempos intensos e tempos extensos.

5.9 O turismo religioso é possível?

Os atores sociais "estabelecem estratégias e ativismos que buscam superar as normas totalizadoras, fundamentando-se no uso da cultura como recurso, o que gera possibilidades de interpretação de suas próprias

---

[686] GURUPI, Paróquia Santo Antônio de. Missa Solene do Senhor do Bonfim - Natividade - TO. *Youtube*, 15 de agosto de 2020. 1 vídeo (120 min).

necessidades"[687]. E será no interior desse campo de forças performáticas que os atores desconstruirão um modelo hegemônico e seguirão agenciando sua autonomia e legitimidade, trazendo significação aos seus discursos e atos.

A teoria da gestão relacional de si[688] tem como ideia central o compromisso identitário do indivíduo consigo mesmo ou de identidade comprometida, na qual cada "eu" tenta agir sobre os outros para poder realizar os compromissos que ele tem consigo mesmo. Esse agir acontece nas relações de permuta, sendo elas solidárias ou de ações coletivas.

É o trabalho por meio do qual cada um transforma as identidades coletivas das quais participa em lógicas de ação. Como explica Simone Camelo, quando há a realização das festas religiosas em Natividade, independentemente de apoio externo, a comunidade "toca a festa" e faz com que seja realizada.

> *Então, o que que acontece? A gente, com relação a essas ações, a gente está sempre presente e tem todo esse sentimento de participação, entendeu? Todo esse sentimento de realização, de contribuição, e aí a pessoa se sente. Os festeiros, eu falo para todos os festeiros quando eles passam pela Festa do Divino, eles se tornam maiores colaboradores, porque ele vê o que é a grandiosidade da festa e ficam muito mais agradecidos à comunidade, porque, quando você é festeiro, você sente que está na mão da comunidade. Porque, se a comunidade não estiver junto, você não consegue realizar, não faz, você depende da comunidade. [...] Você pode até ficar longe do poder público, porque uma coisa em Natividade que a gente percebe é que a gente toca a nossa vida em comunidade, independente de poder público. Igual, às vezes, essa gestão está com dificuldades de relacionamento, de não ter ações, a gente toca. A gente faz do mesmo jeito, tem mais dificuldade, porque poderia estar participando, a gente acaba se desgastando, cansa mais.*[689]

Simone explica ainda que o turismo em Natividade é uma coisa que sempre foi debatida na comunidade, e a ASCCUNA tenta mostrar que, se trabalhar o ambiente em que o indivíduo está, ele terá uma qualidade de vida melhor, as festividades também melhorarão, pois é local onde se tem uma confraternização, um grande encontro, uma participação da comunidade em si.

---

[687] LOPES, 2009, p. 335.

[688] BAJOIT, 2006.

[689] ARAÚJO, 2020.

Para Fernanda Taiã, presidente da ASSEGTUR, as prefeituras da região das Serras Gerais ainda estão tímidas com relação ao processo de tornar seus municípios destinos turísticos. Para ela, as Serras Gerais têm um potencial incrível e Natividade é a "cereja do bolo" em relação ao turismo histórico, cultural e religioso, além de possuir atrativos naturais. E que essa associação histórico/cultural/religioso/natural faz com que a cidade se torne mais única enquanto destino.

> *A gente precisa gerar renda, a gente precisa mostrar resultado para que eles comecem a efetivamente investir nisso [...] e deve ser fomentado, pode ser fomentado, e tem várias formas de enaltecer esse município e essa região, que é tão carente e que precisa realmente desse desenvolvimento. Falta um olhar apurado para cá, porque vontade e ideias a gente já tem, só falta realmente incentivo do estado, nós precisamos, nós queremos e nós podemos. Divulgar, botar dinheiro, chamar os empresários, dar incentivo para indústrias que querem botar aqui perto, como uma fazer uma fábrica de polpa de frutas, nós temos potencial, temos como gerar renda. E, essa geração de renda e o olhar do empresário para cá. Imagina você ter um projeto? O estado apresenta um projeto e diz "Leva sua rede de hotel para lá", isso ajuda demais e tem articulações que saem da nossa alçada, tem que ser realmente o governo. A prefeitura abraçar, o estado abraçar e os empresários que estão aí lutando para sobreviver, principalmente depois dessa pandemia, é uma coisa que a gente vai precisar mais que nunca.[690]*

Já para o presidente da ACINAT, Manoel Salvador, o poder público deveria participar mais, pois a cidade vive abandonada. Segundo ele, o comércio faz sua parte, mas sem incentivos não tem como conseguir. Ele equipara a situação com o investimento que foi realizado no Jalapão e que as demais regiões não têm o mesmo investimento.

> *Tem que ter um conjunto, o poder público é o carro principal para o desenvolvimento, essas coisas aí, ia dar uma melhoria na cidade enorme, melhoria na saúde, na educação e na segurança para nós é fundamental. [...] O poder público é o puxador do carro, para poder trazer o desenvolvimento para a região, se o estado não faz a parte, fica difícil para uma região desenvolver. Por exemplo, o Jalapão, é uma atração turística importante do nosso, mas foi preciso que haja um investimento público para o turista chegue lá de forma confortável, né? E assim: outras coisas que o poder público pode trazer para a nossa região que*

---

[690] CASTRO, 2020.

> *resolvesse a carência de cada região e para que realmente a região desenvolva. Esse é o papel do estado e do poder público. Inclusive o Jalapão é mais conhecido que o próprio Tocantins. E as outras regiões ficam à mercê, é preciso ter uma diversidade de investimentos nas outras regiões.*[691]

Apesar de afirmar que as festas religiosas em Natividade, e até mesmo o *trade* turístico, têm se movimentado sem essas políticas públicas, Simone Camelo entende que o poder público precisa e deve participar mais para que se tenha um projeto de cidade.

> *Agora, infelizmente, a gente tem que esperar aí, por parte do poder público, algumas ações importantes, em termos como projeto de cidade, que é o que você está querendo essa visão, como projeto de cidade, porque a vida da gente, nós procuramos ter uma qualidade de vida, e isso a gente consegue ter, mas, como projeto de cidade, onde muitas pessoas são mais contempladas, que participe, a gente não consegue abarcar tudo isso, se não há participação do poder público. Tem que ter isso para poder caminhar mais.*[692]

Barbosa[693] explica que é por causa da presença dos turistas que o poder público terá que se adaptar às necessidades do lugar: "Não são mais aceitas falhas no fornecimento de água, luz, rede de esgoto e o recolhimento do lixo. É necessário que a localidade tenha boa pavimentação e sinalização". Assim como reforça Verônica Albuquerque, que, sem a participação de todos nesse processo, não há como fazer o turismo ser um projeto de cidade.

> *O turismo é algo que não se faz sozinho, turismo é algo que se faz com união, com todo mundo junto. E, infelizmente, a gente estava passando por um período que não estava tendo o apoio dos órgãos públicos, e, se os governos não ajudam no processo, o setor privado sozinho ele segue, mas é mais lento. E era o que estava acontecendo aqui. O setor privado dessa área turística estava desenvolvendo as atividades, mas de forma mais lenta por ter esse atraso da união com os órgãos públicos, e isso faz muita falta quando não tem essa ligação e união entre ambos. Assim, teve um tempo que estava bem melhor e deu uma decaída no ano de 2019, caiu bastante as apresentações do grupo, mas eu acredito que tende a melhorar depois dessa pandemia.*[694]

---

[691] MOURA, 2020.

[692] ARAÚJO, 2020.

[693] BARBOSA, 2005, p. 108.

[694] ALBUQUERQUE, 2021.

Como, desde a última gestão da prefeitura, os responsáveis pela pasta de Cultura não são da cidade e não têm um determinado vínculo com a história do lugar, como ressaltaram alguns entrevistados, não há essa relação com a cultura e com o local. E isso potencializa a escassez de incentivo para a comunidade. Sem incentivo, aumentam as dificuldades de desenvolver o potencial turístico que há no lugar.

Porém, por mais que o poder público se torne presente, uma das situações que mais chamam atenção nesta pesquisa é a mentalidade da comunidade com relação ao turismo. Todos os entrevistados mencionaram o mesmo problema com relação aos hábitos, a forma de levar a vida do nativitano e com essa relação ao turismo.

> *Então, essa visão ainda não, porque não foi assumida como uma cidade turística, que tenha que partir, eu acho isso numa visão macro, maior com o poder público e um projeto de cidade. Porque aqui hoje o costume no domingo à tarde é deitar numa rede e ficar: "Imagina, no calor desse, um bafão desse, eu vou ficar abrindo meu comércio, esperando vir alguém passar, e com a pandemia é que não vai aparecer". Não vai abrir. Lá na Tia Naninha já criou esse hábito, inclusive deram uma diminuída na quantidade de pessoas trabalhando.[695]*

Flávio Cavalera ressalta que os pacotes turísticos em Natividade ainda estão em processo de consolidação, porém também falta iniciativa na comunidade.

> *Ainda não é um produto turístico, tem muitos atrativos, muito foram formatados, muitos já estão sendo trabalhados e vendidos, mas ainda falta uma estrutura, falta engajamento maior, tanto da comunidade como dos empresários, das pessoas que tomam conta.[696]*

Para Marcelo Sanches, presidente da APROTUR, essa falta de engajamento da comunidade e o modo de ver a vida, para que possam melhorar os serviços e oferecer algo mais atrativo para os turistas, também são um empecilho na cidade.

> *Nenhuma outra cidade na região ali tem isso, tem história, tem cultura, tem patrimônio cultural, e isso aí valoriza muito. Mas tem que ajustar umas coisas, como abrir os comércios, trabalhar mais de forma profissional. A cidade já está consolidada, a cidade é, como se diz a história, a cidade pacata, e assim está*

---

[695] ARAÚJO, 2020.
[696] SOUSA, 2021.

> *bom. E o camarada não está preocupado se vai vender R$ 200 ou R$ 300 hoje ou R$ 1, está bom daquele jeito. A cidade tem outro ritmo.*[697]

Bem como ressalta Fernando Torres, então presidente da ATTR, que levou seu último grupo de estudantes em setembro de 2019, por causa da confusão sobre o valor do *voucher* único na cidade, e que não faz passeios na época dos festejos, pois, segundo ele, a cidade fecha. Apesar de afirmar ter feito o curso sobre Natividade, o presidente confunde a Festa do Divino Espírito Santo com a Romaria do Bonfim.

> *E durante os festejos não, porque a cidade fecha tudo, Natividade transfere tudo de atividades dela econômica de loja para os festejos e a cidade fica deserta na época dos festejos do Divino. [...] Todo mundo que tem comércio vai para Festa do Divino para tocar o comércio lá, então não é um turismo religioso preparado para receber como origem de destino. "Ah, vamos chegar em Natividade e vamos tocar para o festejo". Natividade não tem nada. Tudo é fechado durante a Festa do Divino, você não encontra nada.*[698]

Uma das consequências desse pouco ou quase nenhum engajamento do poder público e principalmente da comunidade pode ocasionar a implantação de projetos vindos de cima para baixo e fora da realidade da cidade. Se houve participação da comunidade quando do debate sobre as políticas públicas para o turismo religioso em Natividade, ela não foi ouvida, principalmente com relação ao turismo religioso, em que praticamente se riscou da agenda pública a existência da Romaria do Senhor do Bonfim. E, apesar da pandemia, as políticas públicas não deixaram de ser feitas, nem vão esperar a pandemia passar, está tudo sendo planejado e executado.

Verônica Albuquerque expõe que falta mais investimento público no que tange à divulgação em nível de estado, prefeitura e do Ministério do Turismo, além de capacitação e de informação.

> *As pessoas da cidade entendam que, se elas se capacitarem, se elas tiverem o interesse em conhecer mais e de se formar na área, elas vão lucrar com isso. Eu acho que é um conjunto. [...] Eu, sinceramente, eu não sei, estou em Natividade há quase 12 anos, e eu não sei por que até hoje Natividade não se tornou um destino mais procurado, como exemplo de Pirenópolis, Goiás. Porque Natividade é a cidade mais antiga do Tocantins, Natividade respira história e cultura colonial e tudo que você possa imaginar do Brasil colonial*

---

[697] SANCHES, 2020.
[698] TORRES, 2020.

que precisa ser estudado, aqui tem para ser estudado. Além disso, ainda temos um outro público que podemos alcançar, que é do ecoturismo, que é uma tendência que pegou bastante nos últimos anos, e, além do mais, o turismo de experiência. Na minha visão, o que é que falta? Falta, sinceramente, investimento político para que Natividade seja a capital de fato, do turismo religioso, da história do Tocantins, porque ela já é, só falta essa visibilidade.[699]

Cejane Pacini Leal Muniz acredita que as festas religiosas de Natividade, em especial a Festa do Divino Espírito Santo, precisam ser mais divulgadas.

Acredito que precisa ser divulgada sobre a riqueza desta festa. Que as pessoas façam turismo de experiência, desde um giro de folia. A riqueza que a festa tem lá no sertão. A participação popular. O espírito de comunidade, de partilha que há nesta festa, isto tudo vinculado à devoção. Acredito no turismo religioso e, no caso de Natividade, onde estas festividades estão vinculadas a lugares de referência, tem um potencial enorme.[700]

Já na Romaria do Bonfim, a principal dificuldade é a barreira construída pela Igreja em torno do santuário. Muitas pessoas relacionadas com o turismo reclamam do mesmo ponto. A sensação é de que não quer que se mude ou que se melhore a infraestrutura, que o local seja sinônimo de penitência, dor e regozijo.

Da parte do SEBRAE, com o questionamento sobre a Romaria, Antônio Cursino explica que

[...] o trabalho que a gente tentou entrar lá na Romaria era tentar fazer basicamente isso: o devoto, a pessoa que gosta de vivenciar aquilo ali, que ele pudesse fazer visitas em qualquer época do ano, e não somente no dia que eles fazem lá a Romaria. Tornar isso como algo histórico, e não somente a questão da devoção em si. [...] Nós fizemos o levantamento e alguns trabalhos lá também. Porém, quem faz a gestão de lá, o interesse deles é só na época do festejo. Aí queria o apoio da gente mais na época do festejo para organizar os barraqueiros, organizar ali quem fabrica e manipula alimentos. E o SEBRAE chegou a atuar nisso. Porém, a gente meio que se esquivou um pouquinho desse tipo de atuação, porque a gente entende que um turismo legal não é um turismo pontual, e sim um turismo periódico. E, como eu disse, lá dentro da Romaria mesmo, quem comanda é a Igreja, não é a prefeitura, e o parceiro nosso era a prefeitura. E o SEBRAE, hoje dentro da Romaria,

---

[699] ALBUQUERQUE, 2021.

[700] MUNIZ, 2021.

> *pouco tem atuação. Agora, dentro da cidade de Natividade, aí lá
> a gente já conseguiu desenvolver muita coisa e lá hoje a gente tem
> parceria e vem desenvolvendo vários projetos lá.[701]*

Apesar da Missa realizada nos três domingos, que seria uma forma de manter aberto o santuário, quem passa de viagem pela comunidade do Bonfim, em época que não seja a Romaria, não entende que local é aquele. Não há divulgação, não há placas, não há informação sobre a Romaria, a não ser matérias jornalísticas e artigos científicos. A infraestrutura da Romaria é notoriamente precária para quem vai visitar ou que já visitou outros santuários no Brasil e mundo afora. Não há estrutura, não há organização.

> *Lá no Bonfim mesmo, falta mesmo é estrutura, não tem onde
> você dormir, lá é pequeno. Você vai naquele momento e não tem
> nenhum lugar para ficar. Se você perguntar para o turista se ele
> vai, não vai, mas a maioria vai. Nem todo mundo quer levar
> poeira na cara, quer sol e a noite quer um frigobar, um ar-con-
> dicionado para descansar. Se o cara fez uma promessa, ele vai lá
> no Bonfim, ele não está preocupado com isso, e o turismo religioso
> tem muito isso.[702]*

Maria do Bonfim, ministra do Santuário do Senhor do Bonfim, explica que, se houvesse alguém com condição de montar algo no Bonfim, seria interessante para o lugar.

> *Olha, se tivesse uma pessoa que tivesse condição de fazer um
> restaurante aqui, porque aqui o problema maior é a comida. E
> tem que anunciar. Pode vir na Romaria e quiser descansar, abre
> as redes debaixo dos paus. Eu acho que, se as pessoas entrar,
> interagir e montar uma estrutura para o povo que passa aí nessa
> BR, às vezes quer encostar, e às vezes, se tivesse uma estrutura
> como um hotel ou alguma coisa, eles encostava, né? Quer entrar
> e não sabe se tem, porque às vezes a gente vem com fome, né?[703]*

Porém, o reitor do santuário afirma, sobre construir um restaurante ou hotel, que é preciso conversar com a Igreja primeiro, senão já querem *"ser dono"*. Contudo, que tipo de empresário investirá em um lugar em que não pode ter lucro?

> *Então, se alguém quiser sentar conosco, a gente vai formular bem
> o contrato, um contrato de como é que isso vai se dar, sentar para
> a pessoa não achar que é dono! Entende? [...] Então, aí no caso, tem*

---

[701] CURSINO, 2020.

[702] SANCHES, 2020.

[703] NUNES CASTRO, 2020.

> *que ser alguma iniciativa privada que desejar, que venha, eu sento e converso. E vamos ver direitinho. [...] Eu acho que as pessoas que querem, elas têm que ter visão de futuro e não imediatista, porque quem é imediatista e não consegue resultado logo, ele se frustra e desiste. [...] E outra coisa: o poder público não está muito aí para isso não. Porque, você sabe, grande parte da Europa velha vive do turismo e a pessoa que vem aqui, ela vai e para ali em Natividade e faz suas compras porque quer acampar acolá. Muitas vezes o poder público não passa nem uma máquina naquele lugar ali.[704]*

O reitor considera o romeiro que vai até o santuário como aquele que vai acampar com a família e fica alguns dias, como se era do costume. Porém, a Romaria já recebe vários perfis de pessoas tanto de Natividade como de diversos lugares, como demonstrado no levantamento do SEBRAE em 2014 e nos dados coletados nesta pesquisa e apresentados nos tópicos anteriores. Logo, o reitor reconhece que falta infraestrutura no local e que, quando não for época da Romaria, os visitantes podem se hospedar na casa dele. Percebe-se um protecionismo por parte do clero local, como se a Romaria fosse uma bolha impenetrável, que tenta passar uma sensação de familiaridade e intimidade e ao mesmo tempo de vigilância e clausura.

> *Aí eu digo assim: uma coisa ajuda a outra, porque o progresso é fruto de muita coisa. E eu digo "Olha, de repente não temos um fluxo maior de pessoas devido à infraestrutura, faltar infraestrutura". "Ah, mas eu quero ficar um dia no Bonfim, eu quero ir um dia no Bonfim, me falaram que é tão gostoso na época do verão": às vezes o povo também sente isso. "Mas eu vou para lá ficar onde?" [...] Então, por exemplo, quem gosta um pouquinho mais de aventura, pode vir para o contemplar o religioso e ao mesmo tempo para o lazer, mas faltando infraestrutura, e que a pessoa quer um pouquinho de conforto também. Tem pessoas que falam: "Não, não quero conforto. Conforto eu tenho na minha casa". [...] Porque, no período de festa, não adianta ter pousada ou não ter pousada. E muita gente vem e fica comigo. A pessoa vem com amigo meu, já se torna amigo e já no outro mês volta, sendo meu amigo. Entende? E eu digo: "Pode vir, porque tem minha casa, tem outra casa ali, minha casa tem muito quarto, tem outra casa ali, se precisar, tem essa casa de acolhimento aqui". E eu falo para eles "Tragam as coisas pessoais, por exemplo, lençol, toalhas, essas coisas, e, se vocês vão querer assar carne, vocês tragam a carne de vocês".[705]*

---

[704] SILVA, 2020.

[705] *Ibidem.*

Sabe-se que, para o crescimento do turismo religioso, deve-se observar a questão da oferta e da procura. Na Romaria, tem-se a procura, mas, quando se trata da oferta, ela é bloqueada pela própria Igreja.

> Em destinos onde agências de fomento ou empresários promovem iniciativas de turismo religioso, é necessário garantir que os templos estejam dispostos e preparados para se tornarem parte do produto turístico do destino e, portanto, é necessário identificar a capacidade de crescer e investir no visitante. Por outro lado, nas regiões onde os líderes da igreja estão promovendo iniciativas de turismo religioso, o setor de turismo e o setor público têm a responsabilidade de ajudar nesses esforços. Mas para determinar a viabilidade desse investimento, você precisa de informações de qualidade sobre templos ou locais religiosos e suas atividades relacionadas ao turismo. Em ambos os casos, os programas e atividades estratégicas realizados devem incorporar assistência às necessidades das autoridades da igreja no desenvolvimento e marketing de produtos.[706]

Com base nas análises dos dados apresentados e nas entrevistas com atores sociais do município ou que interagem com Natividade segundo suas atividades, a pergunta que fica suspensa é: o turismo religioso em Natividade é possível?

> *Hoje, claro que o potencial existe e é gigantesco, e sim, podemos fazer isso, mas nós precisamos de mais investimentos, precisamos de mais hotéis, mais banheiros, precisamos de estrutura e capacitação para as pessoas. Porque, fomentando a demanda, os restaurantes não vão dar conta, quando você trabalha com o turista, não pode ser de qualquer forma, ainda mais agora depois da pandemia, o padrão de higiene, de qualidade, ele aumentou muito. Então, não tem condições de você gerar uma demanda, se você não tem como receber. [...] Daí um turismo religioso, que vem caravana, é complicado, a gente precisa de estrutura, a gente precisa de suporte, do estado, da prefeitura, de convênios, para poder fazer acontecer. É lógico que Trindade não começou daquele jeito, mas na hora que eles decidiram mudar, porque estava indo muita gente, foi melhorando. Só que Natividade já tem uma tradição, já fica cheia por si só, para poder aumentar a demanda, tem que melhorar a infraestrutura. Porque senão a pessoa vem uma vez*

---

[706] MILLÁN; PÉREZ; MARTÍNEZ, 2016, p. 94, tradução nossa.

> *e diz "Nunca mais eu volto". E, ao invés de promover o destino, vai é queimar o destino.*[707]

A identificação desses agenciamentos em torno de um projeto de turismo, neste caso o religioso, para a cidade de Natividade é fundamental para entender os processos que estão ocorrendo no município, em que os agenciamentos acontecem sim, sejam eles individuais, sejam em grupos ou por associações. Considerando esse entendimento por parte dos atores sociais endógenos e exógenos de que projeto de cidade será estabelecido para Natividade é que haverá possibilidade de se pensar em turismo religioso.

A noção de agenciamento aqui, conforme descrito por Yúdice[708], trata de identificar os atores que fazem recursos identitários recuperados de uma "reserva disponível" nas trajetórias comuns de suas formações culturais específicas, em diálogo com os modelos culturais predominantes na sociedade globalizada. Essa predominância se expressa na configuração de um campo de forças performáticas para condicionar a ação dos atores que às vezes imprimem uma dinâmica de agenciamentos operantes nos intervalos desses modelos.

Logo, os atores estão organizados sob uma lógica de compromissos identitários, que são os compromissos que eles assumem consigo mesmos e com a comunidade em si. Percebeu-se durante a construção desta obra, ao longo de quase quatro anos, que há um projeto em andamento voltado para o turismo cultural e de experiência, exclusivamente. Quando se pensou no turismo religioso, houve um bloqueio por parte da Igreja Católica, isso mais especificamente na Romaria do Senhor do Bonfim, em não querer "naquele momento" (leia-se 2014) o auxílio dos demais atores na organização da Romaria. Tanto que, quando questionados os atores que atuavam à frente dos projetos analisados sobre a Romaria, a resposta foi uníssona: não havia proximidade.

Por mais que alguns atores sociais, como ASCCUNA, ACINAT, ASSEGTUR, SEBRAE, empresários específicos, se mobilizem para fazer com que a cidade evolua, sem um projeto de cidade, sem políticas públicas, não há como dar o próximo passo.

Com relação às hipóteses, pode-se dizer que foram confirmadas e que sim, para que Natividade seja reconhecida como destino turístico religioso,

---

[707] CASTRO, 2020.
[708] YÚDICE, 2004.

necessita-se que exista o compromisso de todos os atores envolvidos nesse processo, sendo eles: comunidade, poder público e classe empresarial.

A segunda hipótese trabalhada e também confirmada é de que, não havendo elementos locais para impulsionar o desenvolvimento local, a inserção de Natividade em um circuito já estabelecido seria um elemento impulsionador, como é o caso do projeto de incentivo turístico para a região das Serras Gerais, porém com viés religioso e cultural.

E, por fim, a última hipótese confirmada é de que a identidade religiosa atribuída à Natividade demarca um conjunto de práticas e manifestações que podem orientar um modelo de desenvolvimento local, no qual as festas adquirem centralidade.

Identificar-se enquanto cidade turística e que possui um projeto para si é um dos desafios de Natividade, uma vez que a potencialidade das festas é algo notório, porém falta organizar a infraestrutura da cidade, como na comunidade do Bonfim, e faltam ainda políticas públicas efetivas e um projeto de cidade (que cidade queremos?). Falta principalmente vontade de toda a comunidade, pois ter só uns ou outros (ou os mesmos) à frente dos projetos não motiva a outra parcela de pessoas que poderiam "vestir a camisa" do turismo religioso.

Apesar de perceber que algumas pessoas se sentem donas dos projetos, em que há uma personificação com o "eu fiz", em sua maioria, as mesmas pessoas são as que puxam esses projetos, às vezes mais à frente, em outros momentos mais afastados, mas sempre dentro dos projetos, como é o caso da ASCCUNA, que está desde 1992 à frente dos projetos culturais da cidade, independentemente do poder público.

O SEBRAE tem incentivado as pessoas do local a mudarem a mentalidade com relação ao turismo religioso, o qual não precisaria ser um ganho só sazonal, e sim perene, porém tem sido um trabalho de "formiguinha".

Com a criação da ASSEGTUR, percebe-se um ânimo maior dos envolvidos com o turismo de uma forma geral, pois caracteriza "alguém para ajudar a cobrar". E, analisando os dados de 2014, não se alterou o cenário da Romaria do Senhor do Bonfim, por exemplo, em que as mesmas faltas e deficiências permanecem.

Alguns pesquisadores defendem que a Romaria é daquela forma e não têm por que mudar. Mas não haverá mudança econômica na vida da comunidade, se não houver mudança de comportamento em sociedade. Em Natividade, enquanto a comunidade não internalizar que o turismo pode ser uma alternativa para a melhoria de vida, não há muito que ser feito. E é aqui que as políticas públicas deveriam atuar, incentivando, promovendo e chamando os indivíduos para participarem de um projeto de cidade. Que projeto de cidade tem Natividade? Que tipo de cidade Natividade quer ser?

Assente nesse compromisso, essa rede de atores e com o protagonismo das cidades, tendo o local como do ponto de partida para o desenvolvimento das sociedades[709], é que Natividade poderá ter essa "virada de chave".

Segundo Barreto[710], "o turismo não tem um tronco principal para se virar e se expandir. É um entrelaçamento em que circulam múltiplos atores, que se relacionam em diversos graus de dependência". Alguns pontos no decorrer das entrevistas, da pesquisa de campo e da aplicação dos questionários chamaram atenção, e acredita-se que devem ser reformulados, como é o caso da Lei do *Voucher* Único de Natividade, que limita passeios a guias locais e acaba por inibir a vinda de outras agências para fazerem turismo. Outra questão é que na cidade não há empresas dispostas a se dedicar ao turismo, e apenas duas empresas fazem o serviço: uma delas não tem atenção em tempo integral, subdividindo-se em outras atividades.

Não se percebeu que a prefeitura apoia quem quer se inserir no ramo do turismo, porque não havia nenhuma capacitação. E ainda não se percebeu o interesse de novas pessoas na gestão do turismo em Natividade. Logo, os prestadores de serviço não se sentem preparados para receber os turistas, pois a maioria não tem capacitação adequada na área.

Outro ponto: os hotéis são poucos e chegam a extrapolar no valor das diárias quando é o período das festas religiosas. Por exemplo, no Hotel Serra Geral, o valor normal para uma pessoa é R$ 125; mas, nos dias 14 e 15 de agosto (Dia do Senhor do Bonfim), a diária só é aceita se for dupla, com valor de quarto variando de R$ 320 a R$ 360; caso a pessoa vá sozinha, paga o valor do quarto. O mesmo valor é praticado pelo Hotel July, que possui infraestrutura extremamente inferior, se comparado ao Hotel Serra Geral.

A maior parte dos hotéis e pousadas não está com contato atualizado na internet e no buscador Google. Museus, lojas de artesanatos e bibliotecas da cidade ficam fechados nos feriados e fins de semana.

Em tempos pós-pandêmico, já se pode pensar que as relações sociais não serão mais as mesmas, ou poderão se acentuar. A presença do outro, do abraço, da comunhão, do dar as mãos para rezar, são esses momentos que não se sabe se teremos no breve futuro. E, à medida que acontecer a flexibilização da política de isolamento e volta gradual de cultos presenciais,

---

[709] SANCHIS, 2005.
[710] BARRETO, 2007, p. 11.

será necessário ter cuidado com a reaproximação social. Todo o conhecimento adquirido forçadamente por causa da pandemia obrigou a gestão do Santuário da Romaria do Senhor do Bonfim, por exemplo, a instalar internet para poder transmitir e arrecadar fundos.

Oliveira explica que

> [...] os conhecimentos e a expertise adquirida com o uso dos meios virtuais/online nesse período não podem ser desprezados quando a pandemia passar. Afinal de contas, o século XXI é digital e habitado por inúmeros indivíduos, portanto, esse espaço e meios digitais devem ser assumidos pela pastoral da igreja como forma de cuidado às pessoas nesses tempos da informação e comunicação. Uma rica oportunidade para a integração crítica, reflexiva e eficiente das novas tecnologias digitais à práxis pastoral da igreja, como forma de cooperar na missão de Deus.[711]

Esse projeto das Serras Gerais permitiu que se fizesse a leitura das tensões e das intrigas, pois não se trata de um ator isolado ou de só um setor da comunidade; as intrigas são mediadas por projetos. Houve quem entrou no projeto capitaneado pelo SEBRAE e houve quem esperou algo maior, vindo do poder público. Por enquanto, quem ingressou com o Sebrae continua atendendo e se reinventando em tempos de pandemia.

Documentos oficiais como o PDITS são importantes, porque eles balizam os investimentos locais, até mesmo a participação do poder público e as políticas públicas. E, avaliando o que o governo do estado tinha em mente para a região das Serras Gerais, há uma surpresa, pois o maior evento religioso do Tocantins nem sequer é mencionado no plano; quando é, aparece apenas o termo "Missa do Romeiro" como sendo parte da Festa do Divino Espírito Santo. Algo totalmente fora do contexto da história do lugar; e quem redigiu o PDITS não conhece ou nunca conheceu a região nem as festas com suas peculiaridades e ritos.

Diante do exposto e estabelecido em um documento oficial que será o guia das políticas públicas para a região, questiona-se: a quem interessa investir apenas no ecoturismo nas Serras Gerais? E indo além: a quem interessa **não** investir no turismo religioso?

---

[711] OLIVEIRA, Marcio Divino de. Cuidado pastoral da Igreja em tempos de pandemia: covid-19. *Revista Caminhando*, v. 25, n. 1, p. 257-276, jan./abr. 2020. p. 263.

Analisou-se também a identidade em torno dos projetos, neste caso, à luz de Stuart Hall[712] e Guy Bajoit[713], com recorte específico, explicitado nos capítulos anteriores.

Em Hall[714], entende-se que mudanças estão acontecendo nas festas e no turismo, em torno de um conjunto de práticas, e certas práticas têm uma finalidade em si e outras práticas são uma mediação para atingir finalidades, são as práticas-meio. Esse conjunto de práticas faz com que o modo de vida de Natividade se torne um atrativo turístico mediando pela dança da suça, pelo modo de fazer o biscoito, de jogar capoeira, de se sentar na praça e observar o tempo passar.

Já com Bajoit[715] se conseguiu entender a identidade em torno dos projetos conforme se foi mapeando as práticas dos indivíduos, identificando quem era quem, que tipo de compromissos eles tinham com aquele projeto coletivo. E a maior parte dos indivíduos envolvidos com esse projeto de turismo para a cidade tem recursos, pois são empresários ou buscam editais de fomento para fazer com que os projetos sejam executados. Com isso, esse campo de possibilidades é aberto, e ele não se torna algo problemático, porque existe essa possibilidade de os recursos resultarem em ações efetivas.

Essa ausência de políticas públicas, reclamada pelos entrevistados, não é total, por mais que esses questionamentos sempre apareçam, e, quando aparecem, é porque querem falar de alguma ausência específica. Querendo ou não, o poder público tem feito algo, como limpeza, ajuda no fornecimento de água, pagamento de contas de energia e fornecimento de espaços, que também são formas de contribuir. Percebe-se que a demanda efetiva da comunidade e levantada pelos atores sociais é a participação do poder público nos projetos da cidade, e principalmente políticas de incentivo e um plano com o projeto de cidade, ou seja (reforçando aqui), que tipo de cidade Natividade pretende se tornar nos próximos anos.

E, valendo-se dessa participação, o próprio indivíduo avalia: até que ponto o seu modo de vida deve ser mantido do jeito que está, de forma rígida? Ou: até que ponto o seu modo de vida pode ser alterado? O modo de vida pode sofrer alterações em função de melhorias, de expectativas que as pessoas têm, por exemplo, melhoria de vida, qualidade de vida e melhoria coletiva do lugar.

---

[712] HALL, 1997.
[713] BAJOIT, 2006.
[714] HALL, 1997.
[715] BAJOIT, 2006.

Sendo assim, quando se fala de um modo de vida periférico, que é herdeiro de um modo de vida rural, de onde veio a maioria das famílias que se instalaram ali na região, há o desejo de modernização. Logo, quando a modernização chega, as pessoas não têm um modo de vida, um *habitus*, habilitado para essa mudança e daí se criam as tensões. Por exemplo, com a proposta da fixação das Festas do Divino Espírito Santo em um só espaço, no centro histórico, área próxima ao antigo cemitério.

E tanto a Igreja em Natividade quanto a ASSCUNA e a comunidade querem melhorar a infraestrutura, promover mais espaço e deixar a festividade mais próxima das pessoas. Com o projeto de se criar um Galpão do Divino ou Casa do Divino, haverá uma padronização na festa, com uma estrutura mínima com que o festeiro poderá contar. Sem contar que a competição de qual festeiro promoveu a melhor festa tenderá a diminuir. O Galpão é uma potencialidade para impulsionar a Festa do Divino Espírito Santo, uma vez que se configura como um processo de organização e modernização, vindo até ser local de visitação.

Sabe-se que os locais da festa dependem da relação do festeiro com seus vínculos comunitários. E a construção de um local para realização da festa denota uma lógica de controle sobre ela, sem contar que a estrutura é impessoal e traz mudança. Quais seriam os benefícios?

Quando as pessoas começam a mudar sua ideia do que é segurança, mudar a ideia do que é diversão, mudar a ideia do que é rua e até mesmo do que é a festa, tudo isso muda em função das pessoas, como veem aquele modo de vida. A comunidade quer melhorias, mas, em muitas respostas dos questionários e na fala do reitor do Santuário do Senhor do Bonfim, percebe-se um receio dessa mudança. Porém, nas falas dos representantes de associações e atores-chave da cidade, a vontade para que a cidade "vire a chave" é grande.

E o próprio posicionamento e forma de abertura para o novo faz com que se perceba essa relutância pelo novo. Por exemplo, quando se chega a Natividade na época da Festa do Divino Espírito Santo, ou em qualquer outra época, a sensação é de acolhimento e compartilhamento. Já na Romaria do Senhor do Bonfim, a sensação é contrária: desconfiança e palavras previamente escolhidas, tanto que, nas pesquisas de campo, em tempos de Romaria, o acolhimento na comunidade do Bonfim veio das pessoas que atuavam na Festa do Divino. Uma das possibilidades desse desconforto foi a convivência de curto prazo desta pesquisadora com as pessoas que geriam o local, até porque a pandemia influenciou bastante esse processo de aproximação, devido às restrições sanitárias e ao distanciamento social.

A pandemia impôs esse processo do moderno, do urbano e do contemporâneo em Natividade, principalmente com relação às festas religiosas, que foi ganhando os meios de comunicação, adaptando-se para chegar aonde não chegava antes; e assim se foi criando o campo de forças performativas[716]. Até mesmo antes, com o roteiro Vida de Natividade, quando o modo de vida da comunidade se tornou uma performance. O que antes era visto como algo corriqueiro e sazonal (como é o caso da suça, que só era dançada nas festas religiosas) agora é constante. E essas mudanças estão entrando em Natividade de forma contínua, porém, com a pandemia e a vacinação em massa, a comunidade acredita na explosão do destino turístico, assim como toda a região das Serras Gerais.

Analisando a Natividade anos atrás, como em 2005, quando chegava a hora do almoço, todo o comércio fechava e não se encontrava muitos lugares abertos para fazer refeição entre 12h e 14h. Hoje, muita coisa mudou. As mudanças foram começando com a chegada dos projetos, principalmente com o Programa Monumenta, do governo federal, por meio do IPHAN, com o SEBRAE e o projeto de turismo nas Serras Gerais, e agora com o fortalecimento das associações e retomada dos trabalhos, como é o caso da ACINAT, além da criação de uma associação, como aconteceu com a ASSE-GTUR, voltada exclusivamente para a governança em torno do turismo na região das Serras Gerais. A presença da mídia, de produtoras de TV, artistas nacionais, programas especiais de TV também fez com que Natividade fosse vista e despertasse a vontade de ser conhecida e reconhecida.

Essa mudança chegou, mas a maior parte da comunidade não estava preparada para tal, alguns conseguiram acompanhar a "onda", mas a maior parte não. Aliás, o poder público municipal foi um dos que não acompanharam o momento que a cidade viveu com toda a divulgação que obteve. As pessoas não tiveram tempo de entender quem era esse sujeito de fora, o papel dele ali enquanto turista, enquanto fonte de renda. Não houve esse momento.

Yúdice[717] já afirmou que a cultura é hoje vista como algo em que se deve investir e que está distribuída nas mais diversas formas. A atratividade do lugar vem fazendo com que os próprios comerciantes mudem por conta própria seus estabelecimentos, de forma que fiquem mais atrativos e se integrem à paisagem local, neste caso, por ser uma cidade tombada como

---

[716] YÚDICE, 2004.

[717] *Ibidem.*

patrimônio arquitetônico. Em Natividade, temos como exemplo: a sede do Biscoito Amor-Perfeito, uma sorveteria e dois restaurantes (Casarão e Bistrô) no centro histórico da cidade.

Sabe-se que o modelo que vem sendo estabelecido em Natividade é ecoturismo; se analisarmos a situação a partir da implantação do Programa de Desenvolvimento Regional, Integrado e Sustentável, tem-se uma mera "cópia" do modelo que se trabalha na região do Jalapão, uma vez que o discurso é de que

> Consumidores que vivem em centros urbanos buscam o inusitado, o selvagem e a aventura na natureza, e este imaginário – em que o "amor à natureza" é enaltecido –, abre a possibilidade de comodificar lugares e paisagens longe das cidades. Prudham (2009) menciona como as representações simbólicas do "retorno do ser humano à natureza" são enfatizadas na venda do turismo de aventura. [...] o objetivo é criar objetos de desejo, proporcionando o surgimento de um novo nicho de mercado para a venda de pacotes de ecoturismo.[718]

Barbosa[719] explica que só recursos naturais não são suficientes para garantir a atratividade do local, pois é necessário haver toda uma cadeia de serviços e mais opções de atrativos. E, em Natividade, com os projetos orbitando em torno do turismo cultural, de experiência e potencialmente o religioso, pode ser que haja uma permanência desse turista no local por mais dias, por exemplo.

> O desenvolvimento sustentado dos destinos religiosos depende, em última instância, da vontade dos empresários e das autoridades envolvidas, tanto seculares quanto religiosas, de avaliar constantemente o desenvolvimento do turismo e mudar suas políticas quando necessário.[720]

Portanto, dentro do campo do turismo, o que se tem planejado para Natividade, considerando o PDITS das Serras Gerais, é que se tem a regulação da atividade, mapeamento dos atrativos, até mesmo voltados para o turismo cultural e de experiência na cidade, bem como a organização do *trade* turístico. No que tange às festas religiosas da cidade, neste caso a Festa Divino Espírito Santo e a Romaria do Senhor do Bonfim, há uma tradição

---

[718] BECK; CUNHA, 2017, p. 141.

[719] BARBOSA, 2005, p. 109.

[720] MILLÁN; PÉREZ; MARTÍNEZ, 2016, p. 94, tradução nossa.

estabelecida por meio do *habitus*[721], em sua essência no campo religioso e culturalmente estabelecida dentro dos compromissos indentitários da comunidade[722], que promove ou se beneficia das festas.

Orbitando entre o turismo e as festas, temos os atores sociais, neste caso sendo representados pelas associações, pelo governo, pelas entidades paraestatais, pela Igreja, pelos indivíduos em ações isoladas, por grupos sociais e políticos que agenciam esse movimento em torno do que poderia vir a ser o turismo religioso em Natividade.

A maioria das pessoas ainda não percebeu a abrangência da festa, sua influência e seu impacto econômico no município e na renda de quem se desloca até os locais das festividades. Só porque o turismo é sazonal, nem por isso deixa de ter potencial, pois tem que ser entendido como outro turismo, por exemplo, um turismo de experiência, que até já existe na cidade, mas com conceito de viver a vida nativitana. Tomando como exemplo, mais uma vez, as cidades pequenas e litorâneas que recebem grande fluxo de turistas em um determinado tempo e passam o resto do ano desertas ou com fluxo reduzido de turistas, como também a exemplo de Pirenópolis, com a Festa do Divino e seus atrativos culturais e naturais, além do Santuário Divino Pai Eterno, ambos em Goiás, guardadas as devidas proporções e os recursos.

> Afirmar que grupos socialmente dominantes não sejam motivados à mudança econômica, mas se oponham a ela, para garantir sua posição, é um verdadeiro truísmo histórico. A única exceção é que eles poderão adotá-la se ela oferecer proteção contra pressões externas ou revoltas internas. Além disso, mudanças tecnológicas de vulto encontrarão forte resistência na sociedade tradicional, não só de grupos dominantes, mas de indivíduos de qualquer camada, já que envolve transformação social mais profunda.[723]

Exemplo recente dessa mudança tecnológica e provavelmente social foram as festas religiosas de Natividade sendo transmitidas on-line, principalmente nas redes sociais, algo que não aconteceria nos idos de 2006 (período em que se iniciou a relação desta pesquisadora com a comunidade de Natividade), quando apenas uma operadora de telefone estava disponível na cidade e poucos moradores detinham um aparelho celular.

---

[721] BOURDIEU, 2009.

[722] BAJOIT, 2006.

[723] HAGEN, 1974, p. 30.

Contudo, teve-se que viver uma pandemia e a obrigatoriedade do distanciamento social para que os atores se organizassem em oferecer os ritos sagrados das festas, além da Missa on-line, algo que já estava estabelecido, e existia a possibilidade de realização, mas que não era "necessário" ou não era do costume do lugar.

Ainda sobre mudanças e a cultura como fator de desenvolvimento, a relação das pessoas do lugar com a tecnologia era de registrar os momentos, por fotos ou vídeos, um autotombamento/autopatrimonialização das festas. Além da cobertura da imprensa (impressa e televisiva) na Festa do Divino Espírito Santo e na Romaria do Senhor do Bonfim, por exemplo, com deslocamento de equipes da capital até Natividade para fazer a cobertura desses grandes eventos em seus telejornais, sites e jornais.

A partir de 2020, com a pandemia, qualquer pessoa no mundo pôde acompanhar as festas de Natividade. E essa é uma grande mudança dentro da organização dos atores envolvidos com a festa, em que a Igreja se viu "obrigada" a aprender a usar tecnologia para se aproximar dos seus fiéis.

> A longa sequência de mudanças sociais radicais de que se compõe a transição certamente ocorrerá, não simplesmente pela ação de indivíduos desviantes, mas, somente, quando algum grupo de peso, no interior da sociedade, empenhar-se naquele alvo. Um contexto social nunca está perfeitamente integrado, no sentido de que as motivações e valores mantidos por todos os seus segmentos sejam consistentes e o papel de cada grupo satisfaça às suas próprias necessidades emocionais.[724]

Não obstante, para que o turismo religioso possa ser implantado em Natividade, não só ele, como garantir o sucesso do projeto que envolve o turismo cultural e o de experiência, alguns pontos precisam ser observados pelos atores sociais envolvidos, pelo poder público local e pela comunidade.

Antes de qualquer ação de marketing que divulgue a região das Serras Gerais, Natividade ou a Romaria do Bonfim, independentemente do nicho, é urgente: organização das informações sobre a cidade; manutenção e fortalecimento do Conselho Municipal de Turismo; a construção do inventário turístico (que é basilar para a definição de políticas públicas e direcionamento de investimentos estratégicos); sinalização turística (principalmente nas rodovias de acesso ao município e à comunidade do Bonfim); melhorias com relação à disponibilização de banheiros (principalmente

---

[724] *Ibidem*, p. 31.

nas festas religiosas); serviços de alimentação e hospedagem, segurança, apoio médico, entre outros, nas festas religiosas pesquisadas; construção e implantação do Centro de Atendimento ao Turista, com profissional com formação adequada para receber os turistas; melhora nos sistemas de saneamento; oferta diversificada de serviços bancários; melhora no acesso à internet e na telefonia móvel, além da melhoria da formação dos agentes turísticos por meio da oferta de cursos técnicos e superiores em Natividade, uma vez que a cidade só possui cursos voltados para o agronegócio. E, por fim, os agentes, públicos e privados, precisam entender, compreender e absorver que o turismo é vetor para o desenvolvimento local e regional. Se houver divulgação de Natividade sem estruturação adequada, a cidade não comportará o fluxo de visitantes; e, em vez de promover o destino, os turistas não retornam e ainda saem "falando mal" do destino.

6

CONSIDERAÇÕES

Esta obra teve como objetivo compreender e identificar como o turismo religioso está sendo implantado em Natividade (ou será implantado), configurando-se em mais uma alternativa de renda e emprego para a comunidade e promovendo o desenvolvimento local. Com isso, abordou-se como os atores sociais estão envolvidos nos projetos para tal e que tipo de projeto seria esse: ecoturismo, turismo cultural ou turismo religioso?

"Quando amamos um lugar temos de lutar a todo custo para que não se degrade e nos faça crescer com ele"[725]. Com isso, e finalizando esta pesquisa, não se desejou aqui entregar um modelo de desenvolvimento local, uma "receita pronta", uma vez que se defende que o desenvolvimento deve partir da comunidade, da iniciativa e do comprometimento dos atores do local para encontrarem o caminho ideal na promoção do turismo religioso, não deixando de lado o apoio e a efetiva participação dos agentes exógenos na construção desse modelo.

Natividade está no caminho certo, basta a rede de atores endógenos e exógenos continuar se mobilizando, cobrando ações de quem se deve cobrar e definir que projeto de cidade a comunidade quer para si, e não a que o governo do Tocantins quer.

Supõe-se que a identidade religiosa atribuída à cidade de Natividade demarca um conjunto de práticas e manifestações que podem orientar um modelo de desenvolvimento local, no qual as festas religiosas adquirem centralidade. E essa afirmativa se torna factível, uma vez que foi com o apoio dos agentes exógenos que se iniciou um processo de organização do *trade* turístico na cidade, mesmo que voltado para o turismo de experiência e o turismo cultural.

Com isso, este trabalho apresentou ainda sobre os agenciamentos em torno das festas religiosas de Natividade, em que não se tratou de sujeitos ou instituições, mas sim de reconhecimento dos projetos e dos atores que

---

[725] YÁZIGI, 2001, p. 24.

estão envolvidos nesses projetos. É necessário reforçar que neste trabalho o turismo religioso foi considerado, em sentido amplo, como aquele motivado parcial ou exclusivamente por motivos religiosos.

Ademais, percebeu-se, no decorrer do trabalho, que existem variações da maneira como se relacionam a cultura e o desenvolvimento, que podem deslocar o campo das tradições e dos circuitos existentes nas festas, e que a tradição presente nelas se renova e se fortalece conforme os circuitos locais estabelecidos. Sendo assim, a exemplo da Festa do Divino Espírito Santo, quando há a proposta de construção de um local para "otimizar" o espaço de realização dos rituais da festa e a consequente recepção dos foliões e festeiros, tem-se uma mudança tendendo para a padronização e uma centralização das festividades. Mas até que ponto essa centralização seria benéfica para a festa em si? Se há uma centralização das festividades da Festa do Divino Espírito Santo, perde-se o contexto da festividade, que é preservar os diferentes ambientes, modos de fazer (cada ano é uma família que organiza a festa), sem contar com as trocas de experiência e vivência cultural.

Existe ainda uma lógica de organização dos atores da comunidade de Natividade, de modo que os agenciamentos em torno dessas festas religiosas **não** pretendem afirmar a cidade como um destino para o turismo religioso dentro do Tocantins, mas sim se autoafirmarem, ou seja, uma autopromoção em ações isolada de atores X, Y ou Z como agrupados por afinidades familiares.

Logo, ainda não há uma consciência comunitária de que o turismo religioso possa ser atrativo, mas sim há uma consciência individualizada; e falta, portanto, criar e colocar em prática a rede de atores com projetos e ações. Assim, percebe-se que há uma gama de interesses difusos e sazonais, além de disputas por "exclusividade" em determinadas atividades dentro do município. Sem contar a total dependência de outro ator social, no caso a ASCCUNA, para dar prosseguimento aos projetos que mantêm Natividade como uma cidade de arquitetura patrimonializada, com festas religiosas que atraem grande público (independentemente da religião), porém ainda são direcionadas a um público muito específico e local.

O turismo religioso pode ser visto como algo com grande potencial para a região, uma vez que há demanda, apesar de se expressar de maneira diferente nas duas festas estudadas: a Festa do Divino Espírito Santo e a Romaria do Senhor do Bonfim. Na Festa do Divino, as pessoas que visitam a festividade participam desses momentos com a comunidade e se deslocam até o município e até mesmo nos pousos das folias, que geralmente ocorrem na zona rural de Natividade. A comunidade recebe com hospitalidade as pessoas que visitam a cidade na época da festa, que, além de ir à Missa e aos rituais solenes, visitam outros lugares da cidade, como a fábrica de Biscoito Amor-Perfeito, loja de artesanato, restaurantes locais, igrejas patrimonializadas e atrativos naturais e místicos.

Considerando as análises discorridas durante o trabalho, o turismo religioso promovido pela Festa do Divino Espírito Santo tem mais potencial por ser a festa com maior agenciamento da comunidade de Natividade, com a participação de atores endógenos à frente de todo o processo. Já na Romaria do Senhor do Bonfim, esse fluxo **na** participação da comunidade, na organização da Romaria, é infinitamente menor, pelo fato, entre outros, de a reitoria do santuário ter fechado essa organização para a Diocese de Porto Nacional; porém a festa é regional, recebe pessoas de diversas regiões do estado do Tocantins, com predominância maior das regiões central e sudeste. E, principalmente, recebe grande parte da população de Natividade, não só pela parte religiosa como pela profana.

Dentro dessa perspectiva do turismo religioso para Natividade, abre-se o questionamento: a Romaria do Senhor do Bonfim tem a necessidade de integrar os projetos de turismo religioso em Natividade? Ela é sazonal (transforma-se em outra cidade, outro lugar, outro território), e suas atividades irradiam do Bonfim para Natividade. As atividades funcionam de maneira sazonal, amplia-se o campo de influência dos comerciantes de Natividade na festa do Bonfim, com a instituição de "filiais" dos comércios da cidade no ambiente da Romaria. Há esse circuito/movimento dentro da Romaria, como há um circuito fora, em que esses atores se movimentam. Logo, a Romaria é regional, não é só local, vai além de Natividade, por isso ela tem potencial de se expandir.

Mas a Romaria não entrou no projeto das Serras Gerais, por empecilho da própria Igreja, leia-se da gestão da reitoria do santuário, e o motivo não se conseguiu identificar nesta pesquisa. Alguns dizem que foi pelo dinheiro, que é arrecadado e não fica no santuário, mas vai para a Diocese de Porto Nacional; outros, que esperam pelos políticos fazerem ou doarem alguma benfeitoria, ou mesmo que não sobra dinheiro para melhorar a infraestrutura, por isso a campanha de arrecadação de donativos. A sensação que se tem é que a Igreja não quer que a Romaria cresça ou melhore, pois, pelo país, as romarias e os santuários estão se adaptando à modernização, e em Natividade não há essa preocupação. Não é só o romeiro "raiz" que vai até o santuário e se nivela por baixo, quando o assunto é infraestrutura e recepção dos visitantes.

É provável que as festas religiosas passem por mudanças, principalmente após essa pandemia. E, assim como a Festa do Divino Espírito Santo e a Romaria do Senhor do Bonfim, estão vivenciando uma trajetória convergente e complementar de outras festividades; outros modelos devocionais estão surgindo, que também passam por transformações que impactam o contexto da comunidade, e essas transformações estão chegando pelas agências de turismo, pela modernização, pelos meios de comunicação e pelas demandas das políticas públicas.

Por fim, e retomando Hagen[726], que expõe de forma simples e direta que "mudança econômica implica mudança social", a comunidade deve se questionar: até que ponto nosso modo de vida deve ser mantido do jeito que está, de forma rígida, ou até que ponto nosso modo de vida pode ser alterado? Ele pode sofrer alterações em função de melhorias, de expectativas de melhoria de vida, de aumento da qualidade de vida com o aumento da renda e de melhoria coletiva do lugar?

Desse modo, e tendo em vista esses movimentos e iniciativas em busca de modernização e adequação sociais, é preciso pensar o turismo religioso no pós-pandemia, sendo, assim, uma sugestão para estudos posteriores.

---

[726] HAGEN, 1974, p. 24.

REFERÊNCIAS

ABREU, Martha. *O império do Divino*: festas religiosas e cultura popular no Rio de Janeiro, 1830-1900. Rio de Janeiro; São Paulo: Nova Fronteira; FAPESP, 1999.

ABUMANSSUR, Edin Sued. Turismo religioso e identidade nacional. *Horizonte*: Revista de Estudos de Teologia e Ciências da Religião, Belo Horizonte, v. 16, n. 49, p. 88-106, 30 jan./abr. 2018.

AGÊNCIA DO DESENVOLVIMENTO DO TURISMO, CULTURA E ECONOMIA CRIATIVA DO ESTADO DO TOCANTINS (ADETUC). *Desenvolvimento do turismo*. Palmas: ADETUC, 2019. *Programa de Regionalização do Turismo* Disponível em: https://adetuc.to.gov.br/desenvolvimento-do-turismo. Acesso em: 19 out. 2019.

AGÊNCIA SEBRAE DE NOTÍCIAS DO TOCANTINS (ASN/TO). Programa Investe Turismo é lançado no Tocantins. *Agência SEBRAE*, Palmas, jun. 2019. Disponível em: http://www.to.agenciasebrae.com.br/sites/asn/uf/TO/programa-investe--turismo-e-lancado-no-tocantins,0afe522660a8b610VgnVCM1000004c00210aR-CRD. Acesso em: 3 jul. 2019.

AGIER, Michel. Distúrbios identitários em tempos de globalização. *Mana*, Rio de Janeiro, v. 7, n. 2, p. 7-33, out. 2001. Disponível em: http://www.scielo.br/scielo.php?script=sci_arttext&pid=S0104-93132001000200001&lng=en&nrm=iso. Acesso em: 10 fev. 2018.

ALBUQUERQUE, Verônica Tavares de. *Entrevista XI*. [Entrevista cedida a] Poliana Macedo de Sousa. Natividade, 30 mar. 2021. 1 mp3 (12 min).

ALVES, Maria Lúcia Bastos. Peregrinos e turistas: diferentes modos de ser e viver o mundo. *Estudos de Sociologia*, [s. l.], v. 1, n. 14, p. 75-93, mar. 2014. Disponível em: https://periodicos.ufpe.br/revistas/revsocio/article/view/235355. Acesso em: 23 set. 2019.

ARAÚJO, Simone Camelo de. *Entrevista XV*. [Entrevista cedida a] Poliana Macedo de Sousa. Natividade, 4 out. 2021. 1 mp3 (66 min).

ARRIGHI, Giovanni. *A ilusão do desenvolvimento*. Petrópolis: Vozes, 1997.

ASSESSORIA. Luana Ribeiro participa da Festa do Divino Espírito Santo em Natividade. *Assembleia Legislativa*, 2018. Disponível em: https://al.to.leg.br/noticia/gabinete/luana-ribeiro/7606/luana-ribeiro-participa-da-festa-do-divino-espíri-to-santo-em-natividade. Acesso em: 15 set. 2020.

BACELAR, Alessandra. *Entrevista XII*. [Entrevista cedida a] Poliana Macedo de Sousa, Palmas, 15 ago. 2020. 1 mensagem eletrônica.

BAJOIT, Guy. *Tudo muda*: proposta teórica e análise da mudança sociocultural nas sociedades ocidentais contemporâneas. Ijuí; Lisboa: Editora Unijuí; CEOS, 2006.

BARBOSA, Yêda (org.). *Festa do Divino Espírito Santo de Pirenópolis – Goiás*. Brasília: Iphan, 2017. (Dossiê IPHAN; 17). Disponível em: http://portal.iphan.gov. br/uploads/ckfinder/arquivos/Dossie_festa_divino_pirenopolis_2018_web.pdf. Acesso em: 4 out. 2018.

BARRETTO, Margarita. *Turismo y cultura*: relaciones, contradiciones y expectativas. El Sauzal (Tenerife, España): ACA; PASOS; RTPC, 2007.

BECK, Ceres Grehs; CUNHA, Luis Henrique Hermínio. As múltiplas faces da comodificação e a constituição da crítica acerca das práticas de consumo contemporâneas. *Ciências Sociais UNISINOS*, v. 53, n. 1, p. 136-147, jan./abr. 2017.

BELTRÃO, Luís. *Folkcomunicação*: a comunicação dos marginalizados. São Paulo: Cortez, 1980.

BERGER, Peter Ludwig. *O dossel sagrado*: elementos para uma teoria sociológica da religião. São Paulo: Paulinas, 1985. Originalmente publicada em 1969.

BIANCHI, Mônica Rodrigues Lima Malakowsky. *Entrevista II*. Destinatário: Poliana Macedo de Sousa. Palmas, 29 mar. 2021. 1 mensagem eletrônica.

BOLL, Armindo; OLIVEIRA, Marcelo Pires de. A pesquisa de campo em folkcomunicação: escolhas de métodos de coleta de dados. O caso da história oral na pesquisa com as figureiras de Taubaté. *In*: CONFERÊNCIA BRASILEIRA DE FOLKCOMUNICAÇÃO,8., 2005, Teresina. *Anais* [...]. Teresina: Universidade Metodista de São Paulo (UMESP)/ Centro de Ensino Unificado de Teresina (CEUT), 2005. Disponível em: http://encipecom.metodista.br/mediawiki/images/7/73/ GT1-007-Pesquisa_de_campo-_Armindo_e_Marcelo.pdf. Acesso em: 2 jul. 2010.

BONFIM, Wátila Misla Fernandes. *Os filigraneiros de Natividade, Tocantins*: patrimônio imaterial, identidade e turismo. 2019. Dissertação (Mestrado em Geografia) –Universidade Federal do Tocantins, Porto Nacional, 2019.

BONFIM, Wátila Misla Fernandes; ARAÚJO, Simone Camêlo; NASCIMENTO, Núbia Nogueira do (org.). *Natividade-TO*: patrimônio do Brasil. Goiânia: Editora Kelps, 2021.

BONFIM, Wátila Misla Fernandes; BALSAN, Rosane. As relações entre os artesãos filigraneiros de Natividade, Tocantins e o turismo. *Revista Ambivalências*, v. 7, n. 17, 2019. DOI 10.21665/2318-3888.v7n14p29-56.

BOTELHO, Nayara Lopes. *Corpo, comunicação e performance em Romana de Natividade*. 2019. Dissertação (Mestrado em Comunicação e Sociedade) – Universidade Federal do Tocantins, Palmas, 2019.

BOURDIEU, Pierre. *A economia das trocas simbólicas*. São Paulo: Perspectiva, 2009.

BOURDIEU, Pierre. *Os usos sociais da ciência*: por uma sociologia clínica do campo científico. São Paulo: UNESP, 2004.

BRANDÃO, Carlos Rodrigues. *Prece e folia*: festa e romaria. Aparecida: Ideias & Letras, 2010.

BRASIL. [Constituição (1988)]. *Constituição da República Federativa do Brasil de 1988*. Brasília: Senado Federal, 1988.

BRASIL. *Decreto Legislativo 485 de 21 de dezembro de 2006*. Aprova o texto da Convenção sobre a Proteção e Promoção da Diversidade das Expressões Culturais, celebrada em Paris, em 20 de outubro de 2005. Brasília: Câmara dos Deputados,2006a.

BRASIL. *Decreto Lei 9215 de 30 de abril de 1946*. Proíbe a prática ou a exploração de jogos de azar em todo o território nacional. Brasília: Câmara dos Deputados, 1946.

BRASIL. *Decreto-Lei 25 de 30 de novembro de 1937*. Organiza a proteção do patrimônio histórico e artístico nacional. Brasília: Presidência da República, 1937.

BRASIL. *Lei 1806 de 6 de janeiro de 1953*. Dispõe sôbre o Plano de Valorização Econômica da Amazônia, cria a Superintendência da sua execução e dá outras providências. Brasília: Presidência da República, 1953.

BRASIL. *Lei 6292 de 15 de dezembro de 1975*. Dispõe sobre o tombamento de bens no Instituto do Patrimônio Histórico e Artístico Nacional (IPHAN). Brasília: Presidência da República, 1975.

BRASIL. Ministério da Saúde. *Boletim Epidemiológico nº 16 - Boletim COE Coronavírus*. Disponível em: https://www.gov.br/saude/pt-br/centrais-de-conteudo/publicacoes/boletins/epidemiologicos/covid-19/2020/boletim-epidemiologico--covid-19-no-16.pdf/view. Aceso em: 2 jun. 2020.

BRASIL. Ministério do Turismo. *Festas do Divino movimentam o turismo religioso*. Brasília: MTur, 2015a. Disponível em: https://www.gov.br/turismo/pt-br/assuntos/ultimas--noticias/festas-do-divino-movimentam-o-turismo-religioso. Acesso em: 15 set. 2020.

BRASIL. Ministério do Turismo. *Mapa do turismo*: categorização. Brasília: MTur, 2019a. Disponível em: http://www.mapa.turismo.gov.br/mapa/init.html#/home. Acesso em: 18 mar. 2019.

BRASIL. Ministério do Turismo. *Municípios são agrupados em cinco categorias*. Brasília: MTur, 25 ago. 2015b. Disponível em: http://www.turismo.gov.br/ultimas--noticias/5405-munic%C3%ADpios-tur%C3%ADsticos-brasileiros-s%C3%A3o--agrupados-em-cinco-categorias.html. Acesso em: 15 maio 2018.

BRASIL. Ministério do Turismo. *Programa de Regionalização do Turismo*: categorização dos municípios das regiões turísticas do mapa do turismo brasileiro. Brasília: MTur, 2015c. Disponível em: http://www.turismo.gov.br/sem-categoria/5854-categoriza%C3%A7%C3%A3o-dos-munic%C3%ADpios-das-regi%C3%B5es-tur%-C3%ADsticas-do-mapa-do-turismo-brasileiro.html. Acesso em: 15 maio 2018.

BRASIL. Ministério do Turismo. *Segmentação do turismo*: marcos conceituais. Brasília: Ministério do Turismo, 2006b.

BRASIL. Ministério do Turismo. *Turismo religioso continua em alta no Brasil*. Brasília: MTur, 12 jan. 2015d. Disponível em: http://www.turismo.gov.br/ultimas-noticias/712-turismo-religioso-continua-em-alta-no-brasil.html. Acesso em: 15 maio 2018.

BRASILEIRO, Maria Dilma Simões. Desenvolvimento e turismo: para além do paradigma econômico. *In*: BRASILEIRO, Maria Dilma Simões; MEDINA, Júlio César Cabrera; CORIOLANO, Luiza Neide (org.). *Turismo, cultura e desenvolvimento*. Campina Grande: EdUEPB, 2012. p. 75-98

BRIZOLLA, Tânia (org.). *Segmentação do turismo*: marcos conceituais. Brasília: Ministério do Turismo, 2006. Disponível em: http://antigo.turismo.gov.br/sites/default/turismo/o_ministerio/publicacoes/downloads_publicacoes/Marcos_Conceituais.pdf. Acesso em: 26 mar. 2021.

BURITY, Joanildo. Cultura e desenvolvimento. *In*: NUSSBAUMER, Gisele Marchiori (org.). *Teorias e políticas da cultura*: visões multidisciplinares. Salvador: EdUFBA, 2007.

CALABRE, Lia. Políticas culturais no Brasil: balanço e perspectivas. *In*: RUBIM, Antonio Albino Canelas; BARBALHO, Alexandre. *Políticas culturais no Brasil*. Salvador: EdUFBA, 2007. (Coleção Cult).

CAMELO FILHO, Adalho dos Santos. *Entrevista XVIII*. [Entrevista cedida a] Poliana Macedo de Sousa. Natividade, 12 jun. 2020. 1 mp3 (6 min).

CANCLINI, Néstor García. *Culturas híbridas:* estratégias para entrar e sair da modernidade. 4. ed. São Paulo: Editora da Universidade de São Paulo, 2015.

CARLOS GAGUIM participa do encerramento da Folia do Divino em Natividade. *Conexão Tocantins*, 2010. Redação. Disponível em: https://conexaotocantins.com.br/2010/05/24/carlos-gaguim-participa-do-encerramento-da-folia-do-divino--em-natividade. Acesso em: 15 set. 2020.

CARVALHO, André Luiz Piva de; NÓBREGA, Zulmira Silva. Um caminho possível: cultura como fator de desenvolvimento no alinhamento do turismo à economia da cultura. *In*: BRASILEIRO, Maria Dilma Simões; MEDINA, Júlio César Cabrera; CORIOLANO, Luiza Neide (org.). *Turismo, cultura e desenvolvimento*. Campina Grande: EdUEPB, 2012.

CARVALHO, Dirani Ribeiro de Oliveira. *Entrevista VII*. Destinatário: Poliana Macedo de Sousa. Natividade, 17 jun. 2020. 1 mensagem eletrônica.

CARVALHO, José Rodrigues. *Território da religiosidade*: fé, mobilidade e símbolos na construção do espaço sagrado da Romaria do Senhor do Bonfim em Araguacema, Tocantins. 2014. Dissertação (Mestrado em Geografia) – Universidade Federal de Goiás, 2014.

CASTRO, Fernanda Tainã Alves de Lima. *Entrevista X*. [Entrevista cedida a] Poliana Macedo de Sousa. Dianópolis, 28 ago. 2020. 1 mp3 (51 min).

CAVALCANTE, Maria do Espírito Santo Rosa. *O discurso autonomista do Tocantins*. Goiânia: Ed. da UCG, 2003.

CERQUEIRA, Vitória Pinto de. *Entrevista XXII*. [Entrevista cedida a] Poliana Macedo de Sousa. Natividade, 10 abr. 2021. 1 mp3 (45 min).

COMAROFF, Jean; COMAROFF, John. *Etnicidad S.A.* Madrid: Katz Editores, 2011.

CONFEDERAÇÃO NACIONAL DO COMÉRCIO (CNC). *Breve história do turismo e da hotelaria*. Rio de Janeiro: Confederação Nacional do Comércio/Conselho de Turismo, 2005.

COSTA, Ademilson Ferreira. *Entrevista VI*. Destinatário: Poliana Macedo de Sousa. Natividade, 15 jun. 2020. 1 mensagem eletrônica.

COSTA, Carmem Lúcia. As festas e o processo de modernização do território goiano. *Raega*: O Espaço Geográfico em Análise, [*s. l.*], v. 16, dez. 2008. Disponível em: https://revistas.ufpr.br/raega/article/view/12679. Acesso em: 8 maio 2021.

COSTA, Carmem Lúcia. *Cultura, religiosidade e comércio na cidade*: a festa em louvor à Nossa Senhora do Rosário em Catalão – Goiás. 2010. Tese (Doutorado em Geografia) –Universidade de São Paulo, São Paulo, 2010.

COTA, Wesley. Mortes e casos de coronavírus nos municípios brasileiros. *G1 Tocantins*, São Paulo, 24 set. 2021. Disponível em: https://especiais.g1.globo.com/bemestar/coronavirus/2021/mapa-cidades-brasil-mortes-covid/to/natividade. Acesso em: 24 set. 2021.

CRESWELL, John W. *Projeto de pesquisa*: métodos qualitativo, quantitativo e misto. 2. ed. Porto Alegre: Artmed, 2007.

CUNHA, Magali. Diante da crise do coronavírus, o que as igrejas podem fazer? *Carta Capital*, 24 mar. 2020. Disponível em: https://www.cartacapital.com.br/blogs/dialogos-da-fe/diante-da-crise-do-coronavirus-o-que-as-igrejas-podem-fazer/. Acesso em: 11 jul. 2020.

CURSINO, Antônio Louça. *Entrevista XVII*. [Entrevista cedida a] Poliana Macedo de Sousa. Dianópolis, 28 ago. 2020. 1 mp3 (43 min).

DESSEIN, Joost *et al.* (org.). *Culture in, for and as sustainable development*: conclusions from the COST Action IS1007 Investigating Cultural Sustainability. Finland: University of Jyväskylä, 2015.

DIAS, Reinaldo; SILVEIRA, Emerson José Sena da (org.). *Turismo religioso*: ensaios e reflexões. Campinas: Editora Alínea, 2003.

DIAS, Weberson Ferreira. *O corpo a serviço da fé*: representações religiosas na Romaria do Bonfim de Natividade (TO). 2019. Dissertação (Mestrado em Territórios e Expressões Culturais no Cerrado) – Universidade Estadual de Goiás, Anápolis, 2019.

DIAS, Weberson Ferreira; RAMOS, Geovanna de Lourdes Alves. Poder, religião e comunicação: o uso político da cultura na Romaria do Bonfim em Natividade (TO). *Diversidade Religiosa*, João Pessoa, v. 7, n. 1, p. 117-140, 2017. DOI 10.22478/ufpb.2317-0476.2017v7n1.32793.

DUARTE, Jorge. Entrevista em profundidade. *In*: DUARTE, Jorge; BARROS, Antonio. *Métodos e técnicas de pesquisa em comunicação*. 2. ed. São Paulo: Atlas, 2008.

DURKHEIM, Émile. *As formas elementares da vida religiosa*: o sistema totêmico na Austrália. 3. ed. São Paulo: Paulus, 2008.

ECO, Umberto. *Como se faz uma tese em ciências humanas*. 13. ed. Lisboa: Editorial Presença, 2007.

ELIADE, Mircea. *O sagrado e o profano*: a essência das religiões. Tradução de Rogério Fernandes. Lisboa: Edição Livros do Brasil, 1975. (Coleção Vida e cultura).

FAET RURAL. SENAR e SEBRAE apresentam diagnóstico sobre turismo religioso para o Bonfim. *Portal FAET Rural*, 15 mar. 2014. Disponível em: http://www.faetrural.com.br/noticias-659-senar-e-sebrae-apresentam-diagnostico-sobre-turismo-religioso-para-o-bonfim.html. Acesso em: 10 ago. 2017.

FARIAS, Edson. Economia e cultura no circuito das festas populares brasileiras. *Soc. Estado*, Brasília, v. 20, n. 3, p. 647-688, dez. 2005. Disponível em: http://www.scielo.br/scielo.php?script=sci_arttext&pid=S0102=69922005000300007-&lng=en&nrm-iso. Acesso em: 16 ago. 2017.

FERREIRA, Victor Henrique Moreira. *Teoria geral do turismo*. 2. ed. Palhoça: UNISULVirtual, 2007.

FONTES, Seleucia. Propostas para o desenvolvimento da região das Serras Gerais por meio do turismo são apresentadas durante fórum. *Portal do Tocantins*, Palmas, 20 set. 2019. Disponível em: https://portal.to.gov.br/noticia/2019/9/20/propostas-para-o-desenvolvimento-turistico-da-regiao-das-serras-gerais-sao-apresentadas-durante-forum/. Acesso em: 28 out. 2019.

GALEFFI, Dante Augusto. O que é isto: a fenomenologia de Husserl? *Ideação*, n. 5, p. 13-36, jan./jun. 2000. Disponível em: http://pablo.deassis.net.br/wp-content/uploads/dante5-fenomenologia.pdf. Acesso em: 8 jan. 2019.

GALVANESE, Carolina; FAVARETO, Arilson. Dilemas do planejamento regional e as Instituições do desenvolvimento sustentável. *Revista Brasileira de Ciências Sociais*, v. 29, n. 84, fev. 2014.

GEERTZ, Clifford. *A interpretação das culturas*. Rio de Janeiro: LTC, 2008.

GIL, Antonio Carlos. *Como elaborar projetos de pesquisa*. 3. ed. São Paulo: Atlas, 1991.

GIUMBELLI, Emerson. Religious tourism. *Religion and Society*: Advances in Research, v. 9, p. 24-38, 2018. DOI 10.3167/arrs.2018.090103.

GONÇALVES, José Reginaldo Santos. O mal-estar no patrimônio: identidade, tempo e destruição. *Estudos Históricos*, Rio de Janeiro, v. 28, n. 55, p. 211-228, jan./jun. 2015. DOI 10.1590/S0103-21862015000100012.

GOUVEIA, Jorge. Governador percorre avenidas em cortejo do Divino. *SECOM Tocantins*, 2006. Disponível em: https://secom.to.gov.br/noticias/governador-percorre-avenidas-em-cortejo-do-divino-10977/. Acesso em: 15 set. 2020.

GRABURN, Nelson. The anthropology of tourism. *Annals of Tourism Research*, v. 10, p. 9-23, 1983.

GROETELAARS, Martien. M. *Quem é o Senhor do Bonfim?* Rio de Janeiro: Vozes, 1983.

HAGEN, Everett Einar. O processo de mudança. *In*: DURAND, José Carlos Garcia. *Sociologia do desenvolvimento*. Rio de Janeiro: Zahar Editores, 1974.

HALBWACHS, Maurice. *A memória coletiva*. Tradução de Laurent Léon Schaffter. São Paulo: Edições Vértice, 1990.

HALL, Peter A.; TAYLOR, Rosemary C. R. As três versões do neo-institucionalismo. *Lua Nova*, São Paulo, n. 58, p. 193-223, 2003. DOI 10.1590/S0102- 64452003000100010.

HALL, Stuart. A centralidade da cultura: notas sobre as revoluções culturais do nosso tempo. *Educação e Realidade*, v. 22, n. 2, 1997. Disponível em: https://seer.ufrgs.br/educacaoerealidade/article/view/71361. Acesso em: 8 jul. 2018.

HALL, Stuart. *A identidade cultural na pós-modernidade*. 7. ed. São Paulo: Editora DP&A, 2002.

HANDCOCK, Mark S., GILE, Krista. J. On the concept of snowball sampling. *[stat AP]*. Disponível em: http://arxiv.org/PS_cache/arxiv/pdf/1108/1108.0301v1.pdf. Acesso em: 27 out. 2011.

HUFF JUNIOR, Arnaldo Érico. Campo religioso brasileiro e história do tempo presente. *Cad. CERU*, São Paulo, v. 19, n. 2, dez. 2008. Disponível em: http://www.revistas.usp.br/ceru/article/view/11857. Acesso em: 18 jul. 2018.

HUSSERL, Edmund. *A ideia da fenomenologia*. Tradução de Artur Morão. Lisboa: Edições 70, 1990.

IMMERGUT, Ellen Margaretha. O núcleo teórico do novo institucionalismo. *In*: HEIDEMANN, Francisco Gabriel; SALM, José Francisco (org.). *Políticas públicas e desenvolvimento*: bases epistemológicas e modelos de análise. Brasília: Editora da UnB, 2009.

IMPRENSA CNBB. Mensagem da CNBB pede observação irrestrita às orientações médico-sanitárias. *Portal CNBB*, 15 mar. 2020. Disponível em: https://www.cnbb.org.br/cnbb-emite-mensagem-na-qual-pede-observacao-irrestrita-as-orienta-coes-medico-sanitarias/. Acesso em: 10 jul. 2020.

INSTITUTO BRASILEIRO DE GEOGRAFIA E ESTATÍSTICA (IBGE). *Censo demográfico 2022*. Rio de Janeiro: IBGE, 2022. Disponível em: https://censo2022.ibge.gov.br/panorama/. Acesso em: 6 mar. 2024.

INSTITUTO BRASILEIRO DE GEOGRAFIA E ESTATÍSTICA (IBGE). *Contas regionais do Brasil*. Rio de Janeiro: IBGE, 2012. Disponível em: http:// www.ibge.gov.br/home/. Acesso em: 25 out. 2019.

INSTITUTO BRASILEIRO DE GEOGRAFIA E ESTATÍSTICA (IBGE). *Natividade*: panorama. Rio de Janeiro: IBGE, 2019. Disponível em: https://cidades.ibge.gov.br/brasil/to/natividade/panorama. Acesso em: 25 out. 2019.

INSTITUTO DO PATRIMÔNIO HISTÓRICO E ARTÍSTICO NACIONAL (IPHAN). IPHAN no Tocantins. *Portal do IPHAN*, Brasília, 2020. Disponível em: http://portal.iphan.gov.br/to/pagina/detalhes/1066. Acesso em: 12 fev. 2021.

INSTITUTO DO PATRIMÔNIO HISTÓRICO E ARTÍSTICO NACIONAL (IPHAN). *Joias artesanais de Natividade*. Brasília: IPHAN; Monumenta, 2006.

INSTITUTO DO PATRIMÔNIO HISTÓRICO E ARTÍSTICO NACIONAL (IPHAN). Monumenta entrega obra em Natividade. *Portal do IPHAN*, Brasília, 29 maio 2008. Disponível em: http://portal.iphan.gov.br/noticias/detalhes/2026/monumenta-entrega-obra-em-natividade. Acesso em: 12 fev. 2021.

INSTITUTO DO PATRIMÔNIO HISTÓRICO E ARTÍSTICO NACIONAL (IPHAN); BRASIL. Ministério da Cultura. *Dossiê Festa do Bonfim*: a maior manifestação religiosa popular da Bahia, nº 1. Brasília: IPHAN, 2010.

JALUSKA, Taciane; JUNQUEIRA, Sérgio. A utilização dos espaços sagrados pelo turismo religioso e suas possibilidades como ferramenta auxiliar para o estabelecimento do diálogo entre as nações. *Revista Turismo Visão e Ação – Eletrônica*, v. 14, n. 3, p. 337-348, set./dez. 2012. Disponível em: https://siaiap32.univali.br/seer/index.php/rtva/article/viewFile/3142/2402. Acesso: 15 maio 2018.

JESUS, Weverson Cardoso. *Fé e devoção no culto à Nossa Senhora do Rosário e ao Divino Espírito Santo na festa da Sucupira - TO.* 2017. Dissertação (Mestrado em História) – Universidade Federal de Goiás, Goiânia, 2017.

JOUTARD, Philippe. Memória coletiva. *In*: BURGUIÈRE, André (org.). *Dicionário das ciências históricas.* Rio de Janeiro: Imago, 1993.

JUSTIÇA determina que Estado estruture delegacia de Natividade. *Primeira Página,* 2021. Disponível em: https://www.primeirapagina.to/noticias/justica-determina--que-estado-estruture-delegacia-de-natividade/. Acesso em: 25 jun. 2021.

LE GOFF, Jacques. *História e memória.* Tradução de Bernardo Leitão *et al.* Campinas: Editora da UNICAMP, 1990. (Coleção Repertórios).

LEANDRO, Maria Engrácia; LEANDRO, Ana Sofia da Silva; NOGUEIRA, Fernanda. Peregrinações de ontem e de hoje: entre crenças, turismo religioso e economia. *Misericórdia de Braga,* n. 15, p. 231-272, dez. 2019.

LEITÃO, Claudia Sousa. Por um pensamento complexo acerca de cultura e desenvolvimento. *O Público e o Privado,* n. 9, jan./jul. 2007. Disponível em: https://revistas.uece.br/index.php/opublicoeoprivado/article/view/2357. Acesso em: 5 dez. 2020.

LIMA FILHO, Manuel Ferreira. Cidadania patrimonial. *Revista Anthropológicas,* ano 19, v. 26, n. 2, p. 134-155, 2015.

LIMA FILHO, Manuel Ferreira. Da matéria ao sujeito: inquietação patrimonial brasileira. *Revista de Antropologia,* São Paulo, v. 52, n. 2, p. 605-632, 2009.

LIMA, Samuel. Com foco no turismo, UFT Social é apresentado em Dianópolis. *Notícias – Universidade Federal do Tocantins,* Palmas, 18 jun. 2019. Disponível em: https://ww2.uft.edu.br/index.php/ultimas-noticias/25601-com-foco-no-turis-mo-uft-social-e-apresentado-em-dianopolis. Acesso em: 28 out. 2019.

LOPES, Ana Paula. Biscoito regional atrai consumidores e ganha mercado. *ASN/TO,* Palmas, 11 set. 2009. Disponível em: http://www.to.agenciasebrae.com.br/sites/asn/uf/TO/biscoito-regional-atrai-consumidores-e-ganha-mercado,5347b0f-9d8a26410VgnVCM1000003b74010aRCRD. Acesso em: 28 out. 2020.

LOPES, Aurélio. *Devoção e poder nas Festas do Espírito Santo.* Lisboa: Edições Cosmos, 2004.

LOPES, José Rogério. A conveniência da cultura: usos da cultura na era global. *Horizontes Antropológicos,* Porto Alegre, ano 15, n. 31, p. 331-335, jan./jun. 2009.

LOPES, José Rogério. *Colecionismos, arquivos pessoais e memórias patrimoniais*. Porto Alegre: CirKula, 2017.

LOPES, José Rogério. Coleções de fé, fluxos materiais e hibridismos nas festas religiosas. *Ciencias Sociales y Religión* [Ciências Sociais e Religião], Porto Alegre, ano 16, n. 20, p. 134-153, jan./jun. 2014.

LOPES, José Rogério. Industrialização e mudanças culturais no Vale do Paraíba, SP. *In*: CHAMON, Edna Maria Querido de Oliveira; SOUSA, Cidoval Morais de. *Estudos interdisciplinares em ciências sociais*. Taubaté: Cabral Editora; Livraria Universitária, 2005. p. 193-218.

LOPES, Jose Rogério. La concepción del desarollo y las políticas culturales: del modelo de oferta a la elección de modelos. *In*: PIZZIO, Alex; SÁNCHEZ ALMANZA, Adolfo; RODRIGUES, Waldecy. *Desarrollo regional en perspectivas comparadas*: los casos de Brasil y México. Brasília: Verbena Editora, 2020. p. 48-80.

LOPES, José Rogério. O divino retorno: uma abordagem fenomenológica de fluxos identitários entre a religião e a cultura. *Etnográfica*, v. 16, n. 2, 2012. DOI 10.4000/etnografica.1526.

LOPES, José Rogério; PEREIRA, Ângelo Moreira. Patrimônio cultural, turismo e desenvolvimento local: estudo de caso da Cidade Velha, ilha de Santiago, Cabo Verde. *Sociabilidades Urbanas*: Revista de Antropologia e Sociologia, v. 1, n. 2, p. 45-60, jul. 2017.

MacCANNELL, Dean. Staged authenticity: arrangements of social space in tourist settings. *American Journal of Sociology*, v. 79, n. 3, p. 589-603, 1973.

MACEDO, Poliana. UFT colabora na criação de protocolos de segurança para retomada do turismo nas Serras Gerais. *Notícias – Universidade Federal do Tocantins*, Palmas, 6 ago. 2020. Disponível em: https://ww2.uft.edu.br/index.php/ultimas--noticias/27641-uft-colabora-na-criacao-de-protocolos-de-seguranca-para-re-tomada-do-turismo-nas-serras-gerais. Acesso em: 11 ago. 2020.

MACHADO, Wladimir. Potencial turístico das Serras Gerais é tema de evento em Palmas. *Secretaria da Comunicação – Governo do Tocantins*, Palmas, 22 abr. 2019. Disponível em: https://secom.to.gov.br/noticias/potencial-turistico-das-serras--gerais-e-tema-de-evento-em-palmas-437848/. Acesso em: 28 out. 2019.

MAIO, Carlos Alberto. Turismo religioso e desenvolvimento local. *Publ. Ci. Hum., Ci. Soc. Apl., Ling., Letras e Artes*, v. 12, n. 1, p. 53-58, jun. 2004. Disponível em:

http://www.revistas2.uepg.br/index.php/humanas/article/view/503/505. Acesso em: 15 maio 2018.

MARQUES, João Francisco. Oração e devoções. *In*: AZEVEDO, Carlos Moreira (dir.). *História religiosa de Portugal*. Lisboa: Círculo de Leitores, 2000. v. 2, p. 650-658.

MARTINELLI, Dante Pinheiro; JOYAL, André. *Desenvolvimento local e o papel das pequenas e médias empresas*. Barueri: Manole, 2004.

MATA, Luís Antonio Santos Nunes. *Ser, ter e poder*: o hospital do Espírito Santo nos finais da Idade Média. Leiria: Magno Edições; Câmara Municipal de Santarém, 2000. p. 21-33. (Coleção História e Arte; 5).

MATOS, Juliana. De Natividade, dona Romana comenta inspiração para personagem televisiva. *Jornal do Tocantins*, Palmas, 25 out. 2017. Disponível em: https://www.jornaldotocantins.com.br/editorias/magazine/de-natividade-dona-romana-comenta-inspira%C3%A7%C3%A3o-para-personagem-televisiva-1.1378559. Acesso em: 28 out. 2019.

MATTOS, Carmem Lúcia Guimarães de. A abordagem etnográfica na investigação científica. *In*: MATTOS, Carmem Lúcia Guimarães de; CASTRO, Paula Almeida de (org.). *Etnografia e educação*: conceitos e usos. Campina Grande: EdUEPB, 2011. p. 49-83.

MAUSS, Marcel. *Sociologia e antropologia*. São Paulo: Cosac Naify, 2003. v. 2.

MENESES, Verônica Dantas; TESKE, Wolfgang. *Comunicação, cultura e identidade*: folkcomunicação no Tocantins. Curitiba: Appris, 2020. v. 1.

MESSIAS, Noeci Carvalho. *Religiosidade e devoção*: as Festas do Divino e do Rosário em Monte do Carmo e em Natividade – TO. 2010. Tese (Doutorado em História) –Universidade Federal de Goiás, Goiânia, 2010. Disponível em: http://portais.ufg.br/uploads/113/original_Tese_Noeci_Carval ho_Messias.pdf. Acesso em: 23 ago. 2011.

MIGLIEVICH-RIBEIRO, Adelia. Os "estudos culturais" como perspectiva teórica segundo Raymond Williams: os alicerces de um movimento intelectual. *In*: ENCONTRO ANUAL DA ANPOCS, 40., Caxambu, outubro de 2016. *Anais* [...]. Disponível em: https://www.anpocs.com/index.php/papers-40-encontro/st-10/st33-3/10485-os-estudos-culturais-como-perspectiva-teorica-segundo-raymond--williams-os-alicerces-de-um-movimento-intelectual/file. Acesso em: 30 set. 2019.

MILLÁN VÁZQUEZ DE LA TORRE, Genoveva; PÉREZ, Leonor M.; MARTÍNEZ CÁRDENAS, Rogelio. Factores que determinan el crecimiento del turismo en destinos religiosos. *Revista de Ciencias Sociales (Ve)*, v. 22, n. 1, p. 85-97, ene./mar. 2016.

MISSA SOLENE DO SENHOR DO BONFIM - NATIVIDADE - TO. [*S. l.: s. n.*], 2020. 1 vídeo (120 min). Publicado pelo canal Paróquia Santo Antônio de Gurupi. Disponível em: https://www.youtube.com/watch?v=tKgeKzFWZxM&t=6595s. Acesso em: 16 ago. 2020.

MÓNICO, Lisete S. Mendes; MACHADO, José Barbosa; ALFERES, Valentim Rodrigues. Peregrinações ao Santuário de Fátima: considerações em torno da dimensão ritualística da religiosidade. *Horizonte*: Revista de Estudos de Teologia e Ciências da Religião, Belo Horizonte, v. 16, n. 49, p. 194-222, jan./abr. 2018. DOI 10.5752/P.2175-5841.2018v16n49p194-222.

MOREIRA, Adriana. Conheça Natividade, cidade-cenário da série 'O Escolhido' da Netflix. *O Estado de São Paulo (Estadão)*, São Paulo, 29 jun. 2019. Disponível em: https://viagem.estadao.com.br/noticias/geral,conheca-natividade-cidade-cenario-para-a-nova-serie-da-netflix,70002894630. Acesso em: 28 out. 2019.

MOREIRA, Ailton de Paiva. *Entrevista XIV*. [Entrevista cedida a] Poliana Macedo de Sousa. Natividade, 25 jun. 2020. 1 mp3 (30 min).

MOREIRA, Gilberto Passos Gil; PORTA, Paula. Economia da cultura. *Ministério da Cultura*, Brasília, 3 fev. 2008. Disponível em: http://www.cultura.gov.br/noticias-destaques/-/asset_publisher/OiKX3xlR9iTn/content/economia-da-cultura-138635/10883. Acesso em: 15 ago. 2018.

MOREIRA, Lidiane. Obras de saneamento melhoram infraestrutura do Bonfim. *Agência Tocantinense de Abastecimento*, 14 ago. 2017. Disponível em: https://www.to.gov.br/ats/noticias/obras-de-saneamento-melhoram-infraestrutura-do-bonfim/4lt4h1o5b2rz. Acesso em: 6 jul. 2019.

MOURA, Antonio de Paiva. Turismo e festas folclóricas no Brasil. *In*: FUNARI, Pedro Paulo; PINSKY, Jaime. *Turismo e patrimônio cultural*. 4. ed. São Paulo: Contexto, 2011.

MOURA, Manoel Salvador. *Entrevista VIII*. [Entrevista cedida a] Poliana Macedo de Sousa. Natividade, 16 set. 2020. 1 mp3 (32 min).

MUNIZ, Cejane Pacini Leal. *Entrevista XXIII*. [Entrevista cedida a] Poliana Macedo de Sousa. Palmas, 12 abr. 2021. 1 mensagem eletrônica.

MUSEU da Festa do Divino Espírito Santo. *Associação Pró-Divino*, 2021. Disponível em: http://www.festadodivino.org.br/page8.html. Acesso em: 19 jun. 2021.

MUSEU DO DIVINO. *Pirenopolis.com*, 2021. Disponível em: https://www.pirenopolis.com/lcl/museu-do-divino-em-pirenopolis-goias. Acesso em: 19 jun. 2021.

NAKASHIMA, Sérgio Kaoru; CALVENTE, Maria del Carmen Matilde Huertas. A história do turismo: epítome das mudanças. *Turismo & Sociedade*, Curitiba, v. 9, n. 2, p. 1-20, maio/ago. 2016. DOI 10.5380/tes.v9i2.43151.

NASCIMENTO, Núbia Nogueira do. Natividade e Porto Nacional: cidades patrimonializadas no Tocantins. *In*: BALSAN, Rosane; NASCIMENTO, Núbia Nogueira do. *Patrimônio cultural no estado do Tocantins*: materialidade e imaterialidade. Palmas: EdUFT, 2020.

NATIVIDADE. *Decreto-Lei nº 064 de 21 de dezembro de 2016*. Dispõe sobre a regulamentação da atividade turística de Natividade/TO, cria a Lei do Voucher Único e dá outras providências. Diário Municipal de Natividade. Natividade, 2016. Disponível em: https://www.natividade.to.gov.br/storage/Documentos/Decreto/2016/Decreto-64-2016.pdf. Acesso em: 18 mar. 2018

NEGREIROS NETO, João Vidal de. *Caracterização para aproveitamento agrícola de resíduo de calcário*. 2015. Tese (Doutorado em Produção Vegetal) – Universidade Federal do Tocantins, Gurupi, 2015.

NOVELLI, Ana Lucia Romero. Pesquisa de opinião. *In*: DUARTE; BARROS. *Métodos e técnicas de pesquisa em comunicação*. 2. ed. São Paulo: Atlas, 2008.

NUNES, Osmar Manoel; KARNOPP, Erika. As potencialidades endógenas do desenvolvimento regional: estudo de caso do município de Júlio de Castilhos/RS. *Desenvolvimento em Questão*, v. 13, n. 30, p. 203-229, 29 jan. 2015.

NUNES CASTRO, Maria do Bonfim P. *Entrevista XIX*. [Entrevista cedida a] Poliana Macedo de Sousa. Natividade, 4 out. 2020. 1 mp3 (25 min).

OLIVEIRA, Daniela. Plano de Desenvolvimento de Turismo Sustentável de quatro regiões do Tocantins começa a ser elaborado. *Secretaria da Comunicação – Governo do Tocantins*, Palmas, 6 out. 2017. Disponível em: https://secom.to.gov.br/noticias/plano-de-desenvolvimento-de-turismo-sustentavel-de-quatro-regioes-do-tocantins-comeca-a-ser-elaborado-372274/. Acesso em: 18 set. 2020.

OLIVEIRA, Frederico Salomé de. O catolicismo rústico ganha uma cidade nova: a Festa do Divino da Comunidade Canela, antes e depois de Palmas/TO. *In*: ENE-

CULT – ENCONTRO DE ESTUDOS MULTIDISCIPLINARES EM CULTURA, 6., 2010, Salvador. Disponível em: http://www.cult.ufba.br/wordpress/24418.pdf. Acesso em: 12 jan. 2011.

OLIVEIRA, Helder Canal de. Autenticidade e modernidade: entre o individual e o coletivo. *Arquivos do CMD*, [*s. l.*], v. 4, n. 2, p. 138-165, 2017. DOI 10.26512/cmd.v4i2.9067.

OLIVEIRA, Marcio Divino de. Cuidado pastoral da Igreja em tempos de pandemia: covid-19. *Revista Caminhando*, v. 25, n. 1, p. 257-276, jan./abr. 2020. Disponível em: https://www.metodista.br/revistas/revistas-metodista/index.php/Caminhando/article/view/10336. Acesso em: 23 set. 2020.

OLIVEIRA, Marines Rute de. *Desenvolvimento econômico*: análise espacial da região oeste do Paraná. Curitiba: Appris, 2016.

OLIVEIRA, Nilton Marques de. *Desenvolvimento regional e territorial do Tocantins*. Palmas: Universidade Federal do Tocantins; EdUFT, 2019.

OLIVEIRA, Nilton Marques de; PIFFER, Moacir. Conjuntura do desenvolvimento regional dos municípios do estado do Tocantins. *DRd*: Desenvolvimento Regional em debate, v. 6, n. 3, p. 32-61, nov. 2016.

OLIVEIRA, Nilton Marques; PIFFER, Moacir; STRASSBURG, Udo. O indicador de desenvolvimento regional no território do Tocantins. *Interações*, Campo Grande, v. 20, n. 1, p. 3-20, jan. 2019. Disponível em: http://www.scielo.br/scielo.php?script=sci_arttext&pid=S1518-70122019000100003&lng=en&nrm=iso. Acesso em: 19 out. 2019.

ORGANIZAÇÃO DAS NAÇÕES UNIDAS PARA A EDUCAÇÃO, A CIÊNCIA E A CULTURA (UNESCO). *Convenção sobre a Proteção e Promoção da Diversidade das Expressões Culturais*: texto oficial ratificado pelo Brasil por meio do Decreto Legislativo 485/2006. Brasília: UNESCO Office in Brasília, 2007.

ORGANIZAÇÃO MUNDIAL DE TURISMO (OMT). *Introdução ao turismo*. Tradução de Dolores Martins Rodriguez Córner. São Paulo: Roca, 2001.

ORTIZ, Renato. *Cultura brasileira e identidade nacional*. 2. ed. São Paulo: Editora Brasiliense, 1986.

PAIVA, Carlos Águedo Nagel. *Como identificar e mobilizar o potencial de desenvolvimento endógeno de uma região?* Porto Alegre: FEE, 2004. (Documentos FEE; 59).

PARENTE, Temis Gomes. *Fundamentos históricos do estado do Tocantins colonial.* Goiânia: Ed. UFG, 2003.

PARENTE, Temis Gomes. O papel da Igreja nas formações das cidades. *Clio*: Revista de Pesquisa Histórica, v. 17, n. 1, 1998. Disponível em: https://periodicos.ufpe.br/revistas/revistaclio/article/view/24802. Acesso em: 5 maio 2020.

PAZ, Francisco Phelipe Cunha. *Retalhos de sabença*: ofícios, saberes e modos de fazer dos mestres e artífices da construção tradicional em Natividade - Tocantins. 2013. Dissertação (Mestrado em Preservação do Patrimônio Cultural) – IPHAN, Rio de Janeiro, 2013.

PEDREIRA, Pe. Jones Ronaldo. *Romaria do Senhor do Bonfim/Natividade – TO.* Porto Nacional: R&M Gráfica e Editora, 2016.

PERROUX, François. O desenvolvimento. *In*: DURAND, José Carlos Garcia. *Sociologia do Desenvolvimento*. Rio de Janeiro: Zahar Editores, 1974.

PIMENTA, Carlos Alberto Máximo; MELLO, Adilson da Silva. Entre doces, palhas e fibras: experiências populares de geração de renda em cidades de pequeno porte no sul de Minas Gerais. *Estudos de Sociologia*, [s. l.], v. 1, n. 20, maio 2014. Disponível em: https://periodicos.ufpe.br/revistas/revsocio/article/view/235507/284.94. Acesso em: 19 set. 2020.

PIMENTA, Carlos Alberto Máximo; PEREIRA, Samanta Borges (org.). *Turismo e desenvolvimento*: outros caminhos. Porto Alegre: CirKula, 2017.

POHL, Johann Emanuel. *Viagem no interior do Brasil*. São Paulo: EdUSP, 1976.

PR NEWSWIRE. Ministério da Cultura, Arábia Saudita: líderes culturais mundiais prometem apoio de US$ 2,3 trilhões para o avanço da economia cultural. *A Tarde*, Salvador, 5 nov. 2020. Disponível em: https://atarde.uol.com.br/economia/pr-newswire/noticias/2145049-ministerio-da-cultura-arabia-saudita-lideres-culturais-mundiais-prometem-apoio-de-us-23-trilhoes-para-o-avanco-da-economia-cultural. Acesso em: 6 mar. 2021.

PRAT FORGA, José María; CÀNOVES VALIENTE, Gemma. Las romerías, oportunidad turística y relaciones sociales entre locales y visitantes: el caso de la Cerdanya en Cataluña. *Cuadernos de Turismo*, n. 41, p. 575-589, 2018.

PRAZERES, Joana; CARVALHO, Adão. Turismo religioso: Fátima no contexto dos santuários marianos europeus. *Pasos*: Revista de Turismo y Patrimonio Cultural, v. 13, n. 5, p. 1.145-1.170, 2015.

REDAÇÃO. Governador recebe Folia do Divino Espírito Santo de Natividade. *Conexão Tocantins*, 2013. Disponível em: https://conexaotocantins.com.br/2013/04/23/governador-recebe-folia-do-divino-espírito-santo-de-natividade. Acesso em: 15 set. 2020.

REESINK, Mísia Lins; REESINK, Edwin. Entre romeiros e turistas: a busca do turismo religioso como alternativa econômica em um município do sertão baiano. *Estudos de Sociologia*, [s. l.], v. 1, n. 13, p. 195-217, abr. 2014. Disponível em: https://periodicos.ufpe.br/revistas/revsocio/article/view/235386. Acesso em: 19 set. 2020.

RINSCHEDE, Gisbert. Forms of religious tourism. *Annals of Tourism Research*, v. 19, p. 51-67, 1992.

RODRIGUES, Marly. Preservar e consumir: o patrimônio histórico e o turismo. *In*: FUNARI, Pedro Paulo; PINSKY, Jaime. *Turismo e patrimônio cultural*. 4. ed. São Paulo: Contexto, 2011.

RODRIGUES, Sandra Regina. *Políticas de cultura no Tocantins*: uma análise dos editais de premiação de 2011 e 2013. 2016. Dissertação (Mestrado em Desenvolvimento Regional) – Universidade Federal do Tocantins, Palmas, 2016.

ROSA, Eloisa Marques. *A suça em Natividade*: festa, batuque e ancestralidade. 2015. Dissertação (Mestrado em Performances Culturais) – Universidade Federal de Goiás, Goiânia, 2015.

SAARINEN, Jarkko. Editorial: Tourism and development. *Fennia*: International Journal of Geography, v. 194, n. 1, p. 1-2(2), 2016. DOI 10.11143/50999.

SACHS, Ignacy. *Caminhos para o desenvolvimento sustentável*. 3. ed. Rio de Janeiro: Garamond, 2002.

SACHS, Ignacy. Desenvolvimento e cultura. Desenvolvimento da cultura. Cultura do desenvolvimento. *O&S*: Organizações & Sociedade, v. 12, n. 33, abr./jun. 2005. Disponível em: https://periodicos.ufba.br/index.php/revistaoes/article/view/10782. Acesso em: 5 mar. 2021.

SALES, Heryka Simone Lopes. *Entrevista IV*. Destinatário: Poliana Macedo de Sousa. Natividade, 12 jun. 2020. 1 mensagem eletrônica.

SANAR SAÚDE. Linha do tempo do coronavírus no Brasil. *SanarMed*, 19 mar. 2020. Disponível em: https://www.sanarmed.com/linha-do-tempo-do-corona-virus-no-brasil. Acesso em: 21 mar. 2021.

SANCHES, João Marcelo. *Entrevista XVI*. [Entrevista cedida a] Poliana Macedo de Sousa. Palmas, 28 ago. 2020. 1 mp3 (27 min).

SANCHIS BARBOSA, Fábia Fonseca. O turismo como um fator de desenvolvimento local e/ou regional. *Caminhos da Geografia (UFU)*, v. 6 n. 14, p. 107-114, fev. 2005. Disponível em: http://www.seer.ufu.br/index.php/caminhosdegeografia/article/view/15380. Acesso em: 8 maio 2018.SANCHIS, Pierre. Peregrinação e romaria: um lugar para o turismo religioso. *Ciencias Sociales y Religión* [Ciências Sociais e Religião], Campinas, v. 8, n. 8, p. 85-97, 2006. Disponível em: https://econtents. bc.unicamp.br/inpec/index.php/csr/article/view/13240. Acesso em: 15 set. 2020.

SANTANA JR, Jesuíno. Joias de Natividade são destaques nos acessórios de perso-nagens da novela O Outro Lado do Paraíso. *Portal Tocantins*, Palmas, 1 nov. 2017. Disponível em: https://portal.to.gov.br/noticia/2017/11/1/joias-de-natividade--sao-destaques-nos-acessorios-de-personagens-da-novela-o-outro-lado-do-pa-raiso/. Acesso em: 28 out. 2019.

SANTOS, Antonio Miranda dos. Percursos da patrimonialização no Tocantins. *In*: BALSAN, Rosane; NASCIMENTO, Núbia Nogueira do. *Patrimônio cultural no estado do Tocantins*: materialidade e imaterialidade. Palmas: EdUFT, 2020.

SANTOS, Marivan Tavares. *Fundamentos de turismo e hospitalidade*. Manaus: Centro de Educação Tecnológica do Amazonas, 2010.

SANTOS, Romeu Belém dos. *Entrevista III*. Destinatário: Poliana Macedo de Sousa. Natividade, 16 jun. 2020. 1 mensagem eletrônica.

SEN, Amartya. *Desenvolvimento como liberdade*. São Paulo: Companhia das Letras, 2010.

SERVIÇO BRASILEIRO DE APOIO ÀS MICRO E PEQUENAS EMPRESAS (TOCANTINS) (SEBRAE/TO). *Diagnóstico do segmento de turismo religioso na Romaria do Senhor do Bonfim – Natividade (TO)*. Palmas: SEBRAE Tocantins, 2013.

SETTON, Maria da Graça Jacintho. A socialização como fato social total: notas introdutórias sobre a teoria do habitus. *Rev. Bras. Educ.*, Rio de Janeiro, v. 14, n. 41, p. 296-307, ago. 2009. Disponível em: http://www.scielo.br/scielo.php?scrip-t=sci_arttext&pid=S1413-24782009000200008&lng=en&nrm=iso. Acesso em: 24 fev. 2021.

SILVA, Carmenizia Cardoso da. *Entrevista XIII*. [Entrevista cedida a] Poliana Macedo de Sousa. Dianópolis, 17 abr. 2021. 1 mp3 (6 min).

SILVA, Elias Manoel da; VIEIRA JÚNIOR, Wilson (org.). *Goyaz*: guia de cartografia histórica. Brasília: Arquivo Público do Distrito Federal, 2018.

SILVA, Kaíse Canuto da; CAMPOS, Josilene Bárbara Ribeiro. Turismo religioso: festividades em Santa Cruz dos Milagres (PI). *In*: SEMINÁRIO NACIONAL DE TURISMO E CULTURA. *Anais* [...]. Brasília; Rio de Janeiro: Ministério da Cultura; Fundação Casa de Rui Barbosa, 2016.

SILVA, Leomar Sousa da. *Entrevista XX*. [Entrevista cedida a] Poliana Macedo de Sousa. Natividade, 4 out. 2020. 1 mp3 (57 min).

SILVA, Marinalva do Rêgo Barros. *Festas e sociabilidades nos sertões*: a rainha Nossa Senhora do Rosário. 2019. Tese (Doutorado DINTER em Artes) – Universidade Estadual Paulista "Júlio de Mesquita Filho", Instituto de Artes e Universidade Federal do Tocantins, São Paulo, 2019.

SILVA, Marquinélio Rodrigues. *Entrevista V*. Destinatário: Poliana Macedo de Sousa. Natividade, 15 jun. 2020. 1 mensagem eletrônica.

SOARES, Marcelle. Cultura e patrimônio. *Jornal do Tocantins*, Palmas, 9 dez. 2017. Disponível em: https://www.jornaldotocantins.com.br/editorias/magazine/cultura-e-patrim%C3%B4nio-1.1413357. Acesso em: 26 mar. 2021.

SOUSA, Flávio Pereira de. *Entrevista IX*. [Entrevista cedida a] Poliana Macedo de Sousa. Natividade, 15 abr. 2021. 1 mp3 (18 min).

SOUSA, Poliana Macedo de. *A festa do Divino Espírito Santo*: memória e religiosidade em Natividade (TO). Porto Alegre: Editora Fi, 2017.

SOUSA, Poliana Macedo de. *Mapa de localização*: Natividade/TO. Palmas, 8 out. 2019a. 1 Mapa, 9 x 7 cm, 1: 200 000 000.

SOUSA, Poliana Macedo de. *Mapa de localização*: Natividade/TO. Palmas, 8 out. 2019b. 1 Mapa, 4 x 5cm, 1: 1000 000 000.

SOUSA, Poliana Macedo de. *Mapa de localização*: Natividade/TO. Palmas, 8 out. 2019c. 1 Mapa, 5 x 8 cm, 1: 50 000 000.

SOUSA, Poliana Macedo de; LOPES, José Rogério. Políticas públicas de cultura: análise do Plano Estadual de Cultura do Tocantins à luz do modelo neoinstitucionalista. *Desafios*: Revista Interdisciplinar da Universidade Federal do Tocantins, v. 7, n. especial 4, p. 16-28, 30 dez. 2020. OLIVEIRA

SOUSA COLANTUONO, Aline Correia de. O processo histórico da atividade turística mundial e nacional. *Cadernos da FUCAMP*, v. 14, n. 21, p. 30-41, 2015. Disponível em: http://www.fucamp.edu.br/editora/index.php/cadernos/article/view/532/406. Acesso em: 26 mar. 2021.

SOUZA, José Arilson Xavier de. Entendimentos geográficos da religião e peregrinações: em análise a Romaria do Senhor do Bonfim em Natividade (TO). *Boletim Goiano de Geografia*, Goiânia, v. 32, n. 2, p. 219-238, jul./dez. 2012. Disponível em: http://www.redalyc.org/articulo.oa?id=337127362013. Acesso em: 1 ago. 2017.

SOUZA, Maria Antônia de Valadares. *Entrevista I*. Destinatário: Poliana Macedo de Sousa. Palmas, 29 ago. 2020. 1 mensagem eletrônica.

SOUZA, Nali de Jesus de; STÜLP, Valter José. Valores religiosos e desenvolvimento econômico. *Teoria e Evidência Econômica*: Brazilian Journal of Theoretical and Applied Economics, ano 14, n. 31, p. 86-100, jul./dez. 2008.

SOUZA, Régis de Toledo. O catolicismo e suas faces: apontamentos da questão no Brasil. *In*: SILVA, André Luiz da (org.). *Religião & imagética*: caminhos da devoção popular no Brasil e no México. Porto Alegre: Armazém Digital, 2008.

SOUZA, Tatiana Roberta de. Lazer e turismo: reflexões sobre suas interfaces. *In*: SEMITUR, 6., 2010, Universidade de Caxias do Sul. *Anais* [...]. Disponível em: http://www.ucs.br/ucs/tplVSeminTur%20/eventos/seminarios_semintur/semin_tur_6/gt11/arquivos/11/Lazer%20e%20Turismo%20Reflexoes%20Sobre%20Suas%20Interfaces.pdf. Acesso em: 10 ago. 2018.

STEIL, Carlos Alberto. Romeiros e turistas no Santuário de Bom Jesus da Lapa. *Horizontes Antropológicos*, Porto Alegre, ano 9, n. 20, p. 249-261, out. 2003.

TALAVERA, Agustín Santana. Turismo cultural, culturas turísticas. *Horizontes Antropológicos*, Porto Alegre, ano 9, n. 20, p. 31-57, out. 2003.

TERZIDOU, Martina; SCARLES, Caroline; SAUNDERS, Mark N. K. The complexities of religious tourism motivations: sacred places, vows and visions. *Annals of Tourism Research*, v. 70, p. 54-65, May 2018.

TOCANTINS. *Instrução Normativa nº 001/2012*. Palmas: Governo do Estado do Tocantins, 2012. Disponível em: https://central3.to.gov.br/arquivo/276365/. Acesso em: 6 jun. 2018.

TOCANTINS. *Lei 3252 de 31 de julho de 2017*. 2017a. Disponível em: https://www.legisweb.com.br/legislacao/?id=347025. Acesso em: 15 maio 2020.

TOCANTINS. *Lei Decreto nº 4.357, de 25 de julho de 2011*. Palmas: Governo do Estado do Tocantins, 2011. Disponível em: https://central3.to.gov.br/arquivo/276364/. Acesso em: 6 jun. 2018.

TOCANTINS. *Lei Estadual nº 1.525, de 17 de dezembro de 2004*. Palmas: Governo do Estado do Tocantins, 2004. Disponível em: http://www.al.to.leg.br/legislacaoEstadual?pagPaginaAtual=81. Acesso em: 6 jun. 2018.

TOCANTINS. *Lei Estadual nº 2.185, de 10 de novembro de 2009*. Palmas: Governo do Estado do Tocantins, 2009. Disponível em: https://www.al.to.leg.br/arquivos/23327.pdf. Acesso em: 23 fev. 2021.

TOCANTINS. *Lei n. 431, de 28 de julho de 1992*. Disponível em: https://www.al.to.leg.br/arquivo/6689. Acesso em: 18 mar. 2020.

TOCANTINS. *Lei n. 577, de 24 de agosto de 1993*. Disponível em: https://www.al.to.leg.br/arquivos/6834.pdf. Acesso em: 18 mar. 2020.

TOCANTINS. Lei nº 3.780, de 15 de fevereiro de 2021. Dispõe sobre o Plano Plurianual para o período 2020/2023. *Diário Oficial do Estado do Tocantins*, Palmas, Supl. 1, p. 1, 16 fev. 2021a.

TOCANTINS. *Natividade*: perfil socioeconômico dos municípios. Palmas: Secretaria do Planejamento e Orçamento, 2017b.

TOCANTINS. *Plano de Desenvolvimento Integrado de Turismo Sustentável (PDITS)*: Serras Gerais. Palmas: Consórcio SPI/THR/OIKOS/T4, 2019.

TOCANTINS. Secretaria de Planejamento e Orçamento. *Produto Interno Brito - PIB 2021*. 2021b. Disponível em: https://www.to.gov.br/seplan/estadual/5zm92w-q8g88k. Acesso em: 6 mar. 2024.

TORRES, Fernando. *Entrevista XXI*. [Entrevista cedida a] Poliana Macedo de Sousa. Palmas, 3 set. 2020. 1 mp3 (3 min).

TURISMO TOCANTINS. *Serras Gerais*. Palmas, 2019. Disponível em: https://turismo.to.gov.br/regioes-turisticas/serras-gerais/. Acesso em: 19 out. 2019.

UNITED NATIONS (UN). *Transforming our world*: the 2030 Agenda for Sustainable Development. Resolution adopted by the General Assembly. 2015. Disponível em: https://sdgs.un.org/2030agenda. Acesso em: 7 nov. 2019.

VÁZQUEZ BARQUERO, Antonio. Desarrollo endógeno: teorías y políticas de desarrollo territorial. *Investigaciones Regionales*: Journal of Regional Research, n. 11, p.

183-210, 2007. Disponível em: https://www.redalyc.org/articulo.oa?id=28901109. Acesso em: 16 out. 2019.

VIEIRA, João Francisco Leite. *Voucher único um modelo de gestão da atividade turística em Bonito – MS*. 2013. Dissertação (Mestrado em Desenvolvimento Local) – Universidade Católica Dom Bosco, Campo Grande, 2013.

VIEIRA JÚNIOR, Wilson; SCHLEE Andrey Rosenthal; BARBO, Lenora de Castro Barbo. *Tosi Colombina, autor do primeiro mapa da capitania de Goiás?* Disponível em: http://www.altiplano.com.br/1010tosi.html. Acesso em: 16 out. 2021.

WEBER, Florence. A entrevista, a pesquisa e o íntimo, ou: por que censurar seu diário de campo? *Horizontes Antropológicos*, Porto Alegre, ano 15, n. 32, p. 157-170, jul./dez. 2009.

WEBER, Florence. *Guia para a pesquisa de campo*: produzir e analisar dados etnográficos. Tradução de Sérgio Joaquim de Almeida, revisão da tradução de Henrique Caetano Nardi. Petrópolis: Editora Vozes, 2007.

WILLIAMS, Raymond. Base e superestrutura na teoria cultural marxista. *Revista USP*, n. 66, p. 209-224, 1 ago. 2005.

WILLIAMS, Raymond. *Cultura*. 3. ed. Rio de Janeiro: Paz e Terra, 1992.

WILLIAMS, Raymond. *Marxismo e literatura*. Rio de Janeiro: Zahar, 1979.

WOODWARD, K. Identidade e diferença: uma introdução teórica e conceitual. *In*: SILVA, T. T. (org.). *Identidade e diferença*: a perspectiva dos estudos culturais. Petrópolis: Vozes, 2000. p. 7-72.

YÁZIGI, Eduardo. *A alma do lugar*: turismo, planejamento e cotidiano em litorais e montanhas. 2. ed. São Paulo: Contexto, 2001.

YÚDICE, George. *A conveniência da cultura*: usos da cultura na era global. Belo Horizonte: Editora UFMG, 2004.

ZANELA SACCOL, Amarolinda. Um retorno ao básico: compreendendo os paradigmas de pesquisa e sua aplicação na pesquisa em administração. *Revista de Administração da Universidade Federal de Santa Maria*, v. 2, n. 2, p. 250-269, maio/ago. 2009.